Manfred G. Dürschner

Technische Analyse mit EMD

Manfred G. Dürschner

unter Mitarbeit von

Michael Lehnert

Technische Analyse mit EMD

Die Anwendung der EMD auf Indizes, Rohstoffe, Währungen und Aktien

WILEY

WILEY-VCH Verlag GmbH & Co. KGaA

1. Auflage 2014

Alle Bücher von Wiley-VCH werden sorgfältig erarbeitet. Dennoch übernehmen Autoren, Herausgeber und Verlag in keinem Fall, einschließlich des vorliegenden Werkes, für die Richtigkeit von Angaben, Hinweisen und Ratschlägen sowie für eventuelle Druckfehler irgendeine Haftung

Bibliografische Information der Deutschen Nationalbibliothek
Die Deutsche Nationalbibliothek verzeichnet diese Publikation in der Deutschen Nationalbibliografie; detaillierte bibliografische Daten sind im Internet über <http://dnb.d-nb.de> abrufbar.

Printed in the Federal Republic of Germany
Gedruckt auf säurefreiem Papier.

Satz inmedialo, Plankstadt
Druck und Bindung CPI – Ebner & Spiegel, Ulm
Umschlaggestaltung Christian Kalkert, Birken-Honigsessen

Print ISBN: 978-3-527-50718-4

Geleitwort

Die erfolgreiche Anwendbarkeit der Technischen Analyse auf Kurszeitreihen setzt voraus, dass es Zeitabschnitte gibt, in denen Kurszeitreihen in guter Näherung als linear und stationär angesehen werden können. In solchen Zeitabschnitten liefert die Technische Analyse – wie sie bislang in Banken und Vermögensverwaltung genutzt wird – brauchbare Ergebnisse für die Analyse von Devisenkursen und Aktienmärkten. Die Güte der Ergebnisse hängt aber davon ab, wie gut solche Zeitabschnitte erfasst werden und wie lange sie gültig sind. Werden dagegen bei der Analyse von Kurszeitreihen ihre Nichtlinearität und ihre nichtstationäre Eigenschaft berücksichtigt, dann können Sie, lieber Leser, davon ausgehen, bessere Analyseergebnisse beziehungsweise Tradingergebnisse zu erhalten, als mit den herkömmlichen Analysetools der Technischen Analyse. Dieser Herausforderung hat sich Manfred Dürschner in seinem hier vorliegenden Buch gestellt.

Es gab immer wieder Ansätze, Erkenntnisse aus der Signalverarbeitung oder aus anderen technisch-wissenschaftlichen Bereichen für die Analyse von Finanzmärkten zu nutzen, aber nur wenigen gelang dieser Schritt auch in der Praxis. John F. Ehlers wäre an dieser Stelle zu nennen, der mit seinem methodischen Vorgehen für Manfred Dürschner die Eingangsparameter skizzierte.

Der Physiker Dürschner nimmt in seinem Buch den mathematisch gebildeten Leser an die Hand und macht ihn mit dem EMD-Prozess vertraut. Empirical Mode Decomposition (EMD) ist ein neues Verfahren und wurde von Norden E. Huang 1998 eingeführt, um den Einsatzbereich der Hilbert-Transformation auch für beliebige breitbandige Signale nutzbar zu machen. EMD ermöglicht die Zerlegung von diskreten Signalen ähnlich einer Fourier-Entwicklung, jedoch ohne deren Bedingungen genügen zu müssen. Während eine Fourier-Entwicklung nur sinnvoll auf lineare und stationäre Signale angewendet werden kann, ist es mit der EMD möglich, auch nichtlineare und nichtstationäre Signale zu analysieren.

Auf Grund der Genauigkeit kann das EMD-Verfahren als solide und stabil betrachtet werden und eröffnet dem Technischen Analysten in der Finanzindustrie ganz neue Möglichkeiten in der Bestimmung von Entry- und Exitstrategien sowie in der Risikoanalyse von Devisenkursen und Aktienmärkten. Mit konkreten, praxisnahen Beispielen wird in Kapitel 6 die Praxistauglichkeit dokumentiert.

Dieses Buch sollte mehr Wissenschaftlern Mut machen, ihre Erfahrungen und Forschungserkenntnisse aus dem Bereich der Signalverarbeitung oder aus anderen technisch-wissenschaftlichen Gebieten für die Praxistauglichkeit von Handelssystemen und systematischer Risikomessung in der Finanzwirtschaft zur Verfügung zu stellen.

München, Juni 2013

Jürgen Nowacki
Vereinigung Technischer Analysten Deutschlands
stellv. Vorstand

Vorwort

Anlass für die Entstehung dieses Buches war die Lektüre des Buches »Rocket Science for Traders«[1] von John F. Ehlers. Der promovierte Wissenschaftler aus dem Bereich der Signalverarbeitung war anfangs in der Luft- und Raumfahrt tätig; seit 1976 beschäftigt er sich auf dem Gebiet der Technischen Analyse mit neuartigen Indikatoren, denen er Erkenntnisse aus der Signalverarbeitung zugrunde legt. Ehlers ist eine der Persönlichkeiten, die sich von der Technischen Analyse in ihrer herkömmlichen Form gelöst und Erkenntnisse aus anderen Wissensgebieten auf die Technische Analyse übertragen haben.

In dem oben genannten Buch – Erscheinungsjahr 2001 – beschreibt Ehlers die Anwendung der Hilbert-Transformation auf Kurszeitreihen. Dieser Ansatz hat fast schon einen bahnbrechenden Charakter, wenn auch ein wichtiges Detail dabei keine Beachtung fand: Die Anwendung der Hilbert-Transformation erfordert Signale in einem schmalen Frequenzbereich. Dieser Forderung genügen Kurszeitreihen nicht.

Im Jahre 1998 veröffentlichte Norden E. Huang – damals wissenschaftlicher Mitarbeiter am Goddard Space Flight Center der NASA in Maryland (USA), mittlerweile Professor an der Universität von Taipeh – in den Proceedings of the Royal Society of London[2] ein Verfahren, das auf beliebige Signale angewendet – damit auch auf Kurszeitreihen – eine Zerlegung in schmalbandige Frequenzgruppen erlaubt. Das Verfahren trägt den Namen *Empirical Mode Decomposition*, abgekürzt EMD. Huang beschreibt in dieser Veröffentlichung detailliert das EMD-Verfahren und wendet es auf Grund seiner Eigenschaften – Zerlegung eines beliebigen Signals in schmalban-

1 Hoboken 2001.

2 The Empirical Mode Decomposition and the Hilbert Spectrum for Nonlinear and Nonstationary Time Series Analysis, A 454:903-905.

dige Frequenzgruppen – erfolgreich an, um anschließend die Hilbert-Transformation folgerichtig auf das Ergebnis der EMD-Zerlegung für weitere grundlegende, mathematische Untersuchungen anwenden zu können.

Beide Entwicklungen zusammen betrachtet – der Ansatz der Hilbert-Transformation von John F. Ehlers auf Kurszeitreihen und das EMD-Verfahren von Norden E. Huang – führten logischerweise zu einer neuen Idee: Die Hilbert-Transformation kann nicht direkt auf Kurszeitreihen angewendet werden, zuvor muss die Anwendung des EMD-Verfahrens erfolgen. Um es vorwegzunehmen, die Idee erwies sich in der Realisierung als richtig. Die Anwendung des EMD-Verfahrens auf Kurszeitreihen ist ein korrektes Verfahren, da es die nichtlinearen und nicht stationären Eigenschaften von Kurszeitreihen berücksichtigt. Die weitere Entwicklung – die Anwendung der Hilbert-Transformation auf das Ergebnis der EMD-Zerlegung – wurde bisher nicht weiter verfolgt, da allein die Anwendung der EMD-Zerlegung auf Kurszeitreihen sehr erfolgreich war und zu einer neuen Basis für die Technische Analyse führte.

Eine nähere Beschäftigung mit der EMD zeigte, dass die mathematischen Anforderungen computergerecht und auf den ersten Blick nicht allzu schwierig waren – jedoch nur auf den ersten Blick, wie sich später herausstellte. Die EMD zerlegt beliebige Signale in einen Trend und in verschiedene oszillatorische Komponenten. Sie kommt einerseits den nichtlinearen und nichtstationären Eigenschaften von Kurszeitreihen entgegen und könnte – auf Grund ihrer Zerlegung in einen Trend und in oszillatorische Komponenten – auch weitere grundlegende Eigenschaften von Kurszeitreihen beschreiben, nämlich den langfristigen Trend, verschiedene zyklische Komponenten sowie einen stochastischen Anteil.

Die Idee wurde zum Konzept eines Projektes: Verbesserung der herkömmlichen Technischen Analyse – in diesem Buch mit »Technischer Analyse 1.0« bezeichnet – auf Basis der EMD. Für diese Verbesserung der herkömmlichen Technischen Analyse wurde der Begriff »Technische Analyse 2.0« gewählt. Wenn auch der Schritt von der Idee zum Projekt logisch und richtig war, so war der Weg bis zur Realisierung dieses Konzeptes zeitaufwändiger und schwieriger als zu Beginn des Projektes angenommen.

Herkömmliche Börsenprogramme enthalten nicht die für die EMD erforderlichen mathematischen Bausteine. Es gibt jedoch zahlreiche mathematische Programmpakete, die diese Bausteine enthalten oder mit denen diese Bausteine programmiert werden können. Selbst das weltweit verbreitete Excel kommt dafür in Frage, wenn auch unter hohem Programmieraufwand. Das Problem dieser Programmpakete ist jedoch ein Grundsätzliches: Wie lassen sich Kursdaten so elegant wie in allen guten Börsenprogrammen herunterladen? Mit Excel ist das zwar grundsätzlich möglich, jedoch leider umständlich. Wegen des zusätzlichen hohen Programmieraufwandes sowie wegen der ungenügenden Ergebnisdarstellung wurde eine Realisierung der obigen Idee mit Excel verworfen.

Ein Zufall ergab eine Lösungsmöglichkeit. Die Firma Additive mit Sitz in Friedrichsdorf/Ts. suchte für den Vertrieb einer neuen Version des mathematischen Programms Mathematica eine kostengünstige Kursdatenquelle. Das Programmpaket Mathematica ist eine hochqualifizierte, weltweit anerkannte Entwicklung und bietet dem Anwender eine Zusammenfassung aller modernen, allgemein anwendbaren mathematischen Verfahren. Mit der neuen Version von Mathematica können auch Finanzdaten spezifisch analysiert werden. Der Autor dieses Buches, Manfred G. Dürschner, ist Anwender des Programmpaketes und aktiver Trader an der Börse, der Co-Autor Michael Lehnert vertritt programmtechnisch die Firma Additive. Herr Dr. Ralf Rosenberger – Leiter Vertrieb und Applikation des Geschäftsbereichs Software der Firma Additive – führte Autor und Co-Autor zusammen, um das oben definierte Projekt zu realisieren. Für seine Entscheidung zu diesem Projekt und für dessen Unterstützung in der Folgezeit – auch als der Erfolg des Projektes noch nicht absehbar war – sei ihm an dieser Stelle ganz besonders gedankt.

Die Entscheidung für das gemeinsame Projekt führte in der Folgezeit zu einer intensiven Zusammenarbeit zwischen dem Autor und dem Co-Autor Herrn Michael Lehnert. Ohne seine profunden Programmierkenntnisse – eine persönliche Anmerkung des Autors – wäre das Projekt Technische Analyse 2.0, zumindest in dem Zeitraum von zwei Jahren, bei weitem nicht entstanden.

Durch die Entscheidung für das Projekt war das Problem nach einer kostengünstigen Kursdatenquelle aber noch nicht gelöst. Als langjähriger Kunde verfügt der Autor über einen guten Kontakt zur Firma Lenz+Partner, einem qualifizierten und seriösen Anbieter von Börsenprogrammen und Kursdaten. In einem Telefongespräch mit Herrn Frank Rohmann – dem Vertriebsleiter der Firma – schilderte der Autor sein Anliegen nach einer Kursdatenversorgung und nach einer Unterstützung bei der Programmierung einer Datenschnittstelle zum Programmpaket Mathematica. Beides wurde von Frank Rohmann spontan zugesagt und – das sei besonders erwähnt – anschließend stets pragmatisch unterstützt. Ohne diese stets unkonventionelle und fördernde Unterstützung wäre der Ausgang dieses Projektes mit Sicherheit nicht so positiv gewesen. Beide Autoren bedanken sich bei Herrn Frank Rohmann dafür besonders.

Im Hintergrund hat auch die Ehefrau des Autors, Ingrid Dürschner, das Projekt in wunderbarer Weise unterstützt. Sie hat mitgelitten und aufgemuntert bei Rückschlägen, sie hat sich gefreut, wenn Fortschritte erzielt wurden und war ansteckend glücklich, als das Projektziel erfolgreich erreicht war. Sie war auch der »Ghost-Korrektor«, der sehr sachgerecht, verbessernd und unermüdlich bei der Korrektur des Manuskriptes gewirkt hat. Ein ganz besonderer Dank ist dafür nur eine minimale Formulierung.

Autor und Co-Autor danken dem Verlag Wiley-VCH, der unkonventionell und unterstützend dieses Buchprojekt gefördert hat, was angesichts des Neuansatzes für die Technische Analyse keineswegs eine Selbstverständlichkeit ist.

Nürnberg/Friedrichsdorf/Ts. im Juni 2013

Dr. Manfred G. Dürschner
Michael Lehnert

Inhaltsübersicht

Überblick

Ziel dieses Buches ist eine übersichtsartige Darstellung der Finanzanalyse in ihrer Standardformulierung und die Hinführung zu einem neuen Analysebaustein. Die Finanzanalyse gliedert sich in die Fundamentalanalyse, die Technische Analyse und die Markttechnische Analyse. In Kapitel 1 wird in Grundzügen darauf eingegangen. In Kapitel 2 erfolgt eine Darstellung der Fundamentalanalyse, dem Pendant der Technischen Analyse.

In Kapitel 3, das sich mit der herkömmlichen Technischen Analyse beschäftigt, wird auf die Darstellung von Standardformulierungen verzichtet. Vielmehr wird auf eine Auswahl der zahlreichen, guten Veröffentlichungen verwiesen. Allerdings werden Verbesserungen vorgestellt, die anderweitig nicht zu finden sind. Ein neuartiger gleitender Durchschnitt mit sehr geringer Zeitverzögerung, ein modifizierter Commodity Channel Index, der Stochastik Relative Momentum Index oder modifizierte Bollinger-Bänder sind Beispiele für diese angesprochenen Verbesserungen innerhalb der Technischen Analyse 1.0.

In manchen Publikationen wird zur Finanzanalyse die Quantitative Analyse hinzugenommen. Diese befasst sich im Wesentlichen mit der Portfoliooptimierung nach Markowitz. In diesem Buch wird die Quantitative Analyse ebenfalls im Rahmen der Finanzanalyse behandelt. Das Kapitel 4 befasst sich mit ihr.

Wenn auch im Allgemeinen der übersichtsartige Charakter der Darstellung der Finanzanalyse überwiegt, so werden doch auch tiefer gehende Schwerpunkte gebildet, wie zum Beispiel bei der Quantitativen Analyse im Kapitel 4 und bei der Indikatorenanalyse im Kapitel 3 »Technische Analyse 1.0«.

Kernstück dieses Buches sind jedoch die beiden Kapitel 5 und 6, in denen ein neuer Analysebaustein detailliert vorgestellt wird. Dieser neue Baustein ist der Technischen Analyse zuzuordnen. Er wird – zur Unterscheidung von der Technischen Analyse in ihrer herkömmlichen Form – mit *Technische*

Analyse 2.0 bezeichnet, während für die herkömmliche Technische Analyse die Bezeichnung Technische Analyse 1.0 gewählt wird. Auf Grund dieser Namensgebung kann das Kernstück dieses Buches – die Kapitel 5 und 6 – mit »Technische Analyse 2.0« bezeichnet werden.

Die mathematischen Anforderungen für die Technische Analyse 2.0 sind höher als diejenigen für die Technische Analyse 1.0. Nicht jeder Leser wird über Kenntnisse und Erfahrung verfügen, um alle mathematischen Formulierungen der Technischen Analyse 2.0 zu verstehen. Ein Ziel dieses Buches ist die Hinführung zur Technischen Analyse 2.0 und nicht ihre Beschreibung. Bei letzterer wäre eine Reduzierung der mathematischen Formulierungen ohne Weiteres möglich, doch bei einer Hinführung, die den Leser zur Anwendung der Technischen Analyse 2.0 führen soll, ist die präzise Kurzschrift der Mathematik unerlässlich. Eine langatmige, verbale Beschreibung kann die Genauigkeit einer mathematischen Formulierung nicht ersetzen. Darüber hinaus können durch die »mathematische Kurzschrift« Fehler hinsichtlich einer angestrebten Anwendung vermieden werden, denn eine Anwendung der Technischen Analyse 2.0 ist auf Grund ihrer hohen Erfolgswahrscheinlichkeit für den Leser trotz ihrer höheren Komplexität ein erstrebenswertes Ziel. Jedoch erfordern die höhere Erfolgswahrscheinlichkeit und die neuen Möglichkeiten, die die Technische Analyse 2.0 eröffnet, vom Leser einen höheren Einsatz, getreu nach dem alten Sprichwort »Ohne Fleiß kein Preis«. Neue Ufer lassen sich, ausgehend vom heutigen Stand der Technischen Analyse 1.0, leider nicht mit einfachen Mitteln erreichen. Beispiele, Wiederholungen und Querverweise sollen dem mathematisch weniger beschlagenen Leser helfen, leichter in die Technische Analyse 2.0 einzudringen.

Das Buch wendet sich mit seinem Kernstück (Kapitel 5 und 6) an diejenigen Leser, die erkannt haben, dass die Technische Analyse 1.0 nur begrenzt befriedigende Ergebnisse liefern kann. Der Grund dafür ist die Tatsache, dass die mathematisch grundlegenden Eigenschaften von Kurszeitreihen in der Technischen Analyse 1.0 nicht richtig berücksichtigt werden. Geht man von diesen grundlegenden Eigenschaften aus, dann ist es notwendig, über Methoden und Verfahren hinauszugehen, mit denen die Technische Analyse 1.0 formuliert ist. Eine stärkere mathematische Betonung ergibt sich damit zwangsläufig.

Ein wesentlicher Aspekt dieses Buches ist die Möglichkeit, es selektiv zu lesen. Der Leser ist nicht an die vorgegebene Kapitelgliederung gebunden. Bei einem besonderen neugierigen Interesse, zum Beispiel am Kapitel 3 »Technische Analyse 1.0«, kann dieses Kapitel ohne Weiteres als Startlektüre gelesen werden, um dann anschließend auf das Pendant Fundamentalanalyse im Kapitel 2 überzugehen. Eine Ausnahme hinsichtlich des selektiven Lesens sind allerdings die beiden letzten Kapitel, die die Technische Analyse 2.0 zum Inhalt haben. Es ist fast ein Muss, das Kernstück dieses Buches in der Reihenfolge Kapitel 5 und dann Kapitel 6 zu lesen.

Bis auf ein paar Nebenbemerkungen wird auf neuere Entwicklungen im Bereich der Finanzanalyse nicht eingegangen. Hier wäre insbesondere die Anwendung der Stochastik zu nennen. Auch aus den Bereichen der Physik – Stichwort Econophysics – sowie der Kognitions- oder Neurowissenschaft gibt es vielversprechende Ansätze, die die Finanzanalyse bereichern.

Verlag und Verfasser wünschen bei der Lektüre dieses Buches dem Leser viel persönlichen Gewinn insbesondere hinsichtlich seines Agierens an den Finanzmärkten.

Kapitel 1
Finanzanalyse

Die Finanzanalyse ist eine systematische Aufbereitung von Unternehmens- und Marktdaten. Im allgemeinen Fall gliedert sich die Finanzanalyse in drei Teilbereiche:

- Fundamentalanalyse,
- Technische Analyse (1.0),
- Markttechnische Analyse.

In diesem ersten Kapitel werden die Fundamentalanalyse und die Technische Analyse 1.0 zunächst nur kurz beschrieben, wohingegen die Markttechnische Analyse sowohl unter allgemeinen als auch in wesentlichen Gesichtspunkten behandelt wird. Eine detaillierte Beschreibung der beiden erstgenannten Analysemethoden erfolgt dann in den Kapiteln 2 und 3. Die Erläuterungen in den Kapiteln 1 bis 3 folgen strukturell und systematisch teilweise den Ausführungen von Michaltky/Schittler[1].

Die Technische Analyse wird normalerweise nicht mit dem Zusatz *1.0* ergänzt. Doch wird hier diese Bezeichnung eingeführt, da in den weiteren Ausführungen eine neuartige Technische Analyse – das Kernstück dieses Buches – vorgestellt wird. Zur Unterscheidung wird die herkömmliche Technische Analyse mit *Technische Analyse 1.0* bezeichnet und diejenige auf neuer Basis mit *Technische Analyse 2.0*. In den nachfolgenden Ausführungen dieses Kapitels erfolgt zunächst eine Hinführung zur Technischen Analyse, eine ausführlichere Darstellung erfolgt dann in den Kapiteln 3 (Technische Analyse 1.0) sowie 5 und 6 (Technische Analyse 2.0).

Für die einzelnen Anlageklassen

- Liquidität,
- Immobilien,
- Anleihen,
- Rohstoffe,

1 Das große Buch der Börse, München 2008.

- Aktien,
- Währungen und
- Derivate

gibt es verschiedene Ausprägungen der Finanzanalyse und nicht alle der oben genannten Teilbereiche kommen in den einzelnen Anlageklassen zur Anwendung. Bei Anleihen, bei unbesicherten, kurzfristigen Inhaberschuldverschreibungen und bei anderen Finanzprodukten zur kurzfristigen Geldaufnahme spielen das Rating oder die Laufzeit eine wesentliche Rolle. Bei Rohstoffen und Währungen sind volkswirtschaftliche und wirtschaftliche Daten von Bedeutung. Bei Unternehmen kommen als wichtiger Bestandteil der Analyse noch betriebswirtschaftliche Daten hinzu. In diesem Buch werden die Fundamentalanalyse, die Technische Analyse 1.0 und die Markttechnische Analyse in einem breiteren Rahmen dargestellt und zwar im Hinblick auf die Anlageklassen Aktien, Rohstoffe und Währungen, wobei jedoch nicht alle Aspekte der Darstellung für alle drei Anlageklassen bedeutungsvoll sind.

Für den Anleger ergibt sich mehr Sicherheit, wenn er seine Entscheidung nicht nur auf einen Analysebereich gründet. Der Fundamentalanalyst kann die Technische Analyse und die Markttechnische Analyse für den günstigen Einstieg und für Langzeitprognosen benützen. Der technische Analyst gewinnt eine größere Sicherheit, wenn er fundamentale Kennzahlen, die Marktkapitalisierung oder Liquidität eines Unternehmens kennt. Für sehr kurzfristig orientierte Anleger, die nach Orderbüchern und Marktstimmung handeln, kann eine Orientierung an Langfristcharts der Technischen Analyse oder an fundamentalen neuen Nachrichten vorteilhaft sein, um Intraday-Kursschwankungen genauer einschätzen und prognostizieren zu können.

1.1 Grundlagen der Fundamentalanalyse

Mit Hilfe der Finanzanalyse wird versucht, die Komplexität der Finanzmärkte zu erfassen, methodisch aufzubereiten und einer Analyse zugänglich zu machen. Sie stellt damit eine systematische Aufbereitung von Informationen über die finanzielle Lage von Märkten und Unternehmen dar.

Bei der Fundamentalanalyse geschieht dies durch Erfassen von veröffentlichten volkswirtschaftlichen und betriebswirtschaftlichen Daten. Sie versucht mit Hilfe dieser Daten eine »faire« Bewertung eines Marktes, einer Branche oder eines Unternehmens zu erreichen. Aus der wirtschaftlichen

Vergangenheit werden Rückschlüsse auf die Zukunft gezogen. Das größte Manko der Fundamentalanalyse ist das Informationsdefizit, dem der Anleger oder Analyst ausgesetzt ist, da er nicht beurteilen kann, wie vollständig und genau die veröffentlichten Daten sind. Darüber hinaus sind die veröffentlichten Daten auf die Vergangenheit bezogen und damit unter Umständen für eine aussagefähige Analyse veraltet.

Bei der Bewertung von Märkten und Branchen sind die volkswirtschaftlichen Daten von Bedeutung, während bei der Bewertung von Unternehmen – neben diesen volkswirtschaftlichen Daten – auch noch die betriebswirtschaftlichen Daten eine besondere Rolle spielen. Diese werden in erster Linie aus der Gewinn- und Verlust-Rechnung und aus der Bilanz gewonnen. Die Fundamentalanalyse bricht den Unternehmenswert auf die einzelne Aktie des Unternehmens herunter.

Eine der Gefahren der Fundamentalanalyse, Bewertungen in absoluten Zahlen vorzunehmen, lässt sich mit Hilfe von relativen Zahlen umgehen. Hier sind in erster Linie Vergleichszahlen mit dem Branchendurchschnitt oder vergleichbaren Unternehmen zu nennen. Aber auch relative Bewertungen geben keine Auskunft über die zukünftige Kursentwicklung, denn an der Börse werden Marktpreise gehandelt und keine Werte, die auf Grund einer fairen fundamentalen Bewertung ermittelt werden.

Die Preisbildung an der Börse erfolgt in erster Linie auf Grund von Erwartungen, der Zukunfts-Einschätzung der Marktteilnehmer. Meinungen, Hoffnungen, Misstrauen ja sogar Falschmeldungen beeinflussen die Preisbildung. Es ist keine Seltenheit, dass es bei niedrig bewerteten Branchen oder Aktien auf Grund eines unbegründeten Anlegermisstrauens zu keinem Kursanstieg kommt. Andererseits kann eine beim Anleger zur Verfügung stehende hohe Liquidität, verbunden mit einem von Gier geprägtem Verhalten, dazu führen, dass eine sehr hoch bewertete Aktie nicht verkauft oder sogar nachgekauft wird.

Die Fundamentalanalyse als Bestandteil der Finanzanalyse ist für sehr langfristig orientierte Anleger geeignet. Besonders niedrig bewertete Titel sind für eine solche Strategie sehr gut geeignet. Mit ihr lässt sich zumindest näherungsweise der Ausspruch von André Kostolany verwirklichen: »*Kaufen Sie Aktien, nehmen Sie Schlaftabletten und schauen Sie die Papiere nicht mehr an. Nach vielen Jahren werden Sie sehen: Sie sind reich.*«

1.2 Grundlagen der Technischen Analyse

Die Technische Analyse 1.0 geht im Gegensatz zur Fundamentalanalyse davon aus, dass alle fundamentalen Daten und alle Informationen, die für die Kursbildung relevant sind, sofort und vollständig in den Kursdaten eingepreist werden. Sollte diese Hypothese zutreffen, könnten durch Kursprognosen auf dieser Basis keine besseren Ergebnisse erzielt werden als ohne den Einsatz dieser Instrumente.

Im Vergleich zur Fundamentalanalyse ist die herkömmliche Technische Analyse 1.0 weniger komplex und nicht so wissenschaftlich geprägt. Sie ist kostengünstig und Analyst und Anleger kommen relativ schnell zu einer vollständigen und erfolgversprechenden Prognose.

Die Entwicklung der Technischen Analyse ist vor allem am Ende des 20. Jahrhunderts durch folgende Einflüsse entscheidend geprägt worden:

- Verfügbarkeit von Kursdaten durch die elektronischen Medien.
- Einfachheit und Berechenbarkeit ihres Regelwerkes (auf Grund eines linearen und stationären Ansatzes als Vermerk für spätere Ausführungen).
- Kostengünstige Computer, die die Berechnung des Regelwerkes schnell und ohne Kenntnisse des Benutzers übernehmen.
- Bedienungsfreundliche und variantenreiche Börsenprogramme.
- Sehr eingängige Visualisierung des Kursverlaufes am Bildschirm.
- Verkauf von Handelssystemen als »Black Box«.

Auf Grund dieser verfügbaren Hilfsmittel erschienen in den zurückliegenden Jahren eine Vielzahl von selbsternannten technischen Analysten, die ohne fundierte Kenntnis der Methodik der Technischen Analyse mit ihren oft unkorrekten Prognosen die Anleger verunsicherten. Mit schnellen und kostengünstigen PCs war es darüber hinaus einfach geworden, sich mit statistischen Methoden einfach, aber unseriös »wissenschaftlich« zu profilieren. Ende des letzten Jahrhunderts verzeichneten die Leitbörsen überwiegend starke Trends. Handelssysteme allein auf Basis der Technischen Analyse waren oft wahre Gelddruckmaschinen. Sobald die Märkte aber volatiler wurden, wuchs die Zahl der Fehlsignale und die Erträge sanken. In dieser Situation trat die Frage, wie Kursdaten zustande kommen, wieder in den Vordergrund, und man erkannte die Notwendigkeit, ihre Analyse auf ein breiteres Spektrum von Methoden stellen zu müssen.

Auf der Grundlage historischer Kurszeitreihen – Kursdaten – wird mit den Methoden der Technischen Analyse 1.0 versucht, Aussagen über die zukünftige Kursentwicklung zu erhalten. Die zukünftigen Kursbewegungen werden prognostiziert, ohne die Ursachen für die Kursbewegungen detailliert zu kennen.

Der Bereich der Technischen Analyse 1.0 gliedert sich in folgende Teilbereiche:

- Chartanalyse, auch als Charttechnik bezeichnet,
- Trend- und Formationsanalyse,
- Indikatoranalyse,
- Volumenanalyse.

Nachfolgend werden diese Analysebereiche einführend kurz beschrieben. Eine ausführliche Darstellung erfolgt im Kapitel 3.

1.2.1 Chartanalyse

Die grafische Darstellung der Kursdaten ist das bevorzugte Analysewerkzeug der Chartanalyse. Sie bietet eine der objektivsten Grundlagen der Technischen Analyse, da sie sich auf Fakten – Kurse, Umsätze und Open Interests – bezieht und Methoden verwendet, deren Entstehung mehr als 400 Jahre zurückliegt. Über die Jahrhunderte hinweg ist die Charttechnik immer exakter geworden und darüber hinaus wurden immer mehr Fehler und Ungereimtheiten beseitigt. Regeln, die in langen Erfahrungszeiträumen gewonnen wurden, bilden die Basis für die Prognose des zukünftigen Kursverlaufs.

In den Charts sind die tatsächlichen Interessen der Marktteilnehmer hinsichtlich Kauf oder Verkauf ersichtlich. Der Anleger, der daraus mit Erfahrung und Überlegung die richtigen Schlüsse zu ziehen vermag, hat die Chance auf eine profitable Trefferquote.

1.2.2 Trendanalyse

Die Trendanalyse geht davon aus, dass sich Kursdaten in Trends bewegen. Charles Dow war ihr Begründer. Als Werkzeuge für die Analyse von Trends werden Trendlinien und Trendkanäle benutzt. Die Trendlinie ist die einfachste Analysemethode der Trendanalyse. Ein Trendkanal ist die Kombination zweier Trendlinien. In das Teilgebiet der Trendanalyse gehören neben den Elliot-Waves auch die Fibonacci-Techniken. Dazu zählen die Fibonacci-Retracements, die Fibonacci-Kanäle und -Fächer sowie die Fibonacci-Zeitprojektion.

1.2.3 Formationsanalyse

Ein weiterer Baustein der Technischen Analyse ist die Formationsanalyse. Bei der Formationsanalyse wird der historische Kursdatenverlauf auf der Grundlage von geometrischen Strukturen untersucht. Beispiele für solche geometrischen Strukturen sind Keile, Dreiecke, Rechtecke oder eine sogenannte Kopf-Schulter-Formation. Die Strukturen der Formationsanalyse lassen sich mehr oder minder auf das Prinzip von Widerstand und Unterstützung reduzieren. Der historische Kursdatenverlauf wird mit solchen Formationen untersucht und darauf aufbauend eine Kursprognose erstellt.

1.2.4 Indikatorenanalyse

Bei der Indikatorenanalyse werden die vorhandenen Kursdaten mit mathematischen oder statistischen Rechenmethoden analysiert. Die berechneten Indikatoren sind objektiv und eindeutig interpretierbar und lassen mit einer gewissen Wahrscheinlichkeit Rückschlüsse auf den zukünftigen Kursverlauf zu. Nachteile der Indikatorenanalyse sind zum einen die große Zahl der verfügbaren Indikatoren, auch wenn man überflüssige und veraltete Indikatoren nicht berücksichtigt, zum anderen – ihr wesentlicher Nachteil – ihre notwendige Parametrisierung.

Zur Berechnung der Indikatoren müssen vom Analysten oder Anleger Parameter eingegeben werden, über die er meistens nur eine sehr ungenaue Vorstellung hat. Zwar sind für diese Parametereinstellungen sogenannte Standardeinstellungen verfügbar, diese sind aber für den Anwender genauso wenig einsichtig und stellen bestenfalls nur Mittelwerte über einen langen Erfahrungszeitraum dar. Ob solche Mittelwerte für den individuellen Analysefall richtig sind, bleibt offen. Nun zeigen aber Indikatoren – wie oben erwähnt – objektiv und eindeutig Kauf- und Verkaufssignale an. Diese Objektivität und Eindeutigkeit, die für den Außenseiter beeindruckend ist, beruht jedoch auf dem Nachteil der Parametrisierung. Die Technische Analyse 2.0 vermeidet diesen Nachteil der Parametrisierung, womit ihre Objektivität und Eindeutigkeit erheblich an Bedeutung gewinnt. Darauf wird in Kapitel 5 detailliert eingegangen.

1.2.5 Volumenanalyse

Neben den Faktoren Kurse und Zeit hat auch das Volumen einen großen Einfluss auf das künftige Kursverhalten. Unter dem Begriff Volumen, genauer Handelsvolumen oder Börsenumsatz genannt, versteht man die Anzahl oder den wertmäßigen Betrag der in einem bestimmten Zeitraum an einer Börse gehandelten Finanzobjekte (Aktien, Kontrakte). Das Volumen zeigt allerdings nicht an, ob mehr Kauf- oder Verkaufstransaktionen erfolgten, da bei jeder Transaktion sowohl ein Käufer als auch ein Verkäufer beteiligt sind. Die Entwicklung des Kurstrends mit dem Volumen ist die Grundregel der Volumenanalyse.

1.3 Ein neuer Baustein – die Technische Analyse 2.0

Der interessierte Leser wird an Hand der Gliederung der Finanzanalyse sofort bemerkt haben, dass es sich bei dieser Analyse um ein sehr umfangreiches und komplexes Thema handelt. Während die Fundamentalanalyse diesem komplexen Sachverhalt weitgehend gerecht wird, ist dies insbesondere bei der Technischen Analyse 1.0 nicht der Fall. Eine Lösungsmethode, die der Komplexität des Problems nicht Rechnung trägt oder die Problem-Komplexität unzulässig minimalisiert, liefert nur beschränkt richtige Antworten. Trotz der teilweise erzielbaren positiven Ergebnisse scheitert die Technische Analyse 1.0 in nicht wenigen Fällen jedoch an der Realität der Finanzmärkte. Mit der Technischen Analyse 1.0 lassen sich bestenfalls positive Ergebnisse mit entsprechender Wahrscheinlichkeit erzielen. Der Grund dafür ist die Tatsache, dass sie auf einem – mathematisch ausgedrückt – linearen und stationären Ansatz beruht (darauf wird in Kapitel 5 detailliert eingegangen). Die Vereinfachung – linearer und stationärer Ansatz – wird der Komplexität von Kurszeitreihen, dem Fundament der Technischen Analyse, nur unzureichend gerecht, da Kurszeitreihen ihrer Natur nach nichtlinear und nichtstationär sind.

Eine befriedigende Lösung kann nur gefunden werden, wenn es gelingt, die Komplexität der Kurszeitreihen zu erfassen und zu akzeptieren, sich durch die Tiefen dieser Komplexität mit all ihren Verästelungen hindurchzuarbeiten, um aus einem solchen tieferen Verständnis heraus zu einer möglichst einfachen Analysemethode zu gelangen. Diese Einfachheit ist aber kein Minimalismus. Die Technische Analyse 1.0 ordnet auf ihre Weise zwar die Komplexität von Kurszeitreihen, ist aber ein solcher Minimalismus, der den Grundgegebenheiten von Kurszeitreihen oft nicht gerecht wird.

Die moderne digitale Signalverarbeitung bietet ein Verfahren an, das eine nichtlineare und nichtstationäre Analyse von digitalen Daten ermöglicht. Dieses Verfahren – die Empirical Mode Decomposition (EMD) – wurde von Norden E. Huang 1998 vorgeschlagen,[2] von der NASA übernommen und dient mittlerweile weltweit zur nichtlinearen und nichtstationären Datenanalyse. Die Übertragung dieses Verfahrens auf Kurszeitreihen wird im Kapitel 5 ausführlich beschrieben und im darauffolgenden Kapitel 6 auf Aktienindizes, Rohstoffe, Einzelaktien und Währungen angewendet.

Von Albert Einstein, dem Schöpfer der speziellen und allgemeinen Relativitätstheorie, stammt der Rat, dass man alles so einfach wie möglich erklären soll, aber nicht einfacher. Seine beiden Theorien beschreiben präzise die reale physikalische Welt – ohne die allgemeine Relativitätstheorie wäre zum Beispiel die Genauigkeit moderner Navigationssysteme nicht erreichbar. Sie sind aber alles andere als leicht zu verstehen und sind so einfach wie notwendig formuliert. Diese Feststellung dient nachfolgend auch als Leitfaden bei der Beschreibung der Technischen Analyse 2.0 auf Basis der EMD. Im Vergleich zur Technischen Analyse 1.0 ist die Technische Analyse 2.0 weitaus schwieriger, mathematisch aufwendiger und weniger anschaulich. Dies ist die nicht vermeidbare Konsequenz, die sich aus dem richtigen, nichtlinearen und nichtstationären Ansatz ergibt.

Unter drei Gesichtspunkten ist diese Konsequenz jedoch kein Nachteil. Der erste Gesichtspunkt ergibt sich aus der Vielzahl an Methoden der Technischen Analyse 1.0. Man denke beispielsweise nur an die große Zahl der Technischen Indikatoren. Sie kann als Beleg dafür angesehen werden, dass die Technische Analyse 1.0 zu keiner voll befriedigenden Lösung geführt hat. Um nun aus der Vielzahl ihrer Werkzeuge die geeignetsten für ein erfolgreiches Investieren zu finden, ist aus eigener Erfahrung ein hoher Entwicklungs- und Testaufwand erforderlich. Dieser Aufwand dürfte zumindest vergleichbar mit einem notwendigen, intensiven Einarbeiten in die Technische Analyse 2.0 sein. Die Technische Analyse 2.0 bietet dann aber den Vorteil einer recht genauen Aussage ohne die vielen Interpretationsmöglichkeiten der Technischen Analyse 1.0.

2 The Empirical Mode Decomposition and the Hilpert Spectrum for Nonlinear and Nonstationary Time Series Analysis, Proceedings of the Royal Society London 1998, A 454, 903–995.

Ein weiterer Gesichtspunkt der Technischen Analyse 2.0, der die nachteilige Konsequenz aus dem nichtlinearen und nichtstationären Ansatz kompensiert, ist ihre Parameterfreiheit. Wenn auch das mathematische Verfahren schwieriger, aufwendiger und unanschaulicher ist, so hat es dafür den hervorstechenden Vorteil, dass außer den Kursdaten und dem Analysezeitraum keine weiteren Daten oder Parameter eingegeben werden müssen.

Der dritte und letzte Gesichtspunkt ergibt sich aus dem Vorangegangenen. Mit Hilfe des EMD-Verfahrens – dem Kernstück der Technischen Analyse 2.0 – lassen sich aus den Kursdaten die darin enthaltenen Perioden berechnen. Diese Perioden liefern die Parametereinstellung für die in der Technischen Analyse 1.0 verwendeten Indikatoren. Damit ergibt sich eine für die Anwendung sehr interessante Verbindung zwischen den beiden verschiedenen Analysearten.

1.4 Markttechnische Analyse oder ›Behavioral Finance‹

Mit der Kurzeinführung in die Fundamentalanalyse und die Technische Analyse ist eine Seite des Börsengeschehens angesprochen worden. Die andere Seite sind die Marktteilnehmer, also diejenigen, die »den Markt machen«. Da das Börsengeschehen von vielen Marktteilnehmern bestimmt wird und diese Marktteilnehmer keine abstrakten Gruppierungen sind, sondern handelnde Menschen, kommt die Psychologie ins Spiel: genauer gesagt, auf Grund der Vielzahl der Marktteilnehmer, die Massenpsychologie.

Die Markttechnische Analyse befasst sich mit dem Verhalten der Marktteilnehmer. Sie versucht die Stimmung und das Verhalten der Marktteilnehmer zu erfassen. Ein solcher Analyseprozess soll aufzeigen, wie der Markt einzuschätzen ist und welche Handlungsweise den gewünschten Börsenerfolg liefert. Die Schwierigkeit dabei ist, dass die Teilnehmer an den Finanzmärkten bei ihren Operationen bekanntermaßen nicht rational agieren. Sie haben verschiedene Motive und Denkweisen, besitzen unterschiedliche Mentalitäten, Risikobereitschaft und Handelshorizonte. Insbesondere Motive beeinflussen und verzerren die Sichtweise der Teilnehmer, denn ihr Motiv ist nicht immer die Maximierung von Gewinnen. Ganz banale Motive wie Spannung oder Wunsch nach Kommunikation spielen ebenfalls eine Rolle.

In zahlreichen Theorien wurde der Versuch unternommen, die Handlungsweise der Massen oder speziell der Marktteilnehmer – also der Summe der Anleger an der Börse zu erfassen. Von Isaac Newton stammt in diesem

Zusammenhang ein passendes Zitat: »*Ich kann die Bahn der Himmelskörper auf Zentimeter und Sekunde genau berechnen, aber nicht, wohin eine verrückte Menge einen Börsenkurs treibt.*« Die von Newton angesprochene Problematik wird heute in der verhaltensorientierten Finanzwissenschaft – engl. Behavioral Finance – untersucht. Die »Behavioral Finance« ist ein Spezialfeld der Verhaltensökonomik (engl. Behavioral Economics), wobei diese wiederum ein Teilgebiet der Wirtschaftswissenschaft ist. Die Verhaltensökonomik beschäftigt sich mit dem menschlichen Verhalten in wirtschaftlichen Situationen. Dabei werden Situationen untersucht, in denen die Menschen im Widerspruch zur Modell-Annahme des homo oeconomicus stehen, also zum agierenden Menschen, der rational den Nutzen maximiert.

Das Spezialfeld »Behavioral Finance« beschäftigt sich, verkürzt ausgedrückt, mit der Psychologie der Anleger als Ganzes, also mit den Marktteilnehmern. Die »Behavioral Finance« ist allerdings weit mehr als die Einbeziehung der Psychologie in die Finanzwissenschaft, denn die neueren Forschungen auf diesem Gebiet berücksichtigen Disziplinen wie zum Beispiel die Kognitions- oder Neurowissenschaften.[3]

Die Anleger als Agierende und ihre typischen Verhaltensweisen stehen im Mittelpunkt der Analyse im Rahmen der »Behavioral Finance«. Genau genommen soll aufgezeigt werden, wie Anlageentscheidungen tatsächlich zustande kommen und welche Fehler von den Anlegern immer wieder gemacht werden. Die »Behavioral Finance« geht davon aus, dass sich Menschen – und damit auch die Teilnehmer an den Finanzmärkten – nur beschränkt rational verhalten. Sie berücksichtigt – im Gegensatz zur modernen Kapitalmarkttheorie, die den Teilnehmern an den Finanzmärkten Gewinnerzielung als einziges Handelsmotiv unterstellt –, dass die Agierenden auch andere Motive haben. Auch geht sie davon aus, dass die Marktteilnehmer nicht vollständig informiert sind. Manche Akteure besitzen keinen Zugang zu wichtigen Informationen, die ihre Entscheidungen beeinflussen könnten. Unter Umständen sind die Informationen überhaupt nicht erhältlich oder werden nicht oder nicht richtig wahrgenommen. Da Menschen Informationen nur in beschränktem Umfang aufnehmen können, führt diese beschränkte Aufnahme dazu, dass Informationen ausgewählt und entsprechend ihrer Bedeutung gewichtet werden. Dieser Auswahlprozess unterliegt keinen rationalen Kriterien. Darüber hinaus werden gleiche Informationen

3 Vergleiche Schriek, Besser mit Behavioral Finance, München 2010, S. 19–28.

in verschiedenen Situationen unterschiedlich bewertet, was zu anderen und manchmal sogar gegensätzlichen Schlussfolgerungen führen kann.

Die »Behavioral Finance« befasst sich nicht nur mit der Informationswahrnehmung und der Informationsverarbeitung der Teilnehmer an den Finanzmärkten, sie untersucht auch ihr Entscheidungsverhalten. Allein die Form der Informationsdarstellung kann eine Entscheidung beeinflussen. Das Ziel jeder Entscheidung ist die Gestaltung und Kontrolle der Zukunft. Schwierig wird eine Entscheidung, wenn die Wahlmöglichkeiten nicht klar gegeben sind, wenn ihr Eintreten von Wahrscheinlichkeiten abhängt und wenn diese Wahrscheinlichkeiten nicht quantifiziert werden können. Die »Behavioral Finance« versucht, das tatsächliche Verhalten der Teilnehmer an den Finanzmärkten zu beschreiben und – darauf aufbauend – das Verhalten während und nach der Entscheidung vorherzusagen. Dadurch wird die »Behavioral Finance« zu einer vorteilhaften Hilfestellung: Wer andere Marktteilnehmer beurteilen kann, besser versteht und ihr Verhalten kennt, macht mit diesem Wissen weniger Fehler.

Wegen der Unberechenbarkeit der Marktteilnehmer (um auf Newton zurückzukommen) ist ein gesunder Menschenverstand und die Kenntnis über die Ursachen und Auswirkungen früherer Krisen oft zielführender und erfolgreicher, da die »Behavioral Finance« bis heute nur Teilantworten auf das Verhalten der Marktteilnehmer liefert. Auf weitergehende Ausführungen zur »Behavioral Finance« wird daher verzichtet. Einige pragmatische Standard-Aussagen sollen allerdings im Folgenden beschrieben werden, die eine Analyse des Verhaltens der Marktteilnehmer ermöglichen, um damit – zusammen mit Erkenntnissen aus der Fundamentalanalyse und der Technischen Analyse – erfolgreicher an der Börse zu sein. Der Fundamentalanalyse und der Technischen Analyse werden weitere Kapitel gewidmet, jedoch nicht der markttechnischen Analyse. Außerdem werden in den folgenden Abschnitten einige qualitative Begriffe angesprochen, die im Kapitel 4 quantitativ untermauert werden.

1.4.1 Kostolanys marktanalytische Annahmen

André Kostolany war ein ausgezeichneter Marktpsychologe. Er hat zwei Anlegergruppen von Marktteilnehmern definiert: Die Hartgesottenen und die Zittrigen, wobei es zwischen den beiden Gruppen durchaus Überlappungen gibt. Die Hartgesottenen zeichnen sich durch Gedanken, Geduld, Geld und Glück aus. Gedanken fassen die Vorstellungen über das Investment, die Ideen zur Gewinnerzielung und die Richtigkeit der Wertpapierauswahl zusammen. Geduld ist notwendig, wenn die Ideen nicht sofort zum gewünschten Erfolg führen oder das Halten eines ausgewählten Wertpapiers, zum Beispiel auf Grund einer langanhaltenden Seitwärtsbewegung, für den Anleger uninteressant zu werden droht. Unter Geld versteht Kostolany den für ein Investment frei zur Verfügung stehenden Betrag. Ein Investment auf Kredit ist damit nicht gemeint. Glück braucht der Anleger, wie jeder Mensch im Leben. Für die Zittrigen trifft zumindest eines zu: Gedanken, Geduld oder Geld. Beide Anlegertypen sind sowohl bei den institutionellen als auch bei den privaten Investoren zu finden. Da der Zittrige nicht auf Gedanken, Geduld und Geld setzt, wird ihm das Glück, so Kostolany, wohl nur in den seltensten Fällen Erfolg bescheren. Kostolany schätzte die Zittrigen unter den Marktteilnehmern auf 90 % und die Hartgesottenen lediglich auf 10 %.

Aus dieser Kategorisierung zieht Kostolany folgenden Schluss: Wenn sich die meisten Wertpapiere in den Händen von Hartgesottenen befinden, dann liegt ein überverkaufter Markt vor. Dieser Markt bietet die Chance für steigende Kurse, da die Hartgesottenen nur zu höheren Kursen bereit sind zu verkaufen und die Geduld dazu haben. Befinden sich dagegen eine große Menge von Wertpapieren in den Händen der Zittrigen, dann darf von einem überkauften Markt ausgegangen werden. Ein solcher Markt ist dadurch charakterisiert, dass eine große Zahl von unerfahrenen – nämlich zittrigen – Anlegern am Markt ist, die von der allgemeinen Kaufstimmung getrieben werden und schnell Geld verdienen wollen. Mit dem Stichwort »Milchmädchenmarkt« kann ein solcher Markt treffend beschrieben werden. Massenmedien, Leute, die normalerweise keinen Bezug zur Börse haben, oder unseriöse Herausgeber von entsprechenden Börsenbriefen, die »Super-Renditen-Chancen« von mehr als hundert oder gar tausend Prozent versprechen, geben dann »gute« oder gar »heiße« Anleger-Tipps. Wenn dies so wäre, dann wären seriöse Anlageberater oder Manager von Fonds-Gesellschaften Dummköpfe.

Ein überkaufter Markt ist gefährlich, da ein erhöhtes Risiko für einen Zusammenbruch des Marktes besteht. Um die Verluste in einer solchen Marktsituation niedrig zu halten, sollte der Anleger enge Stopp-Loss-Limits setzen.

In einem überverkauften Markt befindet sich dagegen die größte Zahl der Wertpapiere in den Händen von Hartgesottenen. Sie wollen ihre Wertpapiere nur sehr widerwillig verkaufen und nur zu höheren Kursen. Daher kann ein solcher Markt sogar bei schlechten oder wenig positiven Nachrichten steigen. Noch stärker wird dieser Einfluss, wenn am Markt viele Leerverkäufe getätigt wurden, da bei steigenden Kursen die eingegangenen Positionen glattgestellt werden müssen.

Die Denkweise eines einzelnen Anlegers bleibt bei diesen Betrachtungen unberücksichtigt. Jeder Anleger wird beim Eingehen oder beim Halten einer Position anders denken und agieren als Kostolany annahm. Seine Aussagen sind also stark vereinfachend und können lediglich als Anhaltspunkte dienen. Jedoch lassen sich mit den Annahmen von André Kostolany Börsenzyklen recht gut verstehen. Das von ihm erläuterte Herdenverhalten der Anleger erklärt auch das Entstehen von großen Crashs, die sehr deutlich aufzeigen, welche Auswirkung die Massenpsychologie auf die Finanzmärkte und auf die Börsen hat.

Kostolany starb 1999. Zu seinen Lebzeiten stellte sich eine Frage, die heute sehr bedeutungsvoll ist, nicht: In welche Kategorie fällt der auf Algorithmen basierende Aktienhandel oder gar der Hochfrequenzhandel?

1.4.2 Zyklus der Emotionen

Wie bereits erwähnt, handelt der Anleger sicherlich nicht immer rational. Als Mensch unterliegt er Emotionen und wird deshalb auch irrational handeln. Emotionen sind Forschungsgegenstand verschiedener neuer Disziplinen, wie zum Beispiel der Neuroökonomik. Abbildung 1-1 zeigt den Zyklus der Emotionen.[4]

Um erfolgreich zu sein, wird der Anleger deshalb versuchen abzuschätzen, wie die übrige Masse der Marktteilnehmer reagieren wird, um im Voraus zu agieren. Damit profitiert er von der Schwäche der Mehrzahl der Marktteilnehmer. Die Vernachlässigung des Verhaltens der meisten Marktteilnehmer bietet dem individuell vorgehenden Anleger bessere Chancen. Einige allgemein gültige Aspekte über das Anlegerverhalten werden in den folgenden Abschnitten beschrieben.

4 Nach Schriek, Besser mit Behavioral Finance, München 2010, S. 63.

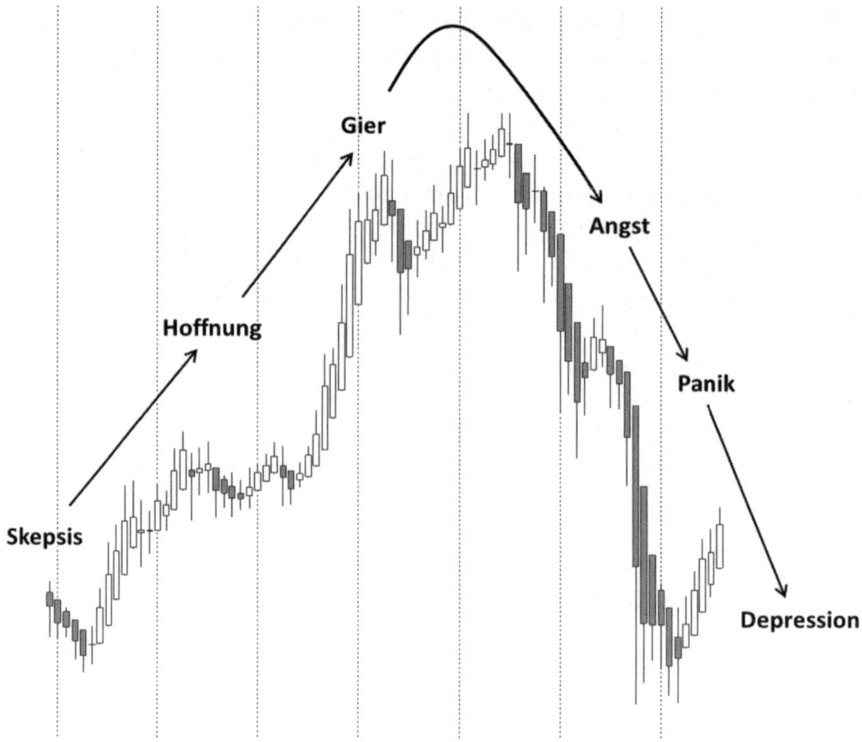

Abbildung 1-1: Zyklus der Emotionen

1.4.3 Angst und Gier

Die beiden größten Emotionen für den Anleger sind Angst und Gier. Keine dieser beiden Emotionen ist gut, denn beide können das Aus für den Anleger bewirken. Angst verhindert wohl, dass der Anleger zu große Verluste erleidet und den Sinn für die Realität verliert, doch sie kann auch dazu führen, dass er Gewinne zu früh mitnimmt oder eine Position überhaupt nicht eingeht. Letzteres kann im Extremfall dazu führen, dass der Anleger den Markt nur beobachtet, ohne jemals zu investieren. Wer zu viel Angst hat, eine Position einzugehen, sollte nicht investieren.

Das Gleiche gilt für den Anleger auch im Umgang mit Verlusten. Es muss ihm bewusst sein, dass Verluste etwas ganz Natürliches im Börsengeschäft sind. Investieren ohne Verluste gibt es nicht, sie sind die »Betriebskosten« im Börsengeschäft. Auch hier gilt: Anleger, die Angst vor Verlusten haben, sollten dem Börsengeschehen fernbleiben. Die besten Anleger sind diejenigen, die am besten verlieren können. Wenn eine Position gegen den Anleger läuft, dann ist es sinnvoll, die Position zu schließen. Es gibt keinen Grund, die »Position auszusitzen«.

Angst spielt auch eine Rolle, wenn der Anleger glaubt, eine Kursbewegung zu verpassen, und jeder Anlagemöglichkeit hinterherjagt. Dies führt zu Unüberlegtheit und Hektik und letzten Endes zum Misserfolg. Der Anleger muss sich im Klaren sein, dass man durchaus eine Gelegenheit verpassen kann. Wenn er eine Gelegenheit verpasst hat, dann gibt es für ihn eine andere – eigentlich ein hervorragendes Merkmal des Börsengeschehens.

An Gewinnen festzuhalten ist eine Sache, eine andere ist es jedoch, gierig zu werden. Gier führt dazu, dass man ohne Absicherung und ohne ausreichende Disziplin handelt. Gier lässt einen Anleger mehr riskieren als er vertreten kann. Der Anleger muss lernen, wann er eine Position schließen muss. Gier verhindert das.

Gier zu vermeiden ist genauso notwendig wie ein diszipliniertes Vorgehen an der Börse. Ein gutes Money-Management, realistische und geplante Anlageziele sowie die Verwendung eines definierten, tragfähigen Stopp-Loss-Konzeptes sind erfolgreiche Schritte zur Bekämpfung der Gier.

1.4.4 Risikoaversion

Die Risikoaversion besagt, dass Anleger bei gegebener Ertragserwartung jene Anlagealternative bevorzugen, die ein geringeres Risiko ausweist. In der Realität ist dieses Verhalten jedoch nicht immer zu beobachten: In der vermeintlichen Hoffnung, entstandene Verluste wieder zu kompensieren, suchen Anleger geradezu das Risiko, indem sie eine Position eingehen, die auf den ersten Blick Chancen zeigt. Dieses zur Risikoaversion gegensätzliche Verhalten der Anleger wird als Verlustaversion bezeichnet.

Zyklisches Handeln ist ebenfalls ein Ausdruck der Verlustaversion. Dabei nimmt der Anleger an, dass der fallende Kurs eines Wertpapiers weiter fällt, jedoch nicht davon ausgeht, dass ein steigender Kurs fallen könnte. In diesem Zusammenhang werden bevorzugt mehr Aktien von renommierten und großen Unternehmen gekauft als von weniger bekannten und kleineren Firmen. Bei letzteren wird das vermeintliche Risiko höher eingeschätzt. Sich an den Schwergewichten zu orientieren ist ein relativ sicheres Vorgehen, jedoch wird dabei häufig die Chance vergeben, mit ein wenig Geduld höhere Gewinne zu erzielen. Die Angst vor kurzfristigen Verlusten ist bei den Schwergewichten kleiner. Demzufolge werden die Aktien der Schwergewichte bei Aufwärtsbewegungen bevorzugt gekauft, obwohl sie meist geringere Gewinne abwerfen.

Konträr zur Verlustaversion steht die Gier. In vielen Fällen halten Anleger gewinnbringende Positionen zu lange, anstatt die erzielten Gewinne zu realisieren. In ihrer Gier auf weitere Gewinne geben sie diese wieder ab. Der Ausspruch »the trend is your friend« ist nur bedingt richtig: Verpasst man den Umkehrpunkt, dann wird die Freundschaft zur Feindschaft. Der erfolgreiche Anleger findet die richtige Mitte zwischen Risiko- und Verlustaversion und bleibt bescheiden.

1.4.5 Einzelstrategien

Obwohl der Markt sich ständig verändert, setzen viele Anleger nur auf eine bestimmte Strategie. Dies setzt jedoch als wesentlich voraus, dass die Marktphase, in der die Strategie angewendet wird, klar erkannt wird, und dass die Strategie weitgehend emotionslos und diszipliniert in der Marktphase umgesetzt wird. An zwei Beispielen wird diese Aussage untermauert.

Viele Anleger kaufen eine Aktie, wenn sie deutlich an Wert verloren hat, in der Meinung, dass sie günstig ist. Die Schwierigkeit bei dieser Vorgehensweise liegt im rechtzeitigen Erkennen der Bodenbildung. Bei einem zu frühen Einstieg können Verluste auftreten, die bei der erst später einsetzenden Erholung nicht kompensiert werden; bei einem zu späten Einstieg werden die Gewinnerwartungen nicht erfüllt. Der zu frühe Einstieg kann durch einen Nachkauf korrigiert werden, wenn die Aussicht auf Kurssteigerungen weiter besteht. Bei einem zu späten Einstieg und einer unklaren weiteren Kursentwicklung ist der Verkauf der einzig sinnvolle Weg. Der Ansatz, eine Aktie bei einem deutlichen Kursverfall zu kaufen, ist sehr arbeitsaufwendig und bedarf sehr guter Kenntnisse der Fundamentalanalyse.

Eine andere Strategie, die von einem großen Teil der Anleger und Investoren angewendet wird, ist die Trendfolgestrategie. Mit dieser Strategie investiert ein Anleger, wenn sich ein Aufwärts- oder Abwärtstrend abzeichnet (Trendfolgeansatz). Er wird dabei jedoch in der meisten Zeit nicht investiert sein, denn Trends machen nur etwa ein Drittel der Marktbewegungen aus, die anderen beiden Drittel sind Seitwärtsbewegungen. Das Erkennen des Trendbeginns und des Trendendes ist dabei von wesentlicher Bedeutung. Mit Stopp-Loss-Limits – konträr zum vorigen Anleger – und einem sehr disziplinierten Vorgehen kann der Anleger diese Strategie jedoch erfolgreich anwenden. Er muss dabei das Setzen und das Nachziehen konsequent anwenden. Dies geschieht zum Beispiel dadurch, dass in einem laufenden Trend mit einer Teilrealisierung der Gewinne begonnen wird und danach ein kontinuierliches Nachziehen des Stopp-Loss-Limits erfolgt. Der Trendfolgeansatz setzt ein profundes Wissen der Chartanalyse und ein konsequentes Arbeiten mit Stopp-Loss-Limits voraus.

1.4.6 Nicht korreliertes Portfoliomanagement

Es wird nur wenige Anleger geben, die den Fehler machen und nur in eine Position investieren. Doch auch die Streuung in mehrere Positionen zur Verminderung des Gesamtrisikos (siehe dazu Kapitel 4) beinhaltet eine nicht zu unterschätzende Fehlerquelle. Ein Fehler des Anlegers ist es, die einzelnen Positionen eines Portfolios getrennt zu betrachten. Kauf- und Verkaufsentscheidungen werden für die einzelnen Positionen getroffen und nicht im Kontext zum Gesamtrisiko des Portfolios. Die Positionen eines Portfolios als eine Einheit zu betrachten, mit dem Ziel, durch eine niedrige Korrelation der Einzel-Renditen eine gute Diversifikation bei einem möglichst optimalen Rendite-Risiko-Verhältnis zu erreichen, wird von den wenigsten Anlegern befolgt. Korrelationen werden in den seltensten Fällen berechnet. Auf die Korrelationen der Einzelpositionen in einem Portfolio wird im Kapitel 4 näher eingegangen.

Für den Anleger, der auf die Technische Analyse setzt und einen Trendfolgeansatz benutzt, ist die Korrelation der einzelnen Positionen weniger bedeutungsvoll. Für ihn ist es wichtiger, festzustellen, wie lange ein Titel bereits mit einem Trend gelaufen ist, ob ein gestecktes Kursziel erreicht wurde und eine andere Position ins Depot aufgenommen werden soll.

1.4.7 Zuversicht, Selbstvertrauen und Selbstzweifel

Zuversicht, Selbstvertrauen und Selbstzweifel sind in einer übertriebenen Ausprägung für den Anleger von besonderer Bedeutung. Übertriebene Zuversicht spielt eine Rolle, bevor der Anleger beginnt zu investieren, oder nach einem erfolgreichen Investieren. Zu Beginn einer Investition glaubt der Anleger grundsätzlich an seinen Erfolg und neigt dazu, seine Möglichkeiten unrealistisch einzuschätzen.

Das größere Problem tritt für den Anleger aber auf, wenn er zu viel Selbstvertrauen aufbaut. Übertriebenes Selbstvertrauen, verstärkt durch eine

Folge positiver Anlageerfolge, führt zum Verdrängen eigener Fehler und zur Illusion, stets Herr der Situation zu sein. Der Anleger mit übertriebenem Selbstvertrauen hat statt eines rationalen Bezuges zur Realität eine verzerrte Erwartungshaltung. Spätestens herbe Rückschläge korrigieren diese Haltung. Eine ständige, möglichst objektive Analyse des Marktes, eine demütige Haltung dem Markt gegenüber, gepaart mit der Erkenntnis, dass der Markt immer Recht hat, sowie eine systematische Vorgehensweise erübrigen allerdings die Korrektur einer verzerrten Erwartungshaltung.

Eine systematische und strukturierte Vorgehensweise lässt auch Selbstzweifel nicht schwerwiegend werden und vermeidet größere Enttäuschungen. Eine Handlungsweise ohne Systematik und Struktur, eventuell noch begleitet von kurzfristigen Erfolgen, führt zu einer Euphorie – eine gefährliche Stimmung, die einerseits zu Gier und Hektik führt und andererseits den Boden für leichtsinnige und falsche Entscheidungen bereitet. Ein langfristiger Erfolg kann damit nicht erzielt werden.

1.4.8 Aktien guter Unternehmen

Gerne werden gute Aktien mit guten Unternehmen gleichgesetzt, wobei mit guten Unternehmen wieder die bekannten und großen gemeint sind, ohne jedoch auf die Bewertung zu achten. Den Bekanntheitsgrad und die Größe eines Unternehmens zu erkennen, ist um ein Vielfaches leichter als eine Unternehmensbewertung vorzunehmen. Entscheidet die Mehrzahl der Marktteilnehmer in einem solchen Sinne und der einzelne Anleger folgt dieser Denkweise, dann führt dies zwangsläufig zu einer Fehlentscheidung. Für den individuell investierenden Anleger ist es dagegen wesentlich vorteilhafter, sich auf jene Unternehmen zu konzentrieren, die eine niedrige Bewertung oder einen starken Trend aufweisen. Die positiv bewertete Entwicklung eines Unternehmens oder der erkennbare Trend im Chart sollten die Kauf- und Verkaufsentscheidungen beeinflussen, unabhängig vom eigentlichen Kauf- oder Verkaufskurs. Er wird damit eine bessere Performance erreichen.

1.5 Ergebnisdarstellung im Rahmen einer Finanzanalyse

Das Ergebnis einer Finanzanalyse ist eine Handlungsempfehlung. Der Analyst ordnet das untersuchte Wertpapier oder den analysierten Markt in Kategorien ein. Absolute Empfehlungen werden wie folgt abgegeben:

- Klarer Kauf (engl. Strong Buy),
- Kaufen (engl. Buy),
- Akkumulieren (engl. Accumulate),
- Halten (engl. Hold),
- Reduzieren (engl. Reduce),
- Verkaufen (engl. Sell),
- Klarer Verkauf (engl. Strong Sell).

Die absolute Empfehlung ist eine von der Marktentwicklung unabhängige. Die Empfehlung »Halten« bedarf einer näheren Erklärung. »Halten« bedeutet, dass die zu erwartende Kursentwicklung unter Berücksichtigung der Transaktionskosten keine klare Empfehlung zulässt. Besitzt der Anleger das analysierte Wertpapier, dann ist ein Tausch in ein mit »Kaufen« beurteiltes Wertpapier nicht lohnend. Besitzt der Anleger das Wertpapier nicht, ist ein mit »Kaufen« beurteiltes Wertpapier vorzuziehen.

Empfehlungen in Abhängigkeit vom Markt werden wie folgt ausgesprochen:

- »Outperformer« bedeutet besser als der Markt.
- »Market performer« bedeutet dem Markt entsprechend.
- »Underperformer« bedeutet schlechter als der Markt.

Die Angabe einer solchen Bewertung setzt einen Index als Benchmark voraus. Wird die Empfehlung auf das Gewicht im Portfolio bezogen, dann lauten die Formulierungen einer Empfehlung:

- Übergewichten (engl. Overweight): Das Wertpapier hat gute Wertsteigerungschancen.
- Untergewichten (engl. Underweight): Das Wertpapier hat schlechte Wertsteigerungschancen.

Faire Prognosen im Rahmen einer Finanzmarktanalyse sollten

- das Kursziel angeben,
- das Stopp-Loss-Limit vorgeben,
- den Zeitrahmen für die Anlagedauer abstecken und
- eine Angabe über die Erfolgswahrscheinlichkeit machen.

Auf der Grundlage einer durchdachten Finanzanalyse ist der Anleger kein Tänzer um das sogenannte goldene Kalb. Er handelt auch nicht aus

Angst und Gier. Ein stetiges verantwortungsvolles Handeln mit Sachverstand ist die beste Voraussetzung für einen anhaltenden Investitionserfolg.

1.6 Zusammenfassung

Der Entscheidungsprozess zugunsten einer Anlage ist in Abbildung 1-2 zusammenfassend dargestellt.

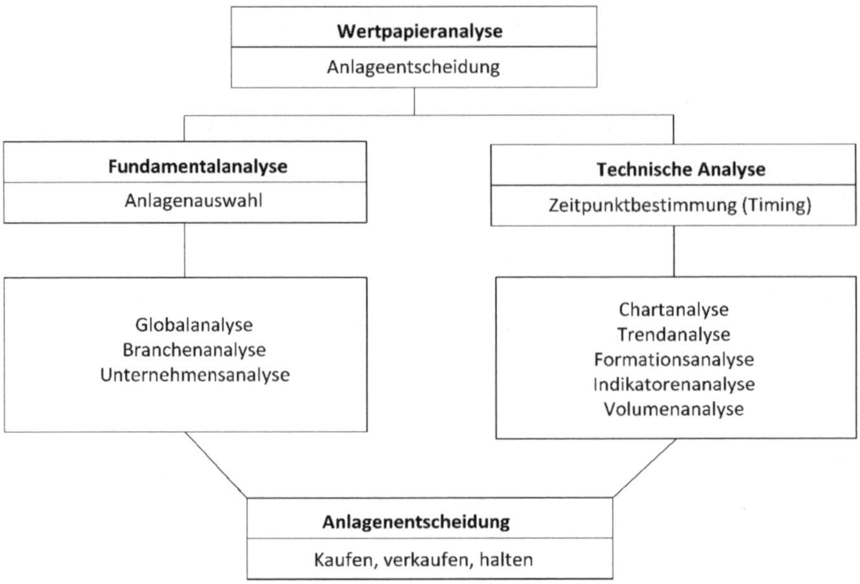

Abbildung 1-2: Anlagenentscheidung auf Basis der Fundamental- und der Technischen Analyse

Die Anlagenauswahl wird der strukturiert handelnde Anleger mit Hilfe der Fundamentalanalyse treffen, die Wahl des Zeitpunktes für die Kauf- beziehungsweise Verkaufsentscheidung auf der Grundlage der Technischen Analyse. Die Methoden, die die Technische Analyse zur Verfügung stellt, sind in Abbildung 1-2 nochmals zusammenfassend im rechten Kasten unter »Technischer Analyse« angegeben. In dem linken Kasten unter »Fundamentalanalyse« ist eine Detailgliederung angegeben, die der Inhalt des folgenden Kapitels 2 ist.

Kapitel 2
Fundamentalanalyse

Die Fundamentalanalyse ist eine Methode, mit der versucht wird, einen Substanzwert eines Investments – in der Regel den Kurs einer Aktie – vorauszusagen. Sie basiert auf der Theorie, dass der Marktpreis eines Investments in Richtung eines realen Wertes oder Substanzwertes tendiert. Dabei ist der Grundgedanke, dass der Marktpreis um diesen Substanzwert schwankt. Bei einer Aktie verwendet man sehr häufig den Begriff des inneren Wertes: ein Wert, den man ihr unter objektiven Gesichtspunkten zuzugestehen bereit ist. Unter diesem Aspekt ist auch die Überbewertung oder Unterbewertung einer Aktie zu verstehen. Eine überbewertete Aktie wird dementsprechend über ihrem inneren Wert, eine unterbewertete Aktie unter ihrem inneren Wert gehandelt. Die Auswahl eines Investments mit Hilfe der Fundamentalanalyse erfolgt unter dem Gesichtspunkt einer langfristigen Anlage, während die Kauf- oder Verkaufsentscheidung, das Timing, auf Basis der Technischen Analyse erfolgt.

Die Fundamentalanalyse bewertet gesamtwirtschaftliche, länder- und branchenspezifische sowie unternehmensspezifische Faktoren. Sie besteht deshalb aus drei getrennten Bereichen (vergleiche Abbildung 2-1):

- Globalanalyse,
- Branchenanalyse,
- Unternehmensanalyse.

Die Fundamentalanalyse bevorzugt die Top-down-Methode: Zuerst wird das generelle Marktumfeld analysiert, anschließend erfolgt die Auswahl der Branche und zuletzt wird nach erfolgversprechenden Titeln, zum Beispiel an Hand von Kennzahlen, gesucht. Beim Bottom-up-Ansatz geht man in der umgekehrten Richtung vor: Auswahl aussichtsreicher Titel, Filtern der aussichtsreichen Titel an Hand der Branchensituation, Einschätzung des Marktumfeldes. Dieser Ansatz ist jedoch in der Fundamentalanalyse kaum gebräuchlich.

Die Technische Analyse, die Angebot und Nachfrage nach einem bestimmten Wertpapier an Hand von Kursmustern und Kursverläufen ana-

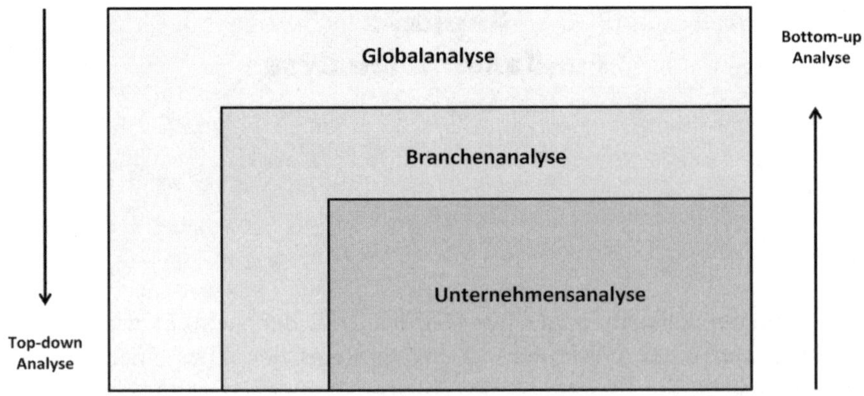

Abbildung 2-1: Bereiche der Fundamentalanalyse

lysiert um Vorhersagen für das zukünftige Kursverhalten zu machen versucht, fragt im Gegensatz dazu die Fundamentalanalyse nach den Ursachen des Angebots- und Nachfrageverhaltens, um daraus auf die Weiterentwicklung zu schließen. Die nachfolgende Darstellung der Fundamentalanalyse orientiert sich an den Ausführungen von Michalky/Schittler[1] und Leven/Schlienkamp[2].

2.1 Globalanalyse

Bei der Globalanalyse wird die internationale und nationale Wirtschaftslage untersucht, eingeschätzt und prognostiziert. Als Beispiel sei die japanische Industrie genannt. Da der japanische Yen eine international gesuchte Währung ist, wird die exportorientierte japanische Industrie mit Absatzschwierigkeiten zu kämpfen haben, wenn der Yen im Verhältnis zu anderen Währungen steigt. Die Aktienkurse japanischer Unternehmen mit einem hohen Exportanteil dürften damit fallen.

Im Folgenden werden die wichtigsten Einflussfaktoren beschrieben, die bei der Globalanalyse eine besondere Rolle spielen. Angemerkt sei, dass es sich hierbei keinesfalls um eine vollständige und umfassende Darstellung handelt.

1 Das große Buch der Börse, München 2008.
2 Erfolgreiches Depotmanagement, Wiesbaden 1998.

2.1.1 Wirtschaftswachstum

Unter Wirtschaftswachstum in einer Volkswirtschaft versteht man die in einem Jahr produzierte Gütermenge im Vergleich zum Vorjahr. Die produzierte Gütermenge steht für den Konsum und Investitionen zur Verfügung.

Wirtschaftswachstum ist für den Fortbestand einer Volkswirtschaft besonders wichtig. Es bietet den Menschen nicht nur die Möglichkeit höherer Einkommen, sondern es ist in einer modernen Industriegesellschaft für den Erhalt und die Sicherung von Arbeitsplätzen unabdingbar. Damit ist Wirtschaftswachstum die Basis für die politische Stabilität eines Landes.

Messgröße für das Wirtschaftswachstum ist die Wachstumsrate des Bruttoinlandsproduktes. Die Summe der in einem Land jährlich produzierten Waren und Dienstleistungen ist das Bruttoinlandsprodukt (BIP). Es muss allerdings vom Bruttosozialprodukt (BSP) unterschieden werden. Unter dem BSP versteht man die Gesamtheit der in einem Jahr von den Einwohnern des Landes produzierten Waren und Dienstleistungen. Einwohner aus anderen Staaten tragen im Inland wohl zum BIP bei, jedoch nicht zum BSP. Je kleiner der Anteil der Einwohner aus anderen Ländern ist, gemessen am Anteil der Gesamteinwohner, desto weniger unterscheiden sich BIP und BSP. Güter und Dienstleistungen werden mit Preisen einer Währungseinheit bewertet. Die ermittelten Preise werden addiert und ergeben in der Summe das BIP.

Die Bewertung der Güter und Dienstleistungen mit ihren jeweiligen Preisen beinhaltet eine gewisse Problematik. Bei konstanten Preisen führt eine Steigerung der produzierten Güter und Dienstleistungen gegenüber dem Vorjahreszeitraum zu einem Anstieg des BIP und damit zu einem realen Wirtschaftswachstum. Steigende Preise führen zu einer nominellen Änderung des BIP. In diesem Fall wird durch Berücksichtigung der Preisniveauänderung das nominale BIP – das die Inflation beinhaltet – korrigiert, um das reale BIP zu ermitteln. Die Messung des Wirtschaftswachstums am realen BIP ist nur unter der Voraussetzung richtig, dass die Produktionskapazität der Wirtschaft sich nicht wesentlich verändert und die Produktionsfaktoren wie menschliche Arbeitskraft, Kapital sowie Grund und Boden normal genutzt werden. Eine korrekte Messung bei veränderlicher Produktionskapazität erfolgt dadurch, dass die durchschnittliche Produktionskapazität – auch mit Normalkapazität oder Trend bezeichnet – mit der jeweils aktuellen Lage verglichen wird.

Das Zusammenwirken von Gütern und Dienstleistungen einerseits und den jeweiligen Preisen andererseits erklärt die Begriffe Inflation und Deflation. Als Inflation wird der Prozess allgemeiner Preissteigerungen definiert. Für eine bestimmte Geldmenge können in diesem Prozess nur eine ständig sinkende Menge an bestimmten Gütern oder Dienstleistungen erworben werden. Unter Deflation versteht man einen allgemeinen, signifikanten und anhaltenden Rückgang des Preisniveaus für Güter und Dienstleistungen. Deflation löst eine für die Wirtschaft schädliche Spirale aus: Zusammen mit den Preisen sinken auch die Löhne. Oft sinkt in einem deflationären Umfeld die Nachfrage schneller als die Preise. Auf Grund des sinkenden Absatzes benötigen Unternehmen weniger Mitarbeiter oder können die real steigenden Schulden nicht bedienen und werden insolvent. In beiden Fällen steigt die Arbeitslosigkeit. Die davon betroffenen Menschen fallen als Konsumenten aus. Deflation ist relativ selten, jedoch schlimmer als eine hohe Inflation.

Als Wirtschaftswachstumsrate bezeichnet man die durchschnittliche relative Zunahme des Wirtschaftswachstums – gemessen am realen BIP – üblicherweise pro Jahr. Die Wachstumsrate des BIP ist allerdings zeitlich nicht konstant. Sie unterliegt relativ starken Schwankungen, da seine Einflussfaktoren wie zum Beispiel Produktion, Beschäftigung oder Preise Schwankungen unterliegen. Diese Schwankungen treten in gewissen Zyklen auf. Dieser zyklische Schwankungsvorgang wird als Konjunktur bezeichnet. Diese Zyklen des Wirtschaftswachstums führen zu Konjunkturschwankungen.

In der Konjunkturtheorie wird dagegen der Begriff Konjunktur verwendet, um die Existenz von zyklischen Bewegungen – Konjunkturzyklen – anzuzeigen und um die wirtschaftliche Lage einer Branche oder der gesamten Volkswirtschaft im Verlauf eines solchen Zyklus zu beschreiben. Die Konjunkturtheorie ist bestrebt, Erklärungsansätze für die Existenz von Konjunkturzyklen zu liefern.

2.1.2 Konjunktur und Konjunkturzyklen

Jede Konjunktur einer Volkswirtschaft lässt sich in Konjunkturzyklen einteilen. Ein Konjunkturzyklus ist der Zeitraum, der einen konjunkturellen Auf- und Abschwung umfasst. Ungeachtet der Frage nach der Regelmäßigkeit und der Verursachung eines Konjunkturzyklus, lassen sich fünf Phasen im Konjunkturablauf unterscheiden, die zusammen einen Konjunkturzyklus ergeben. Ein Konjunkturzyklus wird demnach in die Aufschwungphase (Expansion, Erholung), die Hochkonjunktur (Vollbeschäftigung), den Boom (Konjunkturhoch, Überbeschäftigung), den Konjunkturabschwung (Rezession, Abkühlung) und die Tiefphase (Depression) unterteilt (vergleiche Abbildung 2-2).

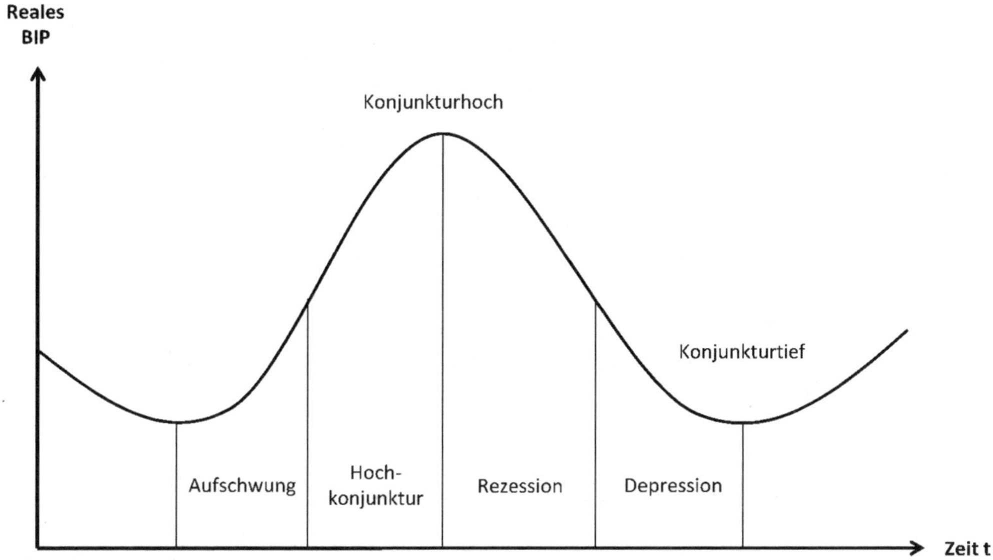

Abbildung 2-2: Konjunkturzyklus

Ein Konjunkturzyklus dauert zwischen zwei und zehn Jahren. Kürzere Zyklen stellen saisonale Schwankungen dar. Die Konjunkturforschung hat verschiedene Konjunkturzyklen unterschiedlicher Länge identifiziert. Die bekanntesten Zyklen sind der Kitchin-, der Juglar- und der Kondratieff-Zyklus. Der Kitchin-Zyklus wird zur Beurteilung der betriebswirtschaftlichen Produktions- und Absatzplanung sowie zur Lagerhaltung herangezogen. In seiner ersten Phase ist die Produktion größer als der Absatz, die Lager werden aufgefüllt. Sobald sich langsameres Wachstum abzeichnet, wird die Produktion gedrosselt. Dies ist die zweite Phase des Kitchin-Zyklus. Empirisch dauert dieser Zyklus drei bis vier Jahre. Der Juglar-Zyklus beschreibt Investitionsphasen und dauert zwischen sechs und zehn Jahren. Zusätzlich zu den Konjunkturzyklen wird auch der Kondratieff-Zyklus mit einer Dauer von etwa 50 Jahren beobachtet (Nikolai D. Kondratieff, 1892–1938, russischer Wirtschaftswissenschaftler). Er beschreibt einen ungewöhnlich starken Wirtschaftsaufschwung auf Grund von bahnbrechenden Innovationen. Zyklen im Allgemeinen und Konjunkturzyklen im Speziellen sind allerdings keine klar erkennbaren und stets wiederkehrenden Muster. Es handelt sich bei ihnen um statistisch nachweisbare Erscheinungen, allerdings mit keiner hohen Signifikanz. Es ist sicherlich sinnvoll, bei Anlageentscheidungen Zyklen in die Betrachtung einzubeziehen oder die aktuelle Konjunkturlage als Hilfsmittel zu nutzen, um interessante Anlageobjekte zu finden.

Die Konjunkturentwicklung ist neben der Zinsentwicklung eine der beiden gesamtwirtschaftlichen Größen, die für den Anleger relevant sind. Beide Größen hängen eng miteinander zusammen, denn die Höhe der Marktzinsen schwankt mit dem Konjunkturzyklus.

Ein recht guter Frühindikator für die Konjunktur ist die Börsenentwicklung, da erfahrungsgemäß die Börse der Konjunktur vorauseilt. Das Ausmaß des zeitlichen Vorlaufs hat sich in den zurückliegenden Jahrzehnten vergrößert. In den 1950er-Jahren betrug der Vorlauf der Börse gegenüber der Konjunktur ungefähr drei Monate. In der Zeit von 1980 bis 1985 erhöhte sich dies auf 15 Monate. Gegenwärtig (Jahr 2011/2012) beträgt der Vorlauf zwischen neun und zwölf Monaten.

2.1.3 Volkswirtschaftliche Indikatoren

Die wichtigsten Daten einer Volkswirtschaft einschließlich ihrer entsprechenden Prognosen zur Konjunkturentwicklung werden von folgenden Organisationen laufend veröffentlicht:

- Organisation für wirtschaftliche Zusammenarbeit und Entwicklung (Organization of Economic Cooperation and Development, OECD),
- Internationaler Währungsfonds (IWF),
- Federal Reserve Bank (FED),
- Europäische Zentralbank (EZB).

Hinzu kommen noch die nationalen Notenbanken, Wirtschaftsforschungsinstitute und die volkswirtschaftlichen Abteilungen von Banken. Es ist sicherlich nur eine Frage der Zeit, bis aus dem asiatischen Raum weitere Institutionen hinzukommen, und es bedarf keiner besonderen Fähigkeit, zu erkennen, dass aus dem asiatischen Raum Rahmenbedingungen kommen werden, die zu den bisherigen, dominierenden Randbedingungen der westlichen Welt hinzukommen. Die Entwicklung an den asiatischen Börsen – Hongkong, Shanghai, Singapur sowie Sidney und Seoul – spricht ein allzu deutliches Wort. Sie sind heute schon eine feste Größe auf den internationalen Finanzmärkten. Die gegenwärtige Orientierung (Jahr 2011/2012) der westlichen Investment-Banken dient dafür als ein Prognosebeweis.

Die Zahl der laufend veröffentlichten volkswirtschaftlichen Daten beziehungsweise Indikatoren ist sehr vielfältig und kaum übersehbar. Sie lässt sich jedoch in folgende Gruppen gliedern:

- Frühindikatoren,
- fundamentale Indikatoren,
- monetäre Indikatoren,
- Wechselkurse.

Nachfolgend werden die wichtigsten Indikatoren lediglich genannt– ausgenommen die vorlaufenden Indikatoren – oder nur vereinzelt mit einem Kommentar versehen, da die Websites der entsprechenden Organisationen oder von Nachrichtendiensten im Internet eine schnelle, unkomplizierte und umfassende Informationsquelle für solche Konjunkturdaten sind. Einen Schnelleinstieg bietet in jedem Fall Wikipedia, auch mit qualifizierten Literaturhinweisen.

2.1.3.1 Frühindikatoren

Der Anleger wird bei der Suche nach erfolgreichen Investitionen nach Märkten mit geringer Inflation und starkem Wirtschaftswachstum suchen. Frühindikatoren oder vorlaufende Indikatoren, die einen Anhaltspunkt für die zukünftige Entwicklung geben sollen, spielen dabei eine besondere Rolle. Sie sollen einen Hinweis auf die Zukunft und einen kleinen Zeitvorsprung gegenüber den anderen Marktteilnehmern geben. Der dänische Physiker Niels Bohr (1885–1962) hat sich während eines Kopenhagener Seminars zum Thema Quantenphysik – nicht weniger komplex und rational wie das Geschehen an der Börse – zum Thema Prognose wie folgt geäußert: *»Prognosen sind schwierig, besonders wenn sie die Zukunft betreffen«*. Prognosen sind nur mit Vorsicht oder Augenmaß und gesundem Menschenverstand in eine Anlagenentscheidung einzubeziehen.

Die wichtigsten Vorlaufindikatoren im Sinne der globalen Analyse sind:

- Einkaufsmanagerindex:
  Der Einkaufsmanagerindex (EMI) wird seit 1996 monatlich veröffentlicht und informiert über die Konjunkturentwicklung in Deutschland. Als Orientierung für diesen Index dient der amerikanische Purchasing Managers Index (PMI) auf Grund des starken Weltmarkteinflusses der US-Volkswirtschaft. Im Auftrag der Nachrichtenagentur Thomson Reuters wird er durch den Bundesverband Materialwirtschaft, Einkauf und Logistik (BME) und NTC Research erstellt.

- Auftragseingang:
  Die Vorlaufwirkung eines solchen Indikators ist sehr gut, denn der Auftragseingang beeinflusst die Produktion von morgen und den Konsum von übermorgen. Ein Beispiel für einen solchen Vorlaufindikator ist der US-Auftragseingang für langlebige Güter (vergleiche Abbildung 2-3).

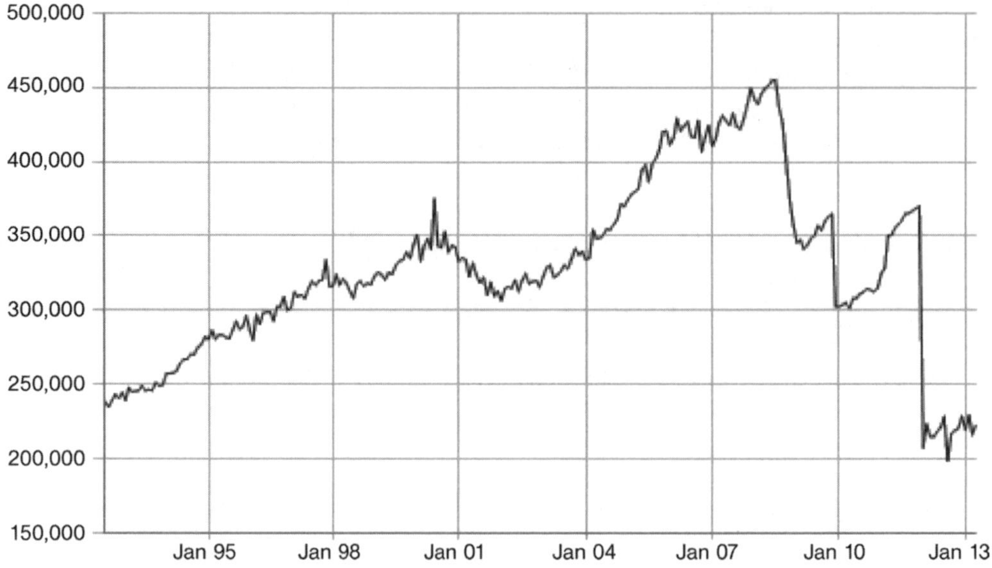

Abbildung 2-3: US-Auftragseingang für langlebige Güter (Quelle: Census Bureau)[3]

  Am Ende eines Monats, gültig für den Vormonat, wird der US-Auftragseingang für langlebige Güter (Holz, Stahl, elektronische Bauteile, Maschinen, Autos, Mobiliar für den gewerblichen und privaten Bereich) veröffentlicht. Die Langlebigkeit wird für diesen Indikator mit einer Lebensdauer von mindestens ein bis drei Jahren definiert. Besonderes Augenmerk richtet der Indikator auf die Neuaufträge, die die industrielle Nachfrage früh zu erkennen geben.
- Auftragsbestand:
  Der Auftragsbestand ist ein Konjunkturindikator mit vergleichbarer Aussagekraft wie derjenige für den Auftragseingang. Während der Auftragsbestand aktuelle Kundenaufträge beschreibt, ist der Auftragseingang ein Maß für das künftige Auftragsvolumen.

3 Aktuell abrufbar unter http://www.finanzen.net/konjunktur/us-auftragseingang-fuer-langlebige-gueter.

- Industrieproduktion:
  Einer der wichtigsten Konjunkturindikatoren ist die Industrieproduktion. Die Wachstumsrate der Industrieproduktion, die geraume Zeit vor der Wachstumsrate des BIP vorliegt, ist eine gute Richtgröße für das gesamtwirtschaftliche Wachstum. Ein signifikantes Beispiel für einen solchen konjunkturellen Vorlaufindex ist ein von der FED publizierter Index. Sein offizieller Name lautet «Federal Reserve Statistical Release G.17, Industrial Production and Capacity Utilization" (vergleiche Abbildung 2-4). Der Index gibt für die USA die Leistungsveränderungen im verarbeitenden Gewerbe sowie im Bergbau und bei den Versorgern an.

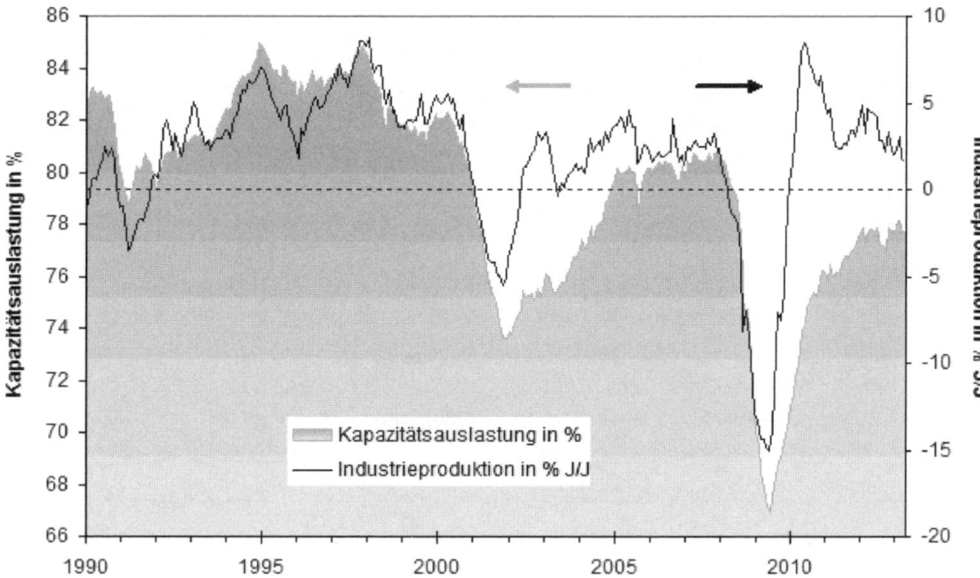

Abbildung 2-4: Federal Reserve Statistical Release G.17[4], NAICS, (2007 = 100, SA), 1990 – Mai 2013

Über die so quantifizierte Industrieproduktion werden Aussagen und Einblicke in die Verfassung der Wirtschaft gewonnen. Der Quotient aus Industrieproduktion und Kapazität, die Kapazitätsauslastung, stellt darüber hinaus eine wertvolle Größe zur Beurteilung der gesamtwirtschaftlichen Situation dar.

4 Aktuell abrufbar unter http://www.markt-daten.de/research/indikatoren/ind.-production.htm.

- Leading Indicators:
  Eines der bekanntesten Beispiele für diese Art von Konjunkturindikatoren ist der Frühindikator des Conference Boards, der sich aus zehn Einzelindikatoren zusammensetzt und ein Frühindikator für die US-Wirtschaft ist (vergleiche Abbildung 2-5). Dieser Indikator ist hinsichtlich seiner Zusammensetzung und seiner Aussagekraft besonders interessant.

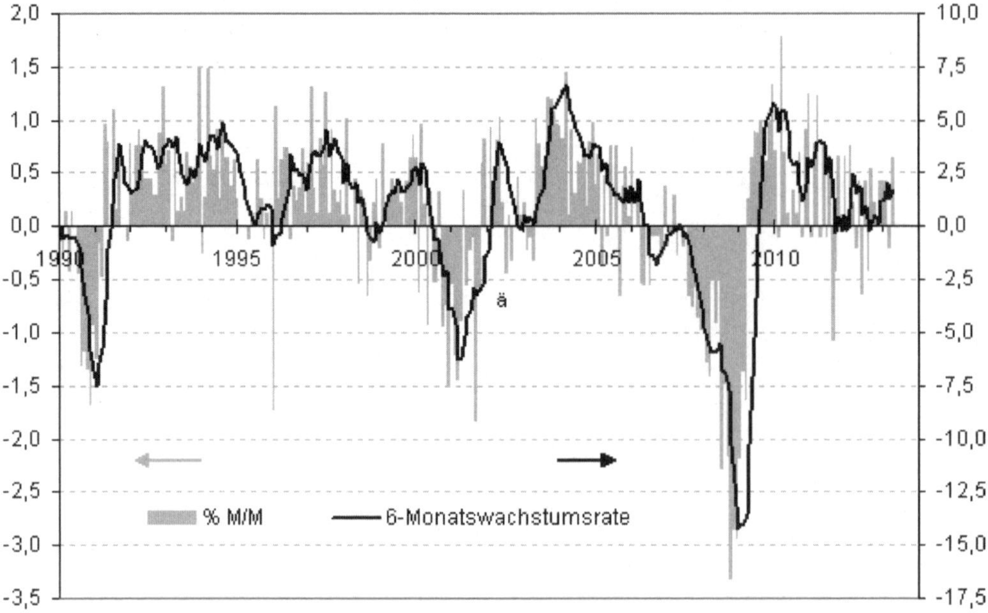

Abbildung 2-5: Frühindikatoren des Conference Boards[5] in %, (2004 = 100) SA, 1990 – April 2013

Dieser Composite-Frühindikator prognostiziert die konjunkturellen Bedingungen mit einem Zeitraum von sechs bis neun Monaten. Zum Beispiel sagt er eine Rezession bei rückläufigen Werten in drei aufeinanderfolgenden Monaten recht gut voraus. Der Index ist gewichtet und besteht aus zehn Einzelindikatoren. Die einzelnen Indikatoren in der Reihenfolge ihrer Gewichtung:

– Durchschnittliche Wochenarbeitszeit im verarbeitenden Gewerbe,

5 Aktuell abrufbar unter http://www.markt-daten.de/research/indikatoren/leading.htm.

- ISM-Index und Auftragseingänge,
- Verbrauchersentiment und Konjunkturerwartung (Erwartungen der Unternehmen),
- Zinsspanne zwischen zehnjährigen Anleihen und der Fed Funds Rate,
- Auftragseingänge für Konsumgüter im verarbeitenden Gewerbe (inflationsbereinigt),
- Leading Credit Index und Aktienindex S&P 500,
- Auftragseingänge der Investitionsgüterindustrie (ohne Flugzeugindustrie),
- durchschnittliche Anzahl der Erstanträge auf Arbeitslosenunterstützung und
- Anzahl der privaten Baugenehmigungen.

Grundsätzlich verändert sich der Index vor einer bevorstehenden Rezession nach unten und vor einer Phase der Expansion nach oben.

- ifo-Geschäftsklima-Index:

  Der ifo Geschäftsklima-Index (vergleiche Abbildung 2-6) ist ein stark beachteter Indikator für die konjunkturelle Situation in Deutschland, der größten europäischen Wirtschaftsnation. Er wird für die qualitative Analyse des Konjunkturverlaufs und unter Zuhilfenahme verschiedener statistisch-mathematischer Verfahren auch für die quantitative Prognose der Wirtschaftsentwicklung verwendet. Er zeigt einen sehr hohen Gleichlauf mit der gesamtwirtschaftlichen Entwicklung.

  Das ifo-Institut stellt den Unternehmen stets zwei gleiche Fragen:
  - Wie beurteilen Sie Ihre aktuelle geschäftliche Entwicklung?
    Antwortmöglichkeit: gut, zufriedenstellend und unbefriedigend.
  - Mit welcher Entwicklung der Geschäfte rechnen Sie in den nächsten sechs Monaten?
    Antwortmöglichkeit: besser, unverändert, schlechter.

Beide Fragen gehen mit dem gleichen Gewicht in den ifo-Geschäftsklima-Index ein. Sein Neutralwert liegt bei 100. Antworten mit zufriedenstellend und unverändert werden in dem Index nicht berücksichtigt. Liegt der Index-Wert über 100, spricht das für eine optimistische Einschätzung der Wirtschaftslage, bei einem Wert unter 100 wird die Wirtschaftslage eher pessimistisch eingeschätzt.

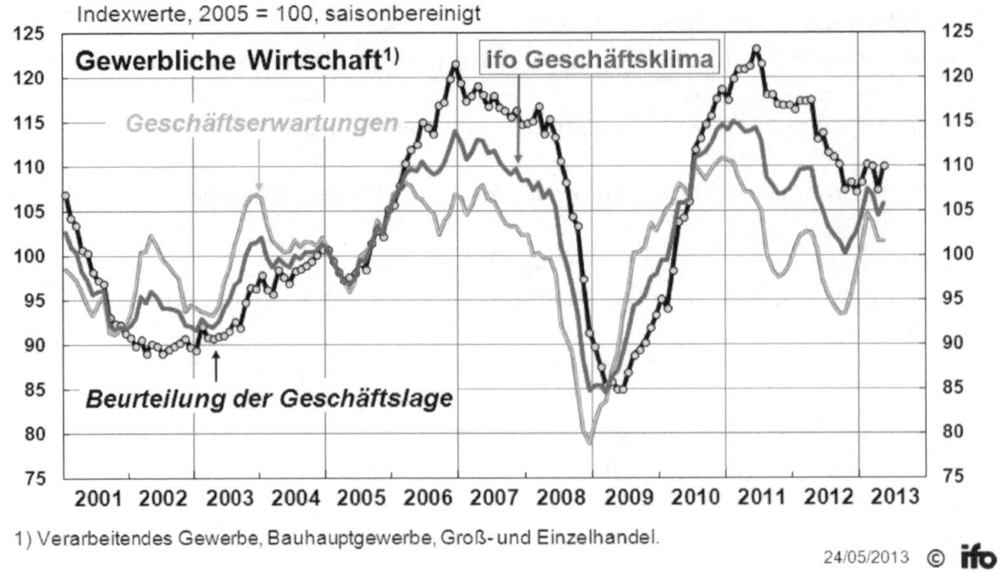

Abbildung 2-6: ifo-Geschäftsklima-Index[6], Indexwerte, 2005 = 100, saisonbereinigt, Quelle: ifo Konjunkturtest Mai 2013

Weniger bekannt sind die Veröffentlichungen des ifo-Instituts zum Weltwirtschaftsklima (vergleiche Abbildung 2-7 und 2-8) sowie zum Wirtschaftsklima in Westeuropa, Nordamerika und Asien.
Seit 1981 befragt das ifo-Institut im vierteljährlichen Turnus Experten aus einer Vielzahl von Ländern zur Konjunkturentwicklung und zu anderen Wirtschaftsdaten in ihrem jeweiligen Beobachtungsgebiet. Die Umfrage wird in Zusammenarbeit mit der Internationalen Handelskammer in Paris (ICC) durchgeführt.

- CRB Futures Index:
  Der Index wurde ursprünglich vom Commodity Research Bureau berechnet – daher der Name. Er umfasst derzeit (Jahr 2012) 19 Rohstoff-Future-Kontrakte und ist in vier Kategorien unterteilt:
  - Kategorie 1 (Energierohstoffe außer Erdgas): Erdöl, Heizöl, bleifreies Benzin.

6 Aktuell abrufbar unter http://www.cesifo-group.de/de/ifoHome/facts/Survey-Results/Business-Climate/Geschaeftsklima-Archiv/2013/Geschaeftsklima-20130524.html.

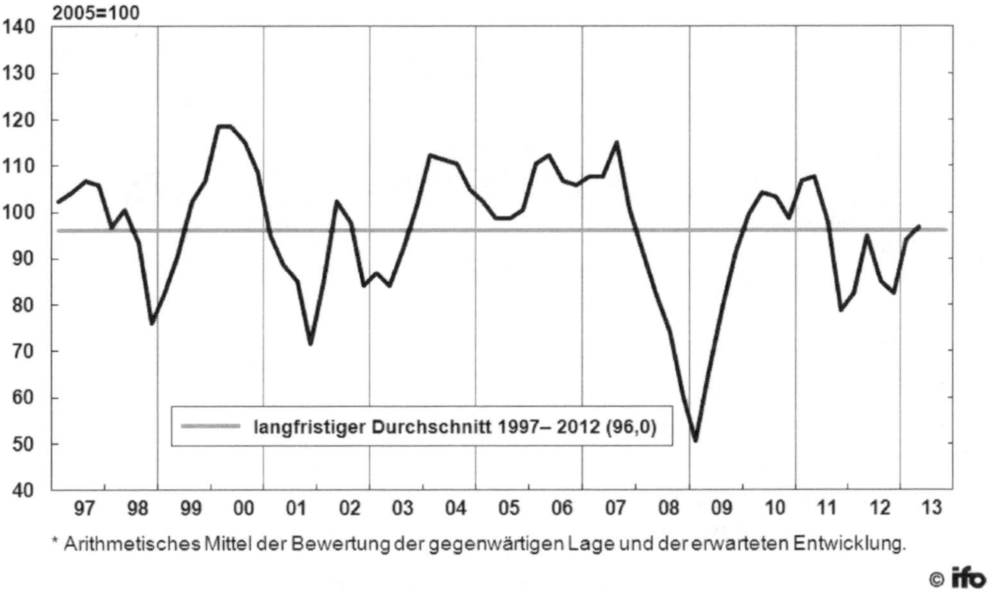

Abbildung 2-7: ifo-Weltwirtschaftsklima[7], 2005 = 100, Quelle: ifo World Economic Survey (WES) II/2013

– Kategorie 2 (Hochliquide Rohstoffe): Aluminium, Erdgas, Gold, Kupfer, Lebendrind, Mais, Sojabohnen.
– Kategorie 3 (Liquide Rohstoffe): Baumwolle, Kaffee, Kakao, Zucker.
– Kategorie 4 (Diversifizierte Rohstoffe): Mageres Schwein, Nickel, Orangensaft, Silber, Weizen.

Der Index dient zur Prognose der Inflation. Bei steigenden Rohstoffpreisen kann von einer höheren Nachfrage ausgegangen werden, die wiederum von einem steigenden Wirtschaftswachstum ausgelöst wurde. Gerade in der Endphase einer Hochkonjunktur steigt die Inflationsgefahr und damit die Bedeutung des Index.

- Goldpreis:
  Der Goldpreis entsteht aus dem Zusammenspiel fundamentaler Marktdaten wie Goldnachfrage und Goldangebot, wird aber auch von Emotionen auf Grund seiner Stellung als Edelmetall, von kurzfristigen und

7 Aktuell abrufbar unter http://www.cesifo-group.de/de/ifoHome/facts/Survey-Results/World-Economic-Survey/World-Economic-Climate/Archive/2013/World-Economic-Climate-20130515.html.

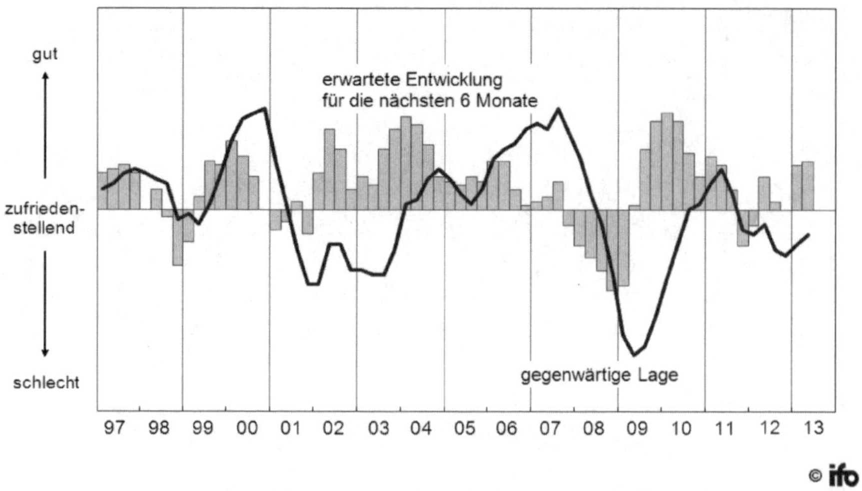

Abbildung 2-8: Ifo Weltwirtschaft: Wirtschaftliche Lage und Erwartungen[8], Quelle: ifo World Economic Survey (WES) II/2013

langfristigen Ereignissen sowie von Eingriffen und Spekulationen beeinflusst.

Der Goldpreis korreliert

- negativ mit der USD-Entwicklung,
- positiv mit der Inflation und
- negativ mit der Goldproduktion.

Außerdem beeinflussen Zentralbanken, Großbanken und Goldminengesellschaften, beziehungsweise ganz allgemein Marktteilnehmer, die über große Reserven an Gold verfügen, in erheblichem Maße den Goldpreis. Verleihen die Banken ihre Reserven oder steigern die Minengesellschaften die Goldproduktion, dann wird das in der Regel einen sinkenden Goldpreis zur Folge haben. Werden dagegen größere Goldmengen von den Banken gekauft oder die Goldproduzenten verringern ihre Produktion, dann sind meistens Goldpreissteigerungen die Konsequenz.

Weiter dient der Goldpreis auch als Inflationsfrühindikator, denn wesentliche, in die Finanzmärkte eingespeiste Liquidität wirkt sich nur zeitverzögert in der realen Wirtschaft durch Preiserhöhungen aus. Abgesehen

8 Aktuell abrufbar unter http://www.cesifo-group.de/de/ifoHome/facts/Survey-Results/World-Economic-Survey/World-Economic-Climate/Archive/2013/World-Economic-Climate-20130515.html.

von Zeiten sehr hoher Inflation kann eine Goldanlage darüber hinaus auch in Phasen mit negativer Realverzinsung interessant sein, da hier die Geldentwertung (Inflation) größer ist als der Zinsertrag, der durch eine kurzfristige Geldanlage erzielt werden kann.

- Goldminenindex:
  Mit Hilfe eines Goldminenindex können Inflationsraten, die Wechselkurse verschiedener Währungen und Aktienkurse in Krisenzeiten beurteilt werden. Außerdem sind Goldminenindizes ein Vorlaufindikator für den Goldpreis selbst. Die Vorlaufzeit ist schwankend, kann jedoch mit ein bis drei Monaten veranschlagt werden. Es gibt zwei Goldminenindizes, die eine besondere Marktbedeutung haben: HUI und XAU.
  - HUI
    Der HUI-Index beinhaltet 16 Minen, die ihre Goldproduktion nicht mehr als 18 Monate im Voraus am Markt verkaufen. Dieses Geschäftsmodell beeinflusst den Index maßgeblich. Die Gewichtung der im Index befindlichen Minen kann man unter http://www.amex.com nachlesen. Der AMEX Gold BUGS (Basket of Unhedged Gold Stocks) ist mit dem HUI-Index identisch. Seit der Fusion der New Yorker Börse mit der AMEX heißt er offiziell NYSE Arca Gold BUGS Index.
  - XAU
    Der XAU-Index (Philadelphia Gold- und Silberindex) beinhaltet im Gegensatz zum HUI-Index auch gehedgte Goldminen. Diese Minen tätigen in stärkerem Maße Vorwärtsverkäufe. Bei fallendem Goldpreis profitieren diese Minen, sind jedoch bei steigendem Goldpreis im Nachteil. Der Index beinhaltet 16 Gold- und Silberminen und ist kapitalisierungsgewichtet. Er wurde 1979 mit einem Startwert von 100 eingeführt. In neuerer Zeit haben die Minenproduzenten ihre Vorwärtsverkäufe stark verringert oder ganz reduziert. Die Unterschiede zwischen den beiden Indizes haben sich dadurch verringert.

  Da inzwischen die meisten Goldminen die Vorwärtsverkäufe stark reduziert oder eingestellt haben, sollten sich künftig die Unterschiede zwischen dem XAU und dem HUI verringern.
- Consumer Confidence Index (CCI)
  In vielen, vor allem hochentwickelten Volkswirtschaften wird das Verbraucherverhalten laufend ermittelt. Der Grund hierfür ist die Korrelation des Verbraucherverhaltens zur Arbeitslosigkeit und zur Inflation sowie zum realen Einkommen der Verbraucher. Ein bedeutender Index, der das Verbraucherverhalten und zugleich das Konsumverhalten der privaten Haushalte in den Vereinigten Staaten von Amerika (USA) er-

fasst, ist der Consumer Confidence Index (vergleiche Abbildung 2-9). Seine Bedeutung resultiert aus der Tatsache, dass der US-Markt eine Leitfunktion hat und den Konsum der privaten Haushalte einschließt. Im Gegensatz zu Europa, wo der Konsum etwas mehr als 50 % des Inlandsproduktes ausmacht, beträgt der Konsum in den USA mehr als 70 %. Der CCI wird von einem unabhängigen Forschungsinstitut, dem »The Conference Board« veröffentlicht, das seinen Sitz in New York hat. Er stellt einen vergleichbaren Index zum Consumer Sentiment Index der University of Michigan und zum Konsumklimaindex von Thomson Reuters dar.

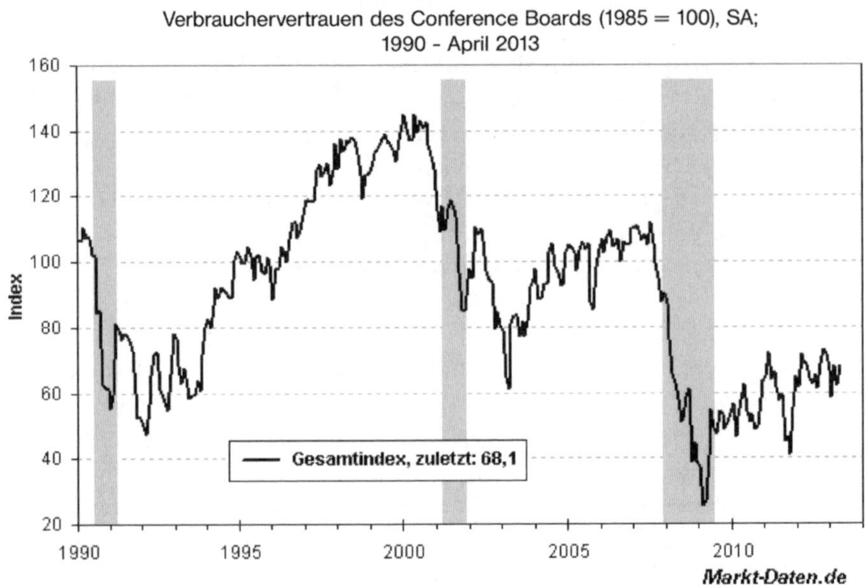

Abbildung 2-9: Consumer Confidence Index[9], Quelle: Conference Board

Die Bedeutung des CCI resultiert aus der Tatsache, dass er schon lange Jahre als ein tragfähiger Frühindikator der wirtschaftlichen Entwicklung in den Vereinigten Staaten gilt und auf Grund der Leitfunktion des US-Marktes weitreichende Bedeutung hat. Zur Berechnung des CCI werden 5 000 US-Konsumenten zu ihren Konsumplanungen – Anschaffungs-

9 Aktuell abrufbar unter http://www.markt-daten.de/research/indikatoren/cons-confidence.htm.

neigung langlebiger Konsumgüter – monatlich befragt. Der Bericht des CCI, der Consumer Confidence Survey, misst damit das Verhalten als Grundlage für das Vertrauen, das die US-Privathaushalte in die Leistung der amerikanischen Wirtschaft haben. Bei einer wirtschaftlichen Expansion beträgt der CCI gemäß der Definition des Conference Board mehr als 90 Punkte.
In Deutschland wird das Verbrauchervertrauen von der Gesellschaft für Konsumforschung (GfK) ermittelt.

2.1.3.2 Fundamentale Indikatoren

Fundamentale Indikatoren bilden mehr die gegenwärtige Lage ab und haben weniger Prognosekraft. Mit ihrer Hilfe kann eine künftige Schätzung des Wirtschaftswachstums – ausgedrückt durch das BIP – vorgenommen werden. Das gesamte BIP zu schätzen ist schwieriger als die Einschätzung seiner wichtigsten Einzelfaktoren. Die wichtigsten Einzelfaktoren sind:

- Konsum,
- Investitionen,
- Leistungsbilanz,
- Staatshaushalt (Budgetdefizit, Staatsverschuldung).

Eine detaillierte Darstellung dieser Einzelfaktoren gehört in den Themenbereich der Volkswirtschaft und nicht in ein Buch, dessen Schwerpunkt die Technische Analyse ist. Es wird deshalb hinsichtlich der Darstellung und Bedeutung dieser Einzelfaktoren auf die zahlreiche Fachliteratur verwiesen, zum Beispiel auf Woll[10].

2.1.3.3 Monetäre Indikatoren

Um einen aus volkswirtschaftlicher Sicht erfolgreichen Markt zu finden, ist neben dem Wirtschaftswachstum auch die Inflationsrate abzuschätzen. Dies geschieht mit Hilfe von monetären Indikatoren. Neben einigen bereits im Abschnitt »Vorlaufende Indikatoren« genannten Indikatoren (Einkaufsmanagerindex, Industrieproduktion oder Verbrauchervertrauen) haben noch folgende Einzelfaktoren wesentlichen Einfluss auf die Inflation:

- Beschäftigung,
- Edelmetallpreise,
- Einzelhandelsverkäufe,
- Energiepreise,

10 Volkswirtschaftslehre, München 2007.

- Erzeugerpreise,
- Importpreise,
- Reallöhne,
- Rohstoffpreise.

Besonderen Einfluss auf die Inflation haben die Geldmenge und die Zinsen. Beide Größen werden von den Zentral- oder Notenbanken gesteuert. Unter der Geldmenge oder dem Geldmengenaggregat versteht man den gesamten Bestand an Geld in einer Volkswirtschaft, der sich bei Nichtbanken befindet. Die Geldmenge bestimmt die Liquidität, die der Wirtschaft zum Austausch von Gütern und Dienstleistungen zur Verfügung gestellt wird. Die Europäische Zentralbank teilt die Geldmenge wie folgt ein:

- M1 (Bargeldumlauf und Sichteinlagen bei Banken, ohne deren Kassenbestände),
- M2 (M1 und den Einlagen mit einer Laufzeit bis zu zwei Jahren sowie den Einlagen mit vereinbarter Kündigungsfrist bis zu drei Monaten),
- M3 (M2 sowie Geldmarktfonds, Reproverbindlichkeiten, Geldmarktpapieren und Bankschuldverschreibungen mit einer Laufzeit bis zu zwei Jahren).

Andere Zentral- und Notenbanken nehmen eine ähnliche Einteilung vor. Der eigentliche monetäre Indikator ist die Geldmenge M3.

Auf mittlere und lange Frist besteht eine hohe Korrelation zwischen der Wachstumsrate der Geldmenge und der Inflationsrate, sobald die Inflationsrate über einer kritischen Schwelle liegt. Bei einer niedrigen Inflationsrate ist der Zusammenhang nicht gegeben. Da wiederum eine positive Korrelation zwischen dem Goldpreis und der Inflation besteht, gilt auch eine positive Korrelation zwischen der Geldmenge und dem Goldpreis.

Die Zinspolitik ist unmittelbar mit der Steuerung der Geldmenge verbunden, denn eine Erhöhung der Geldmenge senkt die Zinsen. Eine höhere Geldmenge bedeutet eine höhere Liquidität und damit geringere Kapitalkosten. Darüber hinaus wirkt sich eine Erhöhung der Geldmenge in einem Währungsraum positiv auf die Börse aus, da die umlaufende Geldmenge und damit das Kapitalangebot größer wird.

Bei den Zinsen ist zwischen den kurz- und langfristigen Zinsen zu unterscheiden. Die kurzfristigen Zinsen werden von den Zentral- und Notenbanken bestimmt. Höhere beziehungsweise niedrigere kurzfristige Zinsen verteuern beziehungsweise verbilligen Kredite und wirken sich damit unmittelbar auf das Wirtschaftswachstum aus. Zur Beurteilung der Zinsentwicklung wird man an Hand von Indikatoren prüfen, ob mit einer fallenden oder steigenden Inflation zu rechnen ist. Die Entwicklung der Zinsen ist ein guter Konjunkturindikator. Die Zinsentwicklung gibt dem Anleger einen guten Hinweis darauf, wie lange eine Zinsperiode andauern kann.

Ein Frühindikator für die konjunkturelle Entwicklung ist das Verhältnis von kurz- zu langfristigen Zinsen. Dieses Verhältnis wird durch die sogenannte Zinsstrukturkurve dargestellt und verdeutlicht. Aus Risikogründen sind die langfristigen Zinsen in der Regel höher als die kurzfristigen Zinsen. Je länger der Anleger sein Geld dem Kapitalmarkt zur Verfügung stellt, desto größer ist sein Risiko, dass durch negative Einflüsse das Kapital des Anlegers geringer wird. Solche negativen Einflüsse sind zum Beispiel eine Änderung der wirtschaftlichen Situation oder steigende Inflation. Sie können zum Zeitpunkt, an dem das Kapital vom Anleger zur Verfügung gestellt wird, bei längeren Zeiträumen weniger sicher eingeschätzt werden als bei kürzeren. Verstärkt wird dieses Risiko noch dadurch, dass alle negativen Einflüsse überhaupt nicht erfasst werden können.

Bei einer längeren Laufzeit ist die Rendite einer Anleihe, um ein konkretes Beispiel zu nennen, höher als bei einer kürzeren Laufzeit. Demzufolge wird die Zinsstrukturkurve in einem solchen Fall, der den Normalfall darstellt, einen steigenden Verlauf haben. Das bedeutet, dass man marktseitig bei einer steigenden, normalen Zinsstrukturkurve steigende Zinsen erwartet (Abbildung 2-10). Zugleich ist diese Situation ein Indikator für eine positive Konjunkturentwicklung.

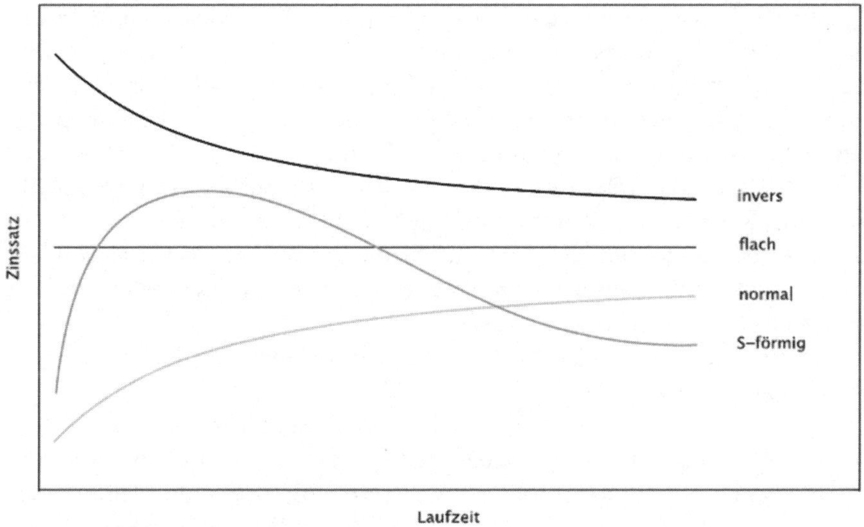

Abbildung 2-10: Zinsstrukturkurven mit verschiedenen Verläufen

In Abbildung 2-10 sind – neben dem normalen, steigenden Zinsverlauf – noch drei weitere Verläufe zu erkennen:

- Eine fallende, auch invers genannte Zinsstrukturkurve beschreibt die zur normalen Zinsstrukturkurve gegenteilige Situation: Bei längeren Laufzeiten werden auf den Kapitalmärkten geringere Zinsen gezahlt. Dies kann, analog zur Interpretation der normalen Zinsstrukturkurve, auf schwerwiegende, konjunkturelle Probleme hinweisen. Eine inverse Zinsstrukturkurve dient deshalb als Indikator für eine aufkommende Rezession.
- Bei einem S-förmigen Verlauf lässt sich, im Gegensatz zur normalen und inversen Zinsstrukturkurve, keine einigermaßen gesicherte Vorausschau treffen.
- Der letzte mögliche Fall für den Verlauf der Zinsstrukturkurve ist eine flach verlaufende Zinsstrukturkurve: Der Zinssatz ändert sich kaum über die Laufzeit. Meist erwartet der Markt in einem solchen Fall sinkende Zinsen.

Aus der bisherigen Beschreibung zur Zinsstrukturkurve geht recht klar hervor, dass sie einen wichtigen Indikator für die zukünftige Entwicklung der Konjunktur darstellt, da sie eine Vorausschau der Finanzmärkte hinsichtlich der möglichen Zinsentwicklung zum Ausdruck bringt.

2.1.3.4 Wechselkurse

Wechselkurse werden auf den weltweiten Devisenmärkten ermittelt. Der Kurs einer Währung ist der Preis dieser Währung angegeben durch eine andere Währung. Die Währung einer Volkswirtschaft ist in ihrer Stärke und Schwäche gegenüber anderen Währungen von den Maßnahmen der jeweiligen Zentral- oder Notenbanken abhängig.

Der Wechselkurs ist für eine Volkswirtschaft einerseits von großer Bedeutung, da er für ihre Wettbewerbsfähigkeit mit verantwortlich ist. Andererseits stellen Wechselkurse jedoch auf Grund von Wechselkursänderungen, besonders für international tätige Unternehmen und Anleger, eine nicht zu unterschätzende Unsicherheit dar.

Seitens einer Volkswirtschaft bestehen zwei Möglichkeiten, den Wechselkurs zu steuern:

- Die erste Möglichkeit besteht darin, den Wechselkurs stabil zu halten. Diese Strategie verfolgen insbesondere aufstrebende Volkswirtschaften (Entwicklungs- und Schwellenländer), um im Land eine Stabilität der Preise zu erzielen. Durch eine Festlegung des Wechselkurses wird versucht, Importgüter aus ebenfalls preisstabilen Ländern im eigenen Land, die Inflation und damit die Verbraucherpreise niedrig zu halten. Der Vorteil eines stabilen Wechselkurses liegt also in der Senkung oder Stabilisierung der Inflation. Eine stabile Währung ist für Entwicklungs- oder Schwellenländer besonders wichtig. Solche Länder bekommen dadurch Zugang zu den internationalen Kapitalmärkten. Für ausländische Anleger ist eine rentable Investition bei einem geringen Wechselkursrisiko, also einer stabilen Währung, von besonderem Interesse.

- Die zweite Möglichkeit, den Wechselkurs zu steuern, besteht wiederum aus zwei Alternativen. Die eine Alternative ist die Aufwertung einer Währung, die andere die Abwertung.
  - Ein Beispiel für die Aufwertung einer Währung lieferte die Bundesrepublik in Zeiten des sogenannten Wirtschaftswunders. Gegenüber den ausländischen Wettbewerbern wurde die D-Mark mehrmals aufgewertet. Das Resultat war eine höhere Wachstumsrate der Produktivität und eine niedrige Inflation. Zu einem Wettbewerbsnachteil wurde die Aufwertung nicht, denn dadurch wurde mit billigem, ausländischem Kapital das Produktivitätswachstum finanziert. Insbesondere als rohstoffarmes Land war das für Deutschland letztlich von Vorteil, da durch eine Aufwertung der eigenen Währung Importe generell und Rohstoffimporte im Besonderen billiger werden.
  - Die zweite Alternative ist die Abwertung einer Währung. Der Vorteil einer Volkswirtschaft besteht bei dieser Strategie darin, dass inländische Produkte im Ausland billiger werden, die Wettbewerbsfähigkeit nimmt zu, durch den Mehrexport steigt die Produktion und die Arbeitslosigkeit nimmt ab. Ein Negativbeispiel in dieser Hinsicht ist die gegenwärtige Situation in Griechenland. Eigentlich müsste in Griechenland eine Abwertung von mehr als 30 % durchgeführt werden, um eine internationale Wettbewerbsfähigkeit zu erreichen. Doch dies ist durch die Bindung an den Euro nicht möglich. Eine theoretische Abwertung würde natürlich zu höheren Finanzierungkosten des Staates führen, doch gleichzeitig würde das dazu führen, dass subventionierte und unrentable Bereiche des Landes geschlossen werden müssten, was wiederum der Wettbewerbsfähigkeit des Landes zugute käme.

Wechselkurse können durch die Währungspolitik eines Landes stark beeinflusst werden. Die Währungspolitik kann nämlich direkt seitens der Regierung, gesetzgeberisch oder durch die Zentralbank gesteuert werden. Dazu zählen folgende Maßnahmen: Zinspolitik und verbale Markteingriffe wie sie gegenwärtig in Europa und den USA vorgenommen werden, gesetzgeberische Regelungen – Einführung einer neuen Währung – oder Intervention auf dem Devisenmarkt, wie sie von der Schweiz vorgenommen wurde, um eine zu hohe Aufwertung gegenüber dem Euro zu verhindern.

2.1.4 Konjunktur- und Geldpolitik

In der bisherigen Betrachtung zur Konjunktur und zur Konjunkturentwicklung fehlt die Rolle des Staates. Konjunkturschwankungen finden mit und ohne Einmischung des Staates statt. Es gehört zur politischen Verantwortung einer Regierung, Konjunkturschwankungen zu beeinflussen. Die wesentliche Frage dabei ist jedoch, in welchem Maße eine Regierung ihren Einfluss geltend macht. Fraglos ist es die Aufgabe einer Regierung, hohe Preissteigerungsraten und hohe Zinsen in Hochkonjunkturphasen zu glätten oder hoher Arbeitslosigkeit in einer Rezession mit geld- und haushaltspolitischen Mitteln zu begegnen. Der Eingriff des Staates ist marktpolitisch sinnvoll, solange er sich auf das Erreichen einer gewissen Stetigkeit des Wirtschaftswachstums beschränkt, im Idealfall auf einen permanenten, moderaten Aufschwung.

Aus dem konjunkturpolitischen Instrumentarium ist die Geldpolitik für den Anleger von besonderem Interesse. Sie obliegt den Noten- und Zentralbanken und damit auch in einem gewissen Ausmaß der Regierung eines Staates. Ihre Aufgabe ist es, eine stetige Entwicklung der Geldmenge dadurch zu erreichen, dass sie eine Zielgröße in einem Korridor für das Wachstum der Geldmenge definiert. Die Noten- und Zentralbanken sollen der Wirtschaft so viel Liquidität zur Verfügung stellen, wie für das erwartete beziehungsweise erwünschte Wirtschaftswachstum benötigt wird. Ein Zuviel an Liquidität führt zu Preissteigerungen und Inflation, ein Zuwenig zu Zinssteigerungen. Beides ist für ein Wirtschaftswachstum nachteilig.

2.1.5 Nutzen volkswirtschaftlicher Daten

Welche Erkenntnisse gewinnt ein Anleger aus den verschiedenen Frühindikatoren und Konjunkturprognosen? Zunächst ist es für den Anleger wichtig, nicht nur auf einen Indikator zu setzen. Darüber hinaus sollte man die Indikatoren, die man verwendet, gut verstanden haben, denn sie geben nur einen wahrscheinlichen Hinweis und keine klare Handlungsanweisung. In der realen Marktsituation gibt es immer einen Interpretationsspielraum, und um diesen richtig nutzen zu können, bedarf es neben einer gewissen Erfahrung mit einem Indikator auch einer ausreichenden Sachkenntnis. Auf dieser Basis und unter Berücksichtigung verschiedener Indikatoren kann der Anleger zu einem tragfähigen Urteil der gesamtwirtschaftlichen Lage kommen und sein Anlageverhalten darauf aufbauen.

Vor allem der Aktienanleger wird den Zusammenhang zwischen Kursentwicklung und Konjunktur besonders berücksichtigen. Ihm ist bekannt, dass die Börse der wirtschaftlichen Entwicklung vorauseilt, denn an der Börse wird die Zukunft gehandelt. In einer Hochkonjunkturphase wird er beginnen, sein Engagement zu verringern, da die Kurse in solchen Phasen einen Höhepunkt erreicht haben.

Weitaus wichtiger und profitabler wird es für den Anleger aber sein, einen Positionsaufbau in einer Rezessionsphase durchzuführen. Ein solcher informierter und mutiger Anleger hat damit gute Aussichten, an einem längerfristigen Kursaufschwung frühzeitig zu partizipieren, wenn er aber auch nicht erwarten darf, zum absoluten Kurstiefpunkt einzusteigen.

Der Zusammenhang zwischen Konjunktur und Kursentwicklung ist jedoch auch aus anderer Sicht für den Anleger vorteilhaft. Ihm ist bekannt, dass nach jedem Rückgang der Kurse wieder ein Anstieg folgt. Er wird mit diesem Wissen nicht bei jeder Baisse nervös. Die langjährigen Renditedaten für breitgestreute Investments gelten auch über die renditeschwachen Börsenjahre hinweg. Wer sich in solchen Phasen mit einer geringen Durchschnittsrendite zufriedengibt und einen langen Anlagenhorizont hat, kann Konjunkturzyklen mit Gelassenheit durchstehen.

Für eine weitere Anlegergruppe ist die Beobachtung der konjunkturellen Entwicklung interessant. Anleger, die sich nicht nur auf die Anlagen im eigenen Land beschränken wollen, sondern die Möglichkeiten einer internationalen Diversifikation nutzen möchten, werden natürlich die gesamtwirtschaftliche Situation des Landes ihrer Wahl analysieren.

2.2 Branchenanalyse

Mit Hilfe der Branchenanalyse werden die wirtschaftlichen Aussichten einzelner Branchen bestimmt. Da sich Branchen nicht parallel und gleich entwickeln, wird man die Branchenanalyse dazu nutzen, die Attraktivität einzelner Branchen sowie ihre Chancen und Risiken zu bewerten.

In den meisten Fällen versucht man mit einem Blick in die Vergangenheit herauszufinden, wie sich die Branchen entwickeln werden. Dies lässt wohl eine gewisse Abschätzung der Zukunft zu, gibt aber keine Garantie hinsichtlich der tatsächlichen künftigen Entwicklung. Man betrachtet bei dieser Vorgehensweise, wie sich die Änderungen verschiedener volkswirtschaftlicher Rahmenbedingungen auf die verschiedenen Branchen auswirken. Eine schwache Konjunktur wirkt sich in der Stahlindustrie (Rohstoffindustrie) wesentlich stärker aus als in der Nahrungsmittelindustrie. Zu den konjunkturempfindlichen Branchen gehört auch noch die Energieindustrie.

Bei der Analyse nutzt man die veröffentlichten Wirtschaftsdaten der einzelnen Branchen. Dabei sind folgende Kennzahlen von besonderer Bedeutung:

- Produzierendes Gewerbe: Produktion, Beschäftigte, Umsatz oder Wertschöpfung.
- Verarbeitendes Gewerbe: Auftragseingänge, Produktion, Beschäftigte, Umsatz, Lagerbestände.
- Gewerbliche Produkte (Inlandsabsatz): Erzeugerpreise.
- Import: Einfuhrpreise.
- Export: Ausfuhrpreise.
- Einzelhandel: Umsatz.

Das produzierende Gewerbe befasst sich mit der Herstellung von Gütern im Allgemeinen; es umfasst auch das Handwerk sowie die Land- und Forstwirtschaft. Ein Teilbereich des produzierenden Gewerbes ist das verarbeitende Gewerbe. Dies ist die Bezeichnung für alle Industriebetriebe, die Rohstoffe und Zwischenprodukte weiterverarbeiten und dabei auch Endprodukte erzeugen. Zum Wirtschaftsbereich der verarbeitenden Industrie zählt das Grundstoff- und Produktionsgütergewerbe, das Investitionsgüter produzierende Gewerbe, das Verbrauchsgüter produzierende Gewerbe sowie das Nahrungs- und Genussmittelgewerbe. In der Wirtschaftsstatistik ist das verarbeitende Gewerbe der wichtigste Bereich des produzierenden Gewerbes.

Neben den obigen »harten« Fakten spielen bei der Branchenanalyse noch gesetzgeberische, steuerliche und administrative Rahmenbedingungen eine Rolle. Beispielhaft seien der Umweltschutz (Kostenerhöhung in bestimmten Branchen), die Eigenheimförderung (Auftragssteigerung in der Baubranche) oder das Ladenschutzgesetz (Einzelhandel) genannt.

2.2.1 Brancheneinteilung

Die Branchenanalyse untersucht nicht nur die wirtschaftliche Entwicklung einer einzelnen Branche, sondern auch ihre charakteristischen Eigenschaften. Es gibt vier charakteristische Branchentypen:

- Wachstumsbranche,
- zyklische Branche,
- defensive Branche,
- schrumpfende Branche.

Unternehmen aus der Wachstumsbranche erzeugen Produkte mit ständig steigender Nachfrage. Hier ist in erster Linie die Technologiebranche mit den Sektoren alternative Energien, Biotechnologie, Internet und Nanotechnologie zu nennen. Für den Anleger bedeutet diese Branchenstruktur, dass er grundsätzlich in verschiedene Branchen investiert.

Die zyklische Branche ist dadurch allgemein charakterisiert, dass sie im Konjunkturverlauf sehr stark schwankende Auftragseingänge und Gewinne aufweist. Das wirkt sich beispielsweise auf Aktienkurse aus. Die Kurse von Unternehmen aus der zyklischen Branche zeigen eine höhere Volatilität und haben ein höheres Beta (siehe Kapitel 4). Die Gewinne solcher Unternehmen schwanken deshalb, weil die Einstandspreise für Rohmaterialien oder die Verkaufspreise stark von Konjunkturschwankungen abhängen. Banken, Chemie- und Rohstoffunternehmen, die Automobilindustrie sowie der Maschinenbau gehören zur zyklischen Branche.

Zur defensiven Branche gehören Unternehmen, deren Produkte eine nach Mengen und Preisen relativ konstante Nachfrage haben. Das sind meistens Produkte, die vom Verbraucher für den täglichen Gebrauch erworben werden. Dazu gehören Lebensmittel, Kosmetik und Markenhaushaltswaren. Die Versorger gehören ebenfalls zur defensiven Branche, die auch als nicht-zyklische Branche bezeichnet wird.

In einer schrumpfenden Branche wird der Markt immer kleiner, weshalb in dieser Branche ein starker Verdrängungswettbewerb herrscht. Beispiele dafür sind die Textilindustrie, Schiffswerften und die Festnetztelefonie.

Eine Wertpapieranlage in Aktien ist – abgesehen von Anleihen – die wohl gängigste Anlageform, wobei hier nicht nur Einzelaktien angesprochen sind. Im Bereich der Aktien werden auch Brancheneinteilungen verwendet, die die obige Viererеinteilung weiter untergliedern. Am bekanntesten sind die Unterteilungen, wie sie in den Dow Jones Sector Titans und im Stoxx Global 1800 realisiert sind. Die beiden Unterteilungen lassen sich wie folgt darstellen:

- Automobiles,
- Banks,
- Basic Resources,
- Chemicals,
- Construction & Materials,
- Financial Services,
- Food & Beverage,
- Health Care,
- Industrial Goods,
- Insurance,
- Media,
- Oil & Gas,
- Personal & Household Goods,
- Retail,
- Technology,
- Telecommunications,
- Travel & Leisure,
- Utilities.

Zu diesen 18 Branchenunterteilungen kommt beim Dow Jones Sector Titans noch »Real Estate« dazu. Unter den einzelnen Branchenunterteilungen (Branchenindizes) sind dann die dazugehörigen Unternehmen (Aktienkurse) aufgelistet. Von einer Übersetzung der englischen Begriffe wurde abgesehen, um eine eindeutige Zuordnung zu gewährleisten. Eine ebenfalls weit verbreitete Unterteilung ist die MSCI-Unterteilung. Sie weist 29 Branchen aus, wobei sie im Wesentlichen mit der oben dargestellten übereinstimmt. Jedoch werden bei der MSCI-Unterteilung einige der obigen Branchen noch einmal untergliedert; zum Beispiel »Technology« in »Informationstechnologie«, »Hardware« und »Software«.

Die obige Unterteilung ist im Falle von Dow Jones noch in dem Index »DJ Sector Titans Composite« und im Fall des Stoxx in dem Index »Stoxx Global 1800« zusammengefasst (Gesamtmarktindex). Mit diesen beiden Indizes und den dazugehörigen Branchenindizes lässt sich nun auf eine sehr direkte Art und Weise eine Branchenanalyse durchführen, die allerdings mehr in den Bereich der Technischen Analyse gehört. Dabei wird – wie in der Technischen Analyse üblich – davon ausgegangen, dass sämtliche Marktinformationen in die einzelnen Indizes eingepreist sind.

Die Branchenanalyse wird nun mit Hilfe des sogenannten »Relativen-Stärke-Indikators« (RS) durchgeführt. Dieser Indikator misst das Kursverhalten eines einzelnen Branchenindex im Vergleich zum Gesamtmarktindex. Hierzu wird für eine bestimmte Periode – üblich sind zehn bis 20 Wochen – die prozentuale Kursveränderung des Branchenindex durch die des Gesamtmarktindex geteilt. Je größer die Abweichung des RS von der Referenzlinie 100 nach oben oder unten ist, desto stärker ist die Branche im Vergleich zum Gesamtmarkt gestiegen oder gefallen. Der Anleger wird nun für eine Long-Position die Branchen auswählen, die relativ zum Gesamtmarkt am stärksten gestiegen sind. Abbildungen 2-11 und 2-12 zeigen ein Beispiel auf der Basis des »Stoxx Global 1800«. Sie wurden mit Hilfe des Börsenprogramms Investox in der Version 6.3.3 erstellt.

Relative Stärke

STOXX Global 1800	Out
STOXX Global 1800 Basic Res.	Out
STOXX Global 1800 Constr.&Mat	Out
STOXX Global 1800 Food & Bev.	Out
STOXX Global 1800 Oil & Gas	Out
STOXX Global 1800 Pers&H.Goods	Out
STOXX Global 1800 Retail	Out
STOXX Global 1800 Telecomm	Out
STOXX Global 1800 Utilities	Out
STOXX Global 1800 Automobiles	Hold Long
STOXX Global 1800 Banks	Hold Long
STOXX Global 1800 Chemicals	Hold Long
STOXX Global 1800 Finanz.Serv.	Hold Long
STOXX Global 1800 Ind.Goods	Hold Long
STOXX Global 1800 Insurance	Hold Long
STOXX Global 1800 Media	Hold Long
STOXX Global 1800 Technology	Hold Long
STOXX Global 1800 Travel&Leis	Hold Long
STOXX Global 1800 Health Care	Enter Long

Abbildung 2-11: Branchenanalyse auf der Basis des »Stoxx Global 1800«

Diejenigen Branchen (siehe Abbildung 2-11), die sich zum Analysezeitpunkt stärker als der »Stoxx Global 1800« entwickelt haben, sind mit »Hold Long« bezeichnet, diejenigen, die eine schwächere Entwicklung hatten, mit »Out«. Die Branche »Health Care« – mit »Enter Long« gekennzeichnet – geht im Vergleich zum Gesamtmarkt gerade von einer schwächeren Entwicklung in eine stärkere über.

An einem Einzelbeispiel (Abbildung 2-12) ist der Verlauf des RS gegenüber dem Branchenindex »Chemicals« dargestellt. Das untere Chartfenster zeigt den Kursverlauf des Branchenindex (Heikin-Ashi-Darstellung, siehe dazu Kapitel 3), das obere Chartfenster den RS, der um die Referenzlinie 100 oszilliert.

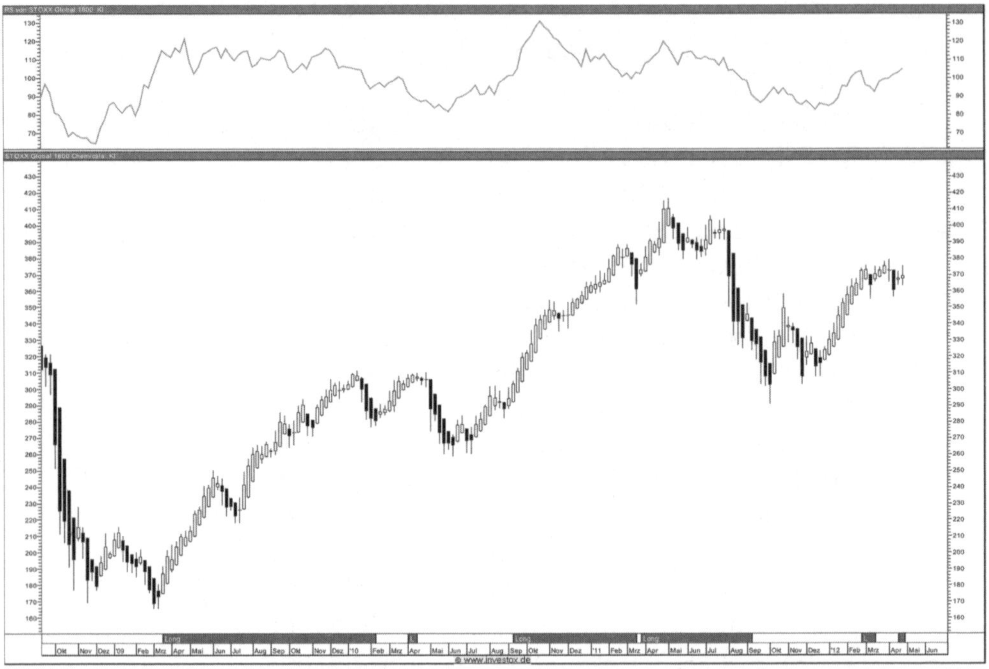

Abbildung 2-12: RS der Branche »Chemicals« (Vergleich zum »Stoxx Global 1800«)

Interessant an dem RS-Verfahren ist der niedrige Aufwand für eine Branchenanalyse. Wenn man damit auch keine tieferen Einblicke in die wirtschaftliche Situation gewinnt – im Gegensatz zur Fundamentalanalyse –, so lässt sich mit dem RS-Verfahren schnell und einfach ein Überblick gewinnen, der mit der Fundamentalanalyse so nicht möglich ist.

2.2.2 Branchenrotation

In den verschiedenen Phasen einer Konjunktur entwickeln sich Aktien unterschiedlicher Branchen unabhängig voneinander. Am Beginn eines Konjunkturaufschwungs sind zyklische Aktien stärker gefragt, mit der Folge von steigenden Kursen. Zyklische Werte hängen stark von der Stimmung in der Wirtschaft ab.

Eine positive Stimmung in der Wirtschaft wird Unternehmen zu mehr Investitionen veranlassen. Die Rohstoffpreise werden steigen und damit die Kurse von Rohstoffaktien. Die Nachfrage nach Industriegütern wird ebenfalls steigen und damit auch Industrie- und Technologieaktien. Konsumenten werden bei einer positiven Stimmung in der Wirtschaft zum Kauf langlebiger Wirtschaftsgüter angeregt, mit positiver Wirkung auf Branchen wie zum Beispiel Haus-/Elektrogeräte. Schematisch sind solche Zusammenhänge in der Abbildung 2-13 zusammengefasst.

Während einer Hochkonjunktur können Aktien aus den Branchen Rohstoffe, Technologie, Industrie und zyklischer Konsum nach wie vor interessant sein, solange keine Anzeichen eines Abschwungs erkennbar sind. Doch ist es angebracht, in einer solchen Phase einen beginnenden Ausstieg in Betracht zu ziehen, denn in einer solchen Phase steigt die Nachfrage nach Verbrauchsgütern (Reisen, Luxusgüter).

Sobald sich das Ende der Hochkonjunktur abzeichnet, werden defensive Branchen interessant. In einer konjunkturellen Abschwungphase sind Pharmawerte, Versorger und nicht-zyklischer Konsum für den Anleger interessant. Dieser muss bei einer solchen Änderung der konjunkturellen Phase überlegen, ob er die Branchenrotation – also den Wechsel von einer Branche zur anderen – nutzen will oder nicht, denn bei einer Branchenrotation entstehen erhebliche Transaktionskosten.

Im Tiefpunkt der Konjunktur werden durch Erhöhung der Staatsausgaben die Branchen Bauindustrie und Rüstungsgüter für den Anleger interessant, auf Grund von Zinssenkungen darüber hinaus Finanzwerte.

Da die meisten Unternehmen einer Branche international tätig sind und Konjunkturphasen selten international im Gleichklang ablaufen, ergibt sich zwangsläufig, dass der Anleger gleichzeitig mehrere Konjunkturphasen überblicken muss, beziehungsweise die Branchenunternehmen mit mehreren Zyklen konfrontiert werden. Abbildung 2-13 ist deshalb nicht mehr als ein schematischer Anhaltspunkt und keine exakte Handlungsanweisung.

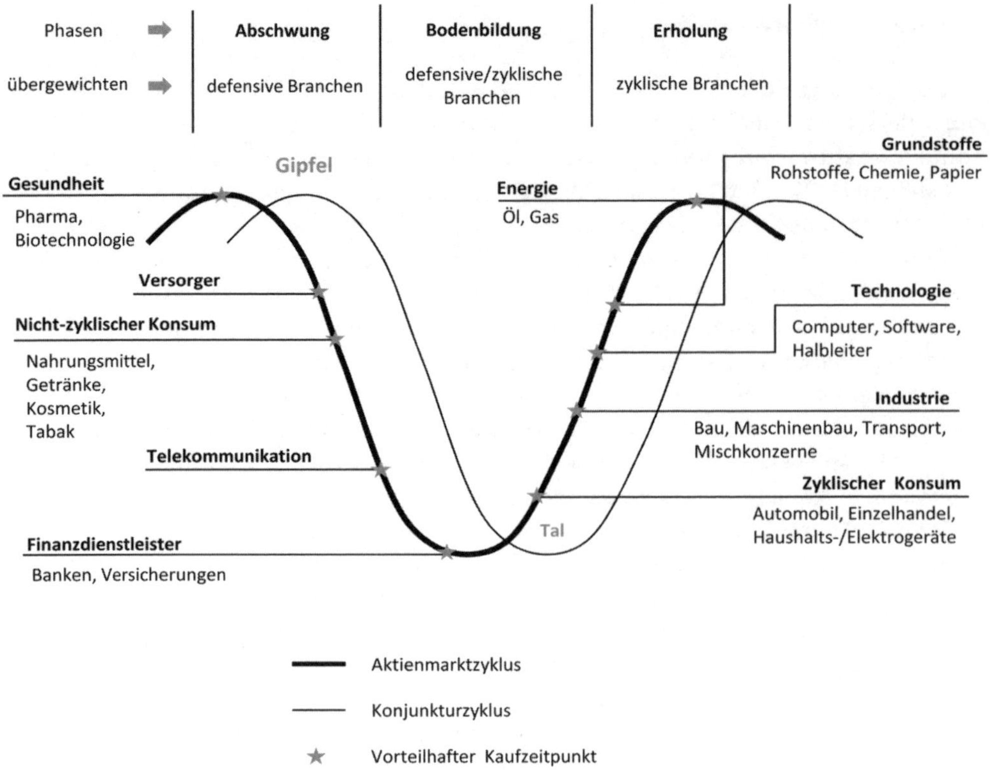

Abbildung 2-13: Branchenaktien im Konjunkturverlauf

2.3 Unternehmensanalyse

Bei der Unternehmensanalyse werden nun die Unternehmen direkt betrachtet. Diese Analyse umfasst sowohl quantitative als auch qualitative Betrachtungen. Quantitative Analysen sind Kennzahlen, mit denen ein Unternehmen gemessen und mit anderen verglichen wird. Qualitative Analysen sind subjektive Beurteilungen der Marktposition eines Unternehmens, seine zukünftigen Gewinnaussichten, seines Managements und seines Produktangebotes oder seiner Entwicklungstätigkeit.

Bei Aktiengesellschaften ist das Ziel der Unternehmensanalyse, den »inneren Wert« zu bestimmen. Unter der Annahme, dass der aktuelle Börsenkurs um diesen »inneren Wert« schwankt, versucht man mit Hilfe der Unternehmensanalyse, unterbewertete Aktien zu finden, das bedeutet Aktien, deren Kurs unter dem »inneren Wert« liegt. Der »innere Wert« wird definiert als die Summe aller diskontierten Zahlungen, die in der Zukunft zu erwarten sind. Hierzu gehören Dividenden, Bezugsrechterlöse, Liquidierungserlöse oder thesaurierte Gewinne.

Angemerkt sei aber, dass nach der These, nach der die Kapitalmärkte effizient sind, dieses Vorgehen nicht sinnvoll ist. Die These besagt, dass alle verfügbaren Informationen bereits in den aktuellen Kursen verarbeitet sind und neuere Informationen bei Bekanntwerden sofort eingepreist werden. Sowohl Befürworter als auch Gegner konnten bisher keinen überzeugenden Beweis für die Richtigkeit ihrer Argumentation erbringen, so dass es dem Anleger überlassen bleibt, ob er durch Zufallsmechanismen auf der Basis einer breiten Streuung sein Depot zusammenstellt oder die Unternehmensanalyse anwenden möchte.

Wie schon im Abschnitt 2.1.3 werden im Weiteren Unternehmensvorlagen und Kennzahlen zumeist nur aufgelistet, da darüber eine vielfältige Literatur existiert. Zum Thema Unternehmensanalyse finden sich im Internet zahlreiche gute Darstellungen. Eine börsennahe Darstellung findet sich unter anderem bei Michalky/Schittler[11].

2.3.1 Unternehmensinformationen

Die wichtigsten Unternehmensinformationen sind:

- Geschäftsbericht,
- Bilanz,
- Gewinn- und Verlustrechnung,
- Cashflow-Statement.

Die grundlegende Informationsquelle ist der Geschäftsbericht. Als Pflichtinformation enthält er neben dem Lagebericht zum Unternehmen noch den wichtigen Bestätigungsvermerk der Abschlussprüfer. Weitere Informationen können unter anderem sein: Aussagen über die einzelnen Geschäftszweige, die Mitarbeiter- und Aktionärsstruktur, Forschungsaufwendungen, Umweltschutz oder soziales Engagement.

Der Gewinn oder Jahresabschluss eines Unternehmens ist insbesondere für den Aktionär eine der wichtigsten Kenngrößen. Der in der Gewinn- und Verlustrechnung ermittelte und in der Bilanz ausgewiesene Gewinn

11 Das große Buch der Börse, München 2008, S. 274–344.

ist allerdings durch die Höhe der Abschreibungen und der Rückstellungen beeinflussbar. Im Cashflow-Statement wird dieser bewertungsbedingte Effekt eliminiert. Der Cashflow stellt den Nettozugang an flüssigen Mitteln im Geschäftsjahr dar. Er berechnet sich in seiner einfachsten Form wie folgt:

  Jahresüberschuss/Jahresfehlbetrag
\+ Abschreibungen (– Zuschreibungen)
\+ Zunahme (– Abnahme) der langfristigen Rückstellungen.

Hinsichtlich der Kennzahlenanalyse – die Analyse der Einzelposten in der Bilanz und in der Gewinn- und Verlustrechnung – wird, wie bereits erwähnt, auf die Literatur verwiesen, zum Beispiel Michalky/Schittler[12] oder Leven/Schlienkamp[13].

2.3.2 Bewertungskennzahlen

Neben den Unternehmenskennzahlen sind die sogenannten Bewertungskennzahlen von Bedeutung. Die meisten dieser Verhältniszahlen beinhalten die Anzahl der ausgegebenen Aktien sowie den aktuellen Schlusskurs:

- Gewinn pro Aktie,
- Kurs-Gewinn-Verhältnis (KGV),
- Kurs-Cashflow-Verhältnis (KCV),
- PEG (Price Earnings Growth) Ratio,
- Kurs-Umsatz-Verhältnis (KUV),
- Kurs-Buchwert-Verhältnis (KBV),
- Dividendenrendite.

Details zu diesen Bewertungskennzahlen finden sich unter anderem in Michalky/Schittler[14].

2.3.3 Peer-Group-Vergleich

Um ein Unternehmen mit anderen ähnlichen Unternehmen vergleichen zu können, dient als Hilfsmittel der Peer-Group-Vergleich. Genutzt werden

12 Das große Buch der Börse, München 2008, S. 286–296.
13 Erfolgreiches Depotmanagement, Wiesbaden 1998, S. 167–197.
14 Das große Buch der Börse, München 2008, S. 286–296.

diejenigen Kennzahlen (in der Regel die der beiden letzten Geschäftsjahre), die im zu analysierenden Unternehmen und in den Vergleichsunternehmen auf die gleiche Art berechnet wurden. Aus diesen Kennzahlen der Vergleichsunternehmen werden Durchschnittswerte errechnet, die dann mit den Kennzahlen des Unternehmens verglichen werden. Daraus ergibt sich dann ein Aufschlag oder Abschlag für das Unternehmen.

Der Peer-Group-Vergleich ist auf Grund seiner Konstruktion vor allem für Unternehmen geeignet, die sich gut bestimmten Branchen zuordnen lassen. Er ist eine gute und schnelle Methode, um ein Unternehmen und seine Aktie fundamental bewerten zu können.

Kapitel 3
Technische Analyse 1.0

Die Technische Analyse unterscheidet sich von der Fundamentalanalyse durch ihre drei Grundannahmen:

- Alle Informationen sind im Preis (Kurs) enthalten, oder im Hinblick auf die Fundamentalanalyse formuliert: Alle Daten und Fakten sind im Preis enthalten.
- Mit Hilfe von Charts – die grafische Darstellung des Preises – werden vergangene Marktbewegungen analysiert, um mit einer erhöhten Wahrscheinlichkeit Aussagen auf die Zukunft machen zu können.
- Wahrscheinliche Aussagen auf die Zukunft werden von der Beobachtung abgeleitet, dass sich Kursmuster der Vergangenheit wiederholen.

Im Unterschied zur Fundamentalanalyse fragt die Technische Analyse nicht, warum Kurse steigen oder fallen. Für die Technische Analyse zählt nur die Tatsache, dass sie steigen oder fallen. Da alle Daten und Fakten in den Kursen enthalten sind, stellt die Technische Analyse eine indirekte Untersuchung der Fundamentalanalyse dar. Geht man davon aus, dass die psychologischen Faktoren Angst und Gier – die Treiber des Marktes – ebenfalls zu den Daten und Fakten gehören, die in den Kursen enthalten sind, dann ist die Technische Analyse auch eine Analyse der Psychologie von Anlegern und Investoren.

Die Nachteile der Fundamentalanalyse, nämlich dass

- die Gewinnung und Analyse fundamentaler Daten teuer und zeitaufwendig und
- fundamentale Daten zum Zeitpunkt ihrer Verfügung zumeist veraltet sind,

gibt es in der Technischen Analyse nicht. Dies kann als vorteilhaft für die Technische Analyse angesehen werden. Im Rahmen der Technischen Analyse haben professionelle und private Anleger darüber hinaus Informationsgleichheit. Andererseits zeigt aber auch die wachsende Anzahl statistischer Ansätze und Methoden sowohl in der Fundamentalanalyse als auch in der Technischen Analyse ein Zusammenwachsen beider Richtungen.

Die Random-Walk-Theorie betrachtet Kursbewegungen als zufällig. Im Gegensatz dazu geht die Technische Analyse davon aus, dass Kursbewegungen in Trends erfolgen: Die Wahrscheinlichkeit, dass sich ein Trend fortsetzt, ist größer als dass er gebrochen wird. Diese Aussage geht auf Charles Dow und Edward Jones zurück, die im Jahr 1882 nach einem Maßstab für die US-Wirtschaft suchten. Sie schufen damit die Grundlage für die moderne Technische Analyse. Sie unterteilten Trends darüber hinaus in primäre, sekundäre und tertiäre Trends.

Neben den Kursbewegungen, die in Trends erfolgen, spielt das gehandelte Volumen und das Open Interest in Future- und Optionsmärkten eine Rolle. Dies wird heute in der sogenannten Dow- Theorie zusammengefasst. Open Interest bezeichnet dabei die Summe aller zu einem bestimmten Zeitpunkt offenen Kontrakt-Positionen (Kauf- und Verkaufspositionen eines Future-Kontrakts oder einer Optionsserie). Das Open Interest gilt als ein Indikator für die Liquidität eines Kontraktes. Mit steigendem Open Interest entwickelt sich gleichgerichtet die Liquidität. Ähnliches gilt für das gehandelte Volumen. Das Volumen bestätigt nach der Dow-Theorie die Kursbewegungen. Bei steigenden oder fallenden Kursen steigt oder fällt das gehandelte Volumen.

Auf diesen allgemeinen und grundlegenden Aussagen basiert die herkömmliche Technische Analyse. Sie wird in diesem Buch als *Technische Analyse 1.0* bezeichnet. Mit ihr lassen sich jedoch profitable Ergebnisse auf den Finanzmärkten nur mit einer gewissen Wahrscheinlichkeit erzielen. In vielen Fällen scheitert die Technische Analyse 1.0 jedoch an der Realität der Finanzmärkte. Der Grund dafür ist die Tatsache, dass sie auf einem – mathematisch ausgedrückt – linearen und stationären Ansatz beruht. Die Vereinfachung des linearen und stationären Ansatzes wird der Komplexität von Kurszeitreihen – dem Fundament der Technischen Analyse – nur unzureichend gerecht, da Kurszeitreihen ihrer Natur nach nichtlinear und nichtstationär sind. Der Komplexität von Kurszeitreihen durch Anwendung vereinfachender, linearer und stationärer Methoden gerecht zu werden, kann zu keiner ausreichend befriedigenden Lösung führen. Im Kapitel 5 wird der nichtlinearen und nichtstationären Natur von Kurszeitreihen Rechnung getragen. Der dort detailliert beschriebene, neuartige Ansatz wird zur Unterscheidung von der herkömmlichen Technischen Analyse 1.0 mit *Technischer Analyse 2.0* bezeichnet.

Die nachfolgenden Ausführungen in diesem Kapitel über die Technische Analyse 1.0 sind wie folgt gegliedert:

- Chartdarstellung,
- Trendanalyse,
- Formationsanalyse,
- Indikatorenanalyse,
- Volumenanalyse.

Zur Technischen Analyse 1.0 gibt es sehr gute Gesamtdarstellungen und zu den in der Gliederung genannten Teilgebieten fundierte Einzeldarstellungen. Aus diesem Grund werden hier nicht alle Teilgebiete detailliert dargestellt, sondern auf eine kleine Auswahl der vielfältigen Literatur[1] und auf die zahlreichen Darstellungen im Internet verwiesen. Dies betrifft insbesondere die Teilgebiete Chart-, Trend- und Formationsanalyse, die nur kurz oder übersichtsartig dargestellt werden. Hingegen werden die Indikatoren- und Volumenanalyse detaillierter dargestellt und darüber hinaus durch moderne Ansätze ergänzt beziehungsweise Werkzeuge aus diesen Teilgebieten modifiziert dargestellt.

3.1 Chartdarstellung

Der Chart ist der Ausgangspunkt und die Grundlage für die Technische Analyse – ungeachtet, welche weiteren Hilfsmittel darüber hinaus verwendet werden. Im Folgenden werden nur die wichtigsten Chartdarstellungen erläutert beziehungsweise genannt. Dies sind:

- Linienchart,
- Balkenchart,
- Kerzenchart,
- Heikin-Ashi-Kerzen,
- Point&Figure Chart,
- Renko- und Kagi-Chart,
- Three-Line-Break-Chart.

1 Rockefeller, Chartanalyse für Dummies, Weinheim 2009; Daeubner, Alles was Sie über die Technische Analyse wissen müssen – simplified, München 2007; Florek, Neue Trading-Dimensionen, München 2000; Nison, Technische Analyse mit Candlesticks, München 2002; du Plessis, The Definitive Guide to Point and Figure, Petersfield Hamshire 2009; Paesler, Technische Indikatoren – simplified, München 2006; Kirkpatrick/Dahlquist, Technical Analysis, New Jersey 2011, Murphy, Technische Analyse, München 2000.

3.1.1 Linienchart

Diese Art der Chartdarstellung ist die einfachste Methode, um Kursbewegungen darzustellen. Auf der x-Achse wird die Zeit aufgetragen, auf der y-Achse der Preis. Für den Preis wird üblicherweise der Schlusskurs (Close) verwendet. Die einzelnen Punkte werden durch eine Linie verbunden, so dass die gesamte Kursbewegung durch eine durchgezogene Linie dargestellt wird. Abbildung 3-1 zeigt den Verlauf des Deutschen Aktienindex DAX in der Zeit vom April 2011 bis 14. Mai 2012 in Form eines Liniencharts.

Abbildung 3-1: Kursverlauf des DAX im Zeitraum April 2011 bis 14. Mai 2012

Als Zeitintervall wurde in der Abbildung 3-1 ein Tag gewählt. Weitere gängige Intervalle sind Minuten (1, 3, 5, 15, 30 und 60 Minuten), Wochen oder Monate. Der Linienchart wird meistens für Übersichtsdarstellungen verwendet.

3.1.2 Balkenchart (Bar-Chart)

Neben dem Schlusskurs (Close) werden im Balkenchart noch der Eröffnungs- (Open), Höchst- (High) und der Tiefstkurs (Low) angegeben. Dadurch werden die Psychologie der Anwender und die Handelsspanne in die Chartdarstellung einbezogen. Die Grundelemente eines Balkencharts zeigt Abbildung 3-2. Im linken Element liegt der Schlusskurs über dem Eröffnungskurs, im rechten Element liegt der umgekehrte Fall vor.

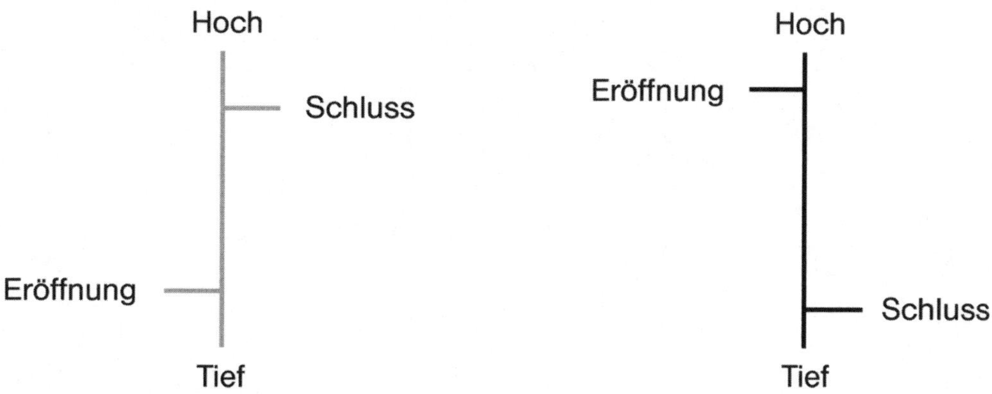

Abbildung 3-2: Elemente des Balkencharts

Mit dem Balkenchart erhält man ein schärferes Bild des Marktes, da der Balkenchart übersichtlich zeigt, ob ein steigender oder ein fallender Markt vorliegt (vergleiche Abbildung 3-3).

In einem Balkenchart werden darüber hinaus auch noch Kurslücken, sogenannte Gaps, erkennbar – ein weiterer Vorteil gegenüber dem Linienchart. Der Balkenchart wird im mittel- und langfristigen Zeithorizont verwendet.

3.1.3 Kerzencharts (Candlesticks)

Die Kerzencharts haben ihren Ursprung in Japan und werden dort seit dem 17. Jahrhundert verwendet. Im Westen wurden sie erst zum Ende des letzten Jahrhunderts bekannt. Sie sind mittlerweile eine der am häufigsten verwendeten Chartdarstellungen. Nison[2] stellt die Candlesticks sowie die

2 Technische Analyse mit Candlesticks, München 2002.

Abbildung 3-3: Balkenchart (Wocheneinstellung) des DAX (April 2011 bis 14. Mai 2012)

Kursmuster, die sich aus verschiedenen Candlestick-Kombinationen ergeben, ausführlich und kompetent dar.

Wie in den Balkencharts werden auch in den Kerzencharts Eröffnungs-, Hoch-, Tief- und Schlusskurs dargestellt. Die sogenannten Körper der Kerzen sind jedoch optisch besser zu erfassen als die senkrechten Striche der Balkencharts (vergleiche Abbildung 3-4).

Bereits einzelne Kerzen haben eine gute Aussagekraft. Kombinationen aus zwei und mehr Kerzen liefern meist sehr gute Handelssignale.[3] Lange Kerzen weisen zum Beispiel auf eine Marktstärke hin, während kurze Kerzen Unentschlossenheit der Marktteilnehmer signalisieren. Auch die Länge der sogenannten Dochte und Schatten, die senkrechten Striche über und un-

3 Vergleiche Nison, S. 43–212.

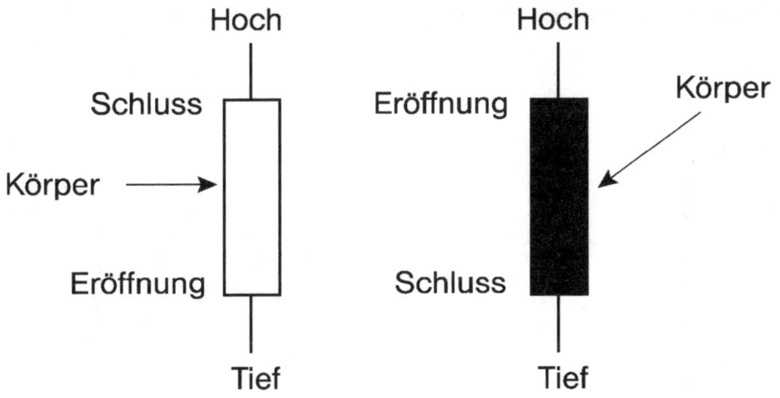

Abbildung 3-4: Elemente der Kerzencharts

ter dem Kerzenkörper, liefert wertvolle Analysehinweise. In Abbildung 3-5 ist mit Candlesticks wieder ein exemplarischer DAX-Kursverlauf abgebildet.

Der Vorteil der Candlesticks ist der frühzeitige Hinweis auf Trendfortsetzungen beziehungsweise Trendwenden. Darüber hinaus haben die Candlesticks noch den Vorteil, dass sie sich mit anderen Analysetechniken, zum Beispiel mit den sogenannten Bollinger-Bändern, sehr gut kombinieren lassen. Auf Grund des etwas breiten Kerzenkörpers eignen sich Kerzencharts weniger für den kurzfristigen Bereich; ihre Anwendungsstärke liegt im mittel- bis langfristigen Bereich.

3.1.4 Heikin-Ashi-Kerzen

Die Heikin-Ashi-Kerzen sind eine sehr interessante Variante der Candlesticks. Auch sie haben ihren Ursprung in Japan und wurden zu Beginn dieses Jahrhunderts in der westlichen Welt eingeführt. Ihre hervorstechendste Eigenschaft besteht darin, kleine Kursschwankungen herauszufiltern, indem sie die Kursbewegungen zweier Tage beziehungsweise zweier Zeiteinheiten zusammenfassen. Dies führt jedoch dazu, dass sie, im Gegensatz zu den Candlesticks, um einen Tag (eine Zeiteinheit) zeitverzögert sind.

Die Konstruktion der Heikin-Ashi-Kerzen ist in Abbildung 3-6 im Vergleich zu den Candlesticks dargestellt. Auf der linken Seite der Abbildung sind die Candles und auf der rechten Seite die Berechnungsmethode für die Heikin-Ashi-Kerzen angegeben.

Abbildung 3-5: Kerzenchart (Wocheneinstellung) des DAX (April 2011 bis 14. Mai 2012)

Die Kerzen in der Heikin-Ashi-Version ähneln den Candlesticks sehr. Dadurch können die Analysetechniken der Candlesticks direkt auf die Heikin-Ashi-Kerzen übertragen werden. Darüber hinaus werden Trends von Kursbewegungen in der Heikin-Ashi-Darstellung besonders gut visualisiert (vergleiche Abbildung 3-7). Für Trends und Trendwechsel gelten folgende Regeln:

- Normaler Trend (Trendbeginn):
  LONG: Aufsteigende weiße Kerzen
  SHORT: Fallende dunkle Kerzen
- Stärker werdender Trend:
  LONG: Aufsteigende, länger werdende weiße Kerzen ohne unteren Schatten
  SHORT: Fallende, länger werdende dunkle Kerzen ohne Docht

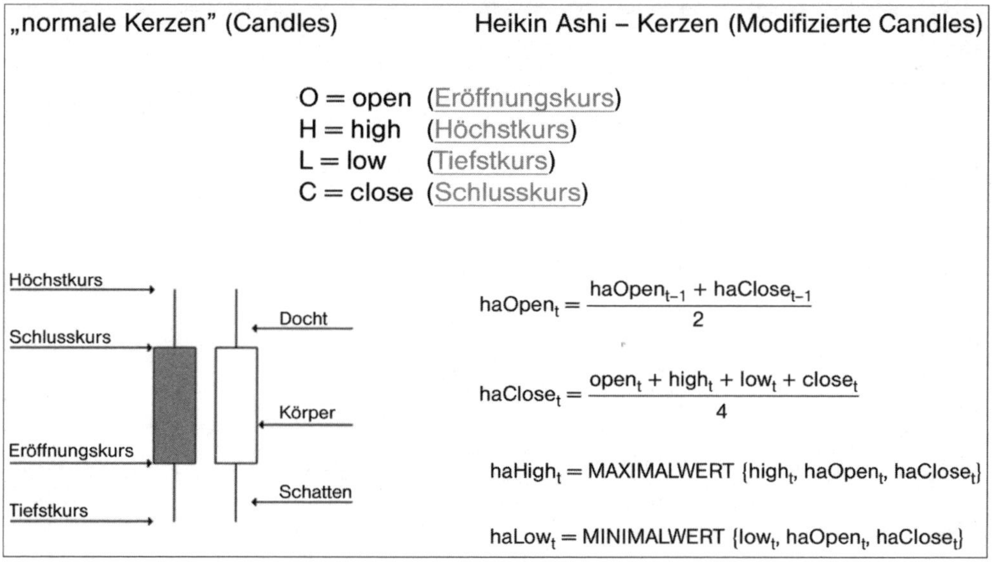

Abbildung 3-6: Konstruktion der Heikin-Ashi-Kerzen im Vergleich zu den Candlesticks

- Schwächer werdender Trend (Trendende):
  LONG: Kleiner werdende weiße Kerzen (Docht teilweise vorhanden)
  SHORT: Kleiner werdende dunkle Kerzen (Schatten teilweise vorhanden)
- Konsolidierung:
  Kleine Kerzenkörper mit Docht und Schatten, die zwischen weiß und dunkel wechseln
- Trendwechsel:
  Sehr kleiner Kerzenkörper mit langem Docht und Schatten

In der Abbildung 3-8 werden die beiden Chartdarstellungen Candlesticks und Heikin-Ashi verglichen. Dargestellt ist der Kursverlauf des DAX im Zeitraum August 2011 bis 15. Mai 2012 in Tageseinstellung. Das obere Chartfenster zeigt den Kursverlauf mit Heikin-Ashi-Kerzen, das untere Chartfenster den Kursverlauf mit Candlesticks. Während die Candlesticks sehr genau die täglichen Wechsel im Kurs wiedergeben, betonen die Heikin-Ashi-Kerzen den Trend der Kursbewegung. Die Kombination der beiden Chartdarstellungen bietet für die Analyse sichtlich Vorteile.

Abbildung 3-7: DAX (April 2011 bis 14. Mai 2012) in Heikin-Ashi-Darstellung (Wocheneinstellung)

3.1.5 Weitere Chartdarstellungen

Weitere Chartdarstellungen – wenn auch weniger gebräuchlich – sind:

- Point&Figure Chart
- Renko- und Kagi-Charts,
- Three-Line-Break-Chart.

Alle vier Darstellungsvarianten vernachlässigen die Zeitachse. Sie stellen gewissermaßen eine eigene Gruppe dar, da sich diese Darstellungen ausschließlich auf die Preisbewegung beschränken. Von einer genaueren Darstellung dieser Chartdarstellungen wird abgesehen und auf die angegebene Literatur verwiesen.

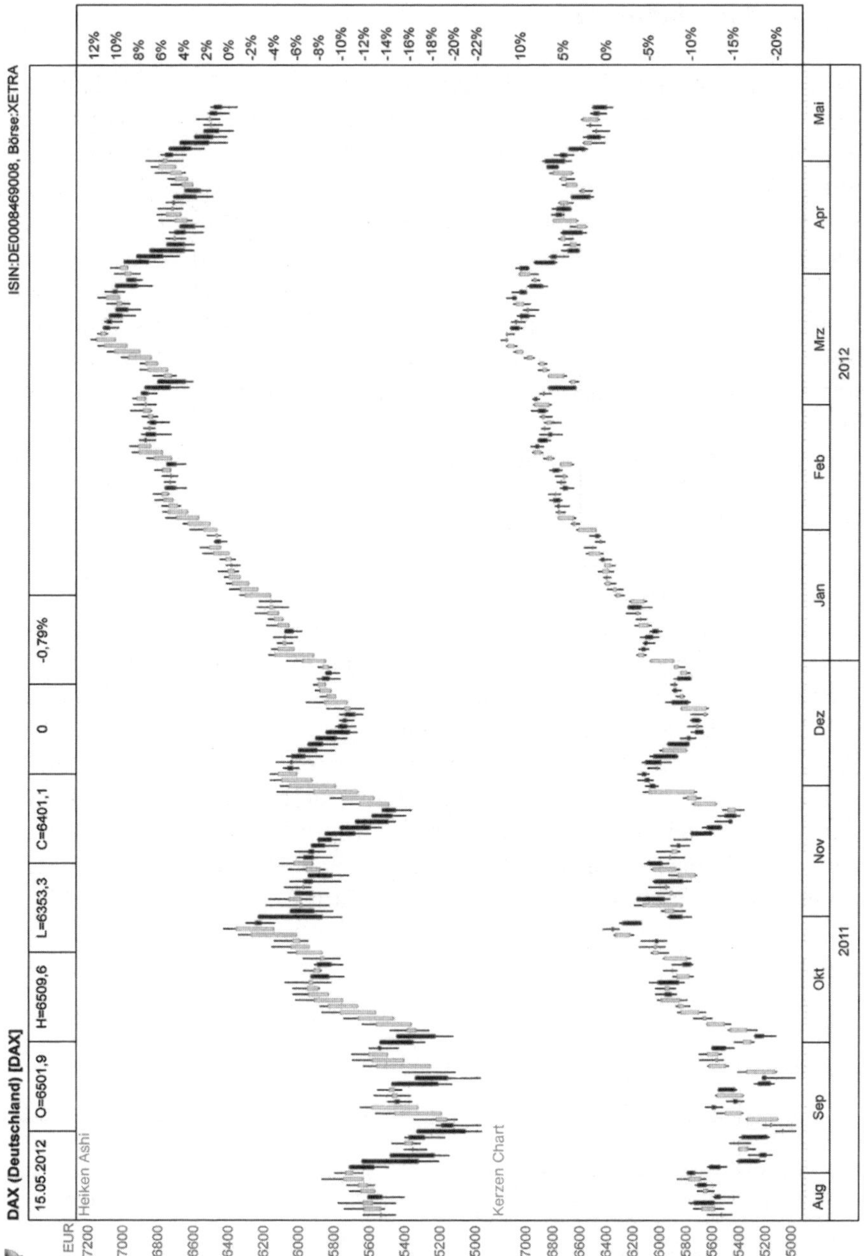

Abbildung 3-8: Vergleich von Heikin-Ashi-Kerzen mit Candlesticks

3.2 Trendanalyse

Die Basis der Trendanalyse ist das Trendkonzept. Die Hilfsmittel, die die Technische Analyse 1.0 verwendet, dienen einzig der Aufgabe, den Markttrend zu erkennen. Allgemein definiert stellen Trends die Bewegungsrichtung des Marktes dar: aufwärts, abwärts oder seitwärts. Diese Bewegungen sind weder geradlinig noch zyklisch, sie sind in hohem Maße unregelmäßig, wobei sich Hochs und Tiefs abwechseln. Diese abwechselnden Hochs und Tiefs kann man als unregelmäßige Wellen auffassen. Die Richtung der Hochs und die Richtung der Tiefs markieren den Trend. Ein Aufwärtstrend wird definiert als eine Reihe sukzessiv höherer Hochs, ein Abwärtstrend genau durch das Gegenteil. Gleich hohe Hochs und Tiefs zeigen einen Seitwärtstrend an.

Zur Trendanalyse als Teilgebiet der Technischen Analyse 1.0 gehört die Analyse mit Hilfe von

- Trendlinien und Trendkanälen,
- das Prinzip von Widerstand und Unterstützung,
- die Elliot-Waves und
- die Fibonacci-Techniken.

Zu den Fibonacci-Techniken gehören die Fibonacci-Retracements, die Fibonacci-Kanäle und -Fächer sowie die Fibonacci-Zeitprojektion. Hinsichtlich der Fibonacci-Techniken sei auf Roller[4] verwiesen, bezüglich der Elliot-Waves auf Nowacki (Hrsg.)[5]. In der bereits angegebenen Literatur[6] finden sich kompetente Darstellungen bezüglich der Analyse mit Hilfe von Trendlinien und Trendkanälen und des Prinzips von Widerstand und Unterstützung. Wie bereits erwähnt, wird auf die Trendanalyse nicht weiter eingegangen, sondern auf diese angegebene Literatur verwiesen.

4 Kursziele bestimmen mit Fibonacci, München 2012.

5 Tradingwelten, München 2009, S. 139–192.

6 Rockefeller, Chartanalyse für Dummies, Weinheim 2009; Daeubner, Alles, was Sie über die Technische Analyse wissen müssen – simplified, München 2009; Florek, Neue Trading-Dimensionen, München 2000; Nison, Technische Analyse mit Candlesticks, München 2002; du Plessis, The Definitive Guide to Point and Figure, Petersfield Hamshire 2009; Paesler, Technische Indikatoren – simplified, München 2006; Kirkpatrick/Dahlquist, Technical Analysis, New Jersey 2011.

3.3 Formationsanalyse

Im Rahmen der Formationsanalyse werden zwei Hauptkategorien von Kursformationen unterschieden: Trendumkehr- und Trendbestätigungsformationen. Mit Trendumkehrformationen soll ein Trendwechsel herausgefunden werden, während mit Trendbestätigungsformationen kurzfristige Überkauft- oder Überverkauftssituationen erkannt werden sollen, die lediglich eine Unterbrechung eines weiter bestehenden Trends sind. Die Fähigkeit besteht nun darin, möglichst frühzeitig während der Ausbildung einer Kursformation zwischen einer Trendumkehr- beziehungsweise einer Trendbestätigungsformation unterscheiden zu können. Bei den meisten Kursformationen gibt es darüber hinaus Projektionstechniken, um Mindestkursziele zu bestimmen. Diese Mindestkursziele sollten jedoch lediglich als eine Näherung angesehen werden und nicht als unbedingtes Ziel. Doch liefern diese Mindestkursziele eine Hilfestellung bei der Einschätzung des Chance-Risiko-Verhältnisses.

Auch auf dieses Teilgebiet der Technischen Analyse 1.0 wird – wie bereits zu Beginn dieses Kapitel erwähnt – nicht näher eingegangen. Eine sehr praxisnahe Beschreibung zur Formationsanalyse findet sich bei Rockefeller[7]. Auf einen besonderen Aspekt soll auf der Basis der Kopf-Schulter-Formation allerdings näher eingegangen werden (vergleiche auch Rockefeller[8]), da sie zum einen eine mit über 90 % beeindruckend hohe Erfolgswahrscheinlichkeit aufweist und zum anderen an ihr beispielhaft gezeigt werden kann, wie neue Konzepte und Methoden die Technische Analyse 1.0 – hier die Formationsanalyse – befruchten können.

Die Kopf-Schulter-Formation besteht aus drei Spitzen, wobei eine Spitze die linke Schulter, eine mittlere höhere Spitze den Kopf und eine wieder niedrigere Spitze die rechte Schulter bilden (vergleiche Abbildung 3-9).

Die Bestätigungslinie – auch Nackenlinie genannt – verbindet die beiden tiefsten Punkte der zwei Schultern. Ein Durchbruch der Nackenlinie signalisiert einen Kursverfall, unabhängig davon, ob die Nackenlinie nach oben oder nach unten geneigt ist. Eine nach unten gerichtete Nackenlinie ist normalerweise mit der größten Kursbewegung verbunden. Dies ist die Standardbeschreibung der Kopf-Schulter-Formation im Rahmen der Formationsanalyse.

7 Chartanalyse für Dummies, Weinheim 2009.
8 Chartanalyse für Dummies, Weinheim 2009.

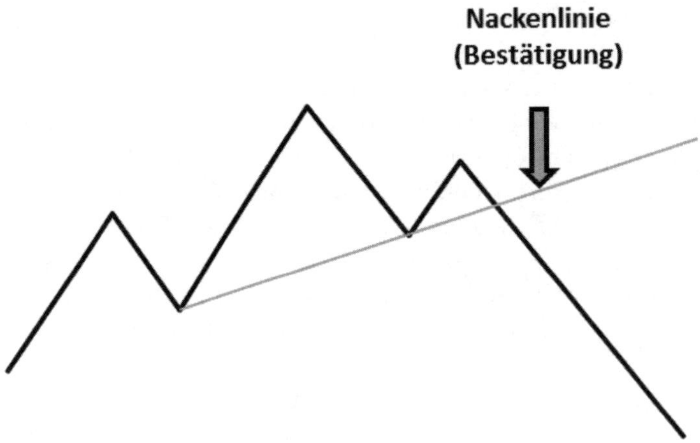

Abbildung 3-9: Kopf-Schulter-Formation

In vielen Teilbereichen der Technischen Analyse 1.0 werden mit Methoden der Naturwissenschaft und Technik neue Wege beschritten. Ein Beispiel ist die im Kapitel 5 beschriebene Empirical Mode Decomposition (EMD), ein Datenanalyseverfahren aus der Signalverarbeitung. Eine vergleichbare Vorgehensweise wird bei Silagadze[9] beschrieben. Ein physikalisches Modell, der Alpha-Zerfall von Atomkernen, diente als Vorlage für einen mathematischen Ansatz, mit Hilfe dessen die Kopf-Schulter-Formation als eine mögliche Ausprägung eines Indikators beschrieben werden kann. Der Indikator, mit »Moving Mini-Max« bezeichnet, simuliert das quantenmechanische Modell des Alpha-Zerfalls mit Markov-Ketten. Mit Hilfe dieses Moving-Mini-Max-Indikators gelang eine fundierte mathematische Beschreibung der Kopf-Schulter-Formation auf der Grundlage der Kursdaten ohne Bleistift und Lineal (siehe Abbildung 3-10).

In Abbildung 3-10 ist im linken Bildteil der Kursverlauf zu sehen und im rechten Bildteil der Moving-Mini-Max-Indikator, der die Positionen der lokalen Extrema der Kopf-Schulter-Formation aufzeigt: die dunkle Linie die lokalen Maxima, die helle Linie die lokalen Minima. Eine subjektive Konstruktion der Kopf- Schulter-Formation wird durch eine objektive mathematische Berechnung ersetzt. Der Moving-Mini-Max-Indikator ist ein typisches Beispiel dafür, wie Konzepte und Methoden aus ande-

9 Moving Mini-Max – A New Indicator for Technical Analysis, IFTA Journal 11/2011, 46–49.

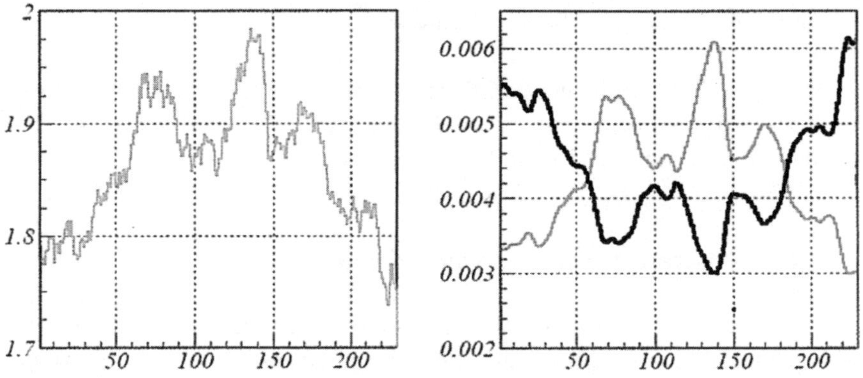

Abbildung 3-10: Darstellung der Kopf-Schulter-Formation mit Hilfe des Moving-Mini-Max-Indikators

ren Wissensgebieten Bausteine der Technischen Analyse 1.0 verbessern können.

3.4 Indikatorenanalyse

»Geprägt von einem Bankenumfeld, in dem ein traditionelles, eher konservatives Auftreten mit Seriosität, Verlässlichkeit und Erfolg gleichgesetzt wird, haben es innovative Lösungen der Technischen Analyse schwer, sich zu etablieren. Anders ist es nicht zu verstehen, dass noch immer Indikatoren eingesetzt und zum zigtausendsten Mal vorgestellt werden, die zum Teil über 30 Jahre alt sind und in einer Zeit entwickelt wurden, als es noch keine Computer gab« (Florek[10]). Diese Meinung deckt sich mit der hier vertretenen Meinung. Aus diesem Grund werden in diesem Abschnitt im Wesentlichen nur Indikatoren vorgestellt, deren Konzepte sich als tragfähig erwiesen haben, durch moderne Werkzeuge deutlich verbessert werden können oder auf einer verbesserten mathematischen Basis beruhen.

Die nachfolgenden Ausführungen sind wie folgt gegliedert:

- Berechnungsprinzip von Indikatoren,
- Gleitende Durchschnitte,
- Trendfolger,
- Momentum-Oszillatoren,

10 Neue Trading-Dimensionen, S. 99.

- Trendbestimmungsindikatoren und
- Bänder.

Die einzelnen Indikatoren-Gruppen werden unter dem Oberbegriff Technische Indikatoren zusammengefasst. Auf die Volatilität wird selektiv bei den entsprechenden Indikatoren eingegangen.

3.4.1 Berechnungsprinzip von Indikatoren

Es gibt keine Technischen Indikatoren, die nicht durch eine mehr oder weniger komplizierte mathematische Formel dargestellt werden. Doch die mathematische Formel mit dem Technischen Indikator gleichzusetzen ist falsch. Die eigentliche Aussage eines Technischen Indikators beinhaltet eine Erkenntnis, die durch eine eingehende Beobachtung der Märkte oder durch eine detaillierte Analyse von Kurszeitreihen gewonnen wurde. Die verbale Formulierung dieser Aussage ist die eigentliche Basis von Technischen Indikatoren. Die Umsetzung der verbalen Formulierung in eine mathematische Formel dient lediglich der präzisen Beschreibung und stellt eine Art Kurzschrift der eigentlichen Aussage dar. Die mathematische Formulierung liefert nicht mehr und nicht weniger als die Grundaussage. Sie ist lediglich kürzer und präziser.

Technische Indikatoren entfernen auch nicht irrationale Kursbewegungen, die durch Launen, Moden und Phobien der Marktteilnehmer entstanden sind. Sie zeigen vielmehr die Sachverhalte auf, die in der Kurszeitreihe bereits enthalten sind – nur auf eine einfachere und verständlichere Art.

In Abbildung 3-11 ist, neben einem schematisch punktiert gezeichneten Kursverlauf, ein Fenster mit der Periodenbreite $n = 5$ (Basiszeiteinheit zum Beispiel Stunden, Tage oder Wochen) rechts und entsprechende, nach »links gleitende Periodenfenster« (links) eingezeichnet. Das Gleiten des Fensters beginnt am neuesten zur Verfügung stehenden Kurs, im Chart also ganz rechts, und endet am ältesten verfügbaren Kurs, im Chart ganz links, wobei das Vorrücken des Fensters im Rhythmus der Basiszeiteinheit erfolgt. Die im Periodenfenster enthaltenen Kurswerte sind die Grundlage der Berechnung. Entsprechend der Indikatoren-Aussage und seiner mathematischen Formulierung ergibt sich ein Ergebniswert, der einem Zeitpunkt zugeordnet wird. Dieser Zeitpunkt liegt nicht notwendigerweise an der rechten Begrenzung des Periodenfensters. Er wird, wieder entsprechend dem Berechnungsverfahren, im Fenster liegen. Würde man es bei dieser Zuordnung belassen, dann hätte man zum Zeitpunkt des letzten Kurses, also genau zu

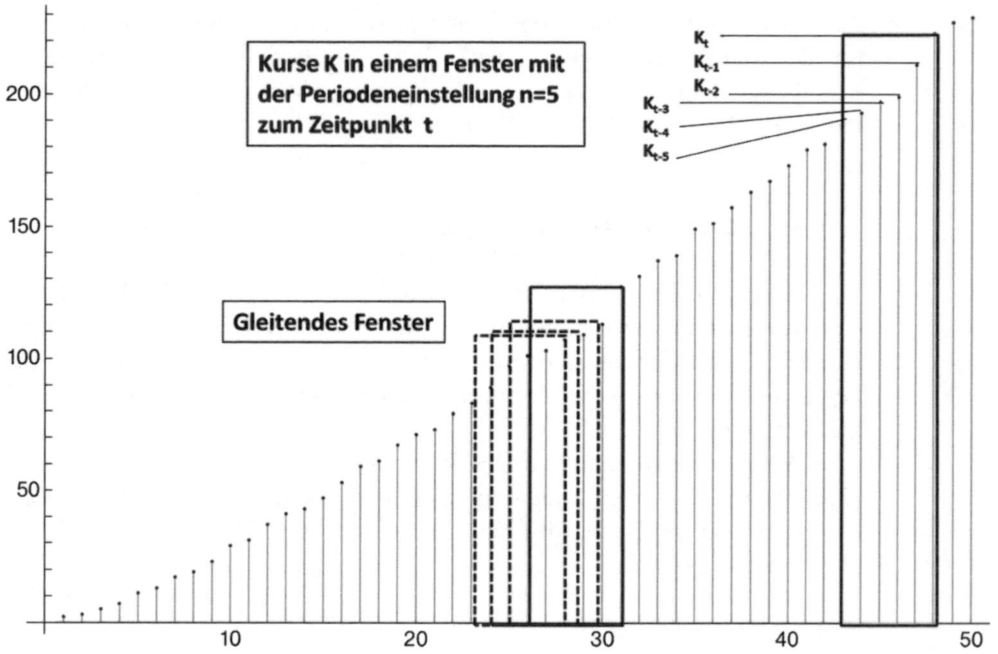

Abbildung 3-11: Zum Berechnungsprinzip von Technischen Indikatoren

dem Zeitpunkt, der für die Analyse der wichtigste ist, keinen Indikatorwert. Diese Schwierigkeit wird dadurch behoben, dass man den Indikatorwert eines Periodenfensters dem rechten Rand zuordnet, mit der logischen Folge, dass sich dadurch eine Zeitverzögerung ergibt. Auf Grund dieser Zuordnung haben alle Technischen Indikatoren eine mehr oder weniger große Zeitverzögerung. Sie ist abhängig vom Berechnungsverfahren.

Als Erläuterung für dieses Berechnungsprinzip dient ein gleitender Durchschnitt (GD) als Beispielindikator. An jeder Stelle, an dem sich das Fenster gerade befindet, erfolgt eine Durchschnittsberechnung oder Mittelwertbildung der im Fenster enthaltenen Kurse. In den verschiedenen Methoden der Mittelwertberechnung unterscheiden sich nun die GD. Beispielsweise erfolgt die Mittelwertberechnung beim einfachen GD dadurch, dass die im Fenster enthaltenen Kurse addiert und durch ihre Anzahl dividiert werden. Der errechnete Mittelwert wird nun bei allen GD dem rechten Fensterrand zugeordnet, was jedoch der Mittelwertberechnung widerspricht. Der Mittelwert müsste richtigerweise einem Zeitpunkt im gewählten Fenster zugeordnet werden und nicht dem rechten Rand. Im Falle des einfachen GD wäre das richtigerweise die Fenstermitte. Würde man diese Zuordnung allerdings vornehmen, dann hätte man aber an der rechten Fensterbegrenzung – für die Analyse der wichtigste Teil – keine Werte des GD zur Verfügung. Aus dieser notgedrungenen Verschiebung des Mittelwertes zum rechten Fensterrand hin resultiert die Verzögerung.

3.4.2 Gleitende Durchschnitte

Gleitende Durchschnitte (GD), auch Moving Averages (MA) genannt, sind die am häufigsten verwendeten Indikatoren und dienen zum Entfernen des Kursrauschens aus den Kurszeitreihen und zu ihrer Glättung. Im Folgenden wird aus Vereinfachungsgründen durchgängig die Abkürzung MA verwendet.

MA sind eine Methode zur Berechnung des durchschnittlichen Wertes eines Kurses oder eines Indikators über eine definierte Anzahl von Zeiteinheiten (beispielsweise 15 Minuten, Stunden, Tage, Wochen), in der Folge kurz Periode genannt:

$$Periode = n\ Zeiteinheiten\ (Periodeneinstellung).$$

Die Periode stellt eine Art Fenster dar, innerhalb dessen der durchschnittliche Wert, der Mittelwert, berechnet wird. Dieses Fenster »gleitet« über den Kursverlauf von Kurszeitpunkt zu Kurszeitpunkt. Die Folge der berechneten Mittelwerte stellt den MA dar.

Je größer die gewählte Periode ist, desto flacher verläuft der MA, desto größer ist seine glättende Wirkung und desto mehr Schwankungen des Kursverlaufes werden herausgefiltert.

Neben der glättenden Wirkung dienen MA auch zur Darstellung des Trends in einem Kursverlauf. Deswegen werden sie auch in die Gruppe der Trendfolge-Indikatoren eingereiht, da sie verzögert den Kurstrend anzeigen, dem Kurstrend also nachfolgen.

3.4.2.1 Arithmetischer, exponentieller und gewichteter Moving Average

Die meisten MA leiten sich von den folgenden drei ab:

- einfacher oder arithmetischer MA (MAS),
- gewichteter MA (MAW),
- exponentieller MA (MAE).

Eine ausführliche Beschreibung dieser MA, einschließlich ihrer mathematischen Formulierung, findet sich, neben vielen anderen guten Publikationen, bei Paesler[11]. Von einer wiederholenden Beschreibung wird deshalb abgesehen. Die Verzögerungen dieser MA sind jedoch ein interessanter Aspekt. Bei Ehlers[12] sind diese Verzögerungen für diese MA quantitativ angegeben (vergleiche nachstehende Abbildung 3-12).

$$\text{Verzögerung}_{\text{MAS}} = \frac{n - 1}{2}$$

$$\text{Verzögerung}_{\text{MAE}} = \frac{1}{\alpha} - 1$$

Für die übliche Standardeinstellung des Gewichtungsfaktors α

$$\alpha = \frac{2}{n + 1}$$

ergibt sich: $\text{Verzögerung}_{\text{MAE}} = \frac{n - 1}{2} = \text{Verzögerung}_{\text{MAS}}$.

Bei gleicher Verzögerung, im Vergleich zum MAS, ist die Glättung des MAE jedoch stärker ausgeprägt als beim MAS. Wird für den Gewichtsfaktor α nicht die Standardeinstellung gewählt, dann gilt die Aussage $\text{Verzögerung}_{\text{MAE}} = \text{Verzögerung}_{\text{MAS}}$ nicht.

$$\text{Verzögerung}_{\text{MAW}} = \frac{n - 1}{3}$$

Wird der MAE in der Standardeinstellung hinsichtlich des Gewichtsfaktor α verwendet, dann hat der MAW im Vergleich zu MAS und MAE die geringste Verzögerung.

Abbildung 3-12: Verzögerungen von MAS, MAE und MAW

Mit diesen Beziehungen lassen sich die Verzögerungen für die einzelnen MA leicht berechnen. Für eine Periode von 200 Tagen ergeben sich für den MAS als auch für den MAE 99,5 Tage – bei Verwendung der Standardeinstellung für den Gewichtungsfaktor – und 66,3 Tage für den MAW. Der MAW hat demnach die geringere Verzögerung im Vergleich zu MAS und MAE. Trotz dieses Vorteils des MAW sind die gebräuchlichsten MA der MAS

11 Technische Indikatoren – simplified, München 2006.
12 Rocket Science for Traders, Hoboken 2001.

und der MAE, was angesichts der volatilen Märkte nicht verständlich ist. In Abbildung 3-13 werden MAS, MAE und MAW in der Periodeneinstellung 200 miteinander verglichen (Kurs: DAX im Zeitraum April 2011 bis 14. Mai 2012). Die Berechnung erfolgte auf dem Schlusskurs (Close). Deutlich ist zu erkennen, dass der MAW dem Kursverlauf mit wesentlich geringerer Zeitverzögerung folgt als der MAS und der MAE.

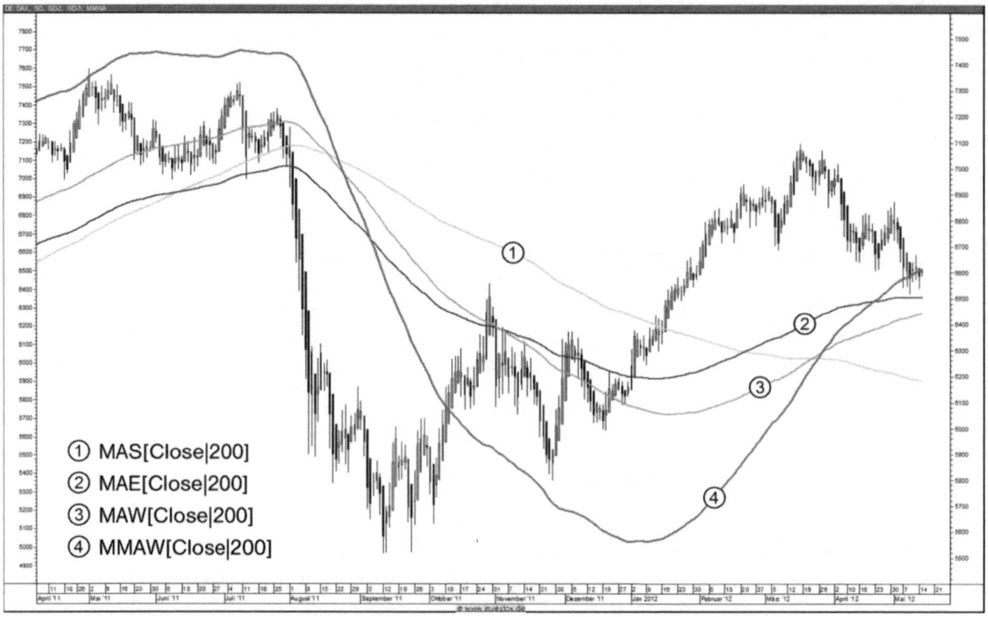

Abbildung 3-13: Vergleich von MAS, MAE und MAW

In Abbildung 3-13 ist ein weiterer MA, als MMAW bezeichnet, angegeben. Er stellt eine Modifizierung des MAW dar, die auf John F. Ehlers zurückgeht[13]. Auf diese Modifizierung, die eine Reduzierung der Verzögerung bewirkt, wird im nächsten Abschnitt eingehend eingegangen.

13 Ehlers, Signal Analysis Concepts, 2001.

3.4.2.2 Verzögerungsreduzierter Moving Average (NMAX)

Im Jahr 2001 hat John F. Ehlers einen einfachen und allgemeinen Ansatz für einen MA mit reduzierter Zeitverzögerung vorgestellt. Sein Ansatz lautet:

$$MMAX\,[Kurs\,|\,n] = 2 \times MAX\,[Kurs\,|\,n] - MAX\,[MAX\,[Kurs\,|\,n]\,|\,n].$$

Ehlers benutzt einen MA(MAX = MAS, MAE oder MAW), den er auf den Kurs anwendet:

$$MAX\,[Kurs\,|\,n],$$

Periodeneinstellung n. Um den nächsten Schritt zu visualisieren, wurde der erste Schritt *kursiv* markiert. Auf diesen kursiv markierten MAX – und nicht auf den Kurs – wendet Ehlers den MAX ein zweites Mal (Anwendung eines MA auf einen MA) an:

$$MAX\,[\boldsymbol{MAX}\,[\boldsymbol{Kurs}\,|\,\boldsymbol{n}]\,|\,n]\,.$$

Der zweite Schritt ist also die Anwendung des MAX auf sich selbst (gleiche Periodeneinstellung). Das Ergebnis MAX[MAX[Kurs| n]| n] wird vom einfachen MAX, multipliziert mit dem Faktor zwei, subtrahiert. Der so modifizierte MA – Bezeichnung MMAX – ist im Vergleich zum MAW in Abbildung 3-13 dargestellt: MAX = MAW, Periodeneinstellung n = 200. Der entsprechende Programmcode für das Börsenprogramm Investox findet sich im Anhang B.

In dem Ansatz von Ehlers wird ein MA einmal auf den Kursverlauf und zum anderen auf sich selbst angewendet. Betrachtet man nun den Kursverlauf und den darauf angewendeten MA ganz allgemein als Signale in Zeitdarstellung und übernimmt für ihre Bearbeitung Erkenntnisse aus dem Gebiet der Signalverarbeitung, dann lässt sich ableiten, dass die oben beschriebene Anwendung eines MA auf sich selbst nur näherungsweise richtig ist und verbessert werden kann. In Anlehnung an das Nyquist-Theorem aus der Signalverarbeitung kann diese Verbesserung realisiert werden.

Aus der Sicht der Signalverarbeitung ist ein MA ein Tiefpass. Außerdem stellt die Anwendung eines MA auf sich selbst mathematisch eine Abbildung dar. Damit diese Abbildung eindeutig ist und keine Zusatzperioden auftreten[14], muss die Anwendung eines MA auf sich selbst einer

14 Vergleiche Ehlers, Rocket Science for Traders, Hoboken 2001, S. 5

Bedingung genügen. Diese Bedingung kann in Anlehnung an das Nyquist-Theorem[15] gewonnen werden.Vereinfacht lautet das Theorem: Ein Tiefpass-Signal muss mit einer Frequenz abgetastet werden, die mehr als das Doppelte der höchsten im Signal vorkommenden Frequenz beträgt.

Das Nyquist-Theorem wird in der Signalverarbeitung üblicherweise auf Frequenzbasis definiert. Da eine Frequenz direkt proportional zu einer reziproken Periode und die Periodeneinstellung der übliche Parameter der Technischen Analyse ist, wird das Nyquist-Theorem hier in der folgenden Formulierung verwendet:

$$n = \lambda \times n_a, \text{ mit } \lambda \geq 2.$$

Es sei an dieser Stelle ausdrücklich betont, dass die Übertragung des Nyquist-Theorems auf die hier vorliegende Betrachtung – Anwendung eines MA auf sich selbst – wissenschaftlich einwandfrei nicht gerechtfertigt ist, denn die Voraussetzungen für die Anwendung des Theorems sind bestenfalls nur ansatzweise gegeben. Das Nyquist-Theorem dient in der nachfolgenden Ableitung lediglich versuchsweise als gedanklicher Leitfaden.

In der zuletzt genannten Formel ist n die Periodeneinstellung für den primären MA, auf den ein weiterer MA_a mit der Periodeneinstellung n_a angewendet wird. Überträgt man nun den Gedanken des Nyquist-Theorems auf die Anwendung eines MA auf sich selbst, dann kann man folgenden Ansatz für die Periodeneinstellungen versuchen: n muss mindestens doppelt so groß sein wie n_a. In dem Ansatz von Ehlers sind diese beiden Periodeneinstellungen gleich.

In Abbildung 3-14 ist schematisch ein Kursverlauf (linke Kurve), ein MA mit der Verzögerung L_1 auf den Kursverlauf (MA_1, mittlere Kurve) und ein MA mit der Verzögerung L2 (MA_2, rechte Kurve) auf den MA_1 dargestellt.

Auf Grund der Näherung und den angegebenen Beziehungen in der Abbildung 3-14 gilt folgende Gleichung:

$$\frac{D_1}{D_2} = \frac{(K - MA_1)}{(MA_1 - MA_2)} = \frac{L_1}{L_2}. \tag{3.1}$$

15 Vergleiche Ohm/Lüke, Signalübertragung, Berlin/Heidelberg/New York 2011 und http://de.wikipedia.org/wiki/Nyquist-Shannon-Abtasttheorem.

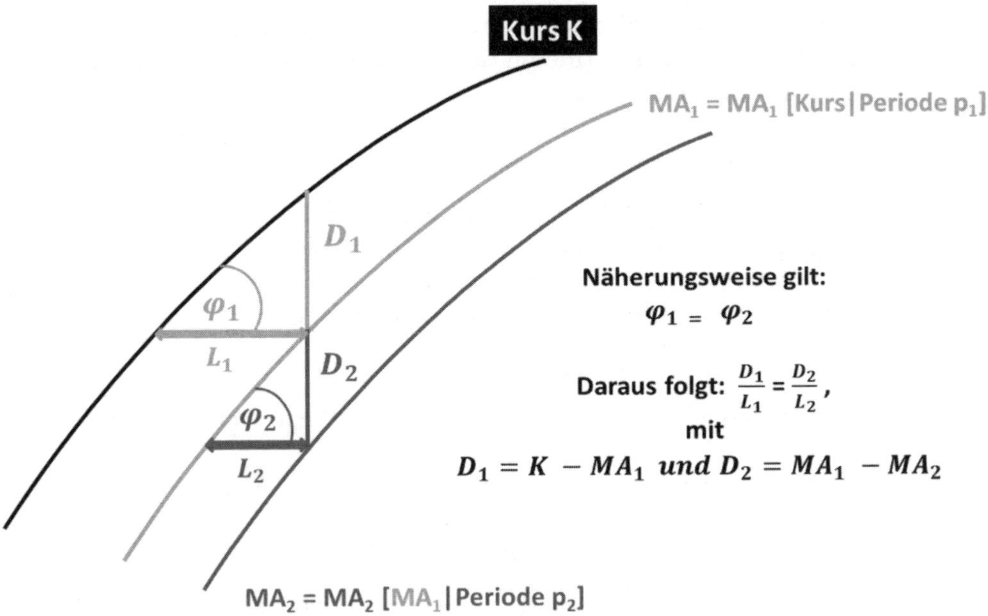

Abbildung 3-14: Schematische Kursdarstellung mit zwei zeitverzögerten MA

Für den Quotienten L_1/L_2 ergibt sich mit den in der Abbildung 3-12 angegebenen zeitlichen Verzögerungen:

$$\alpha := \frac{L_1}{L_2} = \frac{(n_1 - 1)}{(n_2 - 1)}.$$

In diesem Ausdruck fehlt sowohl der Nenner 2 für den MAS und den MAE als auch der Nenner 3 für den MAW. α gilt damit für alle drei MA: für den MA, den MAE und MAW.

Verwendet man in diesem Ausdruck nun versuchsweise die in Anlehnung an das Nyquist-Theorem gewonnene Beziehung $n = \lambda \times n_a$ mit $\lambda \geq 2$ ($n_1 = n$ und $n_2 = n_a$), dann erhält man:

$$\alpha = \lambda\,(n - 1)/(n - \lambda). \tag{3.2}$$

3.1 in 3.2 eingesetzt ergibt:

$$K - MA_1 = \alpha\,(MA_1 - MA_2). \tag{3.3}$$

Auf Grund der Näherung für die in der Abbildung 3.14 angegebenen Winkel ist die Gleichung 3.3 nicht exakt erfüllt, sonst könnte der Kurs K durch die beiden GD exakt reproduziert werden. Ersetzt man in 3.3 den Kursverlauf K mit der Näherungsgröße NMAX und löst die Gleichung nach ihr auf, dann erhält man:

$$NMAX = (1 + \alpha)\,MA_1 - \alpha\,MA_2. \tag{3.4}$$

Auf der rechten Seite von 3.4 stehen zwei mit konstanten Faktoren, bei vorgegebener Periodenwahl, versehene MA. Damit stellt die Näherungsgröße NMAX ebenfalls einen MA dar. Schreibt man MA für MA_1 und MA_a für MA_2, was lediglich eine Umbenennung ist, dann lautet Gleichung 3.4 ausführlich geschrieben:

$$NMAX[Kurs \mid n, n_a) = (1 + \alpha)\,MAX[Kurs \mid n) - \alpha\,MAX_a\,[MAX \mid n_a], \tag{3.5}$$

wobei für α der Ausdruck 3.2 gilt:

$$\alpha = \lambda\,(n-1)/(n-\lambda), \text{ mit } \lambda \geq 2. \tag{3.6}$$

Der Buchstabe »X« steht stellvertretend für die Buchstaben »S«, »E« und »W«, um auszudrücken, dass in Gleichung 3.5 sowohl der MAS, der MAE oder der MAW – wie bereits oben erwähnt – verwendet werden kann. Da der MAW die kleinste Zeitverzögerung (vergleiche Abbildung 3-12) aufweist, dürfte er wohl meistens als erste Wahl für den NMAX gelten.

Praktisch ist auf Grund der Gleichungen 3.5 und 3.6 wie folgt zu verfahren:

- MAX[Kurs| n]: Wende einen MAS, MAE oder MAW mit der Periodeneinstellung n auf den Kursverlauf an.
- Wähle einen Wert $\lambda \geq 2$ – die Werte 3 oder 4 liefern in den meisten Fällen sehr gute Ergebnisse – und berechne zusammen mit der Periodeneinstellung n den Wert für α.
- Multipliziere MAX[Kurs| n] mit $(\alpha + 1)$.
- MAXa[MAX| n_a]: Wende einen zweiten MA auf den MAX mit der Periodeneinstellung n/λ (Beispiel: $n = 21$ und $\lambda = 3$ ergibt für $n_a = 7$) an.
- Multipliziere den MAX_a mit dem bereits berechneten Wert für α.
- Subtrahiere α MAX_a [MAX|n_a] von $(1 + \alpha)$ MAX[Kurs|n).

Im Anhang B ist der entsprechende Investox-Programm-Code für den NMAX angegeben.

Die Verzögerungen für die einzelnen MA – MAS, MAE und MAW – betragen $(n - 1)/z$, wobei $z = 2$ für den MAS und MAE gilt und $z = 3$

für den MAW. Setzt man dies in 3.5 ein, dann ergibt eine kurze, einfache Rechnung – wobei die Verzögerung für MAX[MAX_a] additiv anzusetzen ist –, dass die Verzögerung für den NMAX rechnerisch den Wert Null annimmt. Mit $n = n_a$ ergibt sich für λ und in der Folge für α der Wert 1. Dann geht die Gleichung 3.5 in die Formel von Ehlers über. Die Ehlers-Formel ist damit als Grenzfall in der obigen NMAX-Gleichung 3.5 enthalten. Das Ergebnis rechtfertigt damit die versuchsweise Anlehnung an das Nyquist-Theorem.

In den Abbildungen 3-15 bis 3-18 wird beispielhaft dargestellt, wie der NMAX sich im Vergleich zu den Standard-MA (MAS, MAE und MAW) sowie zum MMAX von Ehlers verhält. Diesen Abbildungen liegt der Kursverlauf des DAX im Zeitraum April 2011 bis 15. Mai 2012 beziehungsweise September 2011 bis 15. Mai 2012 zugrunde.

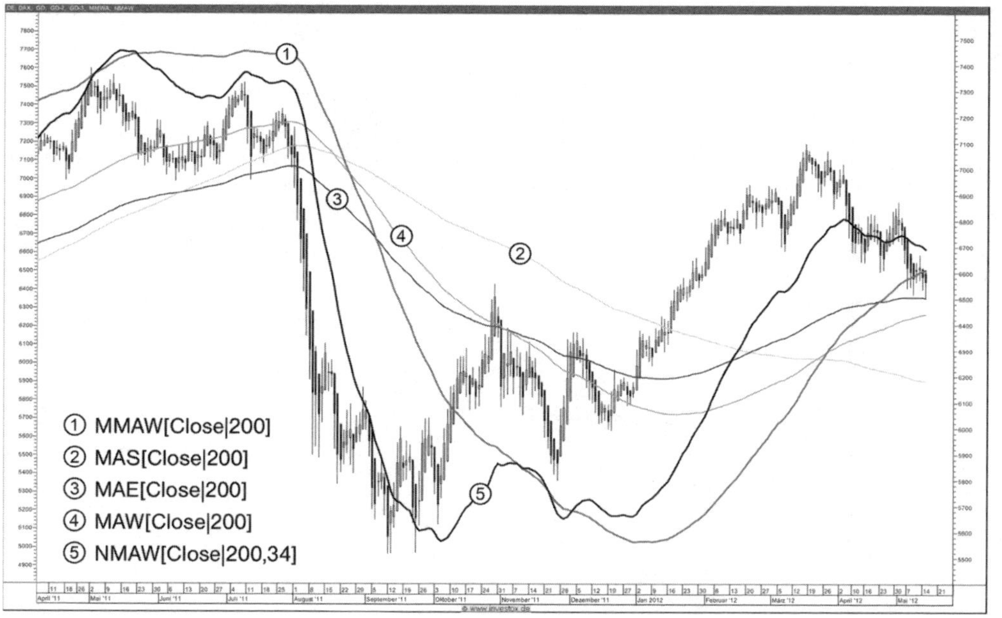

Abbildung 3-15: Vergleich von MAS, MAE, MAW, MMAW und NMAW (n = 200)

Selbst in der langen Periodeneinstellung n = 200 liegt der NMAW sehr nahe am Kurs, wesentlich näher als der MMAW und damit auch deutlich näher als MAS, MAE und MAW. Dieser Sachverhalt gilt auch für andere, speziell kürzere Periodeneinstellungen. Abbildung 3-16 zeigt dies. Hier sind die gleichen MA eingezeichnet, jedoch mit der kürzeren Periodeneinstellung

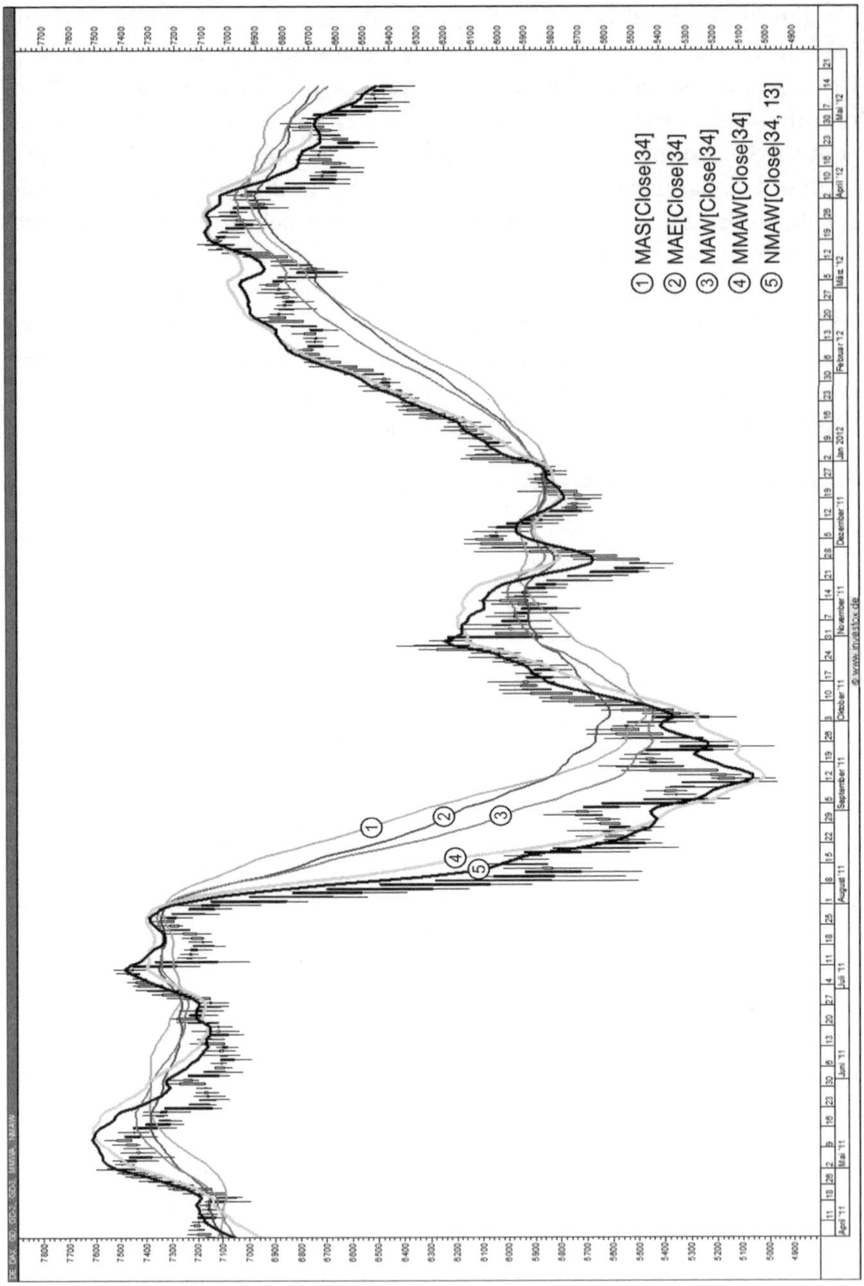

Abbildung 3-16: Vergleich von MAS, MAE, MAW, MMAW und NMAW (n = 34)

$n = 34$ (Periodeneinstellung für den NMAW beträgt $n_a = 13$). NMAW und MMAW sind fast gleich nah am Kursverlauf, doch bei genauerem Hinsehen kann man erkennen, dass die Trendwendepunkte beim NMAW um eine Zeiteinheit früher angezeigt werden.

In Abbildung 3-17 werden die verschiedenen Ausprägungen des NMAX – beispielhaft in der Periodeneinstellung $n = 55$, $n_a = 21$ – dargestellt, also auf der Basis seiner Varianten MAS, MAE und MAW. Es zeigt sich der gleiche Sachverhalt wie im Vergleich zwischen MAS, MAE und MAW: Die gewichtete Variante NMAW ist dem Kursverlauf am nächsten, die Variante auf der Basis MAS zeigt eine weitaus größere Zeitverzögerung.

Den Einfluss der Abtast-Periodeneinstellung auf den NMAX zeigt Abbildung 3-18, der eine Periodeneinstellung von $n = 55$ zugrunde liegt.

Die Periodeneinstellungen betragen $n_a = 5$, 13 und 21 bei gleichen $n = 55$. Mit kleiner werdenden Periodeneinstellungen n_a rücken die verschiedenen NMAW näher an den Kurs heran. Das bedeutet, dass über die kurzen Periodeneinstellung der NMAX optimiert werden kann.

Die in den Abbildungen 3-15 bis 3-18 beispielhaft gezeigten Eigenschaften des NMAX gelten allgemein:

- Der NMAX ist bei gleicher Periodeneinstellung im Vergleich zu anderen MA näher am Kurs.
- Die durch den NMAX markierten Wendepunkte haben eine geringere Zeitverzögerung als vergleichbare MA, eine Folge des vorgenannten Punktes.
- Bei gleicher Periodeneinstellung wird die Kursnähe des NMAX durch eine Reduzierung der kurzen Periodeneinstellung verkleinert.

Die praktische Auswirkung der wesentlich verbesserten Kursnähe des NMAX kann einmal in einem individuell ausgewählten Handelssystem oder in der Verbesserung bekannter technischer Indikatoren zum Ausdruck gebracht werden. Auf den zuletzt genannten Aspekt wird in diesem Kapitel noch näher eingegangen.

Zusammenfassend kann die Aussage gemacht werden, dass der NMAX eine Verbesserung im Vergleich zum MMAX von John F. Ehlers sowie den drei Standard-MA (MAS, MAE und MAW) ist.

3.4.2.3 Adaptive Moving Averages (MAA)

Ende des letzten Jahrhunderts wurden diese Arten von MA entwickelt. Sie entstanden aus der Überlegung heraus, die oftmals statisch konzipierten MA so zu verändern, dass sie sich automatisch den in den Kursverläufen zum Ausdruck kommenden veränderlichen Marktbedingungen anpassen.

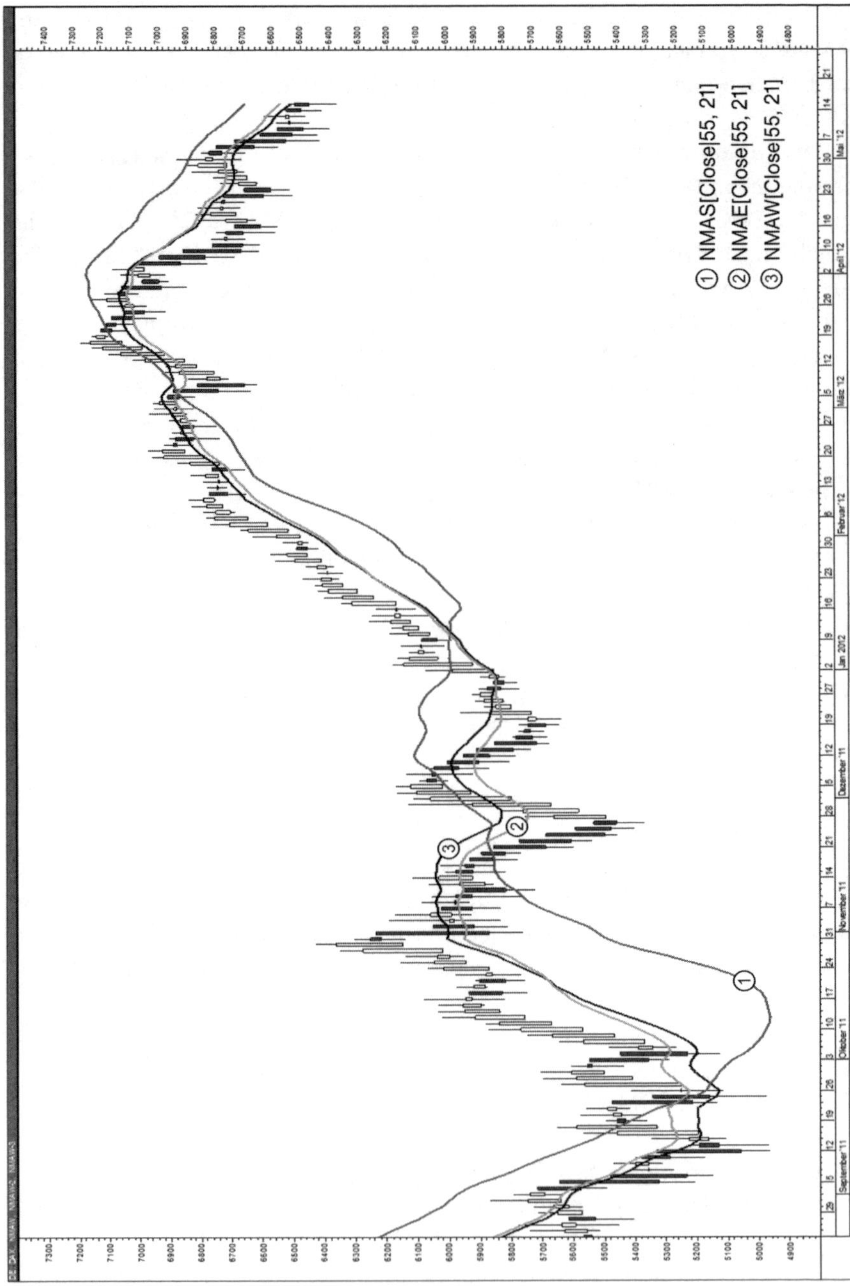

Abbildung 3-17: NMAS, NMAE und NMAW im Vergleich ($n = 55$, $n_a = 21$)

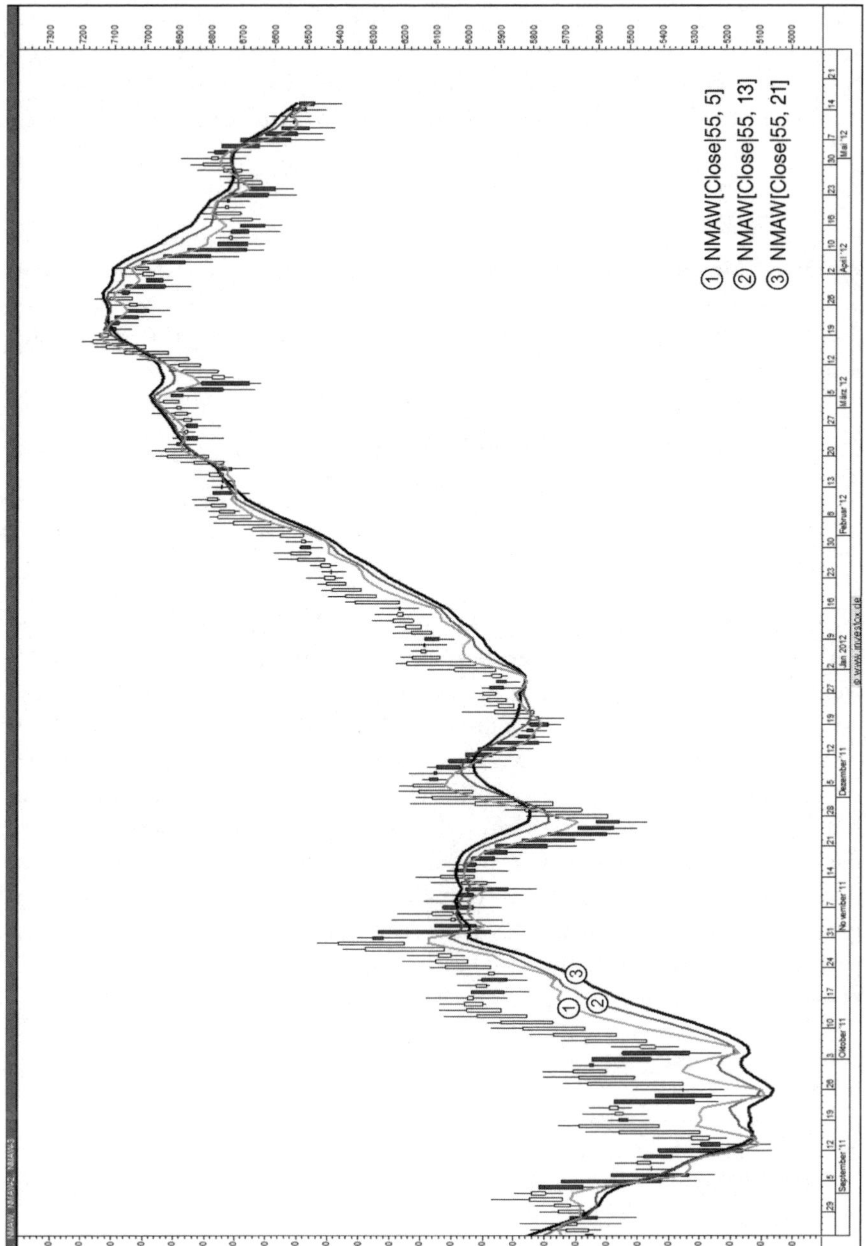

Abbildung 3-18: Einfluss der kurzen Periodeneinstellung

Tushar Chande entwickelte 1992 auf der Grundlage dieses Gedankens den sogenannten Vidya (Variable Index Dynamic Average) und Perry J. Kaufmann 1998 den sogenannten KAMA (Kaufmanns Adaptive Moving Average).

Beide MAA haben die gleiche Grundstruktur wie der MAE:

$$MAA_t = MAA_{t-1} + \alpha_{MAA} \times (Kurs_t - MAA_{t-1}).$$

Lediglich die Berechnung des exponentiellen Gewichtungsfaktors ist aufwendiger. Eine detaillierte Beschreibung des Faktors α_{MAA} – sowohl für den Vidya als auch für den KAMA – ist bei Paesler[16] angegeben, wobei es für den Faktor des Vidya drei Varianten gibt. Beide MAA sind in guten Börsenprogrammen standardmäßig enthalten.

Der UMAX (Universaler MA) ist ein weiterer und wesentlich verbesserter MAA, wobei seine Grundstruktur eine andere ist:

$$UMAX = \alpha_1 \times MAX(n_1) + \alpha_2 \times MAX(n_2) + \alpha \times MAX(n_3),$$

$$\alpha = 1 - \alpha_1 - \alpha_2.$$

Im UMAX wird entweder der MAS, MAE oder der MAW verwendet, allerdings mit drei verschiedenen Periodeneinstellungen. Das »X« in UMAX steht also für S, E oder W. Der UMAX-Ansatz kann damit sowohl für den arithmetischen MAS, den exponentiellen MAE oder den gewichteten MAW verwendet werden, genauso wie der NMAX. Die Kopplung der drei MA erfolgt über die Faktoren α, α_1 und α_2. Die beiden unbekannten Faktoren α_1 und α_2 werden mit Hilfe des Verfahrens der kleinsten Quadrate nach Gauss aus den Kursdaten berechnet. Sie sind deshalb nicht konstant und werden dadurch adaptiv an den Kursverlauf angepasst. Der Investox-Programm-Code für den UMAX ist im Anhang B angegeben.

Als Kurs wird das Mittel aus Hoch- (H), Tief- (L) und Schlusskurs (C) verwendet:

$$Kurs = (H + L + C)/3.$$

Sinnvolle Periodeneinstellungen sind:

- Kurzfristig: $n_1 = 5$, $n_2 = 13$, $n_3 = 34$;
- Mittelfristig: $n_1 = 8$, $n_2 = 21$, $n_3 = 55$;
- Langfristig: $n_1 = 55$, $n_2 = 144$, $n_3 = 233$.

16 Technische Indikatoren, München 2009, S. 219.

Bei starken Kursschwankungen ist α_1 der dominierende Faktor, während bei ausgeprägten Trends der Faktor $\alpha = 1 - \alpha_1 - \alpha_2$ diese Rolle übernimmt.

Abbildung 3-19 zeigt einen Vergleich der drei beschriebenen MAA mit der Grund-Periodeneinstellung n = 21.

Vidya und KAMA zeigen Ähnlichkeiten, wobei der Vidya etwas näher am Kurs verläuft als der KAMA. Beide verlaufen horizontal in Seitwärtsphasen. Ein völlig anderes Verhalten zeigt der UMAX. Er folgt mit einem vergleichbaren, glatten Verlauf wesentlich näher der Kursbewegung.

3.4.3 Trendfolger

Eigentlich gehören MA zu den Trendfolgern. Auf Grund ihrer hervorgehobenen Bedeutung – ihre Anwendungshäufigkeit liegt bei über 50 % im Vergleich zur Gesamtzahl der Technischen Indikatoren – sind ihre wichtigsten Vertreter – sowie moderne Weiterentwicklungen – im Abschnitt 3.4.2 beschrieben worden. Zu den Trendfolgern gehören jedoch noch weitere Indikatoren. Zwei der bekanntesten, nämlich der

- MACD (Moving Average Convergence Divergence) und der
- CCI (Commodity Channel Index)

werden im Folgenden beschrieben. Hinsichtlich weiterer Indikatoren, die in diese Gruppe gehören (zum Beispiel Point of Balance oder Polarized Fractal Efficiency), wird auf die angegebene Literatur verwiesen.

3.4.3.1 Moving Average Convergence Divergence (MACD)

Der MACD ist neben den MA sicherlich einer der bekanntesten und am meisten verwendeten Trendfolgeindikatoren. Er wurde von Gerald Appel – einem Amerikaner – in den späten 1970er-Jahren entwickelt und ist im Wesentlichen eine Kombination zweier MAE, genauer gesagt die Differenz zweier MAE:

$$MACD\,[Kurs] = MAE\,[Kurs \mid n = 12] - MAE\,[Kurs \mid n = 26].$$

Die angegebene Periodeneinstellung n = 12 und n = 26 ist die sogenannte Standardeinstellung, ist aber keine zwingende Vorschrift. Eine Einstellung mit n = 8 und n = 21 kann in volatilen Märkten durchaus vorteilhaft sein. In einem Aufwärtstrend ist der MAE[Kurs| n = 12] über dem MAE[Kurs| n = 26], die Differenz ist positiv, der MACD größer Null. In einem Abwärtstrend ist der kurzfristige MAE unter dem längerfristigen

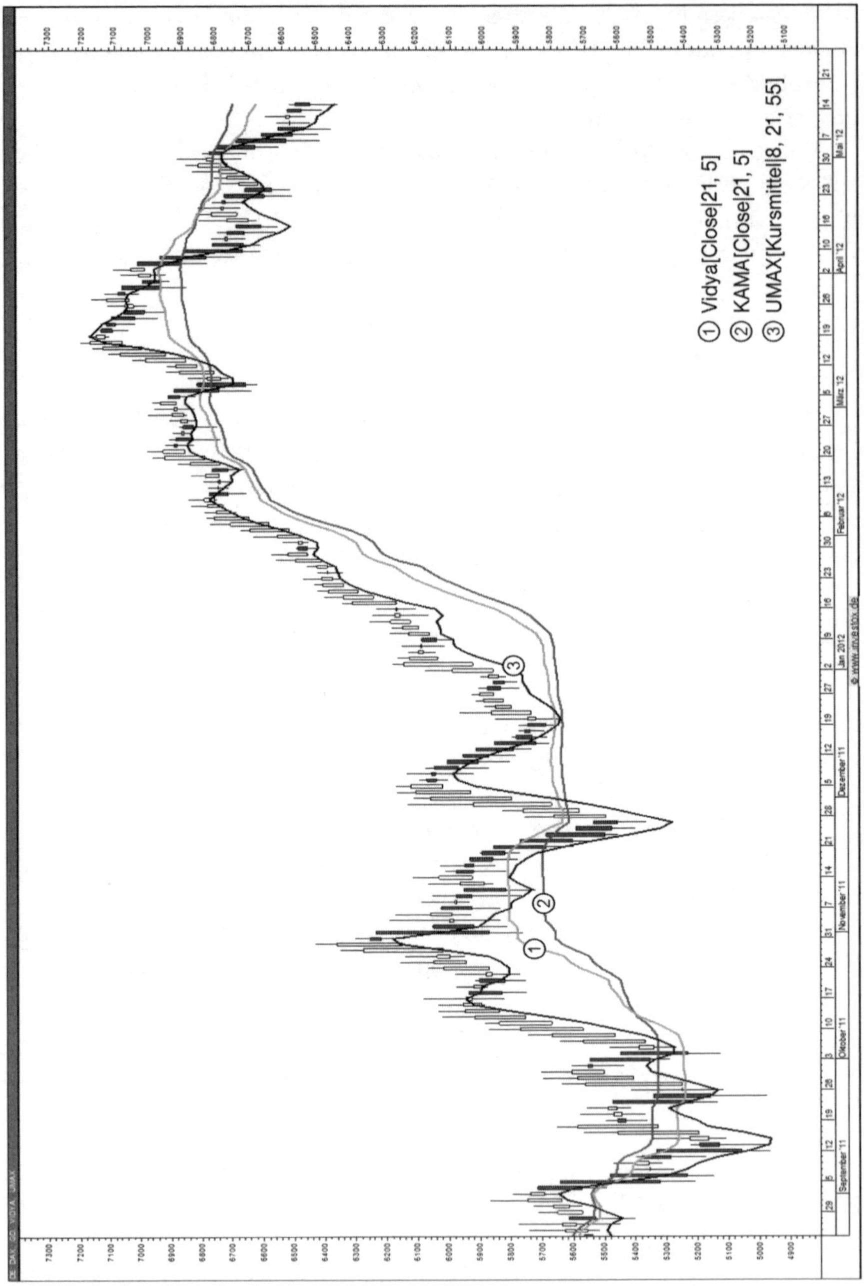

Abbildung 3-19: Vergleich dreier MAA (Vidya, KAMA und UMAX)

MAE, der MACD hat dementsprechend einen Wert kleiner Null. Der Wert Null ergibt sich im Fall der Überkreuzung beider MAE, also wenn ihre Differenz Null ist. Dieser Sachverhalt ist in der Abbildung 3-20 erkennbar.

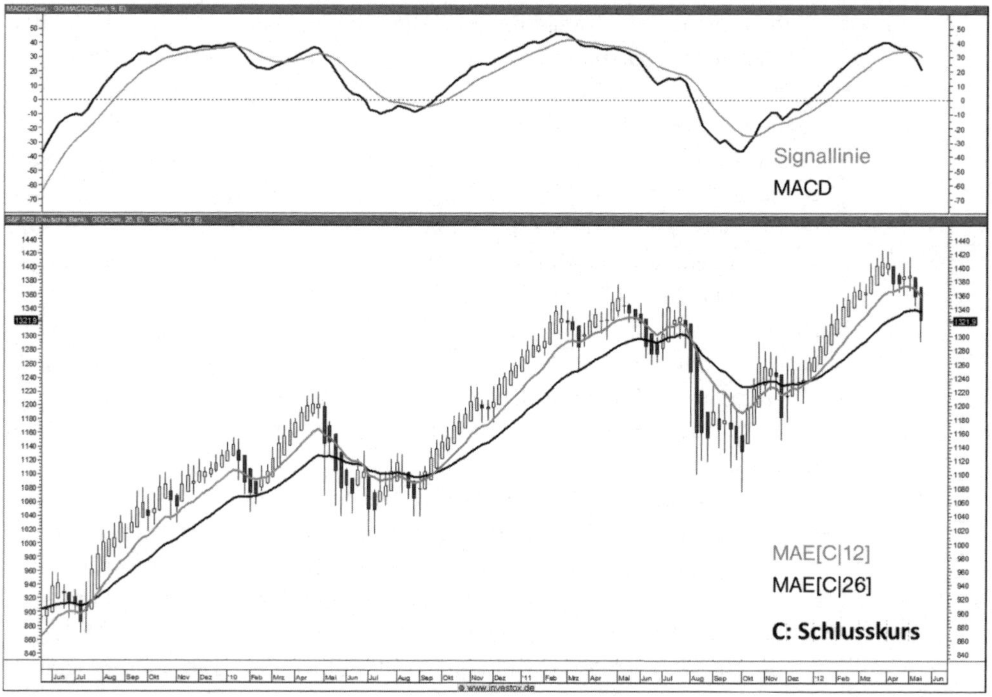

Abbildung 3-20: MACD

Im unteren Teil der Abbildung 3-20 ist neben dem Kursverlauf (S&P 500) der kurzfristige MAE (hellere Linie) und der längerfristige MAE (dunkle Linie) eingezeichnet. Kursbasis ist der Schlusskurs C. Im oberen Teil der Abbildung ist der MACD eingezeichnet (schwarze Linie). Das Oszillieren des MACD um die Nulllinie kommt klar zum Ausdruck.

Im oberen Teil der Abbildung ist als weitere Linie die sogenannte Signallinie (hellere Linie) eingezeichnet. Sie ergänzt den MACD und dient als Signalgeber. In der Standardeinstellung des MACD hat die Signallinie – angewendet auf den MACD – die Periodeneinstellung n = 9. Die Kreuzungspunkte zwischen dem MACD und der Signallinie generieren Handelssignale. Darauf wird später noch eingegangen.

Der MACD ist in starken Trendphasen ein guter Indikator, für Seitwärtsphasen ist er jedoch völlig ungeeignet. Auf Wochenbasis zeigt der MACD im Allgemeinen eine bessere Performance als auf Tagesbasis. Der Nulllinie kommt eine Filterfunktion zu, um Handelssignale von gültigen und ungültigen Signalen zu unterscheiden. Die Anwendung des MACD auf den Kursverlauf kann zu folgenden Aussagen zusammengefasst werden:

- Eine steigende MACD-Linie zeigt einen Aufwärtstrend an, eine fallende dagegen einen Abwärtstrend.
- Der Abstand der MACD-Linie von der Nulllinie zeigt die Trend-Intensität an. Je größer dieser Abstand ist, desto größer ist die Trend-Intensität. Der MACD lässt sich demnach fast wie ein Oszillator interpretieren, um festzustellen, ob ein Markt zu weit gestiegen oder zu weit gefallen ist. Darauf beruht auch seine Beliebtheit.
- Die Eröffnung einer Long-Position erfolgt bei einer steigenden MACD-Linie, kombiniert mit einem weiteren, schnell reagierenden Indikator.
- Umgekehrt erfolgt die Eröffnung einer Short-Position bei einer fallenden MACD-Linie wieder in Kombination mit einem schnell reagierenden Indikator.
- Kreuzungspunkte zwischen MACD und Signallinie:
  - Kreuzt die MACD-Linie die Signallinie von unten nach oben, ist ein Kaufsignal gegeben; im umgekehrten Fall gilt ein Verkaufssignal.
  - Die besten Kaufsignale sind Kreuzungspunkte der MACD-Linie und der Signallinie von unten nach oben weit unterhalb der Null-Linie, die durch einen weiteren Indikator bestätigt werden. Der weitere Indikator ist notwendig, da es sich in einem solchen Fall um ein potenziell überverkauftes Signal bei hoher Abwärtstrend-Intensität handelt.
  - Die besten Verkaufssignale sind Kreuzungspunkte der MACD-Linie und der Signallinie von oben nach unten weit oberhalb der Nulllinie. Auch hier ist wieder eine Bestätigung durch einen weiteren Indikator notwendig, da – wegen der hohen Aufwärtstrend-Intensität – die Gefahr besteht, ein überkauftes Signal gegen den Trend zu handeln.
- Divergenzen zwischen der MACD-Linie und dem Kursverlauf deuten auf bevorstehende Trendwechsel hin: Bei Vorliegen einer Divergenz wird ein steigender oder fallender Kursverlauf von einer waagrechten oder konträr verlaufenden MACD-Linie angezeigt.

Auf Grund seiner Konstruktion – Differenz zweier MAE – bietet sich eine Möglichkeit zur Verbesserung des MACD dadurch an, dass man die beiden MAE durch verzögerungsärmere MA ersetzt. Der NMAX in der Variante NMAE ist dazu ein Ansatz. In Abbildung 3-21 ist dieser Ansatz mit zwei verschiedenen NMAE auf Wochenbasis dargestellt. Als Kursbeispiel dient wieder der S&P 500.

Das obere Chartfenster der Abbildung 3-21 zeigt den Vergleich zwischen dem Standard-MACD (dunkle MACD-Linie, hellere Signallinie) und einem modifizierten MACD, der mit Hilfe zweier NMAE (Verlauf mit Füllung zur Nulllinie) konstruiert wurde. Für den modifizierten MACD wurde keine Signallinie eingezeichnet.

Die Daten im Einzelnen:

- kurzfristiger MAE des Standard-MACD: n = 12,
- langfristiger MAE des Standard-MAE: n = 26,
- Signallinie des Standard-MAE: n = 9,
- kurzfristiger NMAE: n = 13, na = 5,
- langfristiger NMAE: n = 34, na = 13.

In dem oberen Chartfenster ist deutlich erkennbar, dass die Kreuzungspunkte des Standard-MACD (Kreuzung dunkler mit hellerer Linie) sehr genau mit den Kreuzungspunkten des modifizierten MACD mit seiner Nulllinie zusammenfallen. Der mit dem NMAE modifizierte MACD benötigt keine Signal-Linie und die Trendstärke – der Abstand der MACD-Linie von der Mittellinie – kommt ausgeprägter zum Ausdruck. Der modifizierte MACD ist damit vorteilhafter als seine klassische Variante.

Außerdem sind in der Abbildung zwei Handelspositionen eingezeichnet. Als Handelssignale dienten einmal die Kreuzungspunkte des Standard-MACD und zum anderen die Kreuzungspunkte des modifizierten MACD mit der Nulllinie. Die beiden Handelspositionen sind jeweils mit einer vertikalen Linie für den Einstieg (erste und dritte von links) und mit einer vertikalen Linie für den Ausstieg (zweite und vierte von links) gekennzeichnet.

3.4.3.2 Commodity Channel Index (CCI)

Der CCI wurde von Donald Lambert entwickelt und 1980 im »Futures Magazine« (10/80) veröffentlicht. Er entwickelte den CCI aus der Erkenntnis heraus, dass sich viele Rohstoff-Kurse in relativ gleichmäßigen Zyklen bewegen. In der nachfolgend beschriebenen Form und seiner Verbesserung kann er allerdings auch sehr gut auf Bonds, Aktien, Futures und Indizes auf allen Zeitebenen verwendet werden.

Der CCI weicht teilweise deutlich von der Konstruktion und Berechnung herkömmlicher Indikatoren ab. Er betrachtet nämlich die Kursbewegung um einen MA und setzt die Differenz zwischen Kurs und MA ins Verhältnis

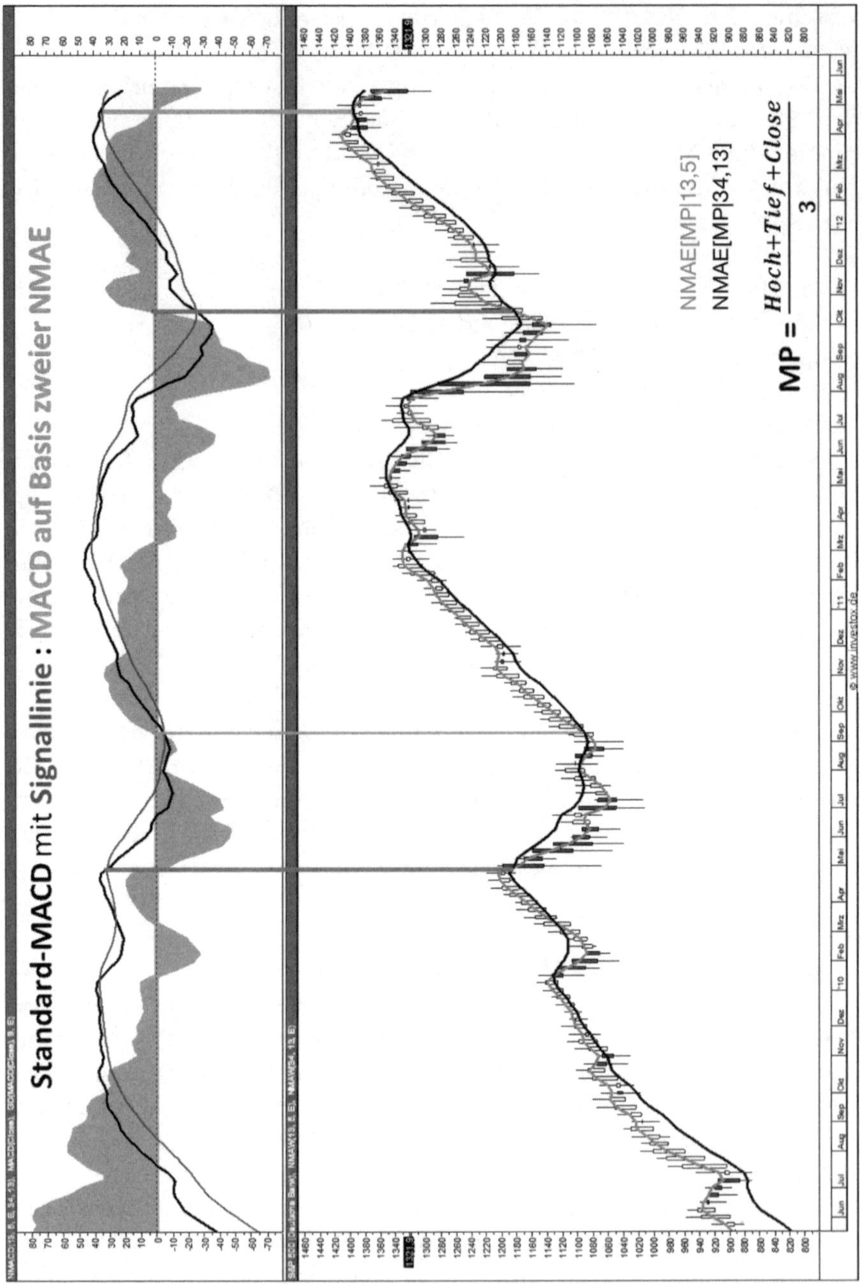

Abbildung 3-21: Vergleich Standard-MACD mit einem NMAE-modifizierten MACD

zu den Schwankungen des Kurses. Das Konzept des CCI lässt sich an Hand dieser Formel beschreiben:

$$CCI = \frac{Kursbewegung}{Kursschwankung} = \frac{Kurs - MA}{\widetilde{K}}.$$

Als Kurs wird das Mittel aus Hoch- (H), Tief- (T) und Schlusskurs (C) verwendet:

$$\overline{K} = \frac{H + T + C}{3}.$$

In seiner Standard-Formulierung wird ein MAS als MA verwendet: $MA = MAS\left[\overline{K}|\ n\right]$. Auf die Verwendung des MAS für den CCI wird später noch einmal eingegangen. Die Kursschwankung wird wie folgt berechnet:

- Berechnung des Absolutwertes der Differenz (Kurs – MA) : $\Delta = |\,\overline{K} - MAS\left[\overline{K}|\ n\right]|$.
- Mittelung von Δ mittels eines MAS: $\widetilde{K} = MAS\,[\Delta\,|\,n]$.

Eine Skalierung des Indikators erreichte Lambert, indem er den CCI mit einem Faktor 1/0,015 multipliziert. Dadurch liegt ein Großteil der Indikatorwerte in einem Bereich zwischen +100 und −100. All diese Werte können nach Lambert als trendlose Kursbewegung vernachlässigt werden. Nur Werte außerhalb dieser Skalierung sind für den Analysten von Interesse. Zusammenfassend lautet die Standard-Formulierung des CCI:

$$CCI = \frac{\overline{K} - MAS\left[\overline{K}|\ n\right]}{0{,}015 \times \widetilde{K}}.$$

Die Kursschwankung $\tilde{K}$ berechnet sich wie oben angegeben. Der Berechnungsparameter für den CCI ist die Periodeneinstellung n. Wird der CCI tatsächlich für die Zyklenanalyse eingesetzt, so wird als Periodeneinstellung ein Drittel der zu erwartenden Zyklenlänge empfohlen. Der Formel-Code für das Börsenprogramm Investox ist im Anhang B angegeben.

In Abbildung 3-22 ist der CCI in zwei Periodeneinstellungen dargestellt n = 21 (hellere Linie) und n = 34 (dunklere Linie). Kursbasis ist der S&P 500 im Zeitraum Dezember 2011 bis Mitte Mai 2012 in Tageseinstellung.

Die Interpretation des CCI:

- Die Kurse bewegen sich um ihre Mittelwerte, dem $MA = MAS\left[\overline{K}|\ n\right]$.
- Die Kursbewegungen werden durch die Differenz Kurs – MA quantifiziert.
- In einem Aufwärtstrend ist die Differenz Kurs – MA positiv.

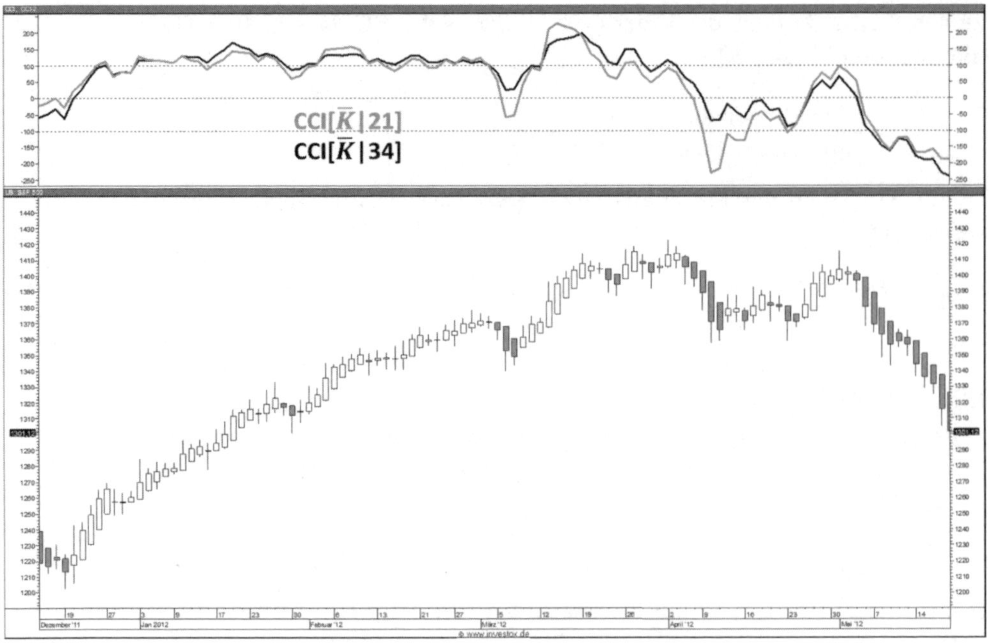

Abbildung 3-22: CCI in den Periodeneinstellungen n = 21 und n = 34

- In einem Abwärtstrend ist die Differenz Kurs – MA negativ.
- Ein Teil der Kursbewegungen sind kleiner oder gleich den Kursschwankungen. Solche Kursbewegungen vernachlässigt der CCI.
- CCI-Signale sind nur dann gültig, wenn der Absolutbetrag der Kursbewegungen $\triangle$ größer ist als die Kursschwankungen $\widetilde{K}$:

$$\triangle > \widetilde{K}.$$

- Auf Grund der Skalierung sind das die Signale im Bereich größer +100 und kleiner −100. Signale im Bereich zwischen den beiden Werten werden ignoriert.
- Der Wertebereich zwischen +100 und −100 stellt einen neutralen Bereich dar.

CCI-Signale ergeben sich demnach wie folgt:

- Ein Aufwärtstrend beginnt, wenn der CCI-Wert größer als +100 ist.
- Der Aufwärtstrend endet mit der Rückkehr des CCI-Wertes in den neutralen Bereich.
- Ein Abwärtstrend beginnt, wenn der CCI-Wert kleiner als −100 ist.

- Der Abwärtstrend endet mit der Rückkehr des CCI-Wertes in den neutralen Bereich.
- CCI-Werte im neutralen Bereich kennzeichnen einen trendlosen Markt.
- Bei einer Periodeneinstellung $n > 21$ kann ein Schneiden der Nulllinie als ein Signal für eine kommende Trendumkehr betrachtet werden.

Neben der Trendrichtung (Aufwärtstrend oder Abwärtstrend) zeigt der CCI auch die Trendstärke an. Je größer die Steigung des CCI beim Eintritt in den Signalbereich (größer +100 oder kleiner −100) ist, desto stärker ist der Trend.

Der bisher beschriebene CCI lässt sich verbessern. Aus Abbildung 3-22 ist ersichtlich, dass der CCI vielfach einen unruhigen Verlauf um die +100-Linie hat. Mit folgenden Änderungen lässt sich eine wesentliche Verbesserung des CCI erreichen:

- Verwendung eines gewichteten statt eines arithmetischen MA: $MAW\left[\overline{K} \mid n\right]$. Ein MAW folgt auf Grund seiner geringeren Verzögerung dem Kursverlauf besser als ein MAS. Die Kursbewegungen $\overline{K} - MAW\left[\overline{K} \mid n\right]$ werden dadurch besser wiedergegeben.
- Der Faktor 1/0,015 wird mit folgender Überlegung ersetzt:
  - $\frac{\overline{K} - MAW\left[\overline{K} \mid n\right]}{\widetilde{K}} > 1$ mit $\overline{K} - MAW\left[\overline{K} \mid n\right] > 0$, da die Kursschwankung $\widetilde{K} > 0$,
  - $\frac{\overline{K} - MAW\left[\overline{K} \mid n\right]}{\widetilde{K}} < 1$ mit $\overline{K} - MAW\left[\overline{K} \mid n\right] < 0$, da die Kursschwankung $\widetilde{K} > 0$.
  - Durch eine Multiplikation mit 100 erfolgt eine Skalierung auf den neutralen Bereich.
- Die Kursschwankung $\widetilde{K}$ wird durch einen neuen Volatilitätsansatz beschrieben (siehe dazu Anhang C und Fend/Luible[17]).

Das Ergebnis mit diesen Verbesserungen ist in der Abbildung 3-23 wiedergegeben. Im unteren Chartfenster sind die beiden MA eingezeichnet: Der MAS (dunkle Linie) für den Standard-CCI und der MAW (hellere Linie) für den verbesserten CCI, als »modifizierter CCI« bezeichnet. Das obere Chartfenster zeigt den Vergleich von Standard-CCI und modifiziertem CCI. Deutlich ist zu erkennen, dass der modifizierte CCI stärker in die Signalzone eintaucht bei nahezu gleichen Kreuzungspunkten mit den Linien +100 und −100. Der Programmcode des modifizierten CCI für das Börsenprogramm Investox ist im Anhang B angegeben.

17 Historische Volatilität – Annualisierte Standardabweichung versus Berechnungsmethode.

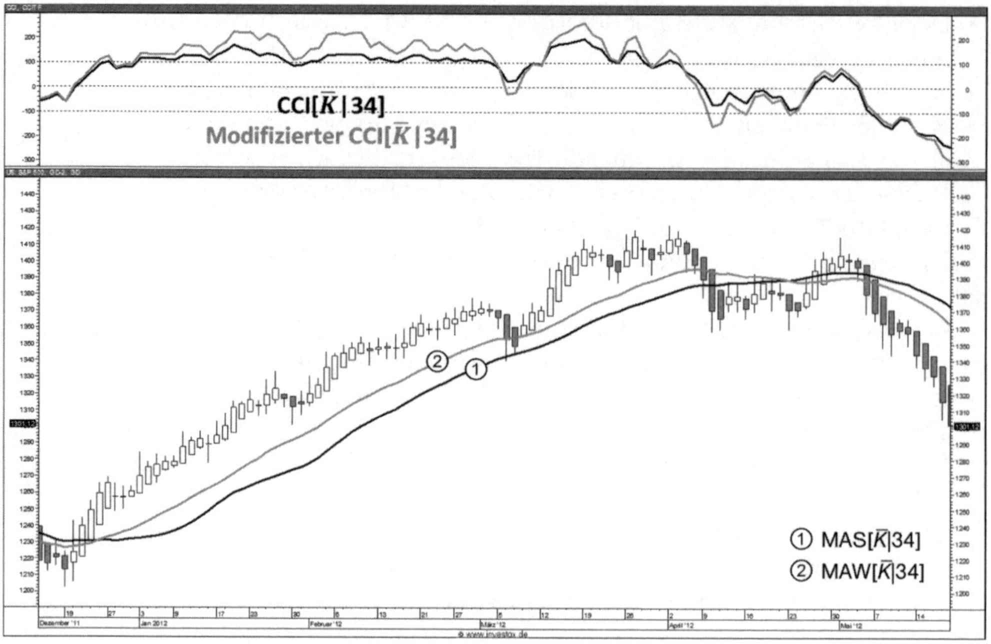

Abbildung 3-23: Modifizierter CCI im Vergleich zum Standard-CCI

Im nächsten Abschnitt wird der »Relative Momentum Index (RMI)« dargestellt, ein Vertreter der Indikatoren-Gruppe Momentum-Oszillatoren. Dieser Indikator kann eine Kursanalyse mit Hilfe des CCI noch besser gestalten.

3.4.4 Momentum-Oszillatoren

In diesem Abschnitt werden einige Momentum-Oszillatoren dargestellt, die nach der hier vertretenen Auffassung am besten zur Analyse unter den gegenwärtigen, volatilen Marktgegebenheiten geeignet sind:

- Momentum und Rate of Change,
- RMI und RSI,
- Stochastic-Oscillator,
- StochasticRSI.

Es gibt noch eine Vielzahl weiterer Momentum-Oszillatoren, zum Beispiel der Coppock-Indikator oder der Chande Momentum Oscillator (CMO).

Hinsichtlich weiterer Indikatoren, die hier nicht behandelt werden, sei auf Florek[18] oder Paesler[19] verwiesen.

3.4.4.1 Momentum und Rate of Change

Das Momentum (MOM) ist einer der häufigsten verwendeten Technischen Indikatoren. Neben den MA ist es als grundlegendes Element in vielen anderen Indikatoren enthalten. Auf Grund seiner Anwendungshäufigkeit wird auf das Momentum und seine Variante – Rate of Change (ROC) – kurz eingegangen.

Die Darstellung des Momentums ist mehr als einfach. Vom Kurs K_t wird der um n Perioden zurückliegende Kurs K_{t-n} subtrahiert, konkret:

$$MOM_t = (K_t - K_{t-n}) \times 100.$$

Der Faktor 100 dient als Skalierungsfaktor, um den Verlauf des Momentums besser zu visualisieren.

Oftmals findet man das Momentum auch als »Rate of Change« (ROC) dargestellt. Bei dieser völlig äquivalenten Darstellung – die Aussagen der beiden Indikatoren entsprechen sich – werden die beiden Kurse dividiert und der resultierende Quotient mit einem Skalierungsfaktor 100 multipliziert:

$$ROC_t = \frac{K_t}{K_{t-n}} \times 100,$$

$$ROC_t = \frac{K_t - K_{t-n}}{K_{t-n}} \times 100.$$

Der ROC schwankt ebenfalls um eine Mittellinie. Je nach Berechnungsart liegt sie bei 100 oder Null. Das Momentum stammt noch aus der Zeit der Taschenrechner und wird zu Recht als ein veralteter Indikator bezeichnet. Da das Momentum lediglich den heutigen Kurs mit dem vor n Tagen vergleicht, werden dazwischenliegende Kurse überhaupt nicht berücksichtigt. Dies kann zu erheblichen Analysefehlern führen, wenn einer oder mehrere dazwischenliegende Kurse markant sind. Auf Grund solcher Mängel wird auf das Momentum nicht weiter eingegangen.

18 Neue Trading-Dimensionen, München 2000, S. 217–227.
19 Technische Indikatoren, München 2009.

3.4.4.2 Relative Momentum Index (RMI)

Der Relative Momentum Index (RMI) wurde von Roger Altman entwickelt und 1983 veröffentlicht. Er stellt eine Abwandlung des Relative Strength Index (RSI) dar. Beim RSI wird das positive und negative 1-Perioden-Momentum verwendet. Beim RMI wird das 1-Perioden-Momentum durch ein m-Perioden-Momentum ersetzt (m ≥ 1). Der RSI ist deshalb ein Spezialfall des RMI. Die Berechnung des RMI – vereinfacht dargestellt – sieht wie folgt aus:

- Innerhalb des Periodenzeitraums von n Perioden werden m-Perioden-Momentums berechnet:
  - Anzahl der aufwärtsgerichteten m-Perioden-Momentums (Up-Momentums),
  - Anzahl der abwärtsgerichteten m-Perioden-Momentums (Down-Momentums).
  - Separate Durchschnittsberechnung der Up- und Down-Momentums.
- Berechnung des Verhältnisses von durchschnittlichem Up- und Down-Momentum:

$$RM := RM_t(K\,|\,n,m) = \frac{\textit{Durchschnittliches m-Perioden-Up-Momentum}}{\textit{Durchschnittliches m-Perioden-Down-Momentum}}.$$

- Berechnung des RMI und Skalierung auf den Wertebereich von 0 und 100:

$$RMI_t\,(K\mid n,m) = \frac{RM}{1+RM} \times 100.$$

Die genaue mathematische Formulierung findet sich bei Paesler[20], wo auch die auf Welles Wilder, den Entwickler des RSI, zurückgehende Durchschnittsberechnung angegeben ist.

Der RMI hat einen wesentlich ruhigeren Verlauf als der RSI und zeigt deutlichere Ausschläge in die Extrembereiche RMI > 70/80 beziehungsweise RMI < 20/30. Er beseitigt damit die Nachteile des RSI. Auf die rechnerische Bestimmung dieser Extremzonen wird später eingegangen. In Abbildung 3-24 werden diese Aussagen verdeutlicht (Kursverlauf: S&P 500 im Zeitraum Dezember 2011 bis Mitte Mai 2012).

Im mittleren Chartfenster wird der RMI mit dem RSI in der gleichen Periodeneinstellung n = 13 verglichen. Die Momentumeinstellung des RMI

20 Technische Indikatoren, München 2009, S. 204.

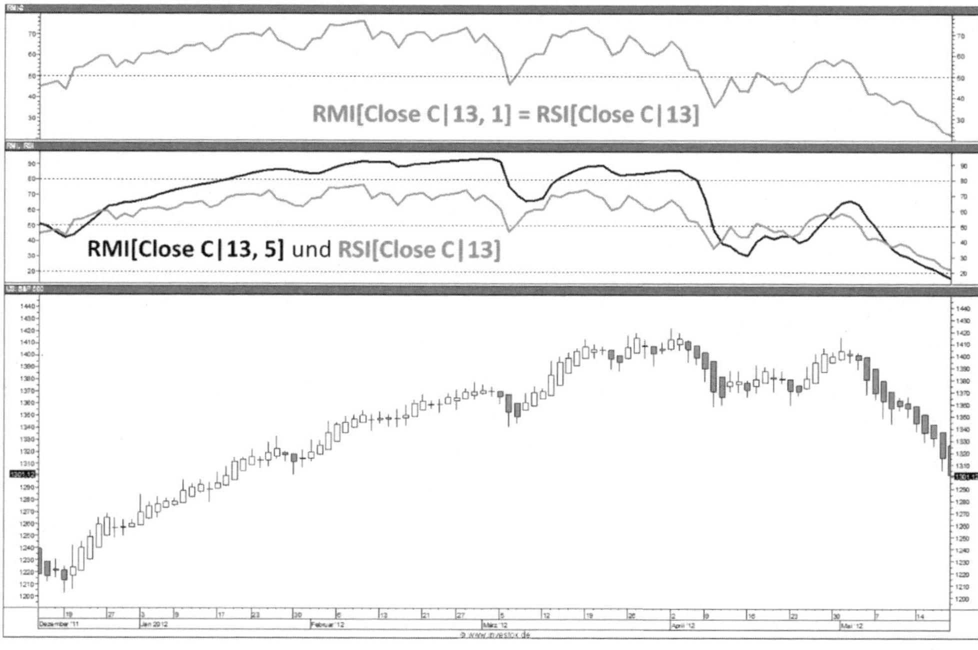

Abbildung 3-24: Vergleich von RMI und RSI

ist m = 5. Die Vorteile des RMI gegenüber dem RSI hinsichtlich Verlauf und Eintauchen in die Extremzonen ist offensichtlich, wobei die Extremzonen mit RMI = 80 beziehungsweise RMI = 20 vorerst willkürlich angenommen wurden. Im oberen Chartfenster ist der RMI mit n = 13 und m = 1 sichtbar. Er ist identisch mit dem RSI in der Periodeneinstellung n = 13.

Der RMI wird wie folgt interpretiert:

- Als Verallgemeinerung des RSI zeigt der RMI vergleichbares Verhalten. Er hat jedoch nicht die gravierenden Nachteile des RSI.
- Obwohl der RMI zu den Momentum-Oszillatoren gehört, kann er sehr gut Trendphasen anzeigen und damit als Trendfilter eingesetzt werden.
- Letzteres kann besonders gut dadurch erreicht werden, dass man die Periodeneinstellung vertauscht: Die längere Einstellung wird der Momentumberechnung zugeordnet, die kürzere der Periodeneinstellung (vergleiche Florek[21]).

21 Neue Trading-Dimensionen, München 2000, S. 205.

Die Vertauschung der Periodeneinstellung macht den RMI zu einem sehr guten Trendfilter. Dies zeigt Abbildung 3-25.

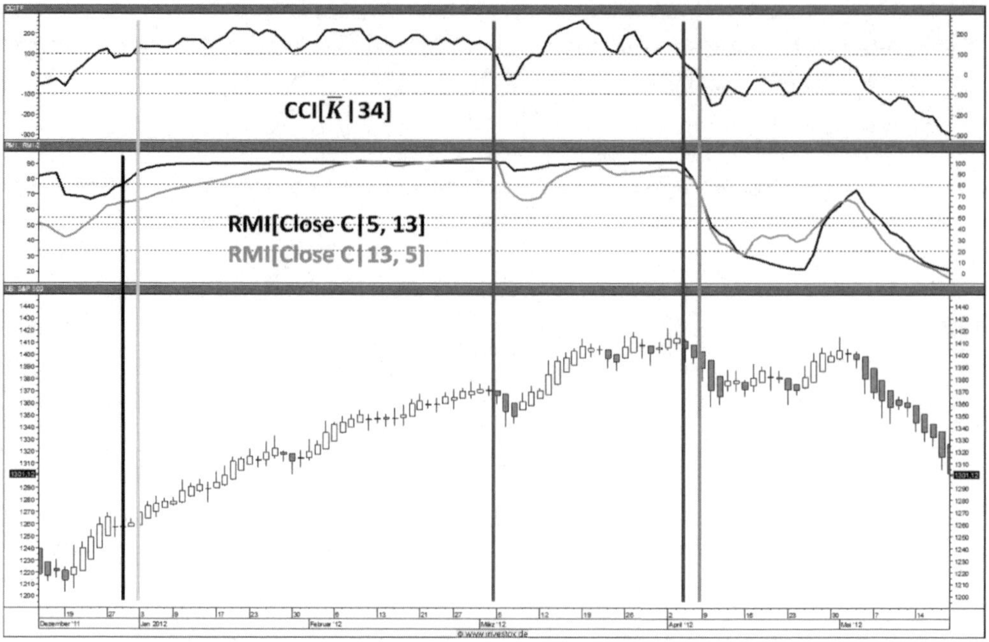

Abbildung 3-25: RMI als Trendfilter

Im unteren Abbildungsbereich ist wieder der S&P 500 im Zeitraum Dezember 2011 bis Mitte Mai 2012 zu sehen. Das mittlere Chartfenster zeigt einen RMI in der Standardformulierung und einen mit vertauschten Perioden: Die Periodeneinstellung n = 13 ist größer als die Momentum-Einstellung m = 5 (hellerer Indikatorverlauf) für den RMI in der Standardformulierung beziehungsweise einen RMI mit vertauschten Perioden (dunkler Indikatorverlauf) n = 5 und m = 13. Der RMI mit vertauschten Perioden taucht früher in die obere Extremzone ein und bleibt dort während der ganzen Aufwärtstrendphase. In Kombination mit einem modifizierten CCI ergeben sich beste Handelssignale:

- Beim Überschneiden der +100-Linie generiert der modifizierte CCI ein Kaufsignal (zweite vertikale Linie von links).
- Dieses Kaufsignal wurde vom RMI vorweggenommen. Modifizierter CCI und RMI bestätigen sich gegenseitig.

- Bei der dritten vertikalen Linie von links generiert der modifizierte CCI ein Verkaufssignal, was vom RMI nicht bestätigt wird. Da zugleich eine Heikin-Ashi-Kerze im Kursverlauf auftritt, ist es trotzdem verständlich, wenn »zittrige Hände« aussteigen. »Starke Hände« vertrauen dem Indikatorsystem und bleiben investiert.
- Bei der zweiten und vierten vertikalen Linie von links ist die gleiche Situation gegeben, wie bei der ersten: Der modifizierte CCI zeigt ein Verkaufssignal an, das wiederum von einer dunklen Heikin-Ashi-Kerze unterstrichen wird.
- Kurz darauf wird das Verkaufssignal des modifizierten CCI vom RMI bestätigt (ganz rechte vertikale Linie).

Sicherlich gibt es auch Beispiele, die nicht so optimal verlaufen. Im Bereich der Einzelaktien werden auch weniger gute Beispiele auftreten. Jedoch beweist das beschriebene Trendfolge-Indikatorsystem ein besonders gutes Erfolgspotenzial. Es obliegt dem Analysten und seiner intelligenten Vorgehensweise, dieses Potenzial zu heben.

3.4.4.3 Stochastic-Oscillator

Der Indikator wurde Ende der 1950er-Jahre von George Lane entwickelt und veröffentlicht. Er ist ein »Oldie« unter den Indikatoren. Als Indikator und als allgemeines Indikatorkonzept hat er jedoch eine besondere Bedeutung. Das Interessanteste am Stochastic-Oscillator (SO) ist, dass sein Konzept in vielen anderen Indikatoren Anwendung findet. Zu nennen sind in diesem Zusammenhang die beiden als »Double Stochastic« bekannten und sehr vorteilhaften Indikatoren von Blau und Bressert.[22] Auch die auf Chande Tushar zurückgehende Berechnungsformel für den StochasticRSI basiert auf dem SO.[23] Auf den StochasticRSI-Indikator wird im nächsten Abschnitt detailliert eingegangen. Darüber hinaus kann der SO – trotz seines Oscillator-Charakters – vorteilhaft in der Einstellung auf Wochenbasis als Indikator zur Trendermittlung eingesetzt werden.

22 Vergleiche Rockefeller, Chartanalyse für Dummies, Weinheim 2009; Daeubner, Alles was Sie über die Technische Analyse wissen müssen, München 2009; Florek, Neue Trading-Dimensionen, München 2000; Nison, Technische Analyse mit Candlesticks, München 2002; du Plessis, The Definitive Guide to Point and Figure, Petersfield Hamshire 2009; Paesler, Technische Indikatoren, München 2009; Kirkpatrick/Dahlquist, Technical Analysis, New Jersey 2011.

23 Vergleiche Chande/Kroll, The New Technical Trader, New York 1994.

Genau genommen besteht der Stochastic-Oscillator (SO) aus vier Indikatoren. Es gibt eine schnelle (engl. fast) Stochastic und eine langsame (engl. slow) Stochastic sowie von beiden jeweils zwei Versionen. In der Literatur werden diese vier Indikatoren sehr unterschiedlich und teilweise auch sehr verwirrend bezeichnet. Mit einer etwas unüblichen Bezeichnung lässt sich jedoch diesbezüglich Klarheit schaffen:

- Die schnelle Stochastic (Fast Stochastic Oscillator) wird im Weiteren mit FSO bezeichnet.
- Die langsame Stochastic (Slow Stochastic Oscillator) wird mit SSO bezeichnet.

Ausgangspunkt für den Stochastic-Oscillator (SO) ist die Beobachtung, dass sich in einer Phase steigender Kurse die Schlusskurse am oberen Rand der Trading-Range – Spanne zwischen Hoch und Tief – befinden und umgekehrt. Der SO vergleicht auf einer Skala von 0 bis 100% zwei Spannen in einem Zeitraum mit der Periodenbreite n:

- Erste Spanne: Aktueller Schlusskurs – Tief(n),
- Zweite Spanne: Hoch(n) – Tief(n).

Hoch(n) und Tief(n) bedeuten dabei Höchst- beziehungsweise Tiefstkurs innerhalb des Zeitraums der Periodenbreite n. Die beiden Spannen werden auf der Skala von 0 bis 100% zueinander ins Verhältnis gesetzt. Der SO vergleicht also die Differenz zwischen dem aktuellen Schlusskurs und dem Tiefstkurs innerhalb des Periodenzeitraums mit der Handelsspanne im gleichen Zeitraum.

Mathematisch wird die obige verbale Beschreibung folgendermaßen dargestellt:

$$FSO_{\%K} = \frac{Close - Tief(n)}{Hoch(n) - Tief(n)} \times 100.$$

Die übliche Periodeneinstellung beträgt $3 \leq n \leq 13$. Dies ist die erste Version der FSO, mit dem Index »%K« gekennzeichnet, um ihn von seiner zweiten Ausprägung zu unterscheiden, bei der eine Glättung der ersten Version erfolgt. Da die $FSO_{\%K}$ einen sehr unruhigen Verlauf zeigt, erfolgt eine Glättung und das Ergebnis ist die zweite Version des FSO:

$$FSO_{\%D} = MAX[FSO_{\%K} \,|\, m],$$

wobei für MAX stellvertretend für den MAS, MAE oder MAW formuliert wurde. In der Standardanwendung wird der MAS verwendet, obwohl die Verwendung des MAW auf Grund seiner geringeren Zeitverzögerung für die schnelle Stochastik FSO besser geeignet ist. Geeignete Periodeneinstellungen sind die Werte m = 3 bis 8, je nach der Wahl von n. Diese geglättete Version der FSO hat den Index »%D«. Die beiden Indizes sind eine übliche Bezeichnung und wurden nicht geändert.

Die langsame Stochastic (SSO) hat ebenfalls zwei Versionen. Die erste Version ist die zweite Version der schnellen Stochastic FSO:

$$SSO_{\%K} = FSO_{\%D}.$$

Diese $SSO_{\%K}$ wird noch einmal geglättet – normalerweise mit der gleichen Periodeneinstellung m – und man erhält die zweite Version der SSO:

$$SSO_{\%D} = MAX\,[SSO_{\%K} \mid m].$$

Hinsichtlich der Glättung gilt die gleiche Aussage wie bei der FSO. Sowohl die FSO als auch die SSO schwanken zwischen den Werten 0 und 100, wobei besonders zwei Zwischenwerte – die die Extremzonen definieren – zusätzlich von besonderer Wichtigkeit sind. Darauf wird weiter unten eingegangen.

Besonders die FSO, auch in der geglätteten Version, zeigt einen unruhigen Verlauf, was bei ihrer Interpretation oft Schwierigkeiten auslöst: In Trendmärkten verharren beide Versionen des SO – stark unruhig verlaufend – in und um die weiter unten noch genauer zu definierenden Extremzonen. Eine elegante mathematische Methode für eine deutlichere Darstellung des FSO als auch des SSO ist die Inverse Fisher Transformation (IFT). Ihre mathematische Beschreibung ist im Anhang C angegeben. Die Wirkung der IFT auf FSO und SSO sowie ihre Darstellung selbst zeigt Abbildung 3-26.

Im unteren Chartfenster ist der DAX im Zeitraum Mitte Oktober 2011 bis Mitte Mai 2012 zu sehen. Im zweiten, hell unterlegten Chartfenster sind beide Versionen der FSO dargestellt, der Verlauf der schnellen Version (helle Linie) und ihre geglättete Version (schwarze Linie). Deutlich zu sehen ist der sehr zackige Verlauf der %K-Version und der etwas ruhigere Verlauf der %D-Version. Die beiden eingezeichneten Extremlinien auf dem Niveau 21 und 84 (linke Skalierung) markieren die obere Begrenzung der unteren Extremzone (Überverkauft-Zone) beziehungsweise die untere Begrenzung der oberen Extremzone (Überkauft-Zone). Die weiße, nahezu stufenförmig verlaufende Linie ist die IFT. Diese verdeutlicht den mittleren Verlauf der zackigen $FSO_{\%K}$ (helle Linie) und ist ein sehr hilfreiches Mittel zur FSO-Interpretation.

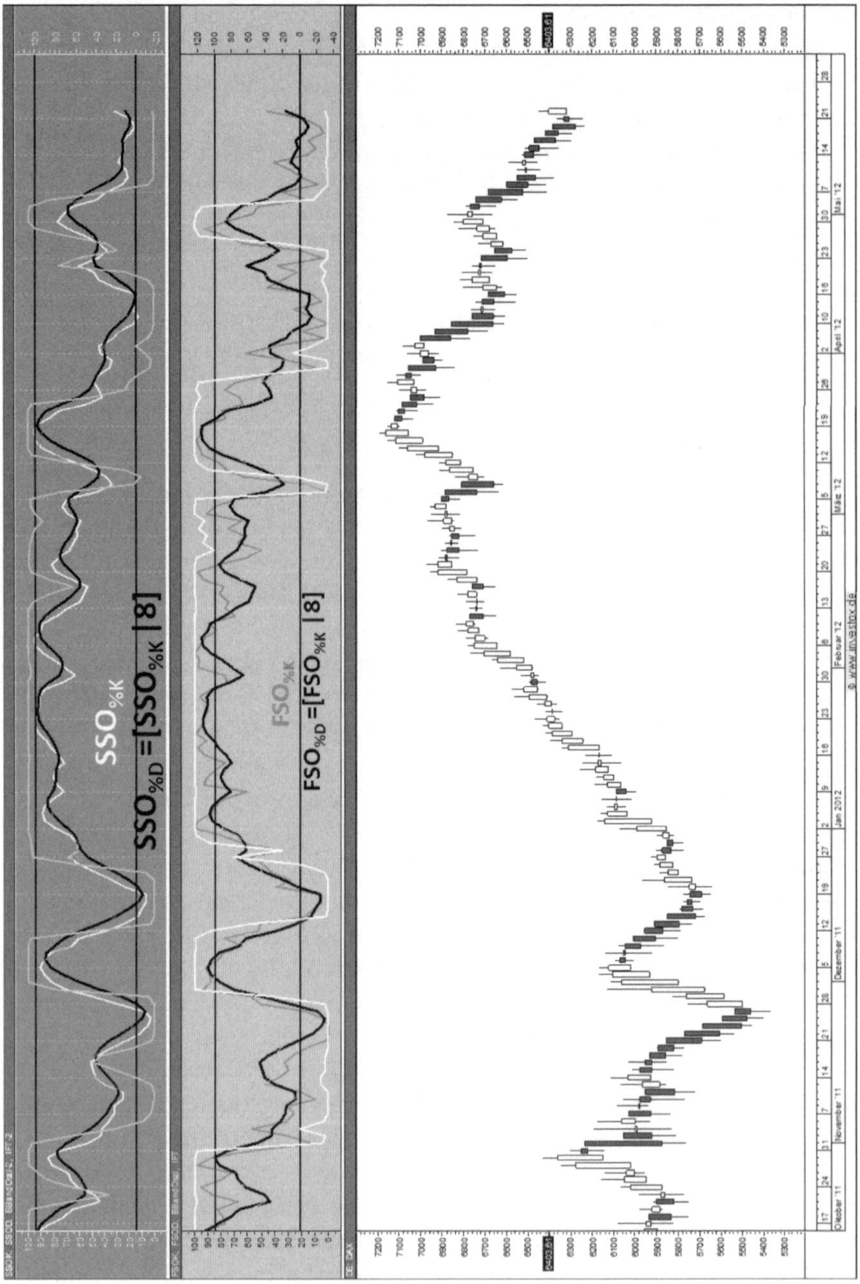

Abbildung 3-26: Darstellung von FSO und SSO sowie der IFT

Im oberen, dunkel unterlegten Chartfenster sind die beiden Varianten der SSO zu sehen: $SSO_{\%K}$ und $SSO_{\%D}$. Der ruhigere Verlauf der beiden Varianten gegenüber der FSO ist offensichtlich. Die berechneten Niveaus der Extremlinien liegen bei 15 und 94. Der stufenförmige Verlauf der hellen IFT-Linie ist noch ausgeprägter als im Chartfenster der FSO.

Die Extremzonen spielen sowohl bei der FSO als auch bei der SSO eine sehr bedeutende Rolle. Deshalb wird die übliche Vorgehensweise, die Extremzonen zwischen 0 und 20 (Überverkauft-Bereich) beziehungsweise zwischen 80 und 100 (Überkauft-Bereich) festzulegen, verworfen, weil keine einigermaßen plausible Regel diese Festlegung stützt. Sie ist nur allgemein üblich. Doch John Bollinger hat ein überaus attraktives und weniger willkürliches Verfahren zur rechnerischen Festlegung dieser Extremzonen angegeben (siehe Anhang C: Normalisierung von Indikatoren).[24] Es basiert auf den sogenannten Bollinger-Bändern beziehungsweise auf dem Bollinger Oscillator. Darauf wird später noch eingehend eingegangen. Die nach diesem Verfahren bestimmten Extremzonen weichen im Falle der FSO mit den Werten 21/84 weniger deutlich vom »Allgemein-Wert« 20/80 ab, im Falle der SSO mit 15/94 signifikant.

Die beiden Versionen der FSO oder der SSO werden jeweils zusammen für eine Analyseaussage verwendet. Da die %K-Version – verglichen mit der %D-Version – die schnellere Variante ist, dient sie als Signalgeber im Zusammenspiel mit der %D-Version. FSO und die SSO – zusammengefasst mit SO bezeichnet – sind wie folgt zu interpretieren:

- In Seitwärtsbewegungen – wellenähnliche Kursstruktur – erwischt man mit dem SO nahezu jeden Hoch- und Tiefpunkt des Kurses.
- Auf Grund des sehr unruhigen FSO-Verlaufes ist der SSO in der Anwendung der Vorzug zu geben.
- Trends beginnen sich sehr oft erst richtig zu entfalten, wenn der SO in die Extremzone eingetreten ist. In solchen Trendphasen erhält man mit der SSO sehr gute Ergebnisse, wenn man sie auf zwei Zeitebenen betrachtet (vergleiche Ende dieses Abschnittes):
  - Mit der SSO auf Wochenbasis erfolgt eine Filterung (Kreuzungen der %K-Linie mit der %D-Linie). Mit dieser Einstellung wird ermittelt, ob man den Markt von der Käufer- oder der Verkäuferseite angeht.
  - Die Timing-Signale werden in der Tageseinstellung der SSO mit Hilfe der Kreuzungen zwischen der %K-Line und der D%-Linie bestimmt.

24 Bollinger-Bänder, München 2005.

- Im Bereich der unteren Extremzone – überverkaufter Bereich – bedeutet die Kreuzung der %K-Linie mit der %D-Linie von unten nach oben ein Kaufsignal.
- Im Bereich der oberen Extremzone – überkaufter Bereich – bedeutet die Kreuzung der %K-Linie mit der %D-Linie von oben nach unten ein Verkaufssignal.

Die profitable Anwendung eines SO-Indikatorsystems setzt einige Erfahrung voraus, speziell beim Trading in Seitwärtsphasen. Diese Aussage gilt aber nicht nur für den SO, sondern generell für die Anwendung Technischer Indikatoren. Die in vielen Börsenbriefen suggerierte Klarheit in der Erkennung von Handelssignalen und hohe Profitabilität durch die Anwendung Technischer Indikatoren an geschickt ausgewählten Beispielen ist unseriös und entspricht meistens nicht den Tatsachen. Der große Vorteil eines Technischen Indikators oder eines Indikatorsystems für das Trading liegt hauptsächlich in seiner emotionsfreien Darstellung. Die Wahrscheinlichkeit für eine hohe Trefferquote und eine befriedigende Profitabilität – nach Abzug der Handelskosten – muss vom Anleger erarbeitet werden. Eine Standardeinstellung für einen Technischen Indikator oder ein Indikatorensystem, die automatisch bei Anklicken der Wertpapierkennnummer gewinnbringend ist, gibt es nicht und wird es auch nicht geben.

An zwei nachfolgenden Beispielen – DAX und Einzelaktie BASF – wird die Anwendung der SSO in Trendphasen gezeigt. In Abbildung 3-27 ist der DAX (April 2010 bis Mitte Mai 2012) und die $SSO_{\%K}$[Close|13, 5] (hellere Linie) und die $SSO_{\%D}$[$SSO_{\%K}$|5] (schwarze Linie) in Wocheneinstellung abgebildet. Zusätzlich sind zwei Zeitbereiche eingezeichnet:

- Aufwärtstrend: 10. September 2010 bis 31. Dezember 2010 (linker waagerechter Doppel-Pfeil).
- Abwärtstrend: 20. Juli 2011 bis 30. September 2011 (rechter waagerechter Doppel-Pfeil).

Im Aufwärtstrend wird der Markt von der Käuferseite angegangen; maßgebend sind Kaufsignale. Im Abwärtstrend wird dagegen der Markt von der Verkäuferseite angegangen; bedeutend sind in diesem Fall die Verkaufssignale. Die Extrembereiche wurden wieder mit Hilfe des Bollinger Oscillators (siehe Anhang C: Normalisierung von Indikatoren) normalisiert.

Die beiden Bereiche werden durch die Kreuzungen der %K-Linie mit der %D-Linie definiert:

- Beginn Aufwärtstrend: %K-Linie übersteigt die %D-Linie;
- Ende Aufwärtstrend: %K-Linie kreuzt %D-Linie von oben nach unten.
- Beginn Abwärtstrend: %K-Linie fällt unter die %D-Linie;

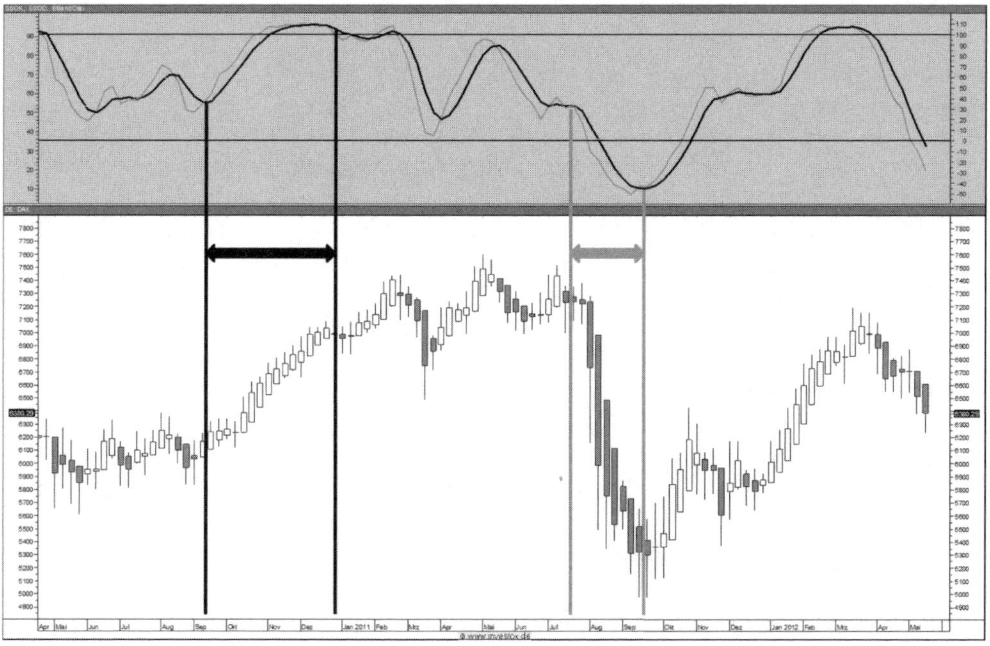

Abbildung 3-27: DAX und SSO in Wocheneinstellung

• Ende Abwärtstrend: %D-Linie übersteigt die %K-Linie.

Die Kreuzungen müssen nicht in den Extremzonen liegen. Jedoch wird man stärker auf solche Kreuzungen achten, die zumindest in der Nähe der Extremzonen liegen: Hier ist das Gespür und der Sachverstand des Anlegers gefragt. Natürlich kann am Anfang einer Trendphase das Ende noch nicht festgestellt werden. Nach einem erkannten Anfang – Gültigkeit der Kreuzung in Wocheneinstellung – ist eine laufende Nachverfolgung notwendig.

Nachdem nun der Beginn einer Trendphase mit einem Chart in Wocheneinstellung herausgefiltert wurde, wird der Chart – bei gleicher SSO-Einstellung – auf Tageseinstellung umgestellt, um die Handelssignale zu bestimmen. In Abbildung 3-28 wird zuerst der Aufwärtstrend betrachtet.

Der auf Wochenbasis bestimmte Zeitraum ist in Abbildung 3-28 auf Tagesbasis zu sehen (senkrechte, gestrichelte schwarze Linien). Er ist der Leitfaden für die Handelssignale. Nur Handelssignale nahe oder innerhalb des durch die Wocheneinstellung definierten Zeitraums sind gültig. Für diese sind jetzt zusätzlich die Extremzonen maßgebend. Ein Einstiegssignal – %K-Linie kreuzt die %D-Linie von unten nach oben im unteren Extrembe-

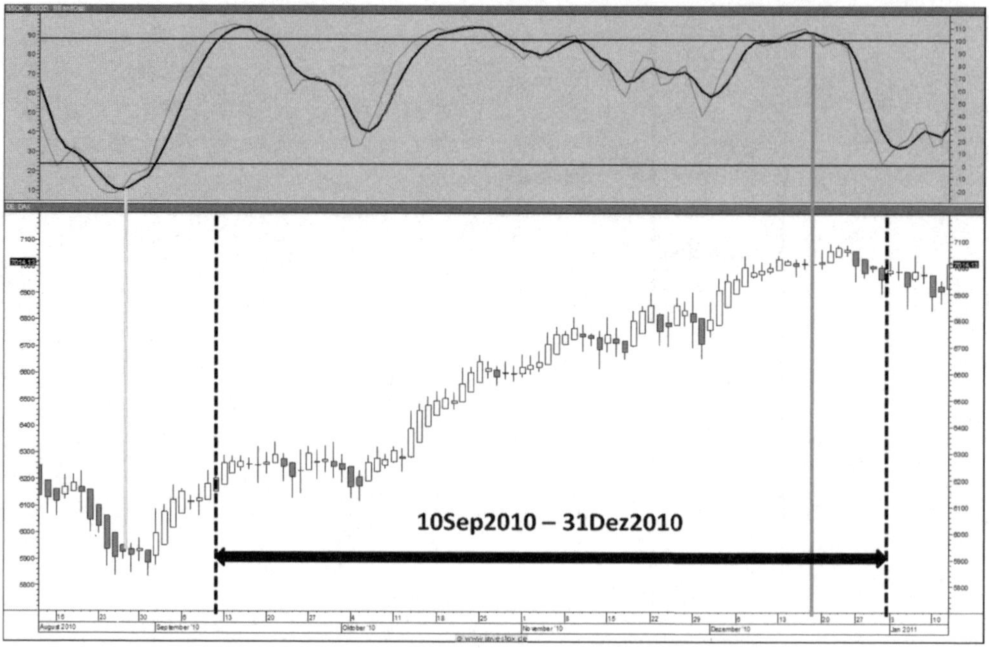

Abbildung 3-28: Aufwärtstrend der Abbildung 3-27 in Tageseinstellung

reich – nahe dem Anfang des Aufwärtstrends wird durch die durchgezogene vertikale Linie ganz links markiert. Da sie jedoch bereits vor dem Beginn des Aufwärtstrends Gültigkeit hat, bestätigt sie den Einstieg in eine Long-Position mit Beginn des Aufwärtstrends. Die gleiche Situation ist auch am Ende des Aufwärtstrends gegeben. Der Ausstieg aus der eingegangenen Long-Position – %K-Linie fällt unter die %D-Linie im oberen Extrembereich – erfolgt erst am Ende des Aufwärtstrends, da das durch die durchgezogene vertikale Linie rechts markierte Verkaufssignal vor dem Ende des Aufwärtstrends entstanden ist.

In Abbildung 3-29 wird nun der Abwärtstrend in Tageseinstellung dargestellt, der mit Hilfe der Chartdarstellung in Abbildung 3-27 bestimmt wurde.

Der Einstieg in die Short-Position erfolgt hier analog der Begründung für den Einstieg der Long-Position im Aufwärtstrend: erst zum Anfang des Abwärtstrends. Die für den Ausstieg aus der Long-Position dargelegte Regel greift jedoch für den Ausstieg aus der Short-Position nicht. Eine Kreuzung der %K-Linie über die %D-Linie in der unteren Extremzone wird nicht angezeigt. Die rechte durchgezogene senkrechte Linie zeigt wohl eine Kreuzung

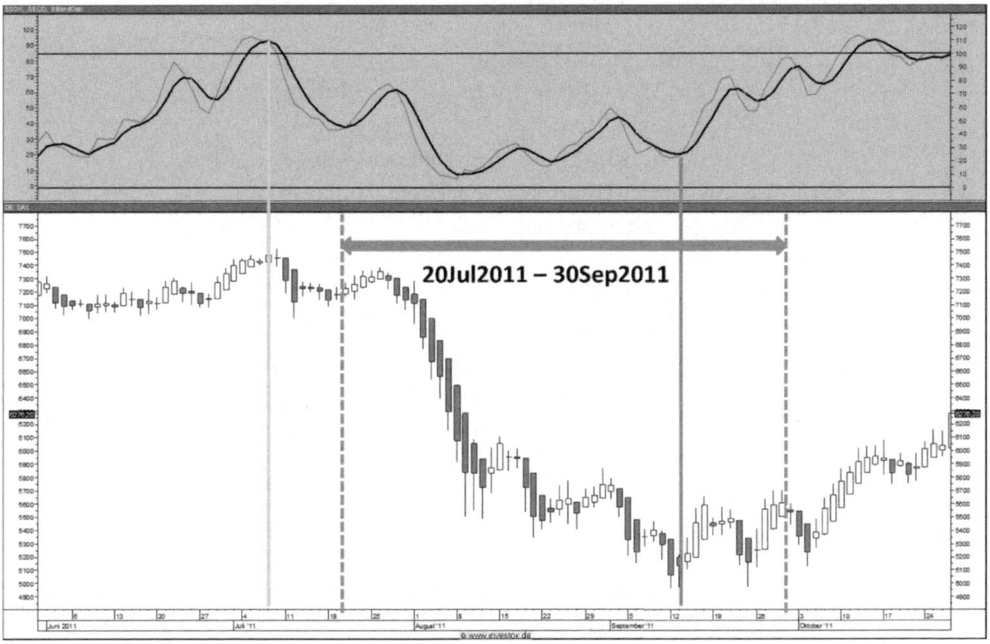

Abbildung 3-29: Abwärtstrend der Abbildung 3-27 in Tageseinstellung

der %K-Linie über die %D-Linie an, sie erfolgt jedoch außerhalb der unteren Extremzone. Darüber hinaus sind vorher bereits zwei solche Kreuzungen aufgetreten, die zudem noch näher an der unteren Extremzone liegen als diejenige, die durch die rechte durchgezogene Linie markiert ist. Angesichts dieser Sachlage und auf Grund des Kursverlaufs wird der erfahrene Anleger spätestens zum Zeitpunkt der rechten durchgezogenen Linie die Short-Position schließen und nicht erst regelkonform bis zum Ende des Abwärtstrends warten.

Das hier ausführlich dargestellte Trading-Konzept auf der Basis der SSO kann wie folgt zusammengefasst werden:

- Bestimmen Sie mit Hilfe der Kreuzungspunkte einer SSO in Wocheneinstellung eine Trendphase. Die Kreuzungspunkte müssen nicht in den Extremzonen liegen. Eine Periodeneinstellung von n = 13 und m = 5 kann als Anhaltspunkt dienen, ist jedoch keine Regel.
- Die Kreuzungspunkte in den Extremzonen einer SSO in Tageseinstellung mit der gleichen Periodeneinstellung bestimmen die Timing-Signale, wobei nur Kreuzungspunkte gültig sind, die in der Nähe am Anfang und am Ende der Trendphase sind.

- In einem Aufwärtstrend können Kreuzungspunkte
  - in der unteren Extremzone,
  - zwischen Anfang und Ende der Trendphase und
  - in Tageseinstellung

  zur Pyramidisierung der Long-Position genutzt werden.
- In einem Abwärtstrend können Kreuzungspunkte
  - in der oberen Extremzone,
  - zwischen Anfang und Ende der Trendphase und
  - in Tageseinstellung

  zur Pyramidisierung der Short-Position genutzt werden.

Dieses Trading-Konzept wird zur Verdeutlichung am Beispiel der Einzelaktie BASF noch einmal dargestellt. In Abbildung 3-30 ist der Kursverlauf der BASF-Aktie (Mai 2010 bis Mitte Mai 2012) und die $SSO_{\%K}[Close | 13, 5]$ (linke vertikale Linie) und die $SSO_{\%D}[SSO_{\%K} | 5]$ (rechte vertikale Linie) in Wocheneinstellung abgebildet. Zusätzlich sind zwei Zeitbereiche eingezeichnet:

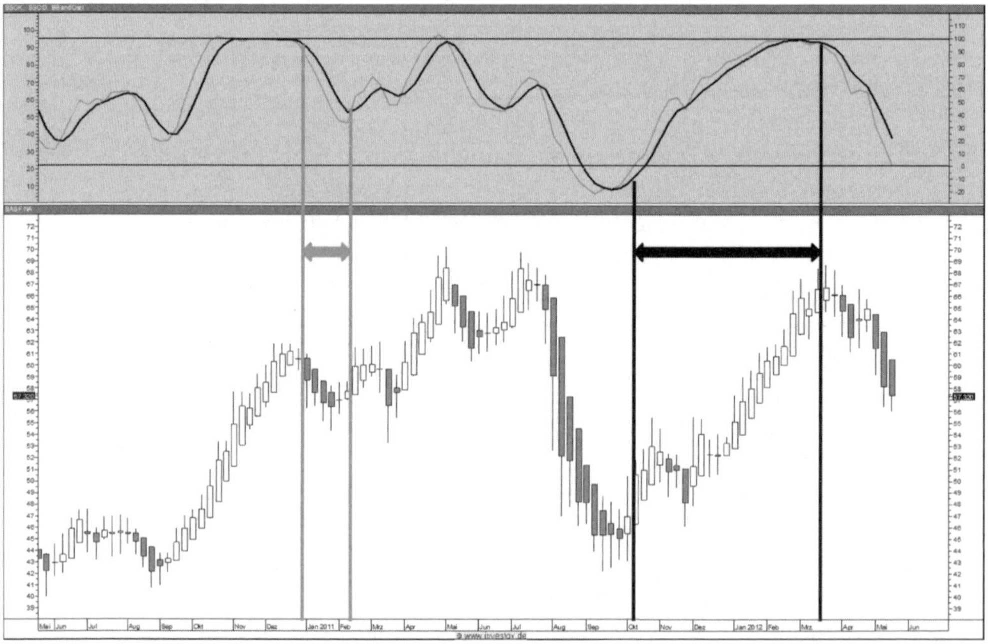

Abbildung 3-30: Kursverlauf der BASF-Aktie und SSO in Wocheneinstellung

- Aufwärtstrend: 7. Oktober 2011 bis 23. März 2012 (rechter waagerechter Doppel-Pfeil).
- Abwärtstrend: 31. Dezember 2010 bis 11. Februar 2011 (linker waagerechter Doppel-Pfeil).

Der auf Wochenbasis bestimmte Zeitraum für den Aufwärtstrend ist in Abbildung 3-31 auf Tagesbasis zu sehen (senkrechte, gestrichelte schwarze Linien). Die Anwendung des Trading-Konzeptes ergibt für den Einstieg und Ausstieg einer Long-Position den Zeitraum des Aufwärtstrends. Darüber hinaus ergibt sich am 25. November 2011 eine günstige Nachkaufsituation, markiert durch die zweite durchgezogene vertikale Linie von links.

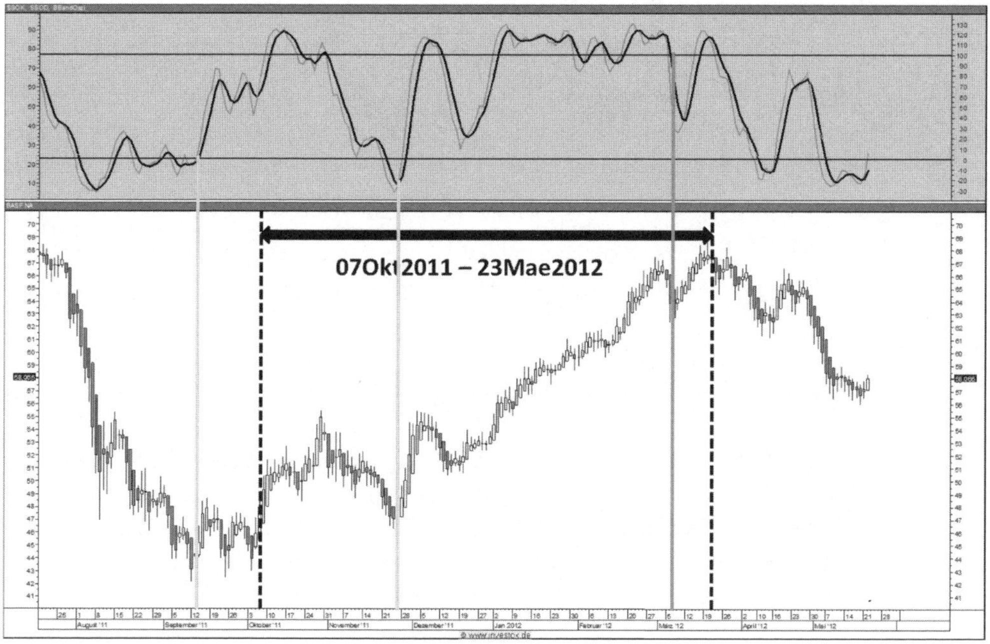

Abbildung 3-31: Aufwärtstrend der Abbildung 3-30 in Tageseinstellung

In Abbildung 3-32 wird nun der Abwärtstrend in Tageseinstellung dargestellt, der mit Hilfe der Chartdarstellung in Abbildung 3-30 bestimmt wurde.

Der Einstieg in die Shortposition erfolgt hier regelkonform mit Beginn des Abwärtstrends. Den Ausstieg aus der Short-Position wird der versierte Anleger auf Grund des Timing-Signals der SSO und des Kursverlaufes jedoch am 26. Januar 2011 vornehmen, eventuell zwei oder drei Tage später,

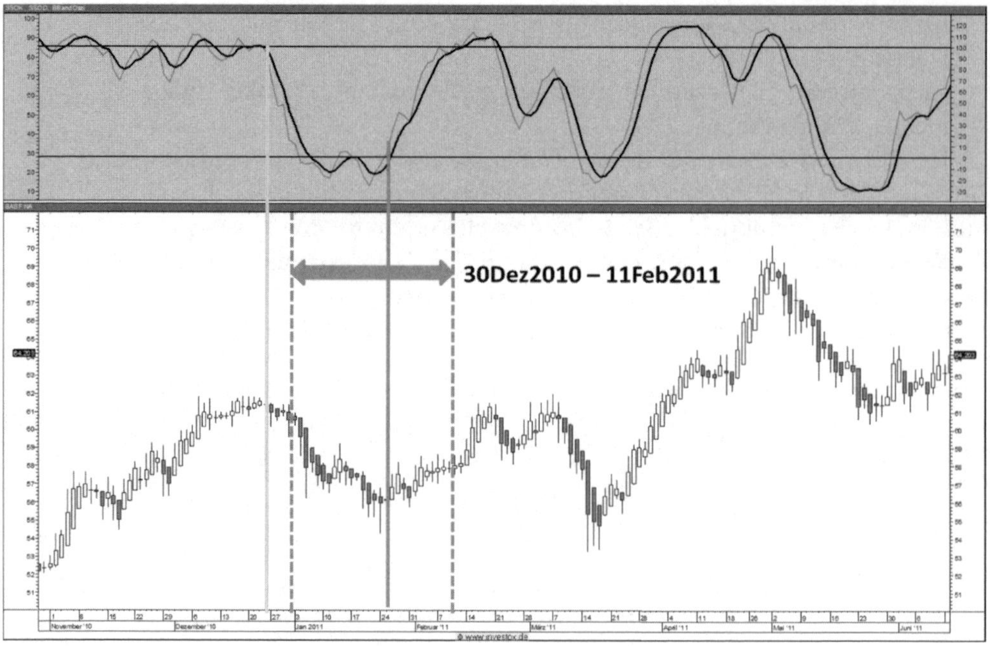

Abbildung 3-32: Abwärtstrend der Abbildung 3-30 in Tageseinstellung

um Gewissheit zu haben, dass der Abwärtstrend in einen Aufwärtstrend übergegangen ist.

Der SO, insbesondere die SSO auf der Basis des beschriebenen Trading-Konzeptes, ist ein sehr leistungsfähiger Indikator. Er kann auf allen Zeitebenen vorteilhaft eingesetzt werden und liefert auch in Seitwärtsbewegungen profitable Ergebnisse. Ein Indikatorsystem auf seiner Grundlage bedarf aber – wie bereits erwähnt – einer soliden Erfahrung.

3.4.4.4 StochasticRSI

Der StochastikRSI-Indikator (SRSI) ist eine Kombination der Stochastic und des RSI (Relative Stärke Index), wobei in diesem Kapitel der RSI als ein Spezialfall des RMI vorgestellt wurde. Mit dem von den Amerikanern Chande/Kroll vorgestellten SRSI ist eine wirklich interessante Verbesserung des RSI entwickelt worden. Das Ergebnis ist mehr als bemerkenswert.

Als Überkauft/Überverkauft-Oscillator liefert der SRSI sehr gute Ergebnisse. Der Indikator erkennt nahezu jeden Extremzustand im Verlauf des Basiswerts. Darüber hinaus kann der SRSI auch auf höheren und niederen

Zeitebenen als auf Tagesbasis mit Erfolg eingesetzt werden. In diesem Fall fungiert der SRSI als Trendfilter.

Der SRSI ist bei genauerer Betrachtung ein Verstärker der Bewegungen des RSI. In einer sehr kurzen Einstellung (Periode 5 für den RSI und Periode 3 für die Stochastik) kann der SRSI als Differenzenoperator aufgefasst werden, der die Steigung des Kursverlaufes sehr gut wiedergibt. Der SRSI zeigt im Vergleich zum RSI einen steileren, eindeutigeren Verlauf und hält sich häufiger als der RSI in der Nähe der Extremwerte 0 und 100 auf.

Der SRSI-Indikator wendet die Stochastik nicht auf den Kursverlauf eines Basiswerts an, sondern auf den RSI-Indikator. Die Berechnung des RSI erfolgt standardmäßig auf den Basiswert. Darüber hinaus werden die Maximal- und Minimalwerte des RSI innerhalb der Periodeneinstellung m berechnet:

$$RSI = RSI[Kurs \mid m],$$

$$MAX_n = MAX_n[RSI],$$

$$MIN_n = MIN_n[RSI].$$

Mit diesen Werten erfolgt nun eine schnelle Stochastic-Berechnung:

$$SRSI = \frac{RSI - MIN_n}{MAX_n - MIN_n} \times 100.$$

Standardeinstellung für den SRSI: n = 5 für die Stochastic und m = 13 für den RSI. Es ist allerdings empfehlenswert, verschiedene Varianten zu testen. Wie die Stochastik und der RSI oszilliert der SRSI zwischen den Werten 0 und 100. Die Extremzonen werden – wie im Fall des SO – mit Hilfe des Bollinger Oscillators (siehe Anhang C: Normalisierung von Indikatoren) eingestellt.

Vorrangig wird der SRSI als direkter Signalgeber verwendet (siehe Abbildungen 3-33 und 3-34: mittleres Chartfenster, Kursverlauf DAX, SRSI[C | 13,5], Tageseinstellung). Dabei gelten folgende Grundregeln:

- Eine Überkreuzung der Mittellinie (SRSI = 50) bedeutet einen Trendwechsel im Basiswert. Eine Überkreuzung der Mittellinie von unten nach oben zeigt ein Kaufsignal an, eine Überkreuzung der Mittellinie von oben nach unten dagegen ein Verkaufssignal.
- Erreicht der SRSI eine Extremzone beziehungsweise die Maximalwerte 0 und 100, wird dies als trendgerichtetes Signal in Trendrichtung interpretiert.

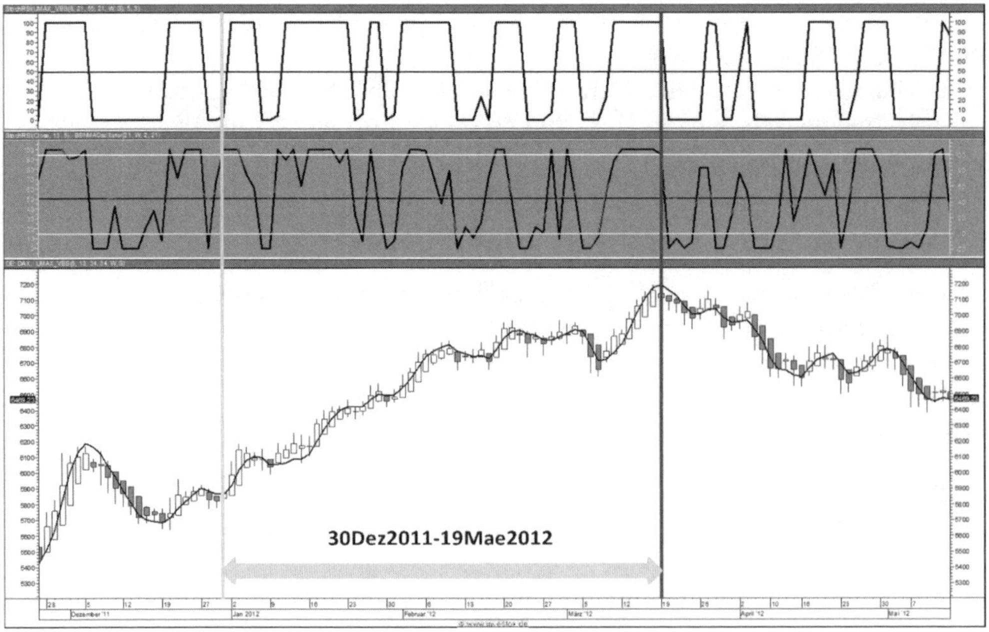

Abbildung 3-33: SRSI als Signalgeber im Aufwärtstrend

- Wird durch einen zusätzlichen Trendindikator – beispielhaft sei der ADX oder der RAVI genannt – ein Aufwärtstrend identifiziert, gilt der Austritt des SRSI aus der unteren Extremzone als Kaufsignal. Wird dagegen ein Abwärtstrend erkannt, gilt der Austritt des SRSI aus der oberen Extremzone als Verkaufssignal. Tritt der SRSI dagegen in die Extremzonen ein, gilt als Signal die Gegenrichtung.

Im oberen Chartfenster der beiden Abbildungen ist eine geglättete Form des SRSI dargestellt. Der SRSI wurde dabei – im Gegensatz zur üblichen Verfahrensweise – statt auf den Kursverlauf auf einen MA angewendet und zwar auf einen UMAX mit den Einstellungen n = 8, 21, 55 (siehe Abschnitt »Adaptive MA«) und in der gewichteten Variante. Die Einstellung des SRSI wurde dabei wesentlich verkürzt: n = 5 für den RSI und n = 3 für die Stochastic. Sinn dieses Verfahrens ist es, aus dem Kurs das Kursrauschen herauszufiltern, um einen ruhigeren Indikatorverlauf zu erhalten. Vergleicht man die Signale, die sich aus dem SRSI beziehungsweise aus der geglätteten Variante ergeben, dann resultiert eine Zeitverzögerung von etwa einer Zeiteinheit, was angesichts des Vorteils eines klareren, stufenförmigen SRSI-Verlaufs problemlos akzeptiert werden kann.

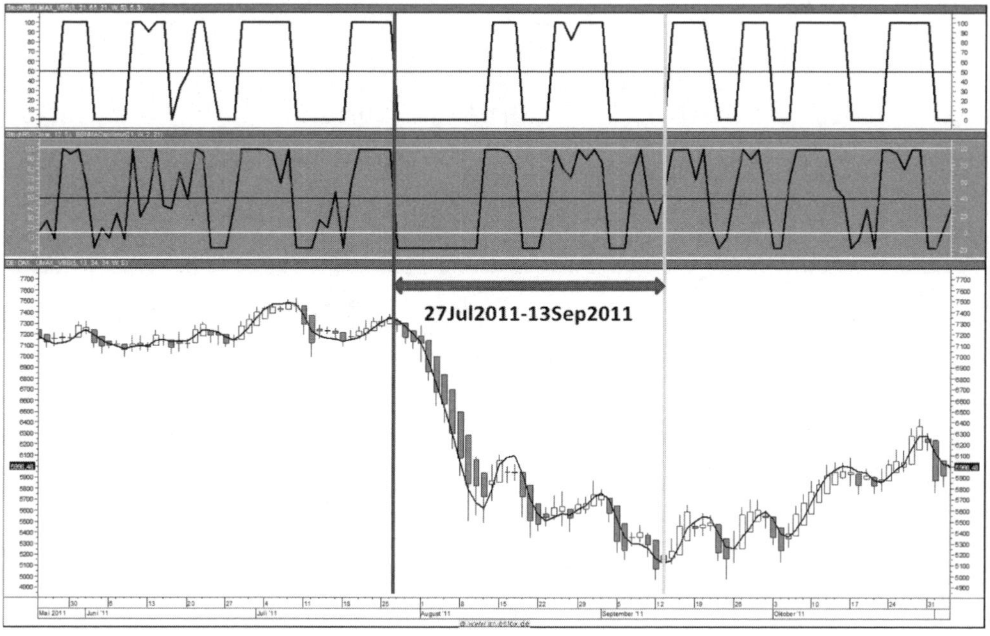

Abbildung 3-34: SRSI als Signalgeber im Abwärtstrend

In einer höheren Zeitebene, zum Beispiel durch Wahl einer längeren Periodeneinstellung oder Verwendung einer Wochen- beziehungsweise Monatseinstellung, kann der SRSI auch als sehr guter Trendfilter eingesetzt werden. Die beiden Zeiträume der Abbildungen 3-33 und 3-34 sind in Abbildung 3-35 noch einmal in Wocheneinstellung dargestellt. Die bereits angegebenen Einstellungen wurden beibehalten.

Der Eintritt des SRSI in die obere Extremzone gilt dann als Aufwärtstrend, der Eintritt in die untere Extremzone als Abwärtstrend. Solange der Indikator in der Extremzone verweilt, gilt der Trend als bestätigt.

Im Abschnitt über den RMI wurde darauf hingewiesen, dass der RSI ein Spezialfall des RMI ist. Eine naheliegende Idee ist es deshalb, den RSI im SRSI durch einen RMI zu ersetzen. Diese Idee wird im nachfolgenden Abschnitt konkretisiert.

3.4.4.5 StochasticRMI (SRMI)

Nimmt man den SRSI als Grundlage, dann ergibt sich der SRMI einfach dadurch, dass der RSI durch seine allgemeinere Variante RMI ersetzt wird. Die Verwendung eines RMI mit vertauschten Perioden – kürzere Periode

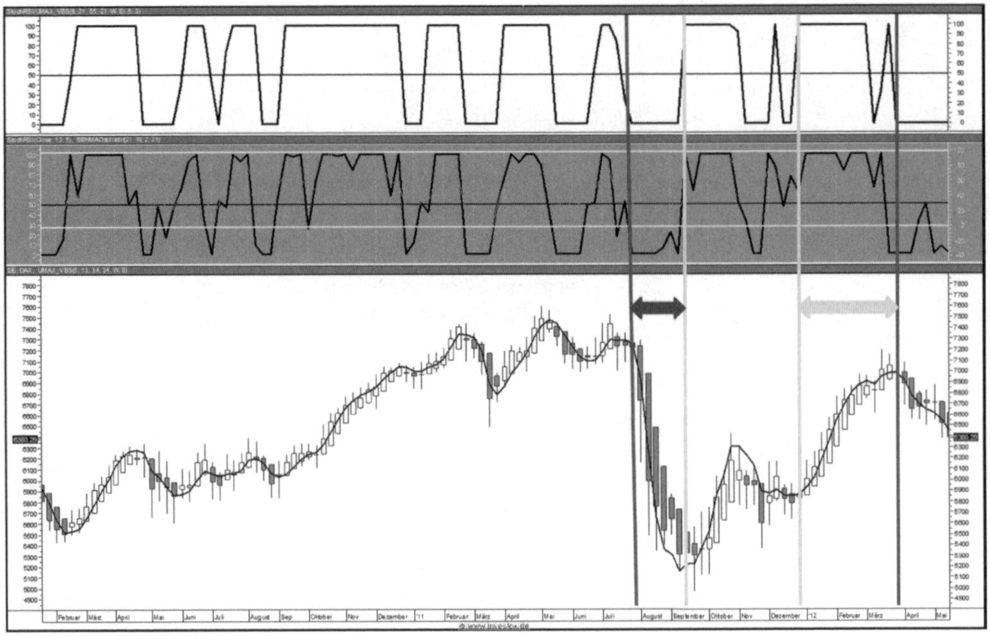

Abbildung 3-35: SRSI als Trendfilter in Wocheneinstellung

für die Indikatoreinstellung und längere Periode für die Momentumeinstellung – ist dem Standard-RMI vorzuziehen. In Abbildung 3-36 wird ein solcher SRMI mit einem RMI und mit einem SRSI verglichen.

Das untere Chartfenster zeigt den S&P 500 im Zeitraum Dezember 2011 bis Mai 2012 in Tageseinstellung zusammen mit einem UMAX (n = 5, 21, 55; hellere Linie). Im mittleren Chartfenster ist ein RMI[C|13,5] (hellere Linie), ein periodenvertauschter RMI[C|5,13] (dunklere Linie) und ein StochasticRMI (stufenförmiger Linienzug) zu sehen. Der StochasticRMI entstand durch Anwendung einer Stochastic mit der Periode n = 3 auf den RMI[C|13,5]. Die drei Aufwärtstrends im S&P 500 werden durch den StochasticRMI sehr gut markiert.

Im oberen Chartfenster ist noch einmal der StochasticRMI zu sehen. Er wird mit einem SRSI verglichen, der auf den UMAX des unteren Chartfensters angewendet wurde. Seine Periodeneinstellung: n = 5 für den RSI und n = 3 für die Stochastic. Am Beginn (linke durchgezogene und gestrichelte Linie) und am Ende (mittlere durchgezogene und gestrichelte Linie) des langen Aufwärtstrends im S&P 500 kann man ablesen, dass der StochasticRMI gegenüber dem SRSI um zwei Zeiteinheiten verzögert ist. Diesem

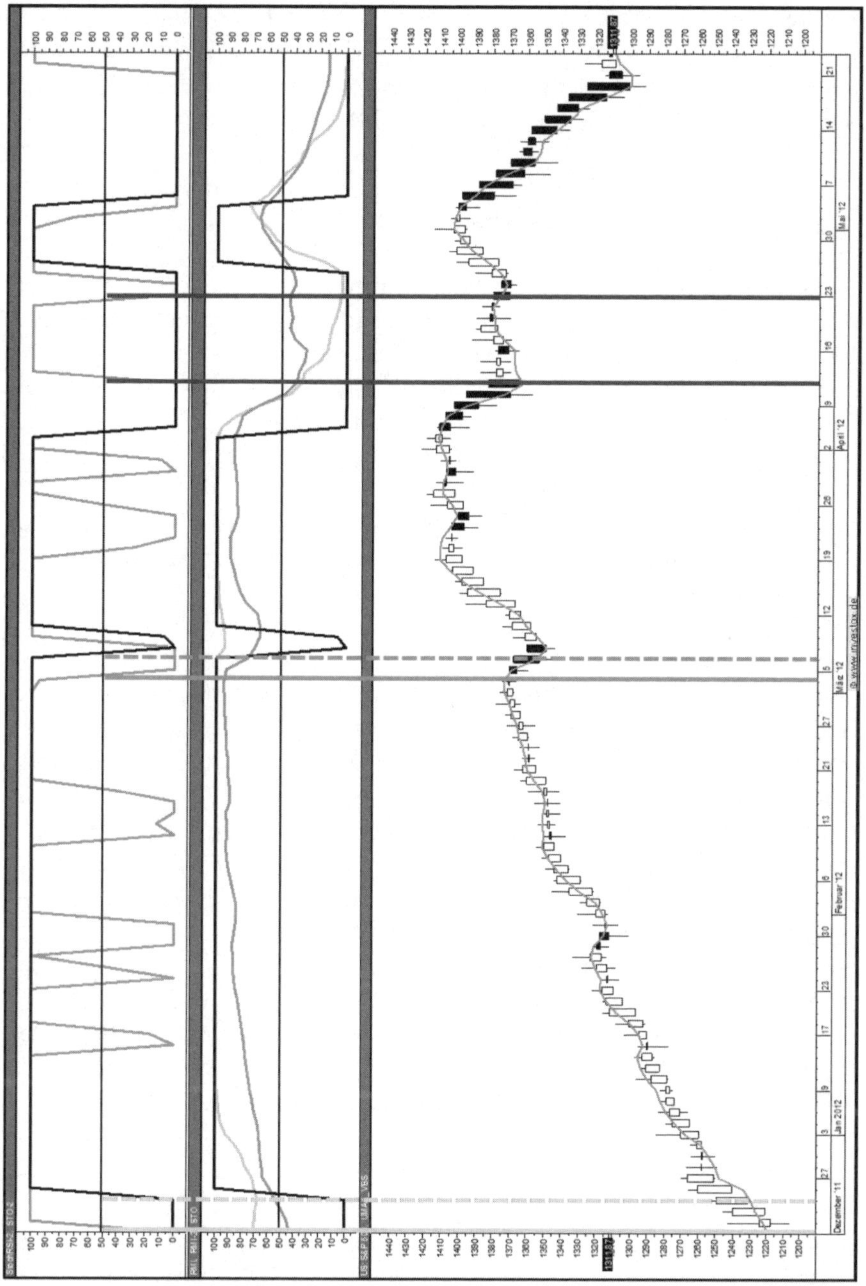

Abbildung 3-36: Der StochasticRMI-Indikator im Vergleich

Nachteil steht als wesentlicher Vorteil der glatte stufenförmige Verlauf des StochasticRMI gegenüber sowie seine Filterwirkung, wie aus dem durch die beiden rechten senkrechten Linien gekennzeichneten Zeitbereich ersichtlich ist. Als Trendfilter ist der StochasticRMI bestens geeignet.

3.4.5 Trendbestimmungsindikatoren

Der »Klassiker« unter den Trendbestimmungsindikatoren ist sicherlich der ADX-Indikator (Average Directional Index) von Welles Wilder. Auf Grund der zahlreichen Literatur (unter anderem Florek[25] und Paesler[26]) zu diesem Indikator wird auf eine Darstellung verzichtet. Auf zwei weitere moderne Trendbestimmungsindikatoren

- Vertical Horizontal Filter (VHF) und
- Chande Trend Index (CTI)

wird ebenfalls nicht näher eingegangen und auf Chande[27] verwiesen. Auf Grund ihrer Leistungsfähigkeit werden im Folgenden der Aroon sowie der RAVI-Indikator[28] mit einer Neuerung beschrieben.

3.4.5.1 Aroon

Dem Aroon liegt die Vorstellung zugrunde, dass Aufwärtstrends neue Hochs und Abwärtstrends neue Tiefs produzieren. Der Indikator weist sensibel auf die ersten Zeichen einer Trendwende hin. Während jedoch Indikatoren im Regelfall auf Kursänderungen hinweisen, misst der Aroon die Dauer seit Auftreten des letzten Hoch- beziehungsweise Tiefpunktes. Der Aroon zeigt damit den Wechsel von Trendphasen und Trendrichtungen an.

Der Aroon wird in drei Formen dargestellt:

- Aroon-Up,
- Aroon-Down,
- Aroon Oscillator = Aroon-Up – Aroon-Down.

Zunächst zum Aroon-Up, der einen Aufwärtstrend anzeigt: Im ersten Schritt zur Berechnung des Aroon-Up wird der Zeitpunkt des Hochs H in dem zu definierenden Periodenfenster (n Basiszeiteinheiten) festgestellt:

$$x = MAX[i = 0,\ 1,\ 2,\ \ldots,\ n - 1 \,|\, H_{t-i} = MAX_n\,(H)_t].$$

25 Neue Trading-Dimensionen, München 2000.
26 Technische Indikatoren, München 2009.
27 Beyond Technical Analysis, Hoboken 2001.
28 Vergleiche Chande/Kroll, The New Technical Trader, Hoboken 1994.

Der Aroon-Up berechnet sich dann in einem zweiten Schritt als die prozentuale Lage dieses Zeitpunktes innerhalb des n-Perioden-Fensters:

$$Aroon\text{-}Up = (1 - x/n) \times 100.$$

Die Indikatorwerte bewegen sich damit in einer Skala zwischen 0 und 100. Die gebräuchlichsten Einstellungen für den Perioden-Zeitraum (Periodenfenster) sind die Werte n = 8 bis 30.

Die Berechnung des Aroon-Down, der einen Abwärtstrend anzeigt, erfolgt analog zum Aroon-Up. Zuerst wird der Zeitpunkt des Tiefs T im Periodenfenster (Breite n Basiszeiteinheiten) festgestellt:

$$y = MIN[i = 0,\ 1,\ 2,\ \ldots,\ n - 1 \mid T_{t-i} = MIN_n\,(T)_t].$$

Der Aroon-Down berechnet sich dann als prozentuale Lage dieses Zeitpunktes innerhalb des n-Perioden-Fensters:

$$Aroon\text{-}Up = (1 - y/n) \times 100.$$

Die Indikatorwerte bewegen sich wie beim Aroon-Up in einer Skala zwischen 0 und 100. Die gebräuchlichsten Einstellungen für den Perioden-Zeitraum (Periodenfenster) sind ebenfalls die Werte n = 8 bis 30.

In Abbildung 3-37 sind der Aroon-Up (schwarze Linie) und der Aroon-Down (hellere Linie) im oberen Chartfenster dargestellt (BASF-Aktie, Juni 2011 bis Dezember 2011).

Ferner sind in Abbildung 3-37 noch Extremzonen mit den Niveaus 30 und 70 eingezeichnet, wobei statt dieser mehr willkürlichen Festlegung auch hier wieder mit Hilfe des Bollinger-Oscillators (siehe Anhang C: Normalisierung von Indikatoren) eine rechnerische Festlegung erfolgen kann. Aus zeichnerischen Gründen wurde in diesem Beispiel darauf verzichtet.

Auf Grund seiner Konstruktion lassen sich folgende Aussagen für eine Trendbestimmung mit Hilfe des Aroons treffen:

- Der Aroon-Indikator misst nicht die preisliche Trendstärke, sondern die Anzahl der Basiszeiteinheiten (Stunden, Tage, Wochen), die der Trend anhält.
- Aufwärtstrend: Aroon-Up verläuft über dem Aroon-Down.
- Stabiler Aufwärtstrend: Aroon-Up verläuft in der oberen Extremzone.
- Abwärtstrend: Aroon-Down verläuft über dem Aroon-Up.
- Stabiler Abwärtstrend: Aroon-Down verläuft in der unteren Extremzone.

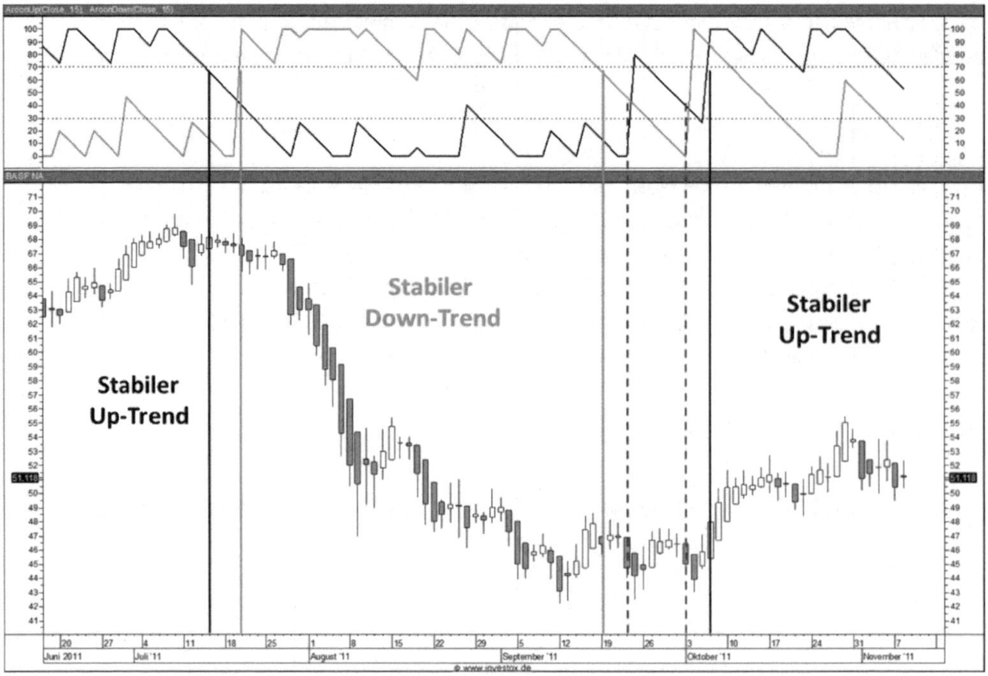

Abbildung 3-37: Trendbestimmungsindikator Aroon

- Kreuzungen der beiden Aroon-Linien signalisieren einen möglichen Trendwechsel.
- Verlaufen Aroon-Up und Aroon-Down zwischen den Extremzonen oder verlaufen sie parallel, dann liegt eine trendlose Phase vor.

Je länger der Trend des Basiswertes kontinuierlich verläuft, desto stabiler verläuft die jeweilige Indikatorlinie im Extremzonenbereich. Auf Grund seiner Geradlinigkeit und wegen der relativ geringen Schwankungen seines Linienverlaufes bietet der Aroon eine wertvolle Hilfe bei der Analyse eines Trends.

3.4.5.2 Aroon-Oszillator

Der Aroon-Oszillator ist die Differenz zwischen dem Aroon-Up und dem Aroon-Down:

$$Aroon\text{-}Oszillator = (Aroon\text{-}Up) - (Aroon\text{-}Down).$$

Der Aroon-Oszillator verläuft in einer Skala zwischen –100 und +100. Er ist kein eigenständiger Indikator, sondern lediglich eine Zusammenfassung der beiden Indikatoren Aroon-Up und Aroon-Down.

Wendet man auf den Aroon-Oszillator die Inverse Fisher Transformation an (IFT[Aroon-Oszillator], siehe Anhang C), dann erhält man ohne Interpretationsschwierigkeiten eine sehr klare Aussage über die Trendsituation. Abbildung 3-38 zeigt diesen Sachverhalt (BASF-Aktie, Dezember 2011 bis Mai 2012). Der nahezu vollständige Gleichlauf zwischen Aroon-Up beziehungsweise Aroon-Down (hell unterlegtes Chartfenster) einerseits und von IFT [Aroon-Oszillator] (dunkel unterlegtes Chartfenster) andererseits ist deutlich erkennbar. Die Extremzonen wurden in diesem Beispiel wieder mit Hilfe des Bollinger-Oszillators (siehe Anhang C: Normalisierung von Indikatoren) ermittelt.

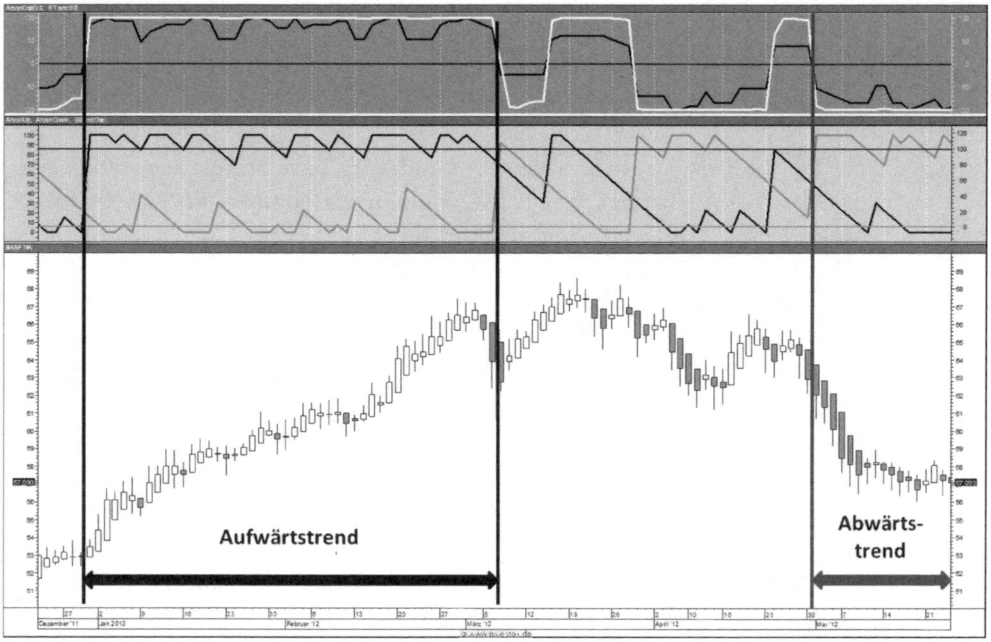

Abbildung 3-38: Vergleich von Aroon und Aroon-Oszillator

3.4.5.3 Rapid Adaptive Variance Indicator (RAVI)

Der RAVI-Indikator wurde von Tushar S. Chande entwickelt und als eine Weiterentwicklung des ADX vorgestellt.[29] Der Aroon berücksichtigt lediglich die zeitliche Komponente eines Trends, nicht jedoch die Preisentwicklung. Die preisliche Trendstärke kann dagegen mit dem RAVI analysiert werden.

Im RAVI werden zwei absolute Differenzen zueinander prozentual ins Verhältnis gesetzt: Einmal die absolute Differenz des Kurses relativ zu einem langfristigen MA und zum anderen die absolute Differenz des Kurses zu seiner Zeitachse, die als ein konstanter Kurs mit dem Wert Null angesehen werden kann. Statt des Kurses wird jedoch ein um kleine Kursschwankungen geglätteter Kurs in Form eines kurzfristigen MA verwendet. Um Zeitverzögerungen möglichst klein zu halten, ist ein MAW die erste Wahl für den MA. Es sind jedoch grundsätzlich auch andere MA möglich. Der Ansatz für den RAVI lautet damit formal:

$$RAVI = 100 \times \frac{|MAW_K - MAW_L|}{|MAW_K - 0|}.$$

Die Indizes K und L bedeuten kurzfristig beziehungsweise langfristig. Da der MAW_K immer positiv ist, können im Nenner die Absolutstriche weggelassen werden. Damit gilt für den RAVI:

$$RAVI = 100 \times \frac{|MAW_K - MAW_L|}{MAW_K}.$$

Die kurzfristige und die langfristige Periode sollten sich ungefähr um einen Faktor 10 unterscheiden. Als Kurs ist der mittlere Kurs $\overline{K}$ empfehlenswert:

$$\overline{K} = \frac{Hoch + Tief + Close}{3}.$$

Mit Periodeneinstellungen 8 und 89 lautet die Beziehung für den RAVI ausgeschrieben:

$$RAVI = 100 \times \frac{\left|MAW\left[\overline{K}\,|\,8\right] - MAW\left[\overline{K}\,|\,89\right]\right|}{MAW\left[\overline{K}\,|\,8\right]}.$$

29 Beyond Technical Analysis, Hoboken 2001.

In Abbildung 3-39 ist der RAVI mit dieser Einstellung im Vergleich zum ADX (Periode n = 8) dargestellt (DAX im Zeitraum zwischen Oktober 2011 und Ende Mai 2012).

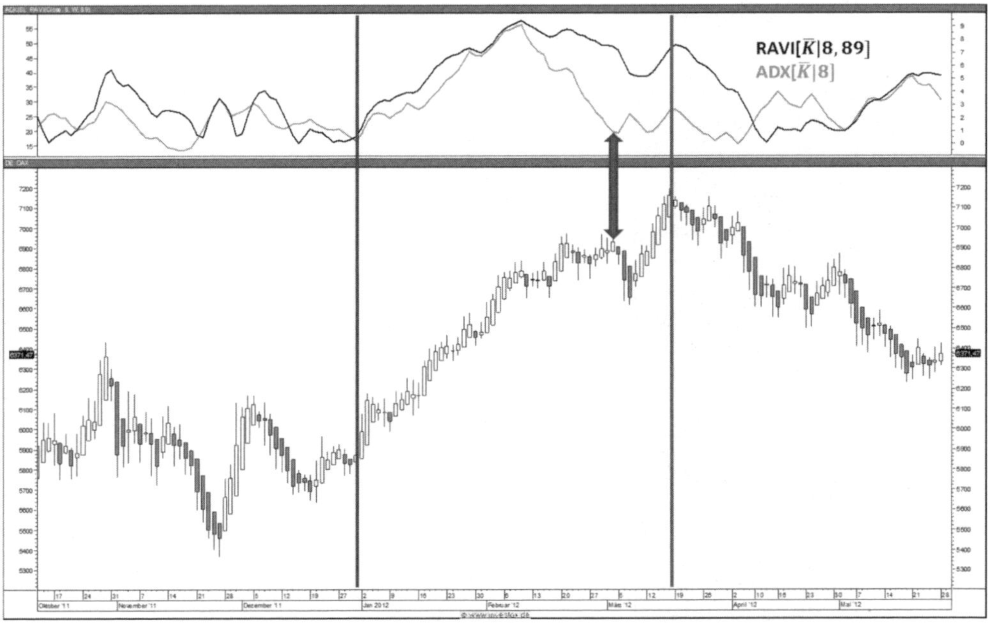

Abbildung 3-39: RAVI und ADX im Vergleich

Am deutlichsten wird der Unterschied zwischen RAVI (schwarze Linie) und ADX (hellere Linie) bei der Darstellung der Trendstärke in dem starken Aufwärtstrend. Während der RAVI nach dem Trendstärkehoch, das beide Indikatoren gleichzeitig anzeigen, weiterhin hohe, wenn auch fallende Trendstärke anzeigt, fällt der ADX auf ein Niveau ab, das eigentlich eine trendlose Phase markiert. Den Kursanstieg nach der Korrektur zeigt der ADX nur ungenügend an.

Wie der ADX zeigt der RAVI nur die Stärke des Trends an, jedoch nicht, ob ein Aufwärts- oder Abwärtstrend vorliegt. Ein steigender oder fallender RAVI weist nur darauf hin, ob der Trend stärker oder schwächer wird. Der RAVI zeigt aber schnellere Reaktionen als der ADX und seine Verlaufsmuster sind wesentlich ausgeprägter als diejenigen des ADX. Vor allem seine Tops sind deutlicher ausgebildet.

In Abbildung 3-40 ist noch einmal der Kursverlauf des DAX mit dem RAVI aus Abbildung 3-39 abgebildet. Zusätzlich wurden noch die Extrem-

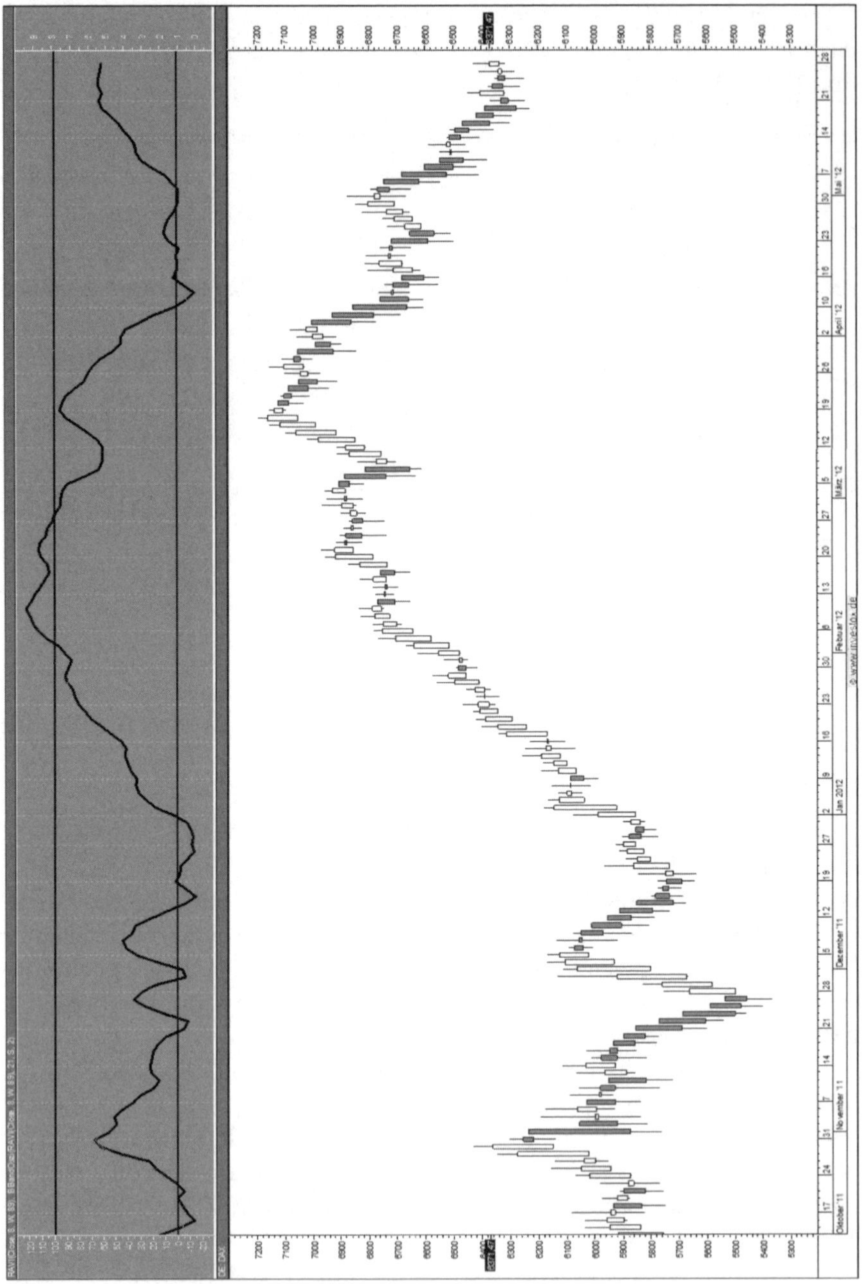

Abbildung 3-40: RAVI mit Extremzonen

zonen eingezeichnet. Sie wurden wieder mit Hilfe des Verfahrens, das im Anhang C unter »Normalisierung von Indikatoren« bezeichnet wird, ermittelt. Durch die Angabe dieser Extremzonen können trendlose Phasen und Phasen hoher Trendstärke besser angegeben werden.

Mit Hilfe der Extremzonen kann der RAVI wie folgt interpretiert werden:

- Der Markt gilt als Trendmarkt, wenn der RAVI zwischen den Extremzonen verläuft.
- In einem trendlosen Markt verläuft der RAVI innerhalb der unteren Extremzone.
- Verlässt der RAVI nach einem längeren Verlauf den trendlosen Bereich, ist mit dem Beginn eines neuen Trends zu rechnen.
- Je höher das Niveau des RAVI, desto stärker ist der Trend.
- Erreicht der RAVI ein Top und dreht dann nach unten ab, kann davon ausgegangen werden, dass der Trend beendet ist oder eine Pause einlegt.
- Der Verlauf des RAVI in der oberen Extremzone deutet auf einen sehr starken Trend hin.

Zusammen mit dem modifizierten CCI und dem StochasticRMI ergibt der RAVI ein sehr gutes Indikatorensystem (siehe Abbildung 3-41).

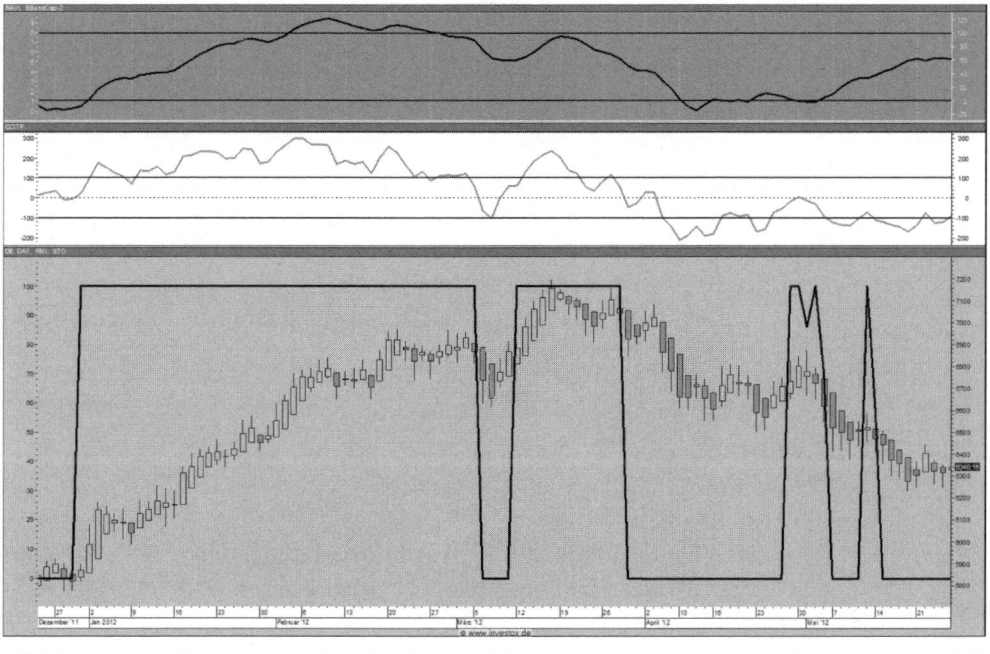

Abbildung 3-41: Indikatorensystem bestehend aus modifiziertem CCI, StochasticRMI und RAVI

Folgende Aussagen lassen sich aus Abbildung 3-41 (DAX im Zeitraum Dezember 2011 bis Ende Mai 2012) ableiten:

- Der stufenförmige StochasticRMI (unteres Chartfenster) markiert Anfang und Ende eines steigenden oder fallenden Kursverlaufes sehr zeitnah.
- Handelbare Auf- und Abwärtstrends werden mit Hilfe des modifizierten CCI (mittleres Chartfenster) angezeigt.
- Im Aufwärtstrend verläuft der modifizierte CCI oberhalb der +100-Linie, im Abwärtstrend unterhalb der −100-Linie.
- Die Trendstärke zeigt der RAVI an (oberes Chartfenster).
- In trendlosen Phasen verläuft der RAVI innerhalb der unteren Extremzone.
- Verlässt der RAVI die untere Extremzone, beginnt sich ein Trend auszubilden, wobei keine Aussage bezüglich des Trends gegeben ist.
- Mit Eintritt in die obere Extremzone wird ein sehr starker Trend angezeigt.
- Verlässt der RAVI die obere Extremzone, dann ist ein Trendwechsel zu erwarten.

Der RAVI kann – wie der ADX – als Trendfilter eingesetzt werden. Ist der RAVI oberhalb eines bestimmten Wertes, werden nur trendkonforme Signale von Oszillatoren verwendet.

3.4.6 Bänder

Innerhalb der Indikatorenanalyse nehmen Bänder eine besondere Rolle ein. Diese Indikatoren bestehen aus mindestens zwei Linien, die oberhalb und unterhalb des Kurses verlaufen. Sie umhüllen den Kursverlauf. Der wichtigste Vertreter dieser Gruppe von Indikatoren sind die Bollinger-Bänder. Auf sie wird in diesem Abschnitt sehr ausführlich eingegangen. Zu den Bändern gehören noch:

- Donchian Channel,
- Envelopes,
- Keltner Channel,
- Projection Bands,
- STARC Bands.

Auf diese Band-Indikatoren wird auf Grund der modernen Konzeption der Bollinger-Bänder nicht eingegangen. Auch werden sie im Vergleich zu den Bollinger-Bändern weniger verwendet. Bei Paesler[30] werden diese Bänder ausführlich beschrieben.

1983 veröffentlichte John Bollinger die sogenannten Bollinger-Bänder, wobei er selbst der Namensgeber war.[31] Mittlerweile sind sie ein herausragendes Verfahren der Chartanalyse und auf jeder Zeitebene einsetzbar.

Die Bollinger-Bänder sind Kanallinien, die den Kursverlauf umschließen. Sie bestehen aus

- einem oberen Band OB_t,
- einem unteren Band UB_t und
- einer Mittellinie.

Das obere und untere Band dienen zur Erfassung von Hoch- und Tiefpunkten. Die Mittellinie, gebildet von einem gleitenden Durchschnitt MA, zeigt den mittelfristigen Trend an.

Berechnungsgrundlage der Bollinger-Bänder, im Weiteren mit BB abgekürzt, sind Elemente der Normalverteilung, nämlich Mittelwert und Standardabweichung. Die Interpretation der Standardabweichung als statistisches Konzept, das die Streuung einer Datenreihe um einen Mittelwert quantitativ erfasst, ist aber nur dann gültig, wenn die zugrunde liegende Datenreihe normal verteilt ist, beziehungsweise die Voraussetzung des Grenzwertsatzes gilt. Die Normalverteilung von Kurszeitreihen ist bestenfalls nur annähernd richtig und die Voraussetzung des Grenzwertsatzes ist in der Standardeinstellung der BB (Periodeneinstellung $n = 20$, siehe weiter unten) nicht gegeben. Trotzdem haben sich die BB in der Technischen Analyse als tragfähig und robust erwiesen. Die Formeln für den Mittelwert und die Standardabweichung, wie sie bei den BB verwendet werden, entbehren somit einer theoretischen Grundlage – nämlich der Normalverteilung – und sollten deshalb lediglich als ein brauchbares und tragfähiges Rechenschema angesehen werden und nicht mehr.

Die obige verbale Beschreibung der BB lässt sich folgendermaßen konkretisieren:

- Der Mittelwert μ_t der Kurse wird mit Hilfe eines MA berechnet.
- Die wesentlichen Kursschwankungen um den Mittelwert μ_t werden von einem Vielfachen (Faktor λ) der Standardabweichung σ_t begrenzt.
- Die Standardabweichung σ_t wird mit dem Faktor λ multipliziert ($\lambda \times \sigma_t$).

30 Technische Indikatoren, München 2009.

31 Bollinger-Bänder, München 2005.

- Die Addition des Wertes $\lambda \times \sigma_t$ zum Mittelwert μ_t ergibt die obere Begrenzung OB_t der Kursschwankungen, die Subtraktion die untere Begrenzung UB_t:

$$OB_t = \mu_t + \lambda \times \sigma_t,$$

$$UB_t = \mu_t - \lambda \times \sigma_t.$$

Der Mittelwert μ_t und die Standardabweichung σ_t berechnen sich wie folgt:

$$\overline{K}_i = \frac{Hoch_i + Low_i + Close_i}{3},$$

$$\mu_t = \overline{\left(\overline{K}_t,\ \overline{K}_{t-1},\ \overline{K}_{t-2}, \ldots, \overline{K}_{t-n}\right)} = MAX[\overline{K}_i \,|\, n],$$

$$\sigma_t = \sqrt{\frac{1}{n-1} \times \sum_{i=t}^{t-n+1} \left(\overline{K}_i - \mu_t\right)^2}\,.$$

Die Mittelwertberechnung erfolgt also (auf Grund der Verwendung eines GD mit der Periodenlänge n) dadurch, dass ein Kursfenster mit der Breite von n Kursen sukzessive mit der Schrittweite einer Basiszeiteinheit (Stunden, Tage, Wochen usw.) über den Kursverlauf gleitet und über die Kurse im jeweiligen Kursfenster gemittelt wird.

Die Parameter für die Berechnung der BB nach diesem Konzept sind:

- Wahl eines geeigneten MAX (MAS, MAE oder MAW),
- Periodenlänge n sowie
- der Faktor λ.

Als »Standardeinstellungen« wählte Bollinger die Werte n = 20 und $\lambda = 2$. Beide Parameter sind jedoch frei wählbar. Als MA empfiehlt Bollinger den MAS mit der Bemerkung, dass MAE oder MAW so gut wie keinen Unterschied zeigen. Abweichende, sehr interessante Einstellungen für die BB finden sich bei Paesler[32].

Aussagekräftiger als eine Liniendarstellung des Kursverlaufes zusammen mit den BB ist eine Barchart- oder Candlestick-Darstellung. Optimaler

32 Technische Indikatoren – simplified, München 2006, S. 142–146.

und konsequenter ist jedoch die Darstellung des Kursverlaufes mit Heikin-Ashi-Kerzen, da diese Kerzen sehr gut Trends anzeigen, was wiederum zur Mittellinie der BB passt, die den mittelfristigen Trend anzeigt. Als Skalierung ist der logarithmischen Einstellung der Vorzug zu geben.

Die nachfolgende Abbildung 3-42 zeigt den Kursverlauf von Google im Zeitraum November 2011 bis Ende Mai 2012 mit den BB in der Standardeinstellung.

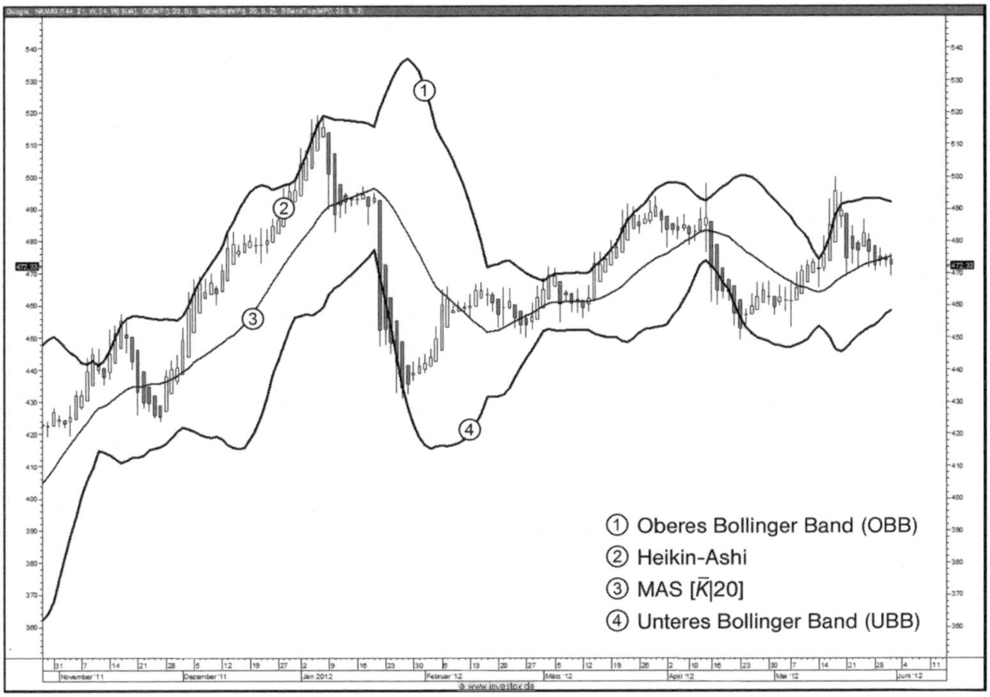

Abbildung 3-42: Kursverlauf von Google mit Bollinger-Bändern in Standardeinstellung

Zunächst erkennt man den Kursverlauf in der Heikin-Ashi-Darstellung. Er wird vom oberen und unteren BB begrenzt. Zwischen den BB ist darüber hinaus die den Trend kennzeichnende Mittellinie MAS[Close|20] eingezeichnet: Steigende Kurstrends verlaufen oberhalb der Mittellinie, fallende unterhalb. Der größte Teil der Kursschwankungen wird von den BB begrenzt. Der Abstand der beiden Bänder visualisiert die Volatilität. Eine Zunahme der Volatilität ist durch ein Ausweiten, eine Abnahme durch eine Verengung der BB gekennzeichnet.

Abbildung 3-43 zeigt die Aktie von Cisco Systems im Zeitraum 24. Juli 2010 bis 7. Februar 2011. Die Aktie wurde auf Grund einer Besonderheit ausgewählt. Besonders auffallend in der Abbildung ist das blasenartige Ausweiten der BB in dem umrandeten Bereich. Das Ausweiten wird durch eine plötzliche und starke Kursbewegung – lange dunkle Heikin-Ashi-Kerzen – hervorgerufen; ein hoher Wert der Volatilität wird angezeigt. Dieser hohe Wert der Volatilität bleibt aber auch dann noch bestehen, wenn die starke Kursbewegung deutlich nachgelassen hat – kleine weiße Heikin-Ashi-Kerzen.

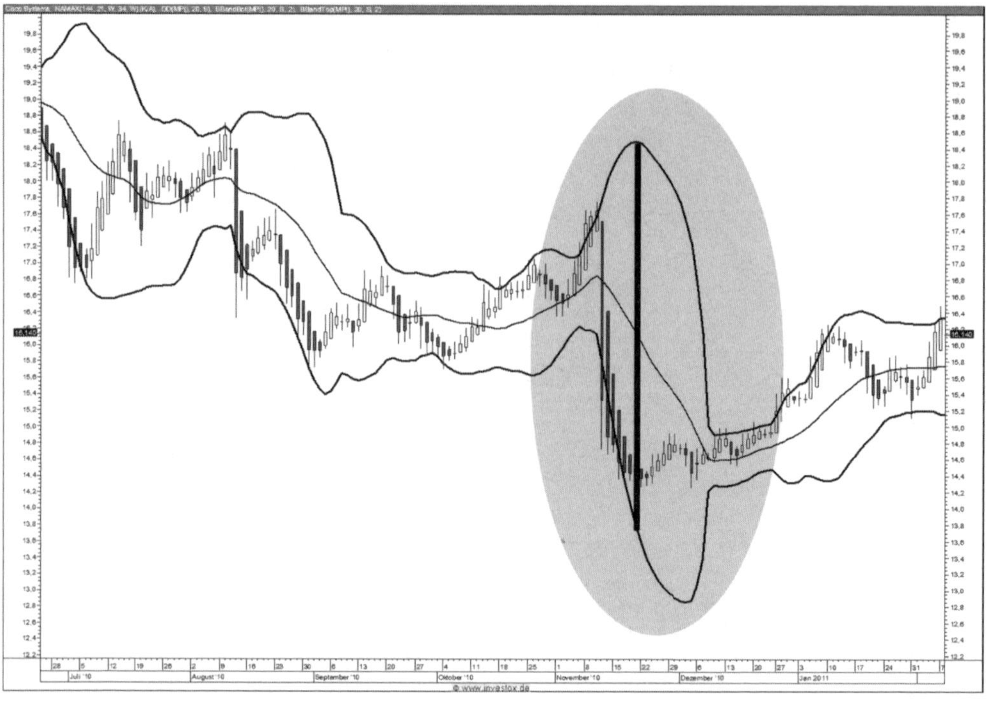

Abbildung 3-43: Fehlverhalten der Bollinger-Bänder

Ursache für dieses Fehlverhalten der BB ist der MAS. Dessen gleichmäßige Gewichtung der Kurse bei der Berechnung des Mittelwertes und seine hohe Zeitverzögerung – bei n = 20 sind dies immerhin 9,5 Basiszeiteinheiten – tragen den hohen Volatilitätswert weiter in die Bereiche, in denen der Markt real bereits wieder zu normalen Volatilitätswerten zurückgekehrt ist.

Mit Hilfe eines veränderten Ansatzes für die Bollinger-Bänder lässt sich dieses Fehlverhalten deutlich reduzieren. Dieser im Folgenden beschriebene Ansatz ist auch eine bessere theoretische Grundlage, da er normalverteilte Daten verwendet. Die Berechnung des Mittelwertes und der Standardabweichung sind mit diesen normalverteilten Daten auch theoretisch gerechtfertigt.

Der Ausgangspunkt für diesen Ansatz sind normalverteilte Daten. Diese werden wie folgt gewonnen:

- Berechnung der täglichen Renditen R_t aus den Kursdaten K_t:

$$R_t = \frac{K_t - K_{t-1}}{K_{t-1}} = \frac{K_t}{K_{t-1}} - 1.$$

- Anwendung des natürlichen Logarithmus auf den Ausdruck R_t+1 ergibt:

$$\ln(R_{t+1} + 1) = \ln K_t - \ln K_{t-1}.$$

- Unter der Bedingung, dass $-1 < R_t \leq +1$ gilt (was auf Grund der Definition der täglichen Renditen fast immer gegeben ist), können die täglichen Renditen in sehr guter Näherung wie folgt berechnet werden:

$$R_t = \ln K_t - \ln K_{t-1}.$$

Die Differenz aus dem logarithmierten Kurs zur Zeit t und dem logarithmierten Kurs zur vorangegangenen Zeitperiode t – 1 ergibt als Resultat eine normalverteilte Rendite zur Zeit t. Diese normalverteilten Renditen sind nun die Grundlage für einen veränderten Ansatz für die BB. Das Ergebnis, das sich mit diesem Ansatz ergibt, wird im Folgenden mit »modifizierte BB« bezeichnet. Die Herleitung dieser modifizierten BB findet sich im Anhang D.

In Abbildung 3-44 sind diese modifizierten BB abgebildet, wieder auf den Kursverlauf der Aktie Cisco Systems im gleichen Zeitraum und mit den gleichen Parametern $n = 20$ und $\lambda = 2$.

Die modifizierten BB in Abbildung 3-44 folgen dem extremen Kursverlauf der Cisco-Aktie wesentlich realistischer (vergleiche oberes Band). Die Differenz zwischen den oberen BB und den unteren BB (senkrechte Linie in den beiden Abbildungen 3-43 und 3-44) beträgt im Fall der Standard-BB 4,8 EUR, im Fall der modifizierten BB lediglich 1,9 EUR – mehr als 50% weniger. Darüber hinaus zeigen diese modifizierten BB Trendwenden wesentlicher zeitnaher an als die Standard-BB. Als Mittellinie für sie eignet sich der NMAX, speziell in seiner gewichteten Form (NMAW in Abbildung 3-44).

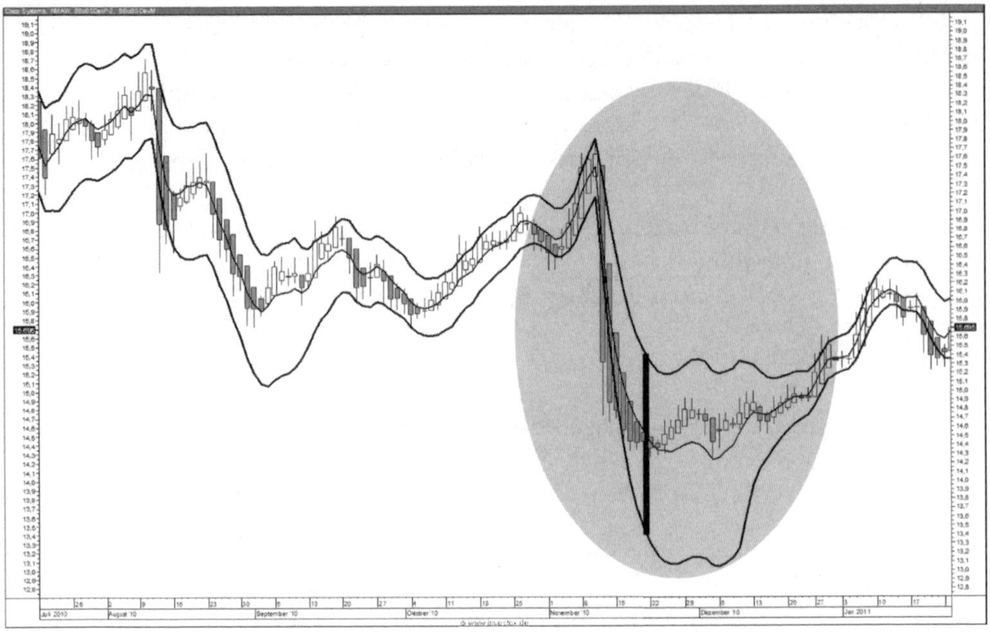

Abbildung 3-44: Modifizierte Bollinger-Bänder (Kursverlauf aus Abbildung 3-43)

Die BB sind ein sehr gutes – um nicht zu sagen hervorragendes – Werkzeug der Technischen Analyse. In Kombination mit Trendfolgeindikatoren, Momentum-Oszillatoren und Volumenindikatoren (siehe nächsten Abschnitt) lassen sich die Bänder für die verschiedensten Anlagestrategien einsetzen. Selbst in Seitwärtstrends können mit ihnen profitable Ergebnisse erzielt werden. Ihr großer Vorteil ist, dass sie neben dem Trend auch noch die Volatilität aufzeigen. Auch für realistische Stopp-Loss-Abschätzungen sind sie sehr gut verwendbar. Das untere BB eignet sich gut dafür. Darüber hinaus sind die BB auf allen Zeitebenen einsetzbar.

John Bollinger hat – von den BB abgeleitet – ein Verfahren vorgeschlagen, mit dessen Hilfe Indikatoren normalisiert werden können. An Stelle willkürlicher Festlegung können mit diesem Verfahren die Extremzonen sowohl für skalierte als auch für nicht skalierte Indikatoren praxisnah und realistisch ermittelt werden. Im Anhang C ist dieses Verfahren eingehend beschrieben. Da der Verlauf von Indikatoren in der Regel ruhiger verläuft als der zugrundeliegende Kurs, kann auf die Anwendung der modifizierten BB bezüglich dieses Verfahrens verzichtet werden. Die Anwendung der

Standard-BB genügt und bringt deutlich bessere Ergebnisse als die Festlegung der Extremzonen auf die Niveaus 30/70 oder 20/80.

3.5 Volumenindikatoren

Beschränkt man sich bei der Kursanalyse nur auf den Kurs selbst, bleibt die wichtigste Frage nach dem Handelsvolumen unberücksichtigt. Sie gibt nämlich Antwort auf die Frage, wie viele Marktteilnehmer am Zustandekommen des Kurses beteiligt waren. Die sogenannten Volumenindikatoren berücksichtigen das Handelsvolumen und mit ihrer Hilfe kann die Höhe der Marktaktivität beurteilt werden.

Wie schon in den vorangegangenen Abschnitten werden auch in diesem Abschnitt über Volumenindikatoren nur sehr aussagefähige Indikatoren behandelt. Dies sind der Money Flow Index (MFI) und der Chaikin Money Flow (CMF). Hinsichtlich weiterer, durchaus interessanter Volumenindikatoren, wie

- Volume Flow Index (VFI),
- On Balance Volume (OBV),
- Accumulation Distribution Line (ADL) oder
- Volume Oscillator,

wird auf die bereits genannte Literatur hingewiesen. Aus dem Internet können darüber hinaus zahlreiche Darstellungen für jeden Volumenindikator für eine schnelle Orientierung abgerufen werden.

3.5.1 Money Flow Index (MFI)

Im MFI findet eine Gewichtung der Kursänderungen mit dem Handelsvolumen statt. Die Berechnung des MFI ist analog dem RSI, nur erfolgt die Berechnung mit dem Handelsvolumen und nicht mit dem Kurs. Im MFI wird also das RMI-Konzept zur Berechnung verwendet, wobei – wie beim RSI – nur 1-Perioden-Momentums betrachtet werden.

Das Handelsvolumen MF wird mit Hilfe des typischen Preises $\overline{K}$ und der Anzahl der gehandelten Aktien V wie folgt berechnet:

$$\overline{K} = \frac{Hoch + Tief + Close}{3},$$

$$MF = \overline{K} \times V.$$

Die weitere Indikatorberechnung:

- MFU(n):= Durchschnitt der steigenden Handelsvolumina innerhalb des Zeitfensters mit der Periodeneinstellung n.
- MFD(n):= Durchschnitt der fallenden Handelsvolumina innerhalb des Zeitfensters mit der Periodeneinstellung n.

Der endgültige Ausdruck für den MFI lautet analog zum RMI beziehungsweise RSI:

$$MR\,(n) = \frac{MFU(n)}{MFD(n)},$$

$$MFI = \frac{MR(n)}{1 + MR(n)} \times 100.$$

Der MFI ist wie auch RMI und RSI auf den Wertebereich zwischen 0 und 100 skaliert. Mit dem MFI steht ein Indikator zur Verfügung, der Kursbewegungen an Hand des beteiligten Handelsvolumens bewertet. Die Standardeinstellung beträgt n = 13 Periodeneinheiten, die Extremzonen werden durch fest vorgegebene Werte definiert oder mit Hilfe des Bollinger Oscillators (Anhang C: Normalisierung von Indikatoren) definiert. Im Vergleich zum RSI verläuft der MFI auf Grund der Volumengewichtung häufiger in die Extremzonen.

Die Handelsregeln mit dem MFI:

- ein Kaufsignal ist bei der Kreuzung der Mittellinie MFI = 50 von unten nach oben gegeben, während
- ein Verkaufssignal bei der Kreuzung der Mittellinie von oben nach unten generiert wird,

sind in Abbildung 3-45 gegeben (DAX im Zeitraum Dezember 2011 bis Ende Mai 2012). Für eine Long-Position sind zwei Möglichkeiten angegeben (siehe mittleres, dunkel unterlegtes Chartfenster). Die beiden Möglichkeiten sind durch eine durchgezogene, senkrechte Linie (Einstieg) und durch eine gestrichelte Linie (Ausstieg) gekennzeichnet. Beide Möglichkeiten werden durch einen StochasticRMI bestätigt. Weitere Möglichkeiten verbieten sich durch den RAVI, der im oberen, hell unterlegten Chartfenster angegeben ist.

Der MFI eignet sich ausgezeichnet für eine Anwendung der IFT, da seine Handelssignale bezüglich der Mittellinie MFI = 50 definiert sind und da die IMF nahezu ohne Zeitverzögerung MFI-Werte größer 50 in Richtung des Skalenwertes 100 und MFI-Werte kleiner 50 in Richtung des Skalenwertes 0 verschiebt. Dadurch verdeutlicht die Anwendung der IFT auf den MFI das Timing wesentlich. In Abbildung 3-46 ist dies dargestellt (DAX, wie in Abbildung 3-45).

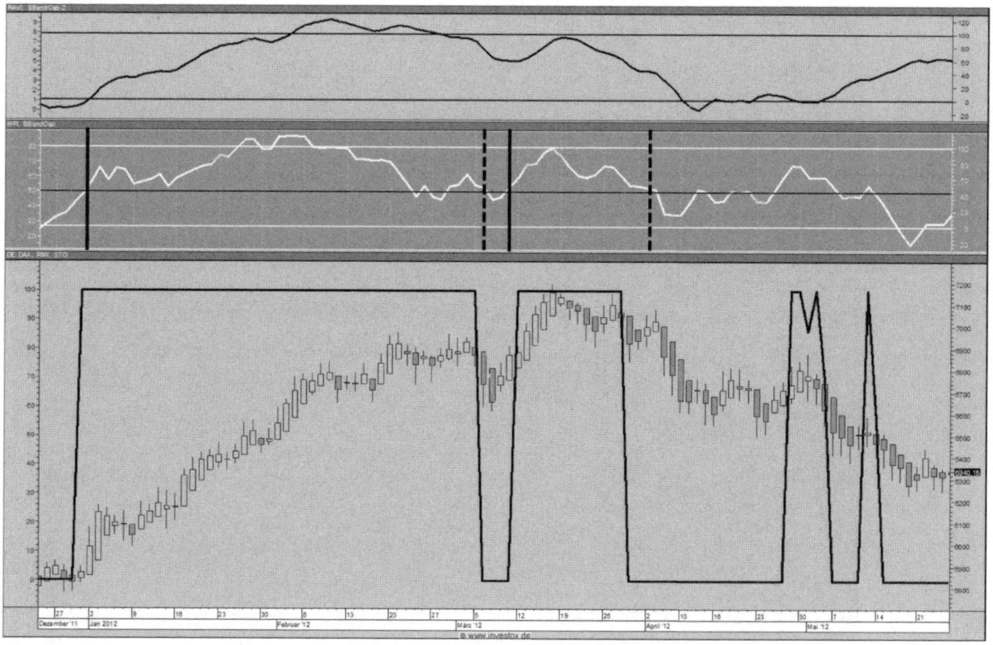

Abbildung 3-45: Handelssignale auf Basis des MFI

Obwohl der RSI einer der leistungsschwächsten Indikatoren ist, eignet er sich sehr gut zur Divergenzanalyse. Der MFI übertrifft ihn diesbezüglich noch. In Abbildung 3-47 (Nikkei 225 im Zeitraum Dezember 2011 bis Ende Mai 2012) ist eine solche Divergenz gegeben.

Während sich der Nikkei 225 noch in einem Aufwärtstrend befindet – steigende Hochs, Bestätigung durch den StochasticRMI –, treten im MFI fallende Hochs auf und weisen auf eine bevorstehende Trendwende hin.

3.5.2 Chaikin Money Flow (CMF)

Der Chaikin Money Flow (CMF) ist neben dem Money Flow Index (MFI) einer der modernen Volumenindikatoren. Während der MFI die Volumenvariante des bekannten Relativ Strength Index (RSI) von Welles Wilder ist, stellt der CMF einen sehr interessanten Neuansatz dar. Der Indikator wurde

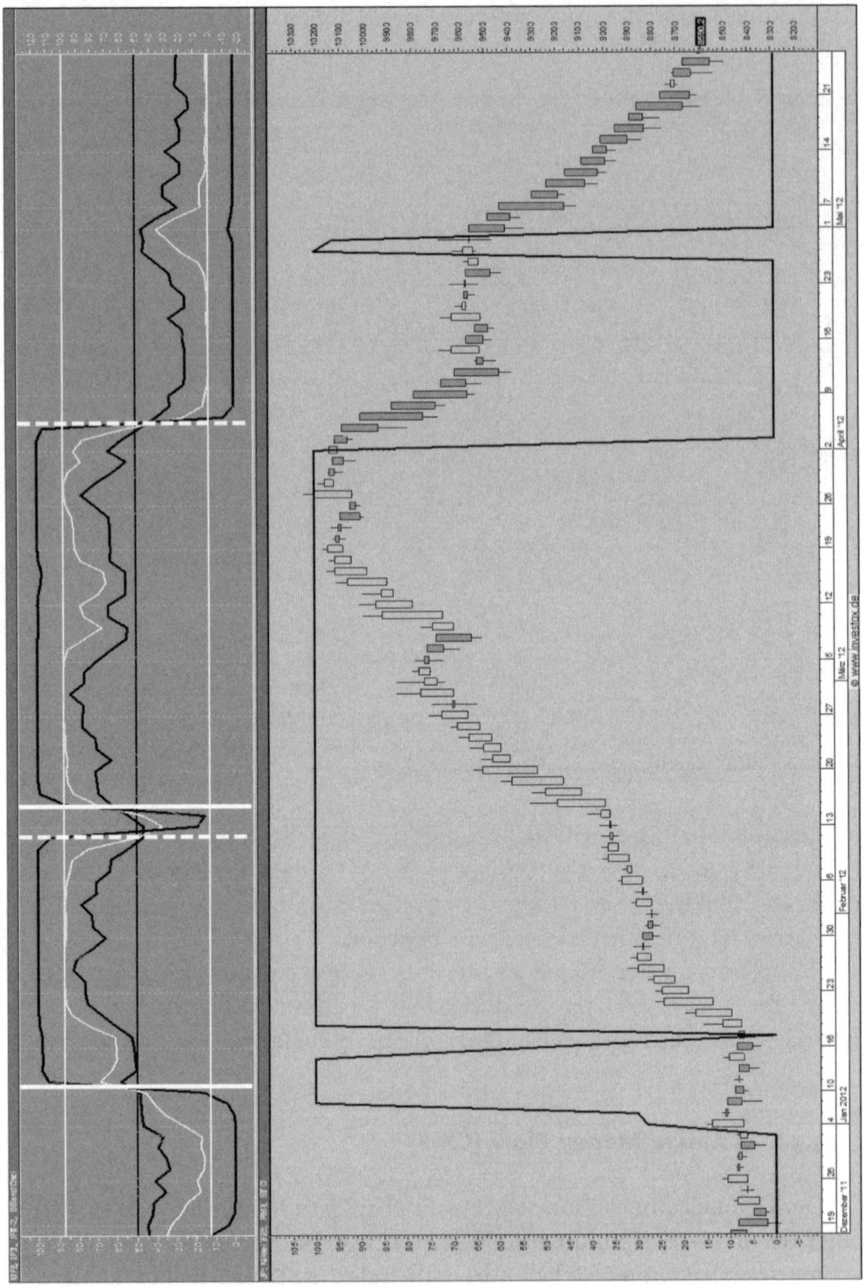

Abbildung 3-46: Anwendung der IFT auf den MFI

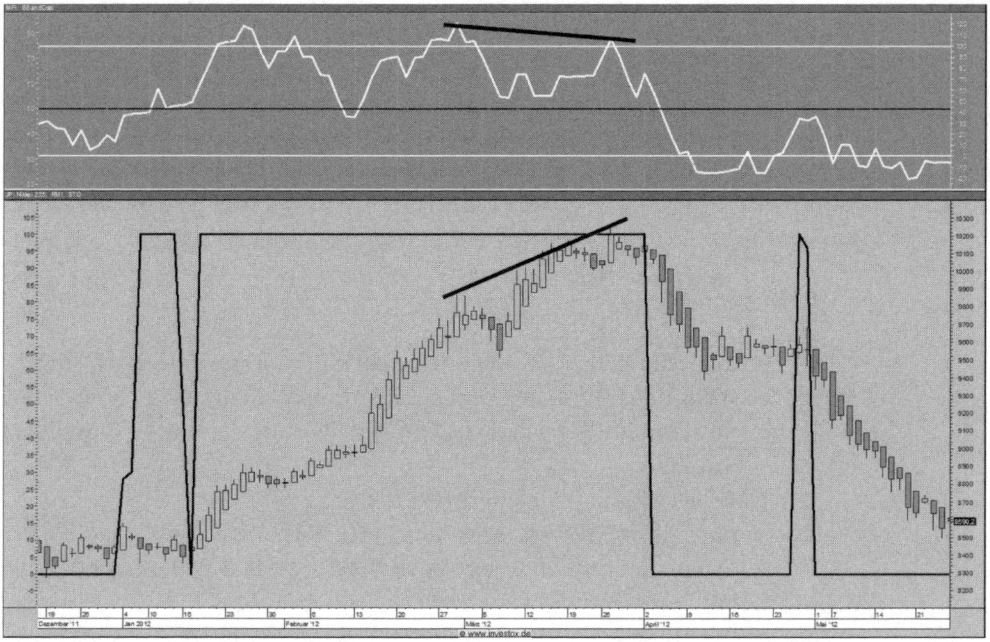

Abbildung 3-47: Divergenzanalyse mit dem MFI

von Marc Chaikin entwickelt. Er wollte damit den herkömmlichen Indikator »On Balance Volume« (OBV) verbessern. Der Indikator ist für alle Basiswerte geeignet, für die Umsätze veröffentlicht werden, also nicht nur für Aktien.

Der CMF will darüber informieren, was die bestimmenden Anleger am Markt tun: Akkumulieren (Aufbau eines Verkaufsdrucks) oder distribuieren (Abbau eines Verkaufsdrucks). In dieser Hinsicht ist dieser Indikator verwandt mit der »Accumulation Distribution Line«, die ebenfalls von Marc Chaikin stammt. Der CMF bestimmt die Lage des Schlusskurses innerhalb der Handelsspanne eines Tags. Darüber hinaus wird die Position des Schlusskurses innerhalb der Handelsspanne in Beziehung zum Volumen gebracht. Im Einzelnen werden diese Aussagen formelmäßig wie folgt definiert:

- Berechnung des CLV-Wertes (Closing Location Value), das heißt, inwieweit der Schlusskurs über oder unter dem mittleren Wert der Handelsspanne ist:

$$CLV_t = \frac{(Close_t - Tief_t) - (Hoch_t - Close_t)}{Hoch_t - Tief_t}.$$

- Dieser Wert wird mit dem Volumen multipliziert:

  $CMF_t = CLV_t \times V_t.$

  Durch eine Aufsummierung der CMF_t-Werte im Berechnungsfenster (Standardeinstellung mit der Periode n = 21) und durch Division der aufsummierten Volumina-Werte erfolgt eine Glättung, um Fehlsignale zu reduzieren:

$$CMF = \frac{CMF_t + CMF_{t-1} + CMF_{t-2} + \cdots + CMF_{t-n}}{V_t + V_{t-1} + V_{t-2} + \cdots + V_{t-n}}.$$

Die Standardeinstellung n = 21 entspricht einem Börsenmonat. Der Indikator erfasst damit genug Daten, um zufällige Schwankungen zu filtern. Der Indikator – mit einem Bereich zwischen den Werten +1 und –1 – oszilliert um seine Nulllinie.

Der CMF ist wie folgt zu interpretieren:

- Der Verlauf des CMF über oder unter der Nulllinie entscheidet, ob der Indikator ein Kaufinteresse am Basiswert anzeigt (CMF > 0) oder ein Verkaufsinteresse (CMF < 0) vorliegt.
- Steigende Kurse bei CMF < 0 deuten auf ein Ende der Aufwärtsbewegung hin.
- Fallende Kurse bei CMF > 0 deuten auf ein mögliches Ende der Abwärtsbewegung hin (Divergenzen).

In Abbildung 3-48 ist der CMF im oberen Chartfenster dargestellt (Histogramm-Darstellung). Zum Vergleich ist im mittleren Chartfenster der MFI zu sehen. Für beide Indikatoren wurde die Periodeneinstellung n = 21 gewählt. Basiswert ist die BASF-Aktie im Zeitraum 20. November 2011 bis Ende Mai 2012 (Darstellung Heikin-Ashi-Kerzen und modifizierte BB).

Drei Handelssignale (Lage zur Nulllinie) sind für den CMF in Abbildung 3-48 eingezeichnet (senkrechte Linien). Sie korrespondieren relativ gut mit denjenigen des MFI. Welchem der beiden Volumenindikatoren der Anleger den Vorzug gibt, sollte er in mehreren Tests für sich entscheiden. Eine feststehende Regel gibt es nicht.

3.6 Technische Indikatoren als Basis für ein Indikatorensystem

Um aus der Fülle der Technischen Indikatoren die geeignetsten für ein profitables Indikatorensystem – als Teil eines Handelssystems – zu identifi-

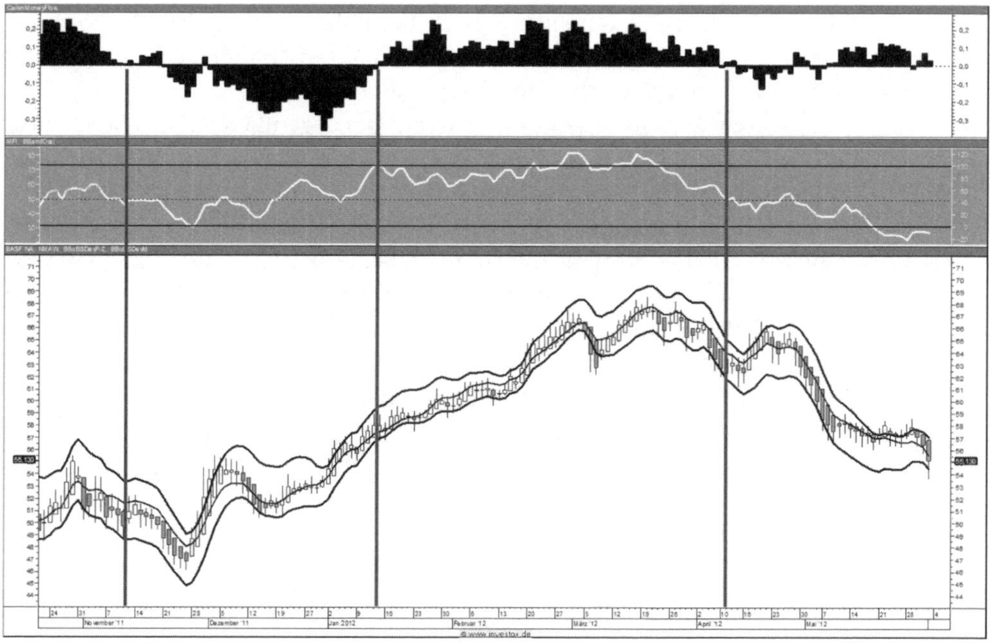

Abbildung 3-48: Die Volumenindikatoren MFI und CMF im Vergleich

zieren, gibt es kein Patentrezept. Der Anleger muss sich zuerst entscheiden, welche Anlagestrategie er verfolgen will. Beliebt sind Trendfolgestrategien, da sie leichter zu handeln sind. Die Grundlage einer Trendfolgestrategie ist es, Trends – Aufwärts- oder Abwärtstrends – zu erkennen, möglichst genau zu Beginn des Trends eine Position einzugehen und möglichst an seinem Ende die Position wieder zu schließen. Für die Trenderkennung und das Timing gilt es die Indikatoren auszuwählen, die den Zielen des Anlegers am nächsten kommen.

Trendfolgesituationen sind eine Seite des Marktgeschehens – die leichtere. Sie sind nicht so häufig wie Seitwärtsbewegungen – die schwierigere Seite des Marktgeschehens. Seitwärtsbewegungen machen ungefähr zwei Drittel des gesamten Marktgeschehens aus. Als mögliche Indikatoren dafür – falls man Seitwärtsbewegungen überhaupt mit Indikatoren handeln will – kommen schnelle Momentum-Oszillatoren in Frage, zum Beispiel die Stochastic oder der StochasticRSI.

Neben der Entscheidung für eine bestimmte Strategie ist wesentlich, auf welcher Zeitebene gehandelt werden soll. Berufstätige werden kaum Intraday-Handel betreiben. Dies dürfte dem berufsmäßigen Trader vorbehalten sein. Der Privatanleger – auch bei hohem Engagement – wird auf Basis »End of Day (EoD)« oder auf Wochenbasis handeln. Grundsätzlich wird man – egal auf welcher Zeitebene man handelt – sein Timing immer an Hand von zwei Zeitebenen gestalten: auf der eigentlichen Zeitebene, zum Beispiel EoD, und auf einer höheren Ebene, zum Beispiel auf Wochenbasis.

Strategie, persönliche Ziele und die Zeitebene bestimmen die Auswahl für ein Indikatorensystem. Mehr als drei Indikatoren sollte es jedoch nicht enthalten, da eine größere Anzahl die Übersichtlichkeit beeinträchtigt und kein Zugewinn an Aussagekraft gewonnen wird. Einer der drei Indikatoren sollte jedoch ein Volumenindikator sein, um das Handelsvolumen in das Handeln mit einfließen zu lassen. Für die beiden anderen gibt es fast so etwas wie eine Regel: Sie sollten sich gegenseitig bestätigen. Auf die Aussage eines Indikators sollte man sich auf keinen Fall verlassen.

Hinsichtlich der Kursdarstellung entscheidet der eigene Geschmack mit. Bar-Charts, Candlesticks oder Heikin-Ashi-Kerzen speziell für Trendfolgeansätze gehören jedoch auf Grund ihrer vorteilhaften Aussagekraft zur ersten Wahl. Die BB sind darüber hinaus bestens geeignet, um Kursbewegungen auf allen Zeitebenen hinsichtlich Trend und Volatilität beurteilen zu können.

Hat der Anleger auf dieser oder ähnlicher Basis die Auswahl für ein Indikatorensystem getroffen, bedarf es einer eingehenden Testphase, um es auf »Herz und Nieren« zu prüfen, denn letztlich geht es um das eigene Geld, das gewinnbringend eingesetzt werden soll. Sehr nützlich, wenn auch nicht völlig entscheidend, ist ein Backtesting, das mit einem guten Börsenprogramm meistens problemlos durchgeführt werden kann. Solche Programme sind meistens jedoch nicht kostenlos und erfordern einen nicht ganz kleinen Investitionsbetrag. Das Backtesting liefert Fakten darüber, welche Ergebnisse das Indikatorensystem in der Vergangenheit gebracht hätte. Der Testzeitraum sollte nicht zu kurz gewählt werden und sollte schwierige und volatile Marktphasen beinhalten. Neben dem Backtesting ist ein »Handel auf dem Papier« oder englisch »Paper-Trading« unbedingt erforderlich. Es liefert ein Gefühl für das Handeln selbst, gibt Sicherheit durch Erfahrung und entscheidet auf Grund der erzielten Ergebnisse über die Güte des Indikatorensystems.

Ein Weg zu einem disziplinierten Handel – nicht geleitet von persönlichen Emotionen – ist das Führen von einer Art Tagebuch. Wie detailliert man dieses führt, muss jeder Anleger für sich selbst entscheiden. Aufzeichnungen, warum man einen Trade eingegangen ist und was seine Ergebnisse waren, wirken ungemein disziplinierend und zielführend. Der letzte Entscheid über das ausgewählte Indikatorensystem sollte aber der Tatsache Rechnung tragen, dass es ein hundertprozentiges Indikatorensystem nicht gibt – höchstens in unseriösen Börsenbriefen. Verluste gehören auch zum Handel an der Börse, sie sind gewissermaßen die Betriebskosten für diese Tätigkeit.

Ein Indikatorsystem kann als Grundlage für ein Signal-Modell dienen. Ein Signal-Modell definiert den Zeitpunkt, wann der Anleger am Markt tätig wird. Zu einem vollständigen Handelsmodell gehört neben einem Signal-Modell – auch als Timing-Modell bezeichnet, da ein Signal-Modell die Kauf- und Verkaufsentscheidungen im Zeitablauf liefert (Timing-Entscheidung) – auch ein Moneymanagement-Modell. Mit Hilfe eines Moneymanagement-Modells wird die Höhe des Kapitaleinsatzes (Mengenentscheidung) bei Vorliegen eines Signals aus dem Signal-Modell bestimmt. Die bekannteste Methode der Mengenbestimmung ist die Festlegung der Gewichte in der von Markowitz begründeten Portfoliotheorie, die im folgenden Kapitel 4 dargestellt wird. Ein modernes Signal-Modell wird im Kapitel 5 (EMD-Zerlegung) und weiterführend im Kapitel 6 (EMD-Trading) beschrieben.

Die drei wichtigsten Säulen des Money-Managements sind:

- Die Bestimmung von Stopp-Loss-Marken.
- Eine fundierte Chance-Risiko-Abschätzung.
- Die Bestimmung der Positionsgröße eines Trades (Mengenbestimmung).

Eine kurze Darstellung dieser Aussage – insbesondere der ersten beiden Säulen – würde ihrer Wichtigkeit nicht entsprechen. Eine ausführliche Darstellung geht jedoch über den Rahmen dieses Buches hinaus, da dieses Buch zum Ziel hat, eine neuartige Basis für die Technische Analyse zu beschreiben. Zu den Themen Handel in der Praxis, Money-Management und Handel mit System siehe Rockefeller[33] und Ehlers[34].

33 Rockefeller, Chartanalyse für Dummies, Weinheim 2009.

34 Ehlers, Rocket Science for Traders, Hoboken 2001.

Kapitel 4
Quantitative Analyse

Im Abschnitt 1.4.6 (»Nicht korreliertes Portfoliomanagement« im Rahmen der »Marktanalyse«) wurde als einer der größten Anlagefehler genannt, die einzelnen Positionen eines Portfolios getrennt zu betrachten. Die Positionen eines Portfolios als eine Einheit zu betrachten, geschieht mit Hilfe der modernen Portfolio-Theorie. Ihr Begründer ist Harry M. Markowitz. Für seine grundlegende Arbeit[1] erhielt er 1990 den Nobelpreis. Die Portfolio-Theorie wurde in der Folgezeit weiterentwickelt und verfeinert. In diesem Zusammenhang sind das Single-Index-Modell, das Capital-Asset-Pricing- (CAPM) und das Arbitrage-Pricing-Modell (APT) zu nennen. Auf diese Weiterentwicklungen wird aber in diesem Kapitel nicht im Detail eingegangen. Eine detaillierte, mathematische Darstellung findet sich zum Beispiel bei Steiner/Uhlir[2].

Markowitz hat mit seiner grundlegenden Arbeit zum ersten Mal eine tragfähige Antwort auf die Frage gegeben, wie ein optimales Ergebnis zwischen Rendite und Risiko in einem Portfolio erzielt werden kann. Er ist dabei von Annahmen ausgegangen, die in der realen Finanzwelt nicht voll gültig sind. Insbesondere ist er bei den Schwankungen der Basiswertkurse von einer Normalverteilung ausgegangen, was in der Praxis nur angenähert gültig ist. Trotz dieser Annahme ist es ihm gelungen, eine allgemeine Aussage für eine optimale Portfolio-Zusammensetzung klar zu formulieren. Markowitz fand nämlich heraus, dass die Renditeentwicklung der einzelnen Basiswerte in einem Portfolio stets möglichst wenig korrelieren dürfen. Ein solches Portfolio wird als effizientes Portfolio bezeichnet.

Jeder Anleger möchte bei geringstem Risiko eine möglichst hohe Rendite erzielen. Wie das in der Praxis erreichbar ist, darauf hat Markowitz eine konkrete Antwort gegeben: Der Preis für eine höhere Rendite ist ein höhe-

1 Portfolio Selection – Effective Diversification of Investments, The Journal of Finance, Vol. VII, No. 1, March 1952.
2 Wertpapieranalyse, Heidelberg 2001, S. 137–161.

res Risiko. Die Berechnung der Rendite stellt kein Problem dar und kann mit sehr einfachen finanzmathematischen Mitteln erfolgen. Die Quantifizierung des Risikos stellt jedoch das mathematische Problem dar. Zur Quantifizierung des Risikos benutzte Markowitz die Normalverteilung, die der deutsche Mathematiker Carl Friedrich Gauss mathematisch exakt formuliert hat.

Markowitz formulierte Risiken als Schwankungen oder Streuungen um einen Erwartungs-(Mittel-) oder Zielwert. Reale Abweichungen von solchen Werten stellen Risiken oder Chancen dar. Positive Abweichungen stellen dabei Chancen dar, negative Abweichungen Gefahren beziehungsweise Risiken. Auf der Basis der Normalverteilung quantifizierte Markowitz das Risiko als Varianz oder Standardabweichung. Die Finanzmärkte verwenden bis heute diesen Ansatz: Als Risikomaß dient die Schwankungsbreite der Renditen um ihren Erwartungswert und die Schwankungsbreite wird durch die Varianz oder durch die Standardabweichung ausgedrückt, wobei die Standardabweichung nichts anderes ist als die Quadratwurzel aus der Varianz. Je höher die Schwankungsbreite einer Anlage ist, desto risikoreicher ist sie, je geringer sie ist, desto risikoärmer kann sie eingestuft werden.

In diesem Kapitel werden die Grundzüge der modernen Portfolio-Theorie dargestellt. Im Wesentlichen wird dabei den Ausführungen von Waldhauser/Dahl[3] gefolgt. Die bereits im Abschnitt 1.4.6 angesprochenen Korrelationen zwischen den einzelnen Portfolio-Positionen, die von Anlegern meistens überhaupt nicht beachtet werden, spielen dabei eine tragende Rolle. Aus diesem Grund kann die nachfolgend dargestellte Portfolio-Theorie – mit Quantitativer Analyse bezeichnet – als ein weiterer Teil der Fundamentalanalyse betrachtet werden.

In den folgenden Abschnitten werden die grundlegenden Formeln anhand von Rechenbeispielen erläutert. Als Daten für diese Rechenbeispiele dienen konkrete Kursdaten der drei DAX-Aktien Allianz (Versicherungsbranche), BASF (Chemie) und SAP (Technologie). Es handelt sich dabei um Monatsschlusskurse im Zeitraum 1. Januar 2009 bis 31. Dezember 2011, die in der folgenden Abbildung 4-1 grafisch wiedergegeben sind. Die Kursdaten selbst sind im Anhang A wiedergegeben. Die Rechnungen wurden mit Hilfe von MS-Excel 2010 durchgeführt.

Folgende Fragen sollen im Weiteren anhand dieser drei Aktienkurse beantwortet werden:

3 http://www.stw-boerse.de/techno/Portfolio/00.htm.

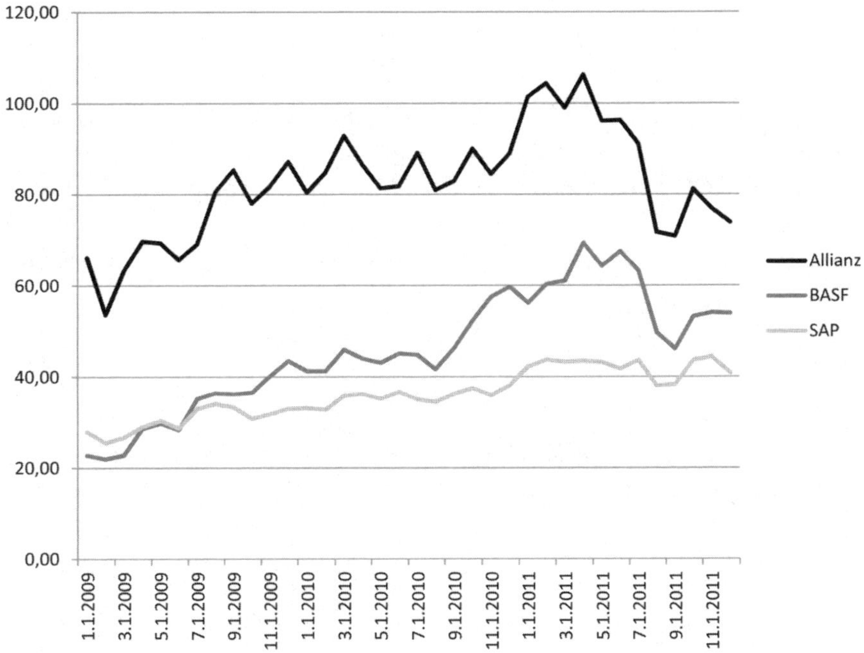

Abbildung 4-1: Kursdaten für die Rechenbeispiele

- Welche der drei Aktien ist die beste Anlage?
- In welchem Verhältnis sollen die Aktien in einem Depot vertreten sein?
- Ist es sinnvoll, in nur eine Aktie zu investieren?
- Kann ein Investment in eine der drei Aktien ausgeschlossen werden?

In den folgenden Abschnitten werden die Grundlagen zur quantitativen Beantwortung dieser Fragen angegeben und erklärt.

4.1 Rendite

Die Wertveränderung einer Anlage innerhalb einer bestimmten Periode, zum Beispiel in einem Monat oder Jahr, wird als Rendite bezeichnet. Um die Rendite R_t einer bestimmten Periode zu berechnen, wird die Differenz zwischen dem Kurs am Ende der Periode K_t und am Anfang der Periode K_0 ermittelt, gegebenenfalls um Erträge E_t in dieser Periode (Dividenden, Zinsen) ergänzt. Das Ergebnis wird durch den Kurs am Anfang der Periode dividiert. Die Formel für das prozentuale Ergebnis lautet demnach:

$$R_t = \frac{(K_t - K_0) + E_t}{K_0} \times 100.$$

In der nachfolgenden Tabelle sind die Jahresrenditen der Allianz-Aktie für die Jahre 2009, 2010 und 2011 angegeben, wobei angenommen wurde, dass die Dividendenzahlungen bereits in Kursen enthalten sind ($E_t = 0$).

Allianz	Kurs Jahresanfang	Kurs Jahresende	Rendite (%)
2009	75,00	87,15	16,2
2010	87,15	88,93	2,0
2011	88,93	73,91	-16,9

Die durchschnittliche Rendite pro Periode einer Anlage über mehrere Perioden hinweg berechnet sich nach folgender Formel:

$$R_{[a,e]} = \sqrt[n]{\frac{K_e}{K_a}} - 1.$$

Dabei bedeuten:

$R_{[a,e]}$: Durchschnittliche Rendite pro Periode im Zeitraum von a bis e.

K_a: Kurs zu Beginn der Periode a.

K_e: Kurs am Ende der Periode e.

n: Anzahl der Perioden.

Für die Allianz-Aktie ergibt sich eine Rendite pro Jahr im Zeitraum von Anfang 2009 bis Ende 2011 (drei Jahresperioden) von

$$R_{[2009,\ 2011]} = 100 \times \left(\sqrt[3]{\frac{73,91}{75,00}} - 1 \right) = -0,5\,\%.$$

Aus dem Ergebnis sind die einzelnen Renditeschwankungen im betrachteten Dreijahreszeitraum nicht ersichtlich. Es werden nur die Werte zu Beginn und am Ende der drei Jahre betrachtet. Bei schwankenden Werten ist man generell an einem Mittelwert interessiert. Will man den Mittelwert einer zu erwartenden Rendite – auch Erwartungswert einer Rendite oder kurz Renditeerwartung genannt – berechnen, dann kommt folgende Formel zur Anwendung:

$$\mu = \frac{1}{n} \times \sum_{i=a}^{e} R_i.$$

Der Erwartungswert einer Rendite ist also das arithmetische Mittel der Renditen in den einzelnen Perioden. Wieder am Beispiel der Allianz-Aktie ergibt sich mit dieser Formel folgendes Ergebnis:

$$\mu_{[2009,\ 2011]} = \frac{1}{3} \times (16,2\,\% + 2,0\,\% - 16,9\,\%) = 0,5\,\%.$$

Im statistischen Mittel beträgt die Rendite der Allianz-Aktie in den Jahren von 2009 bis 2011 damit 0,5 %.

Streng genommen unterscheiden sich das arithmetische Mittel und der Erwartungswert. Das arithmetische Mittel ist eine Rechengröße zur näherungsweisen Berechnung des Erwartungswertes. Letzterer ist derjenige Wert, der sich mit Hilfe des arithmetischen Mittels und einer sehr großen Periodenanzahl ergibt. Bei einer geringen Periodenanzahl, wie im obigen Beispiel, unterscheiden sich das arithmetische Mittel und der Erwartungswert. Auf den Fehler, der durch das in der Praxis übliche Gleichsetzen von arithmetischem Mittel und Erwartungswert entsteht, wird im nächsten Abschnitt eingegangen.

4.2 Volatilität

Die Rendite schwankt von Periode zu Periode. Aus diesem Grund kann sie kaum ohne ein gewisses Verlustrisiko geplant werden. Bei der Renditeberechnung versteht man unter dem Risiko die Unsicherheit, mit der die erwartete Rendite letztlich eintritt. Mit dem Begriff Risiko ist eine Unsicherheit verbunden. Je stärker das Risiko einer Anlage ist, desto stärker schwankt die Rendite im Zeitverlauf. Die Rechengröße, die diese Unsicherheit der Renditen misst, ist die sogenannte Volatilität. Unter der Annahme, dass die Renditen einer Standard-Normalverteilung genügen, lässt sich die Volatilität mit Hilfe der Standardabweichung σ berechnen:

$$\sigma = \sqrt{\frac{1}{n-1} \times \sum_{i=1}^{n} (R_i - \mu)^2}\ .$$

Die Standardabweichung σ misst, wie stark die einzelnen Renditen um den Mittelwert μ schwanken. Die quadrierte Standardabweichung – also σ^2 – wird auch als Varianz bezeichnet. Die Aussage, dass die Standardabweichung als die Quadratwurzel aus der Varianz definiert ist, gilt ganz allgemein und nicht nur unter Annahme einer Standard-Normalverteilung.

Mit den Werten aus dem vorigen Abschnitt ergibt sich für die Standardabweichung der Allianz-Aktie folgender Wert:

$$\sigma = \sqrt{\frac{1}{2} \times \left[(16,2\% - 0,5\%)^2 + (2,0\% - 0,5\%)^2 + (-16,9\% - 0,5\%)^2\right]} = 16,6\%.$$

Das Ergebnis sagt aus, dass die jahresbezogene Standardabweichung der Allianz-Aktie von ihrem Mittelwert (Erwartungswert) 16,6 % beträgt. Diese jahresbezogene Standardabweichung ist nun gleichbedeutend mit der Volatilität.

Die Aussage ist jedoch bei der Abschätzung des Risikos noch wenig hilfreich. Hier helfen jedoch Aussagen weiter, die von der Standard-Normalverteilung abgeleitet werden können. Mit Hilfe der Standardabweichung lässt sich über die Abschätzung des Risikos einer Rendite folgende Aussage treffen:

- Mit einer Wahrscheinlichkeit von 68,3 % ist die Rendite einer Anlage im Intervall $\mu \pm \sigma$.
- Mit einer Wahrscheinlichkeit von 95,4 % ist die Rendite einer Anlage im Intervall $\mu \pm 2\sigma$.
- Mit einer Wahrscheinlichkeit von 99,7 % ist die Rendite einer Anlage im Intervall $\mu \pm 3\sigma$.

Konkret bedeuten diese Aussagen für die Allianz-Aktie (μ = 0,5 % und σ = 16,6 %):

- Mit einer Wahrscheinlichkeit von 95,4 % ist die Jahresrendite
  - nie kleiner als −32,7 % (0,5 % − 2 × 16,6 %) und
  - nie größer als 33,7 % (0,5 % + 2 × 16,6 %).
- Mit einer Wahrscheinlichkeit von 99,7 % ist die Jahresrendite
  - nie kleiner als −49,3 % (= 0,5 % − 3 × 16,6 %) und
  - nie größer als 50,3 % (= 0,5 % + 3 × 16,6 %).

Die obigen Rechenbeispiele erfolgten auf der Basis von Jahres-Standardabweichungen und Jahresrenditen. Die Volatilität lässt sich jedoch auch auf Tages-, Wochen-, Monats- und Quartalsrenditen berechnen. Bezeichnet man die

- Tages-Standardabweichung – berechnet mit Hilfe von Tagesrenditen – mit σ_T,
- diejenige auf Wochenbasis – berechnet mit Hilfe von Wochenrenditen – mit σ_W,
- diejenige auf Monatsbasis – berechnet mit Hilfe von Monatsrenditen – mit σ_M und

- diejenige auf Quartalsbasis – berechnet mit Hilfe von Quartalsrenditen – mit σ_Q, dann

gelten mit der Bezeichnung σ_J für Jahresvolatilität folgende Formeln:

- $\sigma_J = \sigma_T \times \sqrt{365 \times \left(\frac{250}{365}\right)} \approx 16 \times \sigma_T$,
- $\sigma_J = \sigma_W \times \sqrt{52 \times \left(\frac{250}{365}\right)} \approx 6 \times \sigma_W$,
- $\sigma_J = \sigma_M \times \sqrt{12 \times \left(\frac{250}{365}\right)} \approx 3 \times \sigma_M$,
- $\sigma_J = \sigma_Q \times \sqrt{4 \times \left(\frac{250}{365}\right)} \approx 2 \times \sigma_Q$.

Einem Jahr wurden dabei 365 Tage (52 Wochen, 12 Monate und 4 Quartale) zugrunde gelegt und dem Börsenjahr 250 Handelstage. Abweichend werden für ein Börsenjahr auch 256 Handelstage angenommen.

Mit den Monatsdaten der Allianz-Aktie aus dem Anhang A und der Formel für die Jahresvolatilität auf Basis von Monatsrenditen erfolgt eine Überprüfung der berechneten Jahresvolatilität von 16,6 %:

$$\sigma_J = \sigma_M \times \sqrt{12 \times \left(\frac{250}{365}\right)} .$$

Die Rechnung ist in der nachfolgenden Tabelle wiedergegeben, wobei auf die in Excel 2010 enthaltene Funktion »STABW« für die Berechnung der Standardabweichung zurückgegriffen wurde. Neben den Monatsdaten zu Beginn und Ende eines Monats enthält die Tabelle noch die Monatsrenditen in der rechten Spalte. Der berechnete Wert für die Standardabweichung σ_M ergab sich zu σ_M = 9,4 %.

Allianz	Kurs Jahresanfang	Kurs Jahresende	Rendite %
Monat 1	75,00	66,10	-11,9
Monat 2	66,10	53,63	-18,9
Monat 3	53,63	63,26	18,0
Monat 4	63,26	69,74	10,2
Monat 5	69,74	69,40	-0,5
Monat 6	69,40	65,63	-5,4
Monat 7	65,63	69,20	5,4
Monat 8	69,20	80,62	16,5
Monat 9	80,62	85,37	5,9
Monat 10	85,37	78,04	-8,6
Monat 11	78,04	81,82	4,8
Monat 12	81,82	87,15	6,5

Allianz	Kurs Jahresanfang	Kurs Jahresende	Rendite %
Monat 13	87,15	80,42	-7,7
Monat 14	80,42	84,80	5,4
Monat 15	84,80	92,83	9,5
Monat 16	92,83	86,52	-6,8
Monat 17	86,52	81,38	-5,9
Monat 18	81,38	81,85	0,6
Monat 19	81,85	89,10	8,9
Monat 20	89,10	80,94	-9,2
Monat 21	80,94	82,90	2,4
Monat 22	82,90	90,04	8,6
Monat 23	90,04	84,50	-6,2
Monat 24	84,50	88,93	5,2
Monat 25	88,93	101,45	14,1
Monat 26	101,45	104,40	2,9
Monat 27	104,40	99,03	-5,1
Monat 28	99,03	106,30	7,3
Monat 29	106,30	96,18	-9,5
Monat 30	96,18	96,33	0,2
Monat 31	96,33	91,06	-5,5
Monat 32	91,06	71,73	-21,2
Monat 33	71,73	70,86	-1,2
Monat 34	70,86	81,21	14,6
Monat 35	81,21	76,98	-5,2
Monat 36	76,98	73,91	-4,0
σ			**9,42**

Den Wert für σ_M in die obige Formel eingesetzt, ergibt eine Jahresvolatilität von $\sigma_J = 27{,}2$ %. Die berechneten Volatilitäten 16,6 % und 27,2 % weichen erheblich voneinander ab. Der Unterschied ist einfach zu erklären. Die Berechnung der Volatilität auf Jahresdatenbasis erfolgte lediglich mit drei sehr stark schwankenden Werten, was eine ungenügende Datenbasis darstellt. Dagegen lagen der Volatilitätsberechnung mit Hilfe von Monatsdaten 36 Werte zugrunde, eine wesentlich verlässlichere Datenbasis. Die Rechnung mit nur drei Jahresdaten ist auf Grund der sehr unterschiedlichen Einzelwerte sehr grob und ungenau.

Auf die Ungenauigkeit, die durch eine geringe Datenbasis entsteht, wurde schon im vorigen Abschnitt bei der Berechnung des arithmetischen Mittels hingewiesen. Mit dem arithmetischen Mittel wird genau genommen der unbekannte Erwartungswert nur näherungsweise bestimmt. Die Fehlerwahrscheinlichkeit P $(|\bar{x} - \mu| > \varepsilon)$, die durch Gleichsetzen der beiden Rechengrößen entsteht, lässt sich durch die sogenannte Tschebyschev-Ungleichung abschätzen:

$$(P|\bar{x} - \mu| > \varepsilon) \leq \frac{\sigma^2}{n\,\varepsilon^2}\,.$$

Die Formel besagt Folgendes: Bei Vorgabe einer Toleranz $\varepsilon > 0$ können Abweichungen zwischen dem arithmetischen Mittel – zur Unterscheidung vom Erwartungswert μ mit $\bar{x}$ bezeichnet – und dem Erwartungswert mit einer bestimmten Wahrscheinlichkeit berechnet werden: Die Wahrscheinlichkeit beträgt $\sigma^2/n\,\varepsilon^2$, dabei ist σ^2 die Varianz. Dieser Sachverhalt wird in der Praxis selten beachtet: Zwischen arithmetischem Mittel und Erwartungswert wird nicht unterschieden.

4.3 Diversifikation

In den beiden vorangegangenen Abschnitten wurden die Begriffe Rendite und Volatilität auf eine einzelne Anlage, nämlich die Allianz-Aktie, angewendet. In diesem Abschnitt wird nun dargestellt, wie sich die Renditen und Volatilitäten einzelner Anlagen auf die Rendite und die Volatilität eines Depots auswirken. Dazu dienen wieder die Daten der Allianz-Aktie zusammen mit denjenigen der Aktien von BASF und SAP. Die Daten sind in Tabellenform im Anhang A zu finden.

Die einzelnen Renditen, die Renditeerwartung und die Volatilitäten sind aus der folgenden Tabelle ersichtlich. Sie sind die Datenbasis für die Berechnungen in diesem und im nächsten Abschnitt zur Kovarianz. Die Tabelle enthält die für die Allianz-Aktie im vorigen Abschnitt berechneten Werte sowie diejenigen für die BASF und die SAP, die entsprechend berechnet wurden.

	Allianz	**BASF**	**SAP**
Renditeerwartung	0,5	33,1	19,2
Rendite 1	16,2	56,8	30,7
Rendite 2	2	48,7	19,7
Rendite 3	−16,9	−6,3	7,2
Volatilität	27,2	28,5	18,2

Auf der Basis der drei Aktien Allianz, BASF und SAP werden vier verschiedene Depots gebildet:

	Allianz	BASF	SAP
Portfolio A	50 %	50 %	0 %
Portfolio B	50 %	0 %	50 %
Portfolio C	0 %	50 %	50 %
Portfolio D	33,30 %	33,30 %	33,30 %

Die Gewichtung der einzelnen Aktien in den Depots ist in Prozentwerten angegeben. Für die einzelnen Portfolios werden nun die Renditeerwartung und die Volatilität berechnet. Auf die Berechnung dieser beiden Größen wird im nächsten Abschnitt detailliert eingegangen. Während die Renditeerwartung für die einzelnen Portfolios relativ einfach aus den Einzelrenditen und den Aktiengewichtungen berechnet werden kann, ist die Berechnung der Volatilität aufwendiger und bedarf einer weiteren Größe, die der Kovarianz.

Das Ergebnis der Berechnung vorweggenommen, ergeben sich folgende Werte:

	μ	σ
Allianz	0,5	27,2
BASF	33,1	28,5
SAP	19,2	18,2
Portfolio A	16,8	25,7
Portfolio B	9,9	19,2
Portfolio C	26,2	25,2
Portfolio D	17,4	22,6

Die Werte sind in einem sogenannten μ-σ-Diagramm zusammengefasst (siehe Abbildung 4-2). Aus dem Diagramm ist erkennbar:

- Die Volatilitäten der Portfolios sind niedriger als das arithmetische Mittel der in ihnen enthaltenen Einzelwerte.
- Die beiden Portfolios B und D haben eine geringere Volatilität als die Einzelwerte Allianz und BASF.

Diese Eigenschaften werden sehr häufig als »Risikovernichtung durch Diversifikation« bezeichnet. Auf die mathematische Erklärung wird nun im folgenden Abschnitt eingegangen.

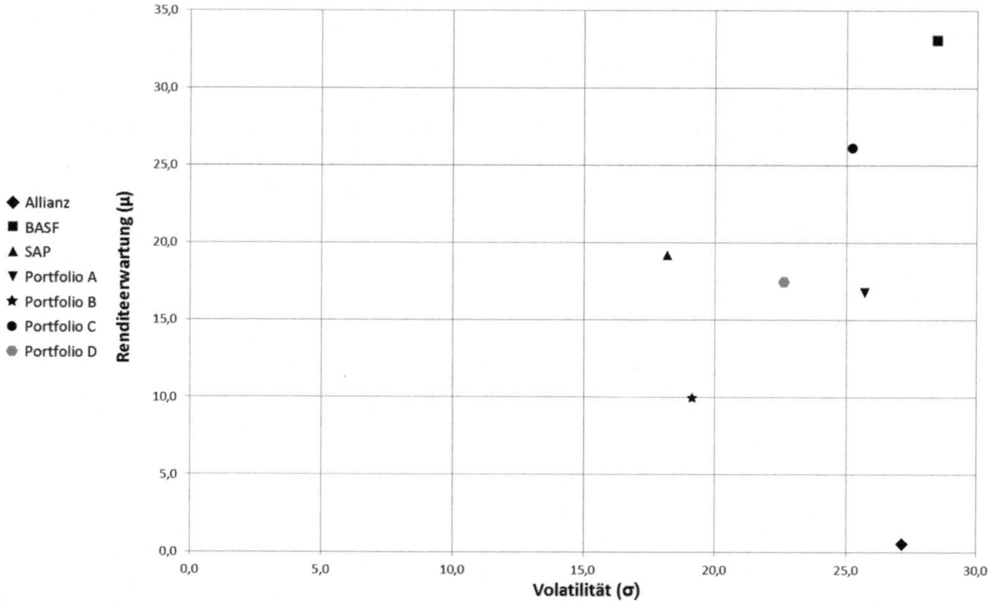

Abbildung 4-2: μ-σ-Diagramm

4.4 Kovarianz

Die Renditeerwartung μ_{PF} eines aus p Wertpapieren zusammengesetzten Portfolios lässt sich allgemein durch folgende Beziehung berechnen:

$$\mu_{PF} = \sum_{I=1}^{p} w_i \times \mu_i.$$

Die μ_i sind die Renditeerwartungswerte der Einzelwerte, also im gewählten Beispiel die Werte der Allianz-, der BASF- und der SAP-Aktie. Die Renditeerwartung des Portfolios errechnet sich also aus dem gewichteten arithmetischen Mittel der Einzelwerte. Die Anteile (Gewichtung) der einzelnen Aktien in den verschiedenen Portfolios betragen:

	Allianz	**BASF**	**SAP**
Portfolio A	$w_1 = 0.5$	$w_2 = 0.5$	$w_3 = 0$
Portfolio B	$w_1 = 0.5$	$w_2 = 0$	$w_3 = 0.5$
Portfolio C	$w_1 = 0$	$w_2 = 0.5$	$w_3 = 0.5$
Portfolio D	$w_1 = 0.33$	$w_2 = 0.33$	$w_3 = 0.33$

Die Berechnung der Volatilität σ_{PF} eines aus mehreren Einzelwerten zusammengesetzten Portfolios ist dagegen aufwändiger. Offensichtlich haben manche Anlagen einen ähnlichen Kursverlauf und damit ein vergleichbares Risiko-Rendite-Profil, während andere sich dagegen gegenläufig verhalten. Zur Beschreibung dieser Eigenschaft bedient man sich der Kovarianz. Für zwei Aktien x und y – zum Beispiel x = Allianz und y = BASF – berechnet sich die Kovarianz $\sigma_{x,y}$ wie folgt:

$$\sigma_{x,y} = \frac{1}{n-1} \times \sum_{i=1}^{n} R_{x,i} \times R_{y,i} - \mu_x \times \mu_y.$$

$$\mu_x = \frac{1}{n} \times \sum_{i=1}^{n} R_{x,i}.$$

Dabei bedeuten:

$\sigma_{x,y}$ = Kovarianz der Aktien x und y,
$R_{x,i}$ = Rendite der Aktie x in der Periode i,
$R_{y,i}$ = Rendite der Aktie y in der Periode i,
μ_x = Mittelwert der Renditen der Aktie x (Renditeerwartung der Aktie x),
μ_y = Mittelwert der Renditen der Aktie y (Renditeerwartung der Aktie y),
n = Anzahl der betrachteten Perioden.

Im Beispiel des Abschnittes 4.3 betrugen die Kovarianzen (x = Allianz, y = BASF, z = SAP):

$$\sigma_{x,y} = 542,8,$$

$$\sigma_{x,z} = 197,9,$$

$$\sigma_{y,z} = 693,4.$$

Die Kovarianz kann auch negative Werte annehmen. In solchen Fällen ist die Renditeentwicklung der beiden Werte gegenläufig.

Die Kovarianz ist darüber hinaus die wichtige Größe bei der Berechnung der Volatilität σ_{PF} eines Portfolios. Die allgemeine Formel für p Wertpapiere lautet:[4]

$$\sigma_{PF}^2 = \sum_{i=1}^{p} w_i^2 \times \sigma_i^2 + 2 \times \sum_{i=1}^{p-1} \sum_{j=i+1}^{p} w_i \times w_j \times \sigma_{i,j}.$$

4 Vergleiche Steiner/Uhlir, Wertpapieranalyse, Heidelberg 2001, S. 147.

Statt der zuvor benützten Schreibweise x und y – zur Kennzeichnung des Wertpapiers – wurden die Summationsindizes i und j verwendet. Für den Fall von zwei Wertpapieren lautet die Formel, wieder in der x(= i)- und y(= j)- Schreibweise:

$$\sigma_{PF} = \sqrt{w_x^2 \times \sigma_x^2 + w_y^2 \times \sigma_y^2 + 2 \times w_x \times w_y \times \sigma_{x,y}} \, .$$

Die Volatilität σ_{PF} für drei Wertpapiere lautet dagegen wie folgt:

$$\sigma_{PF} = \sqrt{w_x^2 \times \sigma_x^2 + w_y^2 \times \sigma_y^2 + w_z^2 \times \sigma_z^2 + A} \, .$$

$$A := \sqrt{2 \times (w_x \times w_y \times \sigma_{x,y} + w_x \times w_y \times \sigma_{x,z} + w_y \times w_z \times \sigma_{y,z})} \, .$$

Aus der Formel für die Portfolio-Volatilität erkennt man deutlich, dass diese nicht nur aus den gewichteten Summen der Einzel-Volatilitäten der darin enthaltenen Wertpapiere besteht, sondern noch ein dritter Term unter der Wurzel auftaucht, der als wesentlichen Einflussfaktor die Kovarianz aufweist.

Die Eigenschaft wechselseitiger Abhängigkeiten zwischen den Einzelvolatilitäten in einem Portfolio ist eine der wichtigsten Erkenntnisse des Markowitz-Modells.

4.5 Beta-Faktor

Als Maß für die Schwankungsbreite eines Wertpapiers gilt die Volatilität. Als Maß für die Schwankungsbreite eines Wertpapierkurses (zum Beispiel einer Aktie) gegenüber einem Vergleichswert (zum Beispiel eine andere Aktie oder ein Index) wird der sogenannte Beta-Faktor verwendet. Der Beta-Faktor ist ein Gradmesser, der angibt, wie stark das Wertpapier relativ zu einem Vergleichswert schwankt. Rechnerisch ist der Beta-Faktor das Verhältnis der Kovarianz des betrachteten Wertpapieres und der quadrierten Volatilität des Vergleichswertes. Der Beta-Faktor berechnet sich demnach wie folgt:

$$\beta_{x,v} = \frac{\sigma_{x,v}}{\sigma_v^2} \, .$$

Dabei ist:

$\beta_{x,v}$ = Beta-Faktor des Wertpapiers x in Bezug auf den Vergleichswert v.

$\sigma_{x,v}$ = Kovarianz der Renditen des Wertpapiers x und des Vergleichswertes v.

σ_v = Volatilität der Renditen des Vergleichswertes v.

Der Beta-Faktor ist eine Beziehung zwischen der Kursentwicklung eines Wertpapiers und einem Vergleichswert und zeigt die Sensitivität des Wertpapierkurses auf die Veränderung des Vergleichswertes. Der Beta-Faktor kann sowohl negative als auch positive Zahlenwerte annehmen. Positive Werte weisen auf eine gleich ausgerichtete Renditeänderung zwischen Wertpapier und Vergleichswert hin, negative Werte auf eine gegenläufige Renditeänderung. Diese Aussage gilt sowohl für steigende wie für fallende Kurse. Ein Beta-Faktor von +1 sagt aus, dass eine Änderung des Wertpapiers genau parallel zum Vergleichswert erfolgt, bei einem Beta-Faktor von +2 beträgt die Änderung des Wertpapiers das Doppelte des Vergleichswertes. Analog ist die Interpretation von negativen Beta-Faktoren. Das methodische Arbeiten mit dem Beta-Faktor setzt notwendigerweise ein Denken in Änderungen voraus.

Für die drei Aktien Allianz, BASF und SAP wurden Kovarianz und Volatilität in den vorangegangenen Abschnitten berechnet. Zusammen mit der obigen Formel ergeben sich folgende Beta-Faktoren:

	v = Allianz	**v = BASF**	**v = SAP**
x = Allianz	1,0	0,7	0,6
x = BASF	0,7	1,0	1,3
x = SAP	0,3	0,8	1,0

Demnach schwankt die BASF-Aktie stärker als die Vergleichsaktie SAP, der Beta-Faktor beträgt 1,3. In allen anderen angegebenen Fällen ist der Beta-Faktor kleiner Eins, die Aktie ändert sich unterproportional zum Vergleichswert, zum Beispiel im Fall der BASF-Aktie im Vergleich zur Allianz-Aktie (Beta-Faktor 0,7).

Bei empirischen Untersuchungen wird häufig eine lineare Regression durchgeführt, bei der die Wertpapierrendite durch den Vergleichswert beschrieben werden soll:

$$\mu_x = \alpha + \beta \times \mu_v.$$

Für die Streuung, ausgedrückt durch die Varianz, gilt außerdem:

$$\begin{array}{ccccc} \sigma_x^2 & = & \sigma_\alpha^2 & + & \beta \times \sigma_v^2 \\ \text{Gesamtrisiko} & = & \text{Unsystematisches Risiko} & + & \text{Systematisches Risiko} \\ & & \text{(Wertpapierbezogene} & & \text{(Marktbezogene} \\ & & \text{Komponente)} & & \text{Komponente)} \end{array}$$

Der Steigungskoeffizient β – eben der Beta-Faktor – gibt an, mit welchem Wert die Renditen des Vergleichswertes v multipliziert werden müssen, damit sich die Renditen des Wertpapiers x ergeben. Die Werte α und β werden mit Hilfe der Methode der kleinsten Quadrate ermittelt.

Beim sogenannten Single-Index-Modell dient als Vergleichswert nicht ein anderes Wertpapier, sondern ein repräsentativer Index. In der Regel ist das der Index, in dem das betrachtete Wertpapier enthalten ist. Im Falle unserer drei Aktien Allianz, BASF und SAP ist das der Deutsche Aktienindex DAX. Der Faktor β wird in diesem Modell als Reagibilität, das Produkt $\beta \times \mu_v$ mit indexabhängiger Rendite oder systematischer Rendite bezeichnet und stellt die marktbezogenen Komponenten der Rendite dar. Die Konstante α hat die Bezeichnung indexabhängige oder unsystematische Rendite und stellt die wertpapierbezogene Komponente dar.

Am Beispiel der Lufthansa-Aktie und dem DAX wird das Single-Index-Modell dargestellt. Folgende Kursdaten werden verwendet:

	Lufthansa	DAX
2007	21,09	6681,13
2008	18,20	7949,11
2009	11,64	4973,07
2010	11,86	6048,30
2011	16,85	6989,74
2012	9,54	6075,52

Die Jahresrenditen, die Mittelwerte und die Standardabweichungen sind in der folgenden Tabelle zusammengefasst:

	Rendite LH	Rendite DAX
	−13,7	19,0
	−36,0	−37,4
	1,9	21,6
	42,1	15,6
	−43,4	−13,1

	Rendite LH	Rendite DAX
μ	−9,8	1,1
σ	34,1	25,7

Die Renditen der Lufthansa (mit LH abgekürzt) und die des DAX, zusammen mit der Regressionsgeraden, zeigt Abbildung 4-3.

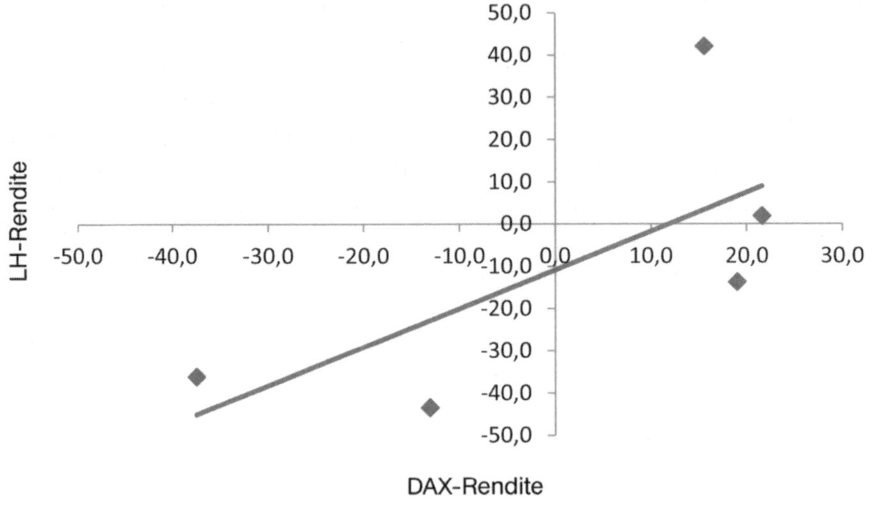

Abbildung 4-3: Single-Index-Modell am Beispiel der Lufthansa- und DAX-Rendite

Die Regressionsgerade $\mu_x = \alpha + \beta \times \mu_v$, mit der marktbezogenen Rendite $\alpha = -10{,}86$ und der Reagibilität $\beta = 0{,}91$, wurde wieder mit Hilfe Excel 2010 berechnet, wobei auf die Analysefunktion »Regression« im Add-In-Bereich zurückgegriffen wurde.

Ein Beta-Faktor von 0,91 bedeutet: Steigt die Rendite des DAX um 10 %, verändert sich die Rendite der Lufthansa um 9,1 %. Die Aktie der Lufthansa ist also weniger reagibler als der Vergleichsindex DAX. Die marktbezogene Rendite −10,86 sagt aus, dass mit einer Rendite von −10,86 % bei der Lufthansa-Aktie gerechnet werden muss, wenn der Dax sich im Zeitraum von einem Jahr nicht ändert.

Beta-Faktoren der wichtigsten deutschen Aktien können laufend aus Tageszeitungen und Fachzeitschriften entnommen werden.

4.6 Korrelationskoeffizient

Wird die Kovarianz $\sigma_{x,v}$ über das Produkt der Standardabweichungen σ_x und σ_v normiert erhält man den Korrelationskoeffizienten $\rho_{x,v}$:

$$\rho_{x,v} = \frac{\sigma_{x,v}}{\sigma_x \times \sigma_v} .$$

Auf Grund der Normierung und der Tatsache, dass die Kovarianz auch negative Werte annehmen kann, kann der Korrelationskoeffizient nur Werte zwischen −1 und +1 annehmen:

- Ist der Korrelationskoeffizient gleich +1, dann korreliert das Wertpapier x mit dem Vergleichswert v. Ein Ansteigen des Vergleichswertes v führt zu einem Anstieg des Wertpapiers x im Verhältnis des Beta-Faktors.
- Ist dagegen der Korrelationskoeffizient gleich −1, so liegt zwischen dem Wertpapier x und dem Vergleichswert eine negative Korrelation vor; jeder Anstieg des Vergleichswertes führt zu einem Absinken des Wertpapiers im Verhältnis des Beta-Faktors.

Mit Hilfe des Korrelationskoeffizienten kann der Beta-Faktor folgendermaßen formuliert werden:

$$\beta_{x,v} = \rho_{x,v} \times \frac{\sigma_x}{\sigma_v} .$$

Mit den Werten der drei Aktien Allianz, BASF und SAP ergeben sich folgende Korrelationskoeffizienten:

	Korrelationskoeffizient	**Bestimmtheitsmaß**
Allianz/BASF	0,7	0,5
Allianz/SAP	0,4	0,2
BASF/SAP	0,9	0,7

Zwischen den beiden Aktien BASF und SAP besteht demnach die stärkste Korrelation, die schwächste zwischen der Allianz- und der BASF-Aktie. In der Tabelle ist außerdem noch das Bestimmtheitsmaß angegeben. Das Bestimmtheitsmaß berechnet sich aus dem Quadrat des Korrelationskoeffizienten, die Werteskala reicht deshalb von 0 bis +1. Über die Richtung der Korrelation zwischen Wertpapier und Vergleichswert kann mit dem Bestimmtheitsmaß keine Aussage gemacht werden, jedoch über die Stärke der Korrelation.

4.7 Minimum-Varianz-Modell

In Abbildung 4-2 wurden die Renditeerwartungswerte und die Volatilität für verschiedene Portfolios in einem μ-σ-Diagramm zusammengefasst. Dabei wurden bestimmte, willkürliche Gewichtungsfaktoren benutzt. Zum Beispiel war das Portfolio A je zur Hälfte aus Allianz- und BASF-Aktien zusammengesetzt. Natürlich ist auch jede andere Zusammensetzung möglich. In der nachfolgenden Tabelle sind die Renditeerwartung und die Volatilität des Portfolios A für sechs verschiedene Zusammensetzungen angegeben, wobei die Werte mit Hilfe der Formeln aus den vorangegangenen Abschnitten berechnet wurden.

Anteil Allianz	Anteil BASF	Rendite	Varianz	Volatilität
0,0	1,0	33,1	812,3	28,5
0,2	0,8	26,6	724,0	26,9
0,4	0,6	20,1	672,6	25,9
0,6	0,4	13,5	658,1	25,7
0,8	0,2	7,0	680,5	26,1
1,0	0,0	0,5	739,8	27,2

In Abbildung 4-4 ist das μ-σ-Diagramm wiedergegeben mit den Tabellenwerten für die Renditen und die Volatilität.

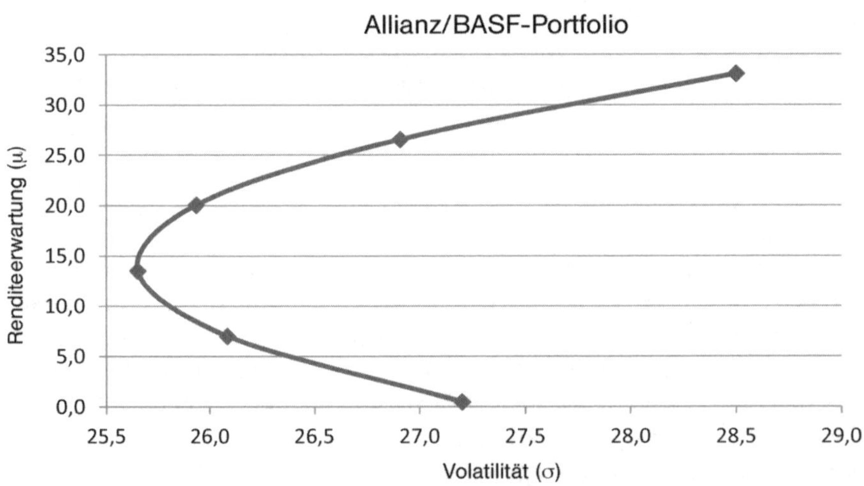

Abbildung 4-4: μ-σ-Diagramm verschiedener Portfolio-Zusammensetzungen

Im oberen rechten Punkt besteht das Portfolio aus 100 % BASF-Aktien und keinen Allianz-Aktien, im ganz unteren Punkt ist das Verhältnis umgekehrt. In den zwischen diesen beiden Extrempunkten liegenden Punkten sind die Anteile der beiden Aktien auf der Linie wie in der Tabelle angegeben. Deutlich zu erkennen ist, dass eine Beimischung von Allianz-Aktien die Volatilität senkt, bei gleichzeitiger Verminderung der Rendite. Dieses Verhalten gilt bis zu einem Mischungsverhältnis von 60 % Allianz-Aktien und 40 % BASF-Aktien. Ab diesem Punkt steigt die Volatilität wieder an, wobei die Rendite des Depots weiter sinkt. Der untere Teil des Graphen ab diesem Punkt wird als risikoineffiziente Linie bezeichnet, während der obere Teil des Graphen ab diesem Punkt die risikoeffiziente Linie darstellt.

Ein risikoscheuer Anleger wird stets versuchen, das Risiko zu minimieren. Dies ist bei einem Mischungsverhältnis von 60 % Allianz-Aktien und 40 % BASF-Aktien der Fall. Dieser Punkt bestimmt das sogenannte Minimum-Varianz-Portfolio. Alle Portfolio-Zusammensetzungen entlang der risikoeffizienten Linie zeichnen sich dadurch aus, dass bei steigender Rendite auch das Risiko wächst, während die Portfolio-Zusammensetzungen entlang der risikoineffizienten Linie durch ein steigendes Risiko bei fallenden Renditen gekennzeichnet sind. In der Praxis werden sich Anleger in ihrem Anlegerverhalten an der risikoeffizienten Linie orientieren.

Portfolios, die der risikoeffizienten Linie folgen, bezeichnet man als risikoeffiziente Portfolios. Sie sind folgendermaßen gekennzeichnet:

- Bei gegebenem Risiko existiert kein Portfolio mit einer höheren Rendite.
- Bei gegebener Rendite existiert kein Portfolio mit einem niedrigeren Risiko.

Die obigen Aussagen über risikoeffiziente Portfolios wurden am Beispiel eines Portfolios bestehend aus zwei Aktien gemacht. Sie lassen sich jedoch auf den Fall von p ($p > 2$) Wertpapieren übertragen.[5] Die Vorgabe einer bestimmten Portfolio-Rendite oder die Vorgabe eines bestimmten Risikos führt zu genau einem risikoeffizienten Portfolio. Jedoch ist bei mehr als zwei Wertpapieren Folgendes zu beachten: Existiert bei zwei Wertpapieren genau eine Linie möglicher Portfolios, so existiert bei mehr als zwei Wertpapieren eine Fläche möglicher Portfolios. Dies lässt sich folgendermaßen begründen: Wird zu zwei Wertpapieren ein drittes Wertpapier hinzugefügt,

5 Vergleiche Steiner/Uhlir, Wertpapieranalyse, Heidelberg 2001, S. 144–158.

so erhält man unendlich viele Linien möglicher Portfolios. Dabei werden gedanklich die beiden Wertpapiere, denen das dritte Wertpapier zugefügt wird, zu einem kombiniert. Diese Konstruktion stellt dann wieder ein Portfolio mit zwei Wertpapieren dar, aus der dann jeweils eine Linie möglicher Portfolios resultiert. Fasst man alle diese Linien zusammen, dann ergibt sich daraus eine Fläche möglicher Portfolios, die von einer risikoeffizienten Linie (Effizienzlinie) umschlossen wird (vergleicheAbbildung 4-5).

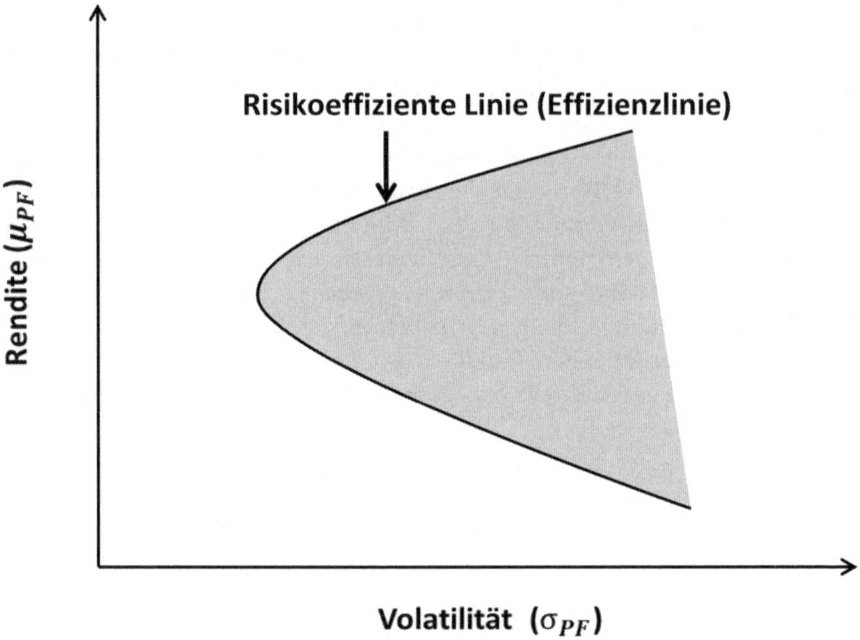

Abbildung 4-5: Fläche möglicher Portfolios mit p Wertpapieren

4.8 Zielfunktion und Indifferenzkurve

Das individuelle Risikoverhalten von Anlegern unterscheidet sich zum Teil erheblich. Kaum ein Anleger ist so risikoscheu, dass er seine Anlageentscheidungen auf der Basis des Minimum-Varianz-Modells treffen wird. Sicherlich ist allen Anlegern gemeinsam, dass sie die Rendite maximieren wollen. Gemeinsam ist ihnen auch, dass sie das Risiko möglichst gering halten wollen. Im Maß des Risikos, das sie eingehen wollen, werden sie sich jedoch unterscheiden. Dabei ist wieder allen Anlegern gemeinsam, dass sie ein höheres Risiko nur dann eingehen wollen, wenn damit eine höhere Rendite erzielbar ist.

Die Quantifizierung eines Zieles, das Anleger mit ihrer Anlageentscheidung verfolgen, geschieht mit Hilfe einer sogenannten Zielfunktion. Eine solche Zielfunktion Z ist eine Funktion der Renditeerwartung μ und der Volatilität $\sigma : Z = Z(\mu, \sigma)$. Eine solche Funktion lässt sich in einem μ-σ-Diagramm grafisch darstellen.

Folgende Bedingungen müssen an diese Zielfunktion Z gestellt werden:

- Bei ansteigendem Risiko muss auch die Rendite steigen, beziehungsweise bei sinkender Rendite muss sich auch das Risiko verringern. Die mathematische Forderung an Z, dass sie monoton steigen muss, erfüllt diese Bedingung.
- Bei einer Volatilität von 0 % erwartet der Anleger eine sogenannte sichere Rendite, was mit einer sicheren Staatsanleihe oder einem Sparbuch erreicht werden kann.
- Alle Portfolios, die die Zielfunktion verbindet, werden vom Anleger akzeptiert. Es gibt keinen Punkt der Zielfunktion, gegenüber dem er eine Präferenz hat: Der Anleger ist gegenüber allen Punkten der Zielfunktion indifferent.

Eine Gerade, wie sie in der Abbildung 4-6 dargestellt ist, erfüllt die genannten Bedingungen. Eine solche Gerade wird auch als Capital Market Line (CML) bezeichnet.

Die Freund'sche Zielfunktion beschreibt eine solche Gerade:

$$Z = \mu - \tau \times \sigma.$$

Der Faktor τ wird Risikoaversionskoeffizient genannt und drückt die individuelle Risikoneigung des Anlegers aus: Je größer die Risikoneigung des Anlegers ist, desto größer ist τ. Empirisch wurde nachgewiesen (Donald E. Farrar 1960), dass τ wohl beliebig klein sein kann, jedoch niemals negativ: $\tau \geq 0$. Ordnet man Z einen Parameter c_I zu, der verschiedene Werte annehmen kann, dann ergibt sich folgender linearer Zusammenhang zwischen μ und σ:

$$\mu = c_I + \tau \times \sigma.$$

Verschiedene Werte für den Parameter c_I verschieben die unterschiedlichen Geraden parallel; man erhält eine Geradenschar. Dieser Aspekt wird im nächsten Abschnitt bedeutungsvoll sein.

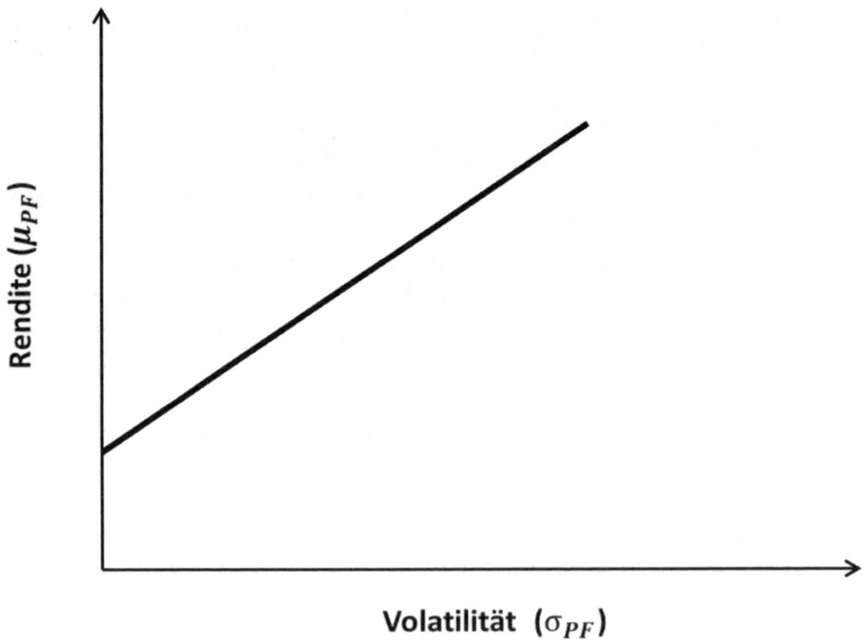

Abbildung 4-6: μ-σ-Zusammenhang mit einer linearen Zielfunktion Z = Z (μ, σ)

Modernere Ansätze gehen von einem nichtlinearen Verlauf der Zielfunktion aus. Eine Möglichkeit ist ein quadratischer Verlauf:

$$Z = \mu - \frac{a}{2} \times \sigma^2, \text{ mit a} \geq 0.$$

Eine Kurvenschar ergibt sich, wie im Fall der Geraden, wieder durch Einführung eines Parameters c_I:

$$\mu = c_I + \frac{a}{2} \times \mu^2.$$

Solche nichtlinearen Ansätze (vgl. Abbildung 4-7) erfüllen ebenfalls die oben gestellten Bedingungen.

Darüber hinaus haben sie noch den Vorteil, dass sie ein Risikolimit ausweisen, was dem realistischen Verhalten von Anlegern mehr entspricht. Die meisten Anleger sind – auch bei einer noch so hohen Rendite – nicht mehr bereit, ein extremes Risiko einzugehen. Termingeschäfte sind ein Beispiel dafür.

James Tobin hat 1958 das Modell von Markowitz durch eine Erweiterung wesentlich realitätsnäher gestaltet. Er führte die Möglichkeit einer ri-

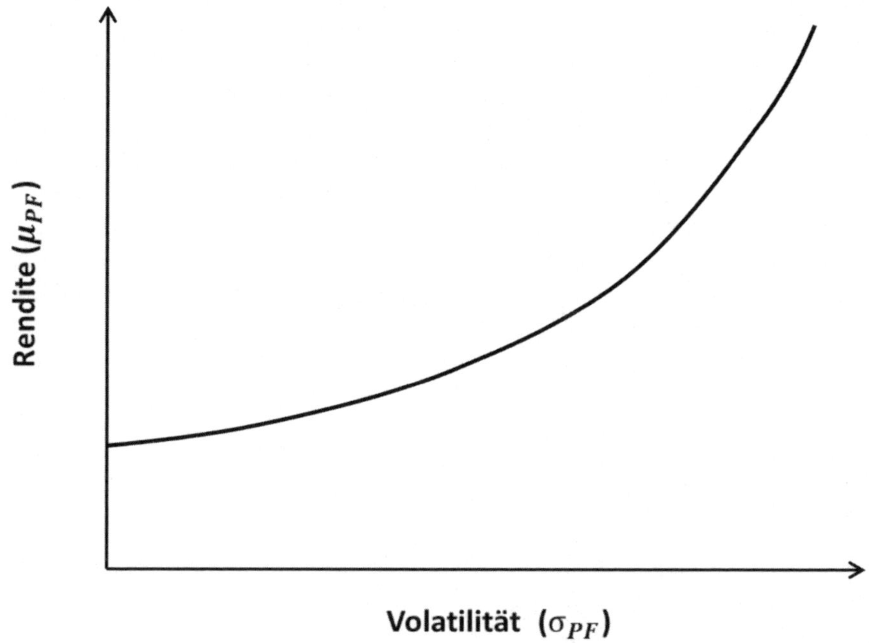

Abbildung 4-7: μ-σ-Zusammenhang mit einer nicht linearen Zielfunktion $Z = Z(\mu, \sigma)$

sikolosen Geldanlage zu einem Zinssatz von R_M ein. Dadurch kann nun ein gemischtes Portfolio aus einer risikofreien Anlage und einem beliebig gewählten riskanten Teilportfolio gestaltet werden. Da die risikofreie Anlage keine Volatilität besitzt, entspricht die Volatilität des gemischten Portfolios – risikofreie Anlage und riskantes Teilportfolio – stets der anteiligen Volatilität des riskanten Teilportfolios. Die Rendite des gesamten Portfolios ergibt sich somit aus der Summe der gewichteten Einzelrenditen des riskanten und des risikolosen Teilportfolios. Folglich liegen die Rendite-Risiko-Werte für alle Portfolio-Kombinationen auf einer Geraden:

$$Z = \frac{\mu - R_M}{\sigma}.$$

Eine Geradenschar, mit einem Parameter c_I, ist mit dieser Zielfunktion durch die Beziehung

$$\mu = R_M + c_I \times \sigma$$

definiert. Diese Schardarstellung ist, wie bei den anderen Zielfunktionen, bei der Ermittlung des optimalen Portfolios von Bedeutung. Allerdings hat der Scharparameter c_I in diesem Fall nicht die Bedeutung einer Parallelverschiebung. Eine Änderung des c_I-Wertes bewirkt eine Änderung der Geradensteigung. Darauf wird im nächsten Abschnitt eingegangen. Die auf der Basis der c_I-Parameter definierten Geraden- und Kurvenscharen werden auch unter dem Begriff Indifferenzkurven zusammengefasst. Alle Portfolios, die eine solche Kurve verbindet, sind für den Anleger gleich attraktiv. Gegenüber den Portfolios auf diesen Kurven ist der Anleger indifferent.

Im Allgemeinen schneidet eine Gerade mit einem festen c_I und einem vorgegebenen R_M die Effizienzlinie von Markowitz maximal an zwei Stellen (siehe Abbildung 4-8).

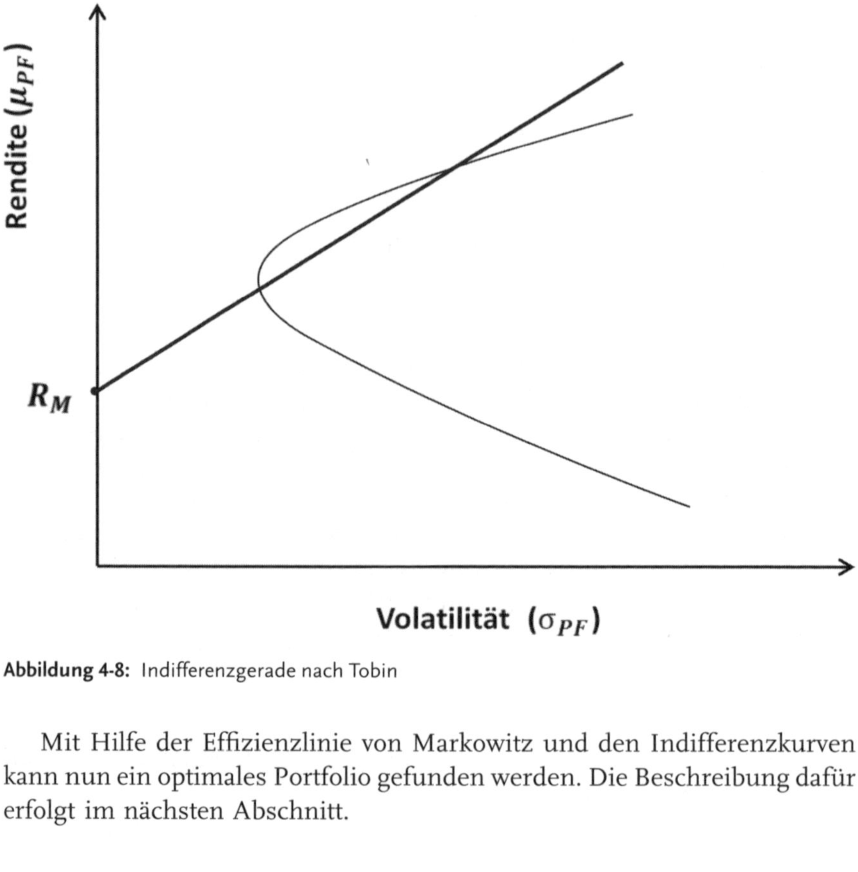

Abbildung 4-8: Indifferenzgerade nach Tobin

Mit Hilfe der Effizienzlinie von Markowitz und den Indifferenzkurven kann nun ein optimales Portfolio gefunden werden. Die Beschreibung dafür erfolgt im nächsten Abschnitt.

4.9 Optimales Portfolio

Das optimale Portfolio kann relativ einfach gefunden werden. Aus Abbildung 4.8 ist ersichtlich, dass alle links der Indifferenzgeraden liegenden Portfolios für den Anleger sehr interessant wären, da sie mehr Rendite bei weniger Volatilität bieten. Doch die Effizienzlinie nach Markowitz lässt nicht alle diese Portfolios zu. Danach sind nur die auf der Effizienzlinie liegenden Portfolios für den Anleger die interessanten. Positioniert man die Indifferenzgerade entsprechend der Abbildung 4-9 durch Änderung des Parameters c_I, dann erhält man genau das optimale Portfolio. Dieses optimale Portfolio ist durch die tangentiale Indifferenzgerade an die Effizienzlinie bestimmt (Tangential-Portfolio).

Verwendet man dagegen die aus der Freund'sche Zielfunktion abgeleitete Indifferenzgerade, dann wird das optimale Portfolio ebenfalls durch ein Tangential-Portfolio bestimmt, doch ist Positionierung der Indifferenzgeraden eine andere (siehe Abbildung 4-10). In der Abbildung 4-10 ist die gestrichelte Linie eine Indifferenzgerade mit einem festen c_I und einem definierten τ. Sie schneidet die Effizienzlinie in zwei Punkten. Das optimale Portfolio erhält man durch eine Veränderung von c_I. Dadurch wird die Indifferenzgerade parallel verschoben. Der Punkt, an dem die parallel verschobene Gerade die Effizienzlinie tangential berührt, definiert das optimale Portfolio. Die Parallelverschiebung verändert das durch τ definierte Risikoprofil nicht.

Prinzipiell gilt diese Verfahrensweise auch bei nichtlinearen Indifferenzkurven (siehe Abbildung 4-11).

Betrachten wir zunächst den Fall, in dem die Indifferenzkurve die Effizienzlinie in zwei Punkten schneidet (dritte aufwärtsgerichtete Linie von links in Abbildung 4-11). In diesem Fall wird der Anleger wie in den beiden vorgenannten Fällen sicherlich bereit sein, die Indifferenzkurve zu verschieben, bis es zu einer tangentialen Berührung mit der Effizienzlinie kommt, denn bei gleicher Volatilität kann er eine höhere Rendite erzielen. Anders sieht es jedoch aus, wenn das Niveau der Indifferenzkurve so ist, dass es zu keinem Schnittpunkt kommt (gestrichelte Linie in Abbildung 4-11). In diesem zweiten Fall hat der Anleger lediglich die Möglichkeit, die Indifferenzkurve vom Niveau her abzusenken, bis es einen tangentialen Berührungspunkt gibt – gleichbedeutend mit einer Reduzierung seiner Rendite-Forderungen an das Portfolio bei gleicher Volatilität –, oder er muss eine andere Wertpapier-Kombination finden, mit der er ein höheres Risiko-Rendite-Profil erreichen kann und dessen risikoeffiziente Portfolio-Kombination im Niveau höher liegt.

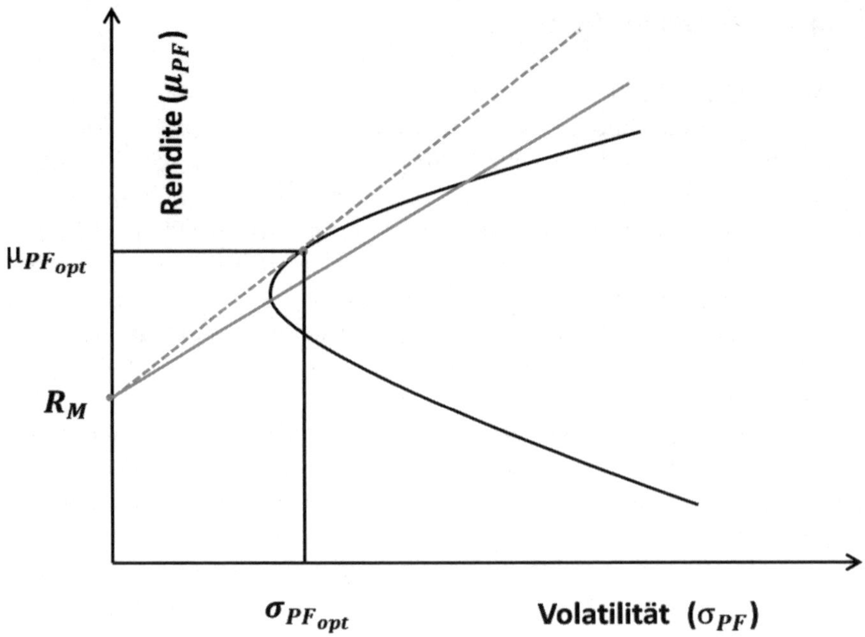

Abbildung 4-9: Bestimmung des optimalen Portfolios mit Hilfe der Indifferenzgeraden nach Tobin

4.10 Anwendungen

Eine der wichtigsten Anwendungsmöglichkeiten der Portfolio-Theorie wurde im vorangegangenen Abschnitt dargestellt, nämlich die Bestimmung eines individuell optimalen Portfolios aus einer Kombination zweier oder mehrerer Wertpapiere. Darüber hinaus sind in den vorangegangenen Abschnitten die Hilfsmittel und Methoden bereitgestellt worden, um die eingangs des Kapitels gestellten Fragen quantitativ zu beantworten.

Die erste gestellte Frage lautete: Welche der drei Aktien ist die beste Anlage? Sie kann mit den Zielfunktionen beantwortet werden, die in Abschnitt 4.8 vorgestellt wurden. Von den drei Zielfunktionen wird diejenige nach Tobin ausgewählt, da sie mit dem Zinssatz R_M der risikofreien Anlage den realistischsten Marktbezug hat. Für die drei Aktien Allianz, BASF und SAP sowie mit $R_M = 2\,\%$ ergeben sich damit folgende Werte für die Zielfunktion Z:

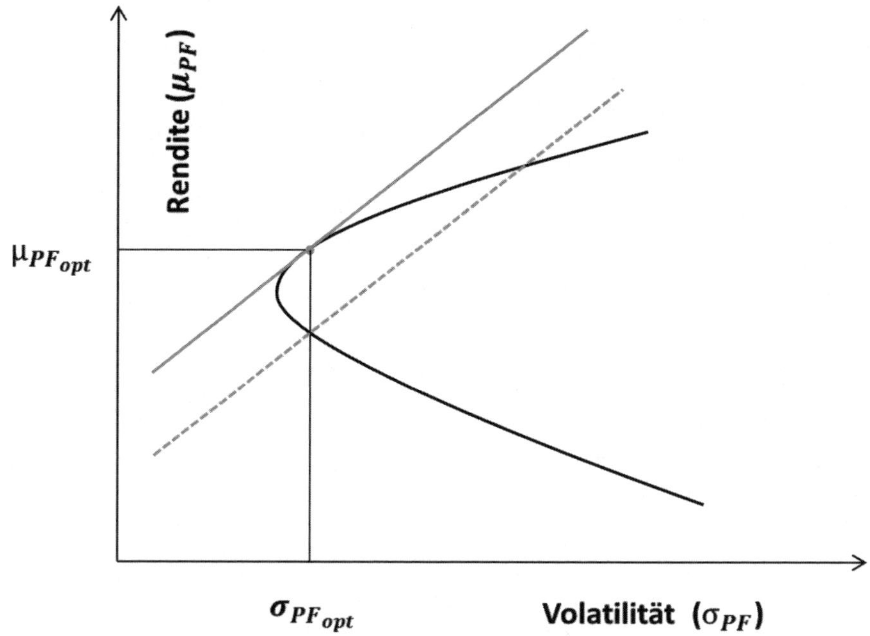

Abbildung 4-10: Bestimmung des optimalen Portfolios mit Hilfe der Freund'schen Zielfunktion

	μ	σ	Z
Allianz	0,5	27,2	−0,1
BASF	33,1	28,5	1,1
SAP	19,2	18,2	0,9

Auf der Basis der Zielfunktion nach Tobin erweist sich die BASF-Aktie als die beste, gefolgt von der SAP-Aktie. Die Allianz-Aktie hat die schlechteste Bewertung. Die Auswahl der Zielfunktion für eine solche Bewertung muss der Anleger treffen. Sie hängt von seiner Risikofreudigkeit ab. Wichtig ist nur, dass alle Wertpapiere mit derselben Zielfunktion berechnet werden.

Die zweite gestellte Frage lautete: In welchem Verhältnis sollen die Aktien in einem Depot vertreten sein? Zu ihrer Beantwortung wird auf die Ausführungen des Abschnittes 4.9 zurückgegriffen. Dazu werden als Erstes die optimalen Portfolios der Zusammensetzungen Allianz/BASF, Allianz/SAP sowie BASF/SAP bestimmt. Abbildung 4-12 bezieht sich auf die Zusammensetzung Allianz/BASF. Für diese Abbildung wurden die Daten der nachfolgenden Tabelle verwendet.

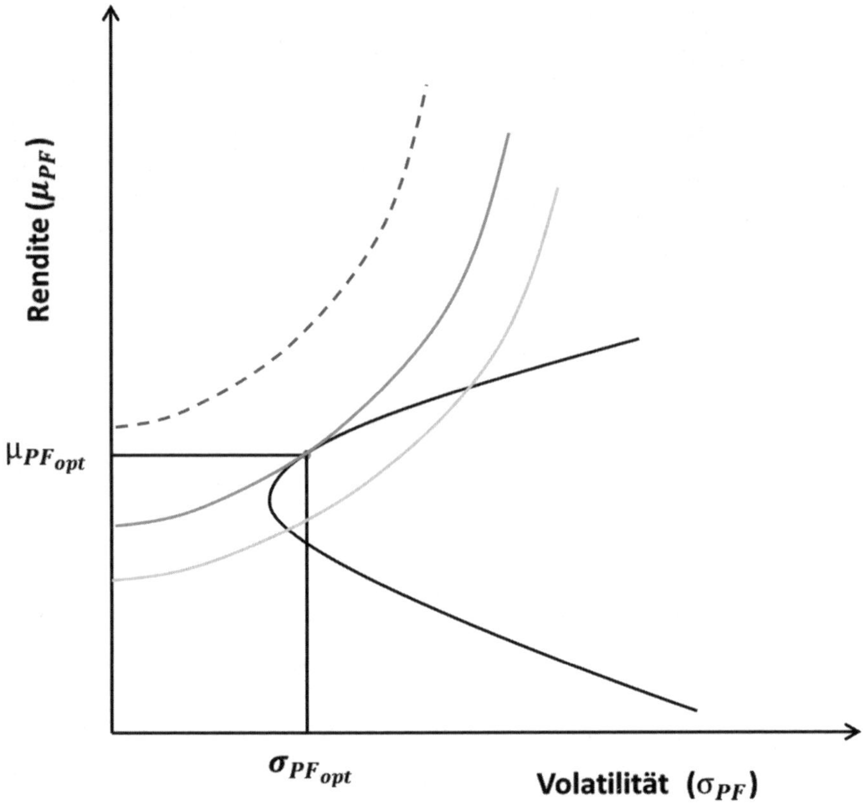

Abbildung 4-11: Optimales Portfolio mit nichtlinearer Zielfunktion

Anteil Allianz	Anteil BASF	Rendite	Varianz	Volatilität
0,0	1,0	33,1	812,3	28,5
0,2	0,8	26,6	724,0	26,9
0,4	0,6	20,1	672,6	25,9
0,6	0,4	13,5	658,1	25,7
0,8	0,2	7,0	680,5	26,1
1,0	0,0	0,5	739,8	27,2

Der oberste Punkt in dem μ-σ-Diagramm hat die Zusammensetzung 0 % Allianz-Aktien und 100 % BASF-Aktien, der unterste Punkt 100 % Allianz-Aktien und 0 % BASF-Aktien. Die Zusammensetzungen der dazwischen liegenden Punkte gehen aus der Tabelle hervor. Zusätzlich wurde versucht, eine Indifferenzgerade einzuzeichnen. Die angegebene Gerade tangiert die

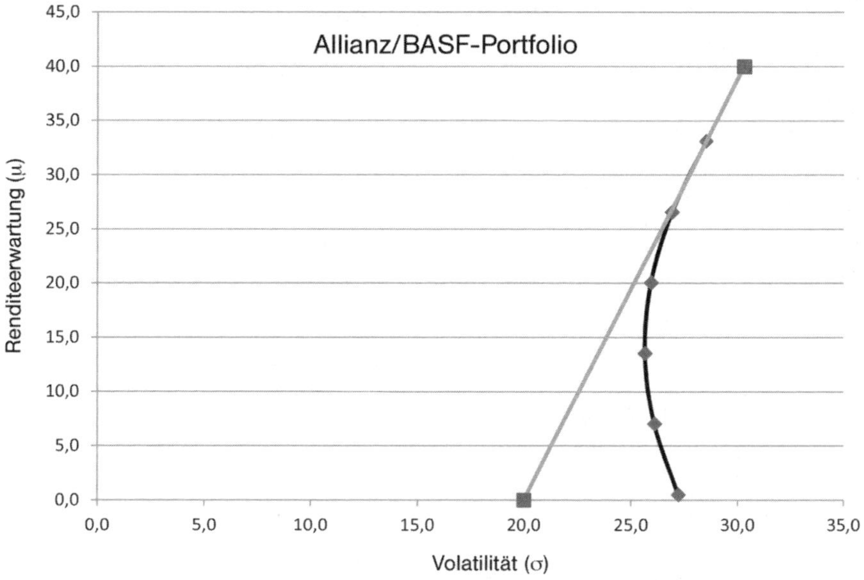

Abbildung 4-12: Portfolios verschiedener Allianz/BASF-Zusammensetzungen

Effizienzlinie bei der Zusammensetzung 0 % Allianz-Aktien und 100 % BASF-Aktien, stellt aber keine Indifferenzgerade dar. Sie erfüllt nämlich nicht die Bedingung nach einer Rendite bei 0 % Volatilität. Die gezeichnete Gerade hat eine Rendite von 0 % bei 20 % Volatilität, was natürlich unsinnig ist. Aus den beiden Aktien der Allianz und der BASF lässt sich kein optimales Portfolio bilden. Auf Grund der oben gezeigten Bewertung ist eine Beimischung von Allianz-Aktien zu BASF-Aktien demnach nicht sinnvoll.

Eine vergleichbare Situation ergibt sich aus einem Allianz/SAP-Portfolio, wie aus Abbildung 4-13 und der nachfolgenden Tabelle hervorgeht.

Anteil Allianz	Anteil SAP	Rendite	Varianz	Volatilität
0,0	1,0	19,2	331,2	18,2
0,2	0,8	15,5	304,9	17,5
0,4	0,6	11,7	332,6	18,2
0,6	0,4	8,0	414,3	20,4
0,8	0,2	4,2	550,1	23,5
1,0	0,0	0,5	739,8	27,2

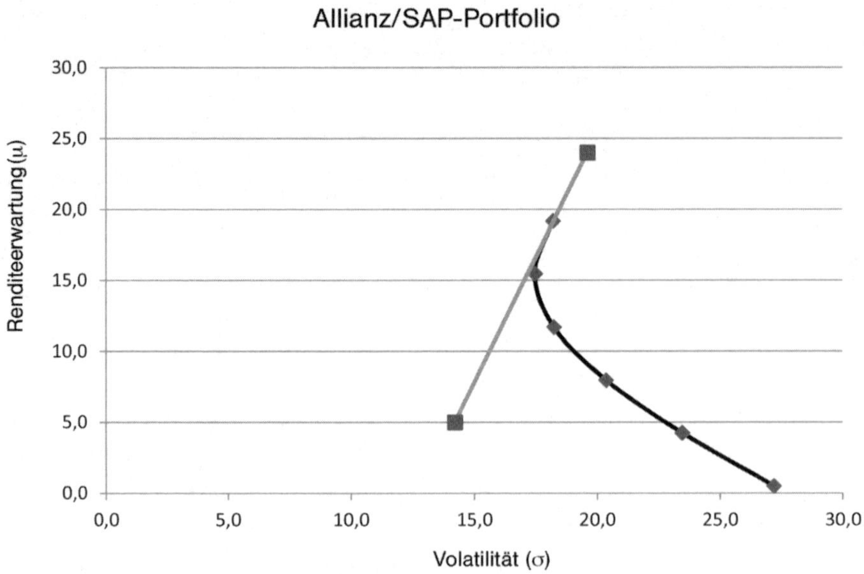

Abbildung 4-13: Portfolios verschiedener Allianz/SAP-Zusammensetzungen

Wie im vorangegangenen Fall existiert kein optimales Portfolio und eine Beimischung von Allianz-Aktien zu einem SAP-Portfolio ist demnach auch in diesem Fall nicht sinnvoll.

Anders ist jedoch die Situation in einem BASF/SAP-Portfolio, was auf Grund der Rendite- und Volatilitätsdaten auch zu erwarten ist. Abbildung 4-14 zeigt die Bestimmung des optimalen Portfolios mit einer Zusammensetzung aus den beiden genannten Aktien.

Anteil Allianz	Anteil SAP	Rendite	Varianz	Volatilität
0,0	1,0	19,2	331,2	18,2
0,2	0,8	22,0	252,5	15,9
0,4	0,6	24,8	261,3	16,2
0,6	0,4	27,5	357,5	18,9
0,8	0,2	30,3	541,2	23,3
1,0	0,0	33,1	812,3	28,5

Das optimale Portfolio hat eine Rendite von $\mu = 26\,\%$ und eine Volatilität von $\sigma = 17{,}1\,\%$ mit einer Zusammensetzung aus 48 % BASF-Aktien und 52 % SAP-Aktien.

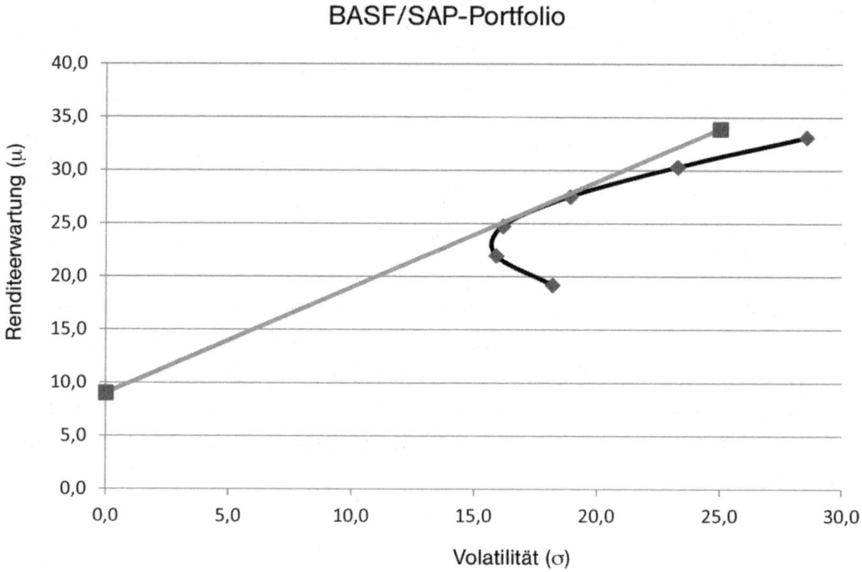

Abbildung 4-14: Optimales Portfolio aus einer BASF/SAP-Zusammensetzung

Mit den zugrundeliegenden Daten der Allianz-, BASF- und SAP-Aktie aus den Jahren 2009 bis 2011 können nur drei sinnvoll profitable Portfolios gebildet werden:

- Ein Portfolio mit 100 % BASF-Aktien,
- ein Portfolio mit 100 % SAP-Aktien und
- ein optimales Portfolio nach Markowitz mit 48 % BASF- und 52 % SAP-Aktien.

Mit dieser Feststellung kann zugleich die dritte Frage beantwortet werden: Ist es sinnvoll, in nur eine Aktie zu investieren? Auf Grund der Bewertung, den dargelegten Portfolio-Analysen und den zugrundeliegenden Daten ist das die BASF-Aktie.

Nun zur letzten gestellten Frage: Kann ein Investment in eine der drei Aktien ausgeschlossen werden? Die Frage wird mit Hilfe des gefundenen optimalen Portfolios – zusammengesetzt aus 48 % BASF-Aktien und 52 % SAP-Aktien – beantwortet. Dieses Portfolio wird als eine Aktie angesehen und die Allianz-Aktie hinzugefügt. Somit ergibt sich wieder die Bestimmung eines optimalen Portfolios auf der Basis zweier Aktien. Die Berechnungsdaten dafür sind in der nachfolgenden Tabelle angegeben (die Abkürzung OP steht für optimales Portfolio).

Anteil Allianz	Anteil OP	Rendite	Varianz	Volatilität
1,0	0,0	0,5	739,8	27,2
0,8	0,2	5,6	602,5	24,5
0,6	0,4	10,7	489,0	22,1
0,4	0,6	15,8	399,6	20,0
0,2	0,8	20,9	334,0	18,3
0,0	1,0	26,0	292,4	17,1

Die Effizienzlinie nach Markowitz zeigt Abbildung 4-15. Der höchste Punkt repräsentiert die Zusammensetzung 100 % Allianz-Aktien und 0 % »OP-Aktien«. Die weiteren Zusammensetzungen sind aus der Tabelle ersichtlich. Da nur ein nichteffizienter Linienbereich existiert, kann keine Indifferenzgerade zur Bestimmung eines optimalen Portfolios angegeben werden.

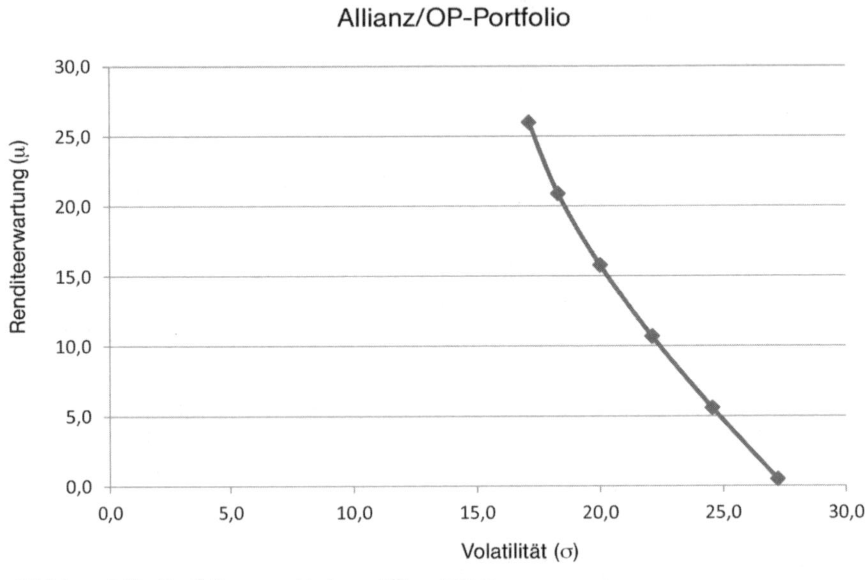

Abbildung 4-15: Portfolios verschiedener Allianz/OP-Zusammensetzungen

Die Antwort auf die noch offene Frage, ob eine Aktie der drei betrachteten Aktien für ein Investment ausgeschlossen werden kann, kann damit eindeutig beantwortet werden: die Allianz-Aktie. Aus den drei Aktien ist lediglich ein optimales Portfolio generierbar und zwar in der Zusammensetzung 48 % BASF-Aktien und 52 % SAP-Aktien.

Mit dieser Darstellung der Portfolio-Theorie nach Markowitz sollte gezeigt werden, dass qualitative Begriffe aus dem ersten Kapitel »Finanzanalyse«, wie Risikoaversion, Risikoprofil, Korrelation oder einheitliche Portfoliobetrachtung, quantitativ erfasst werden können, wenn auch nicht in einer einfachen Weise.

Mit Hilfe der Portfolio-Theorie nach Markowitz können individuelle Vorgaben des Anlegers, Rahmenbedingungen und Risiken quantitativ berücksichtigt werden. Durch ihre quantitativen Aussagen kann die Portfolio-Theorie und ihre Weiterentwicklungen als eine Quantitative Analyse angesehen werden. Neben der

- Fundamentalanalyse,
- Technischen Analyse und der
- Marktanalyse

(Gliederung des Kapitels 1 »Finanzanalyse«) kann die Quantitative Analyse als eine Erweiterung der Finanzanalyse angesehen werden.

Kapitel 5
Technische Analyse 2.0 – Empirical Mode Decomposition

Kurszeitreihen sind zeitdiskrete Signale, die – im Gegensatz zur Annahme der Technischen Analyse 1.0 – nichtlinear und nichtstationär sind. Bei Gültigkeit der Linearität und Stationarität müssten Kurszeitreihen folgende Eigenschaften haben:

- Jeder Zeitreihe liegt ein stochastischer Prozess zugrunde. Lineare Signale werden durch einen linearen stochastischen Gauß-Prozess erzeugt. Bei einem solchen Prozess sind die einzelnen Signalwerte untereinander hochgradig abhängig und müssten einer Gauß'schen Normalverteilung genügen. Die hochgradige Abhängigkeit der Signalwerte ist gegeben, wenn die gegenseitige Abhängigkeit der Signalwerte (Autokovarianz) nur von der Differenz der Punkte auf der Zeitachse abhängt und nicht von Zeitpunkten selbst. Dies ist bei Kurszeitreihen offensichtlich nicht gegeben, genauso wie Kurszeitreihen keiner Normalverteilung genügen.
- Stationarität ist eine Eigenschaft von zeitlich geordneten, zufälligen oder gesetzmäßigen Vorgängen. Bei solchen Vorgängen ist Stationarität gegeben, wenn sich ein arithmetischer Mittelwert und eine Aussage über die Abweichungen vom Mittelwert angeben lassen, die jedoch nicht von der Zeit abhängen. Beides, arithmetischer Mittelwert und Abweichungen vom Mittelwert, sind bei Kurszeitreihen zeitabhängig.

Kurszeitreihen sind somit generell nichtlinear und nichtstationär. Die Anwendbarkeit der Technischen Analyse 1.0 auf Kurszeitreihen beruht darauf, dass es Zeitabschnitte gibt, in denen Kurszeitreihen in guter Näherung als linear und stationär angesehen werden können. In solchen Zeitabschnitten liefert die Technische Analyse 1.0 brauchbare Ergebnisse. Die Güte der Ergebnisse hängt jedoch davon ab, wie gut solche Zeitabschnitte erfasst werden und wie lange sie gültig sind. Werden dagegen bei der Analyse von Kurszeitreihen ihre Nichtlinearität und ihre nichtstationäre Eigenschaft generell berücksichtigt, dann kann man davon ausgehen, bessere Analyseergebnisse zu erhalten.

Allgemein bestehen Kurszeitreihen aus vier grundlegenden Kursbewegungen:

- Trends (im Allgemeinen nichtlinear),
- oszillatorischen Bewegungen (im Allgemeinen nichtperiodisch),
- Kurssprüngen und
- stochastischen Bewegungen.

Diese vier Teile einer Kurszeitreihe überlagern sich nichtlinear. In der herkömmlichen Technischen Analyse 1.0 werden diese Kursbewegungen selektiv mit speziell angepassten Strategien – zum Beispiel Trends mit Trendfolgesystemen – analysiert. Diese selektive Art der Analyse wird durch die Anwendung der Empirical Mode Decomposition (EMD) aufgehoben. Dieses Verfahren zerlegt ganz allgemein nichtstationäre und nichtlineare Signale in sogenannte Intrinsic Mode Functions (IMF). Mit der EMD können die vier Einzelaspekte der obigen Kurszeitreihen-Aufteilung zusammengefasst analysiert werden. In den folgenden Abschnitten wird dies im Einzelnen beschrieben.

5.1 Empirical Mode Decomposition (EMD)

Die Empirical Mode Decomposition (EMD) ist ein neues, sehr allgemeines Verfahren zur nichtlinearen, nichtstationären Datenanalyse von oszillierenden, zeitdiskreten Signalen s(t). Ihre Anwendung auf Kurszeitreihen bedeutet einen neuen Schritt in der Technischen Analyse, denn sie berücksichtigt vollständig die nichtlinearen und nichtstationären Eigenschaften von Kurszeitreihen.

Die EMD wurde von Norden E. Huang 1998 eingeführt,[1] um den Einsatzbereich der Hilbert-Transformation auch für beliebige breitbandige Signale nutzbar zu machen[2]. Mit Hilfe des EMD-Verfahrens werden Zeitreihen in einzelne, schmalbandige Komponenten c(t) zerlegt, die »Intrinsic Mode Functions« (IMF) genannt werden.

Die EMD ist ein adaptives Verfahren, bei dem – im Gegensatz zur Fourier– und Wavelet-Analyse, wo a priori eine orthogonale Funktionsba-

1 The Empirical Mode Decomposition and the Hilpert Spectrum for Nonlinear and Nonstationary Time Series Analysis, Proceedings of the Royal Society London 1998, A 454 903-995.

2 Vergleiche Algernon, Impact-Echo-Analyse akustischer Werte in Beton, Berlin 2006, S. 101.

sis definiert wird – die Zerlegung in einzelne Signalmoden (IMFs) adaptiv am Signal erfolgt. Eine notwendige Orthogonalität der einzelnen Signalmoden ist demnach a priori nicht gegeben. Sie muss am Ergebnis überprüft werden.

Dieses Kapitel und das folgende haben

- die Formulierung der EMD,
- die Umsetzung in ein Mathematica-8.0-Programm und
- die beispielhafte Anwendung auf Kurszeitreihen

zum Inhalt.

5.2 Das Prinzip der EMD

Die EMD ermöglicht die Zerlegung von diskreten Signalen ähnlich einer Fourier-Entwicklung, jedoch ohne deren Bedingungen genügen zu müssen. Während eine Fourier-Entwicklung nur sinnvoll auf lineare und stationäre Signale angewendet werden kann, ist es mit der EMD möglich, auch nichtlineare und nichtstationäre Signale zu analysieren.

Die EMD gliedert sich in zwei Prozesse, nämlich in einen Iterations-Prozess und in einen Siftingprozess. Das englische Wort »sifting« bedeutet heraussieben; es handelt sich bei diesem Prozess demnach um einen Sieb-Prozess. Für die Beendigung beider Prozesse ist jeweils eine spezifische Abbruchbedingung notwendig.

Mit Hilfe dieser beiden Prozesse werden aus einem nichtlinearen und nichtstationären Ausgangssignal iterativ schmalbandige Signale – die bereits genannten »Intrinsic Mode Functions« (IMFs) – adaptiv extrahiert. Die Extraktion einer IMF aus einem beliebigen Signal – nicht notwendigerweise nur aus dem Ausgangssignal s(t) – erfolgt mit Hilfe des Iterations-Prozesses. Die Extraktion aller IMFs aus einem vorgegebenen, beliebigen Ausgangssignal s(t) geschieht mit dem Siftingprozess. Beide Prozesse werden nachfolgend zuerst bildhaft und später mathematisch beschrieben.

Das Extrahieren einer IMF geschieht durch Anwendung einer Folge von Iterationsschritten. Ein solcher Iterationsschritt wird in der folgenden Abbildungsfolge dargestellt.

Mit dem in Abbildung 5-1 abgebildeten Ausgangssignal s(t) – als Beispiel für ein beliebiges nichtlineares und nichtstationäres Signal – wird der Iterationsprozess begonnen.

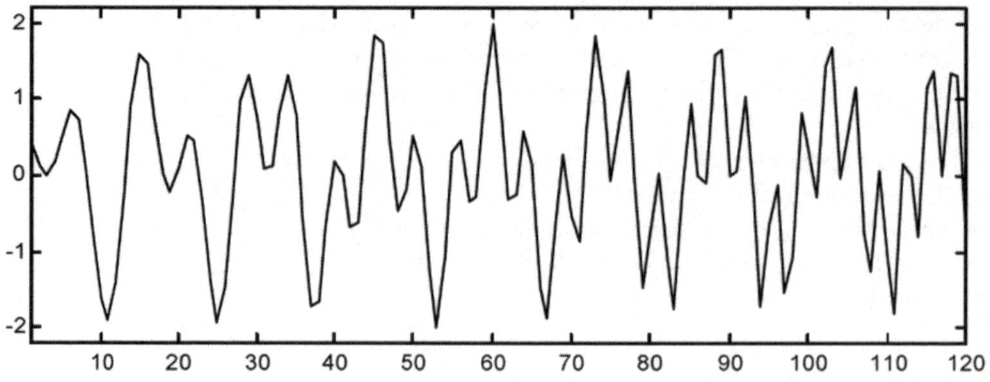

Abbildung 5-1: Ausgangssignal

Zunächst werden die lokalen Maxima des Ausgangssignals s(t) bestimmt und die obere Einhüllende gebildet (vergleiche Abbildung 5-2).

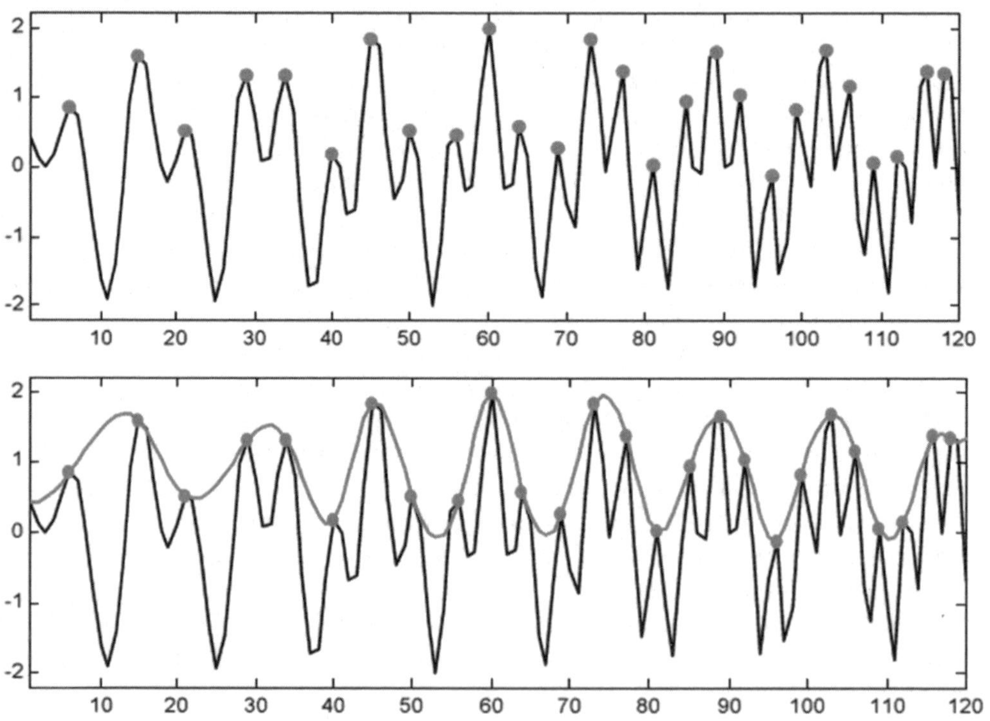

Abbildung 5-2: Lokale Maxima und obere Einhüllende

Im nächsten Schritt (vergleiche Abbildung 5-3) werden die lokalen Minima bestimmt und die untere Einhüllende gebildet:

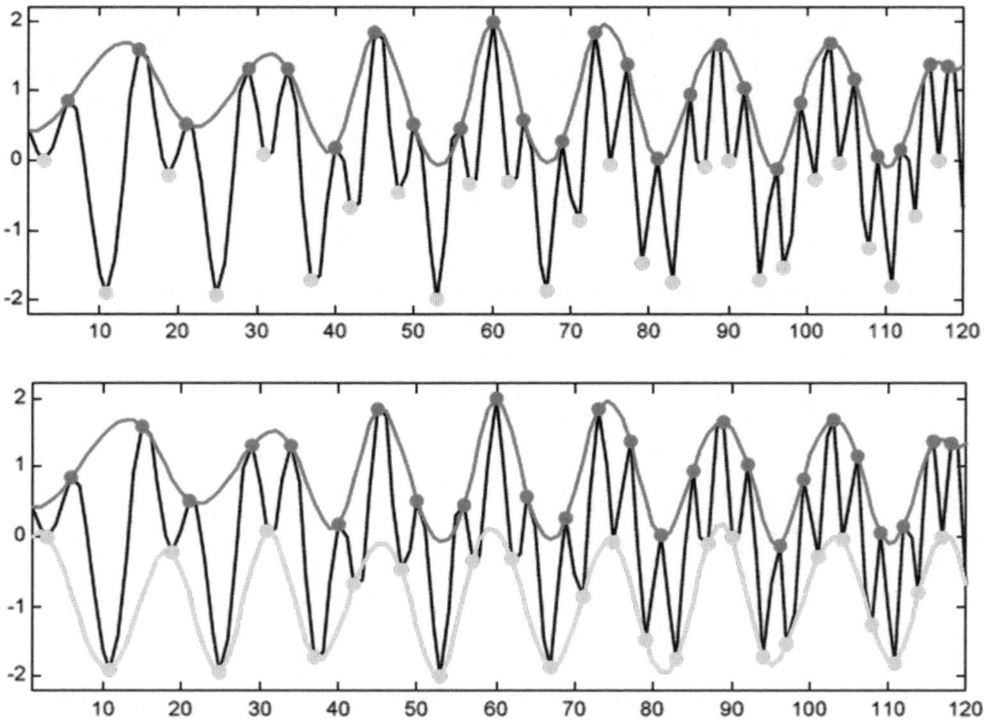

Abbildung 5-3: Lokale Minima und untere Einhüllende

Die Berechnung des Mittelwertes erfolgt mit Hilfe der oberen und unteren Einhüllenden (vergleiche Abbildung 5-4).

Aus der Differenz von Ausgangssignal s(t) und dem Mittelwert wird ein Residuum errechnet:

$$Residuum = Ausgangssignal\ s(t) - Mittelwert.$$

Das Residuum (Abbildung 5-5, oben) stellt sich im Vergleich zum Ausgangssignal s(t) (Abbildung 5-5, unten) wie folgt dar:

Mit der Berechnung des Residuums ist der erste Iterationsschritt abgeschlossen. Das Residuum dient nun als Ausgangssignal für den zweiten Iterationsschritt, der genauso durchgeführt wird wie der erste: Bestimmung der oberen und unteren Einhüllenden sowie Berechnung des Mittelwertes (vergleiche Abbildung 5-6).

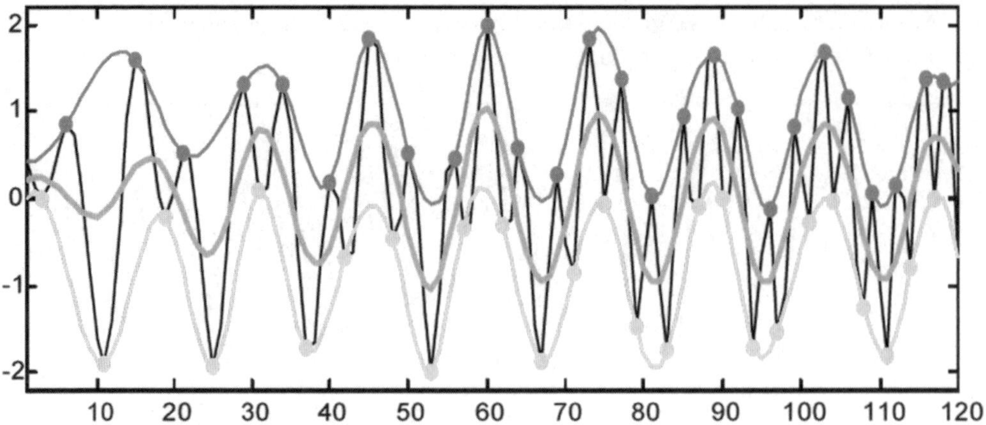

Abbildung 5-4: Berechnung des Mittelwertes

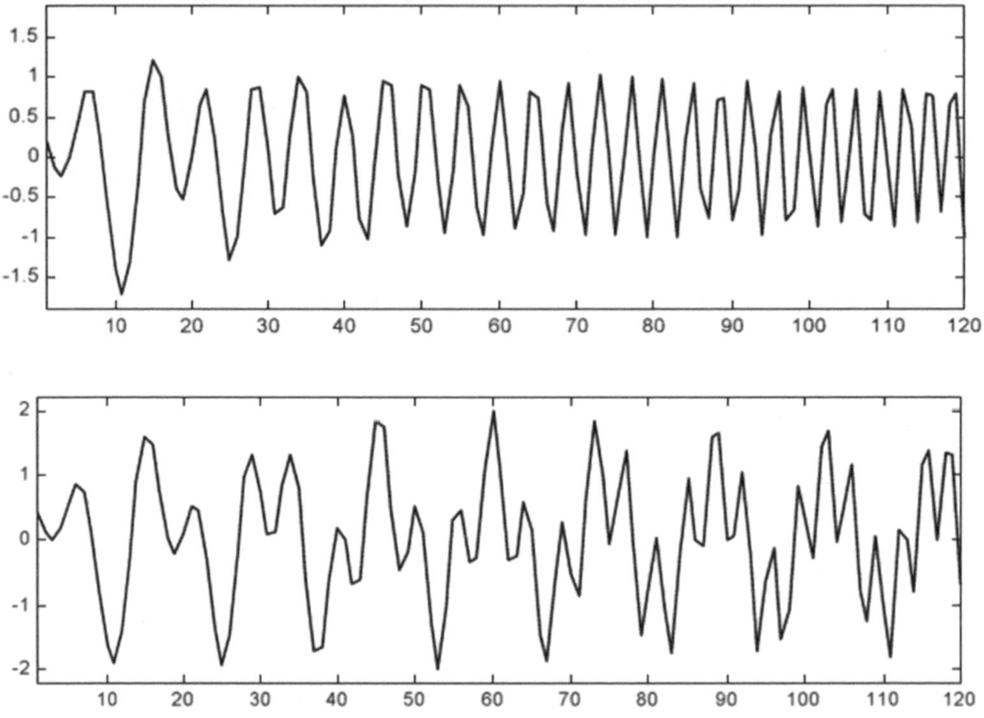

Abbildung 5-5: Residuum (oben) und Ausgangssignal (unten)

Das Prinzip eines Iterationsschrittes lässt sich zusammenfassend wie folgt beschreiben:

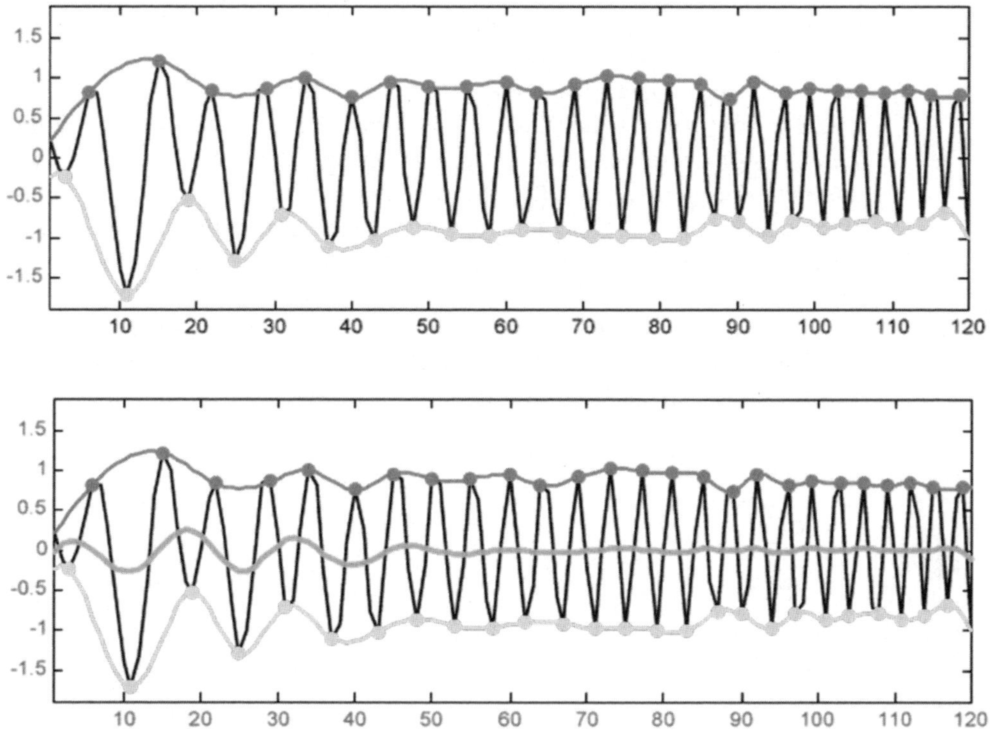

Abbildung 5-6: Zweiter Iterationsschritt

- Bestimmung der lokalen Maxima eines nichtlinearen und nichtstationären Signalverlaufes.
- Verbindung dieser lokalen Maxima mit einer stetigen und differenzierbaren Interpolationsfunktion zu einer oberen Einhüllenden.
- Bestimmung der lokalen Minima des nichtlinearen und nichtstationären Signalverlaufes.
- Verbindung dieser lokalen Minima mit einer stetigen und differenzierbaren Interpolationsfunktion zu einer unteren Einhüllenden.
- Berechnung des lokalen Mittelwertes aus den beiden Einhüllenden.
- Subtraktion des Mittelwertes vom Signalverlauf.

Die beiden Einhüllenden haben hinsichtlich des Signalverlaufes eine Art »Sandwich-Funktion«. Durch fortgesetzte Anwendung solcher Iterationsschritte, unter Beachtung einer Abbruchbedingung, lässt sich aus jedem beliebigen nichtlinearen und nichtstationären Signal eine IMF extrahieren. Ausgehend von einem Signal bestimmt eine Folge von Iterationsschritten sowie der Abbruch der Folge – durch eine noch zu definierende Abbruchbedingung – einen vollständigen Iterations-Prozess.

In der Regel gliedert sich die EMD in verschiedene Iterationsprozesse. Das Ergebnis nach jedem Iterations-Prozess ist eine IMF. Die Anzahl der Iterations-Prozesse ist damit durch die Anzahl der IMFs bestimmt, die aus dem Ausgangssignal s(t) extrahiert werden können. Die Summe der Iterations-Prozesse wird in dem bereits erwähnten Siftingprozess übergeordnet zusammengefasst. In den nachfolgenden Abbildungen 5-7 bis 5-13 ist modellhaft ein dreistufiger Siftingprozess dargestellt.

Aus einem beliebigen Ausgangssignal (Abbildung 5-7) wird ein erstes Bandsignal (IMF1) extrahiert. Diese IMF1 (Abbildung 5-8) wiederum ist das Ergebnis einer ersten Folge von Iterationsschritten.

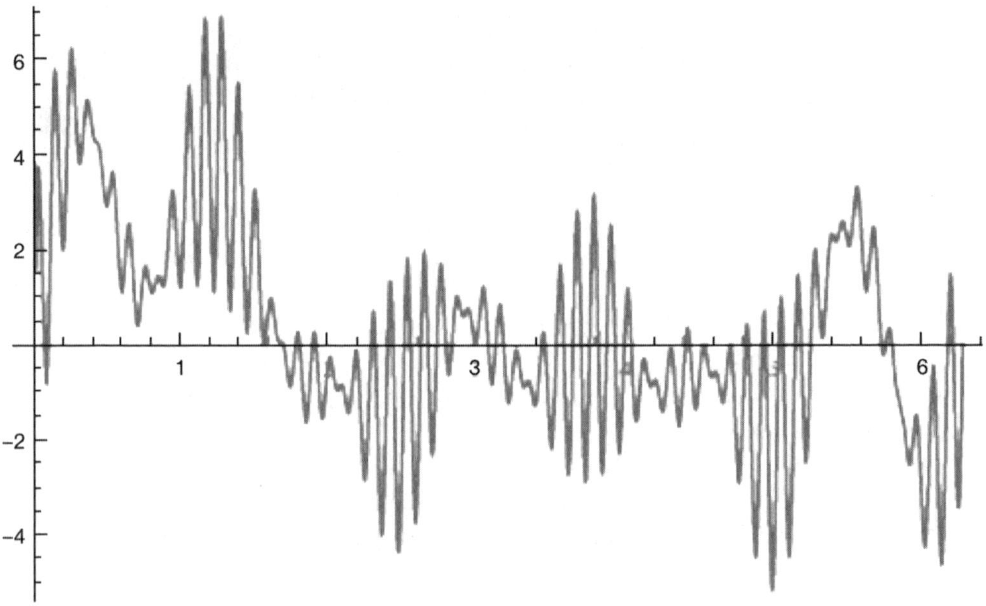

Abbildung 5-7: Ausgangssignal

Die Differenz aus dem Ausgangssignal und der IMF1 ist ein Restwert 1 (Abbildung 5-9), der als Beginn für eine neue Folge von Iterationsschritten dient. Damit ist der erste Siftingprozess-Schritt abgeschlossen.

Das Ergebnis der neuen Folge von Iterationsschritten ist ein zweites Bandsignal (IMF2, siehe Abbildung 5-10).

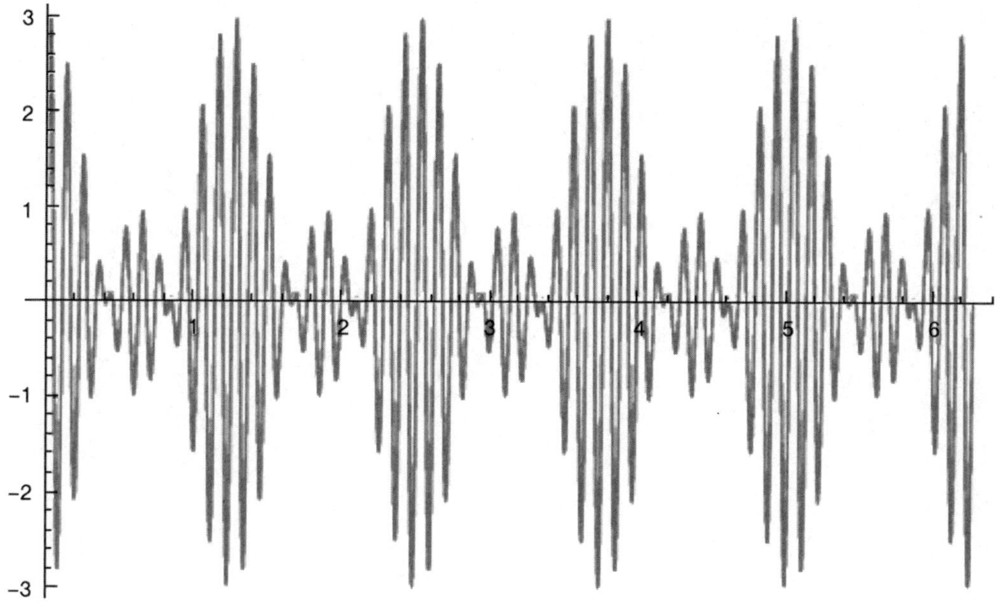

Abbildung 5-8: IMF1

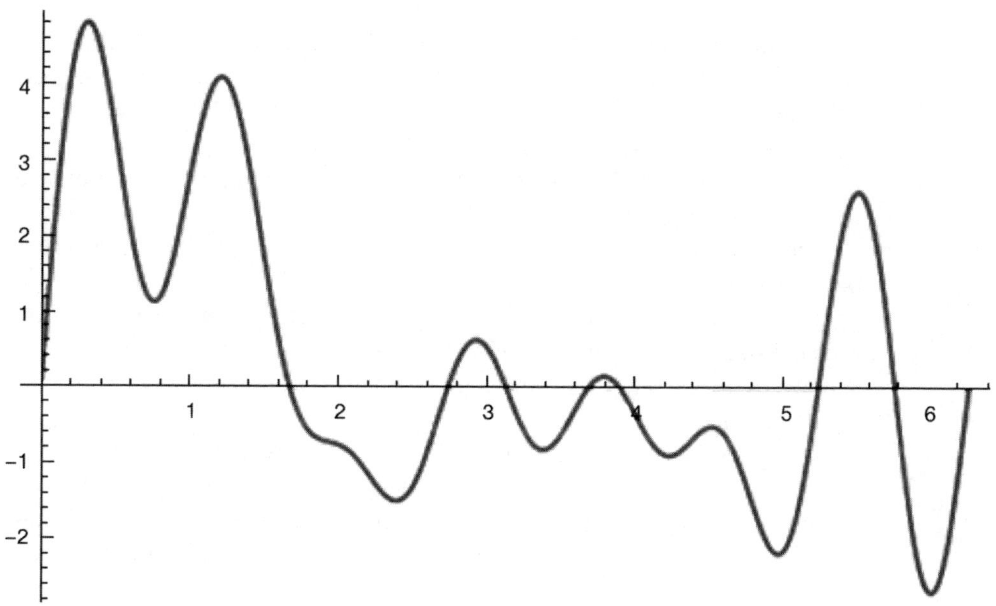

Abbildung 5-9: Restwert 1

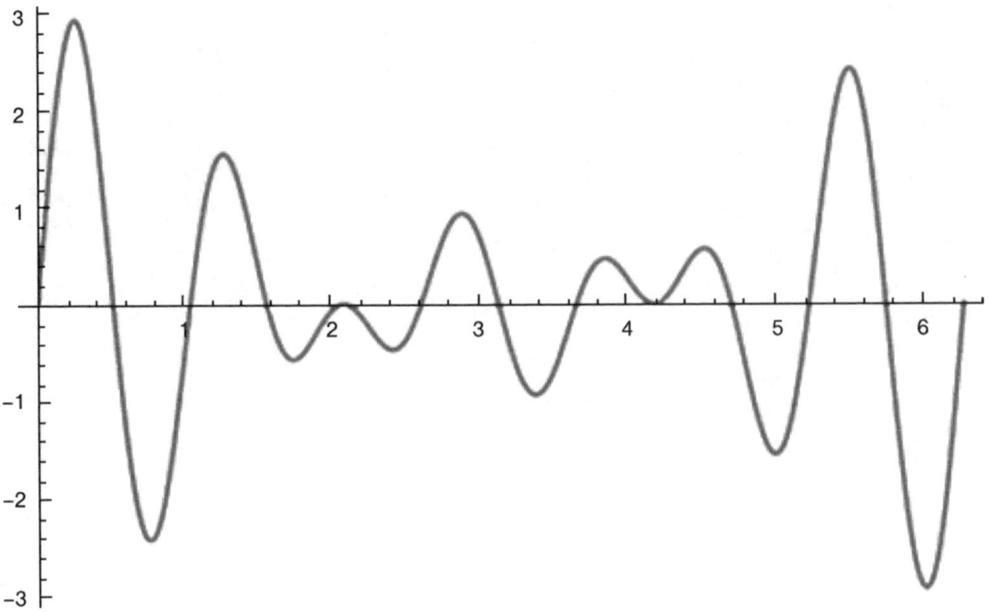

Abbildung 5-10: IMF2

Aus der Differenz des Restwertes 1 und der IMF2 resultiert ein Restwert 2 (Abbildung 5-11). Dieser bildet den Abschluss des zweiten Siftingprozess-Schrittes.

Der Restwert 2 ist nun das Ausgangssignal für eine dritte Folge von Iterationsschritten. Das Ergebnis der Iterationsfolge ist ein drittes Bandsignal (IMF3, Abbildung 5-12).

Die Differenz aus dem Restwert 2 und der IMF3 ergibt einen Restwert 3 (siehe Abbildung 5-13).

Dieser Restwert 3 hat lediglich zwei Extrema. Damit ist der dritte Siftingprozess-Schritt und zugleich der gesamte Siftingprozess beendet, da mit zwei oder weniger Extrema keine weitere Iterationsfolge durchgeführt werden kann.

Zusammenfassend lässt sich der Siftingprozess wie folgt beschreiben:

- Nach jedem Iterationsschritt – also nach der Subtraktion des Mittelwertes vom Signalverlauf – wird geprüft, ob der neu errechnete Signalverlauf eine IMF darstellt (siehe dazu Abschnitt 5.3) und ob die für die Iterationsprozesse definierte Abbruchbedingung erfüllt ist.
- Falls dies nicht der Fall ist, folgt ein weiterer Iterationsschritt.

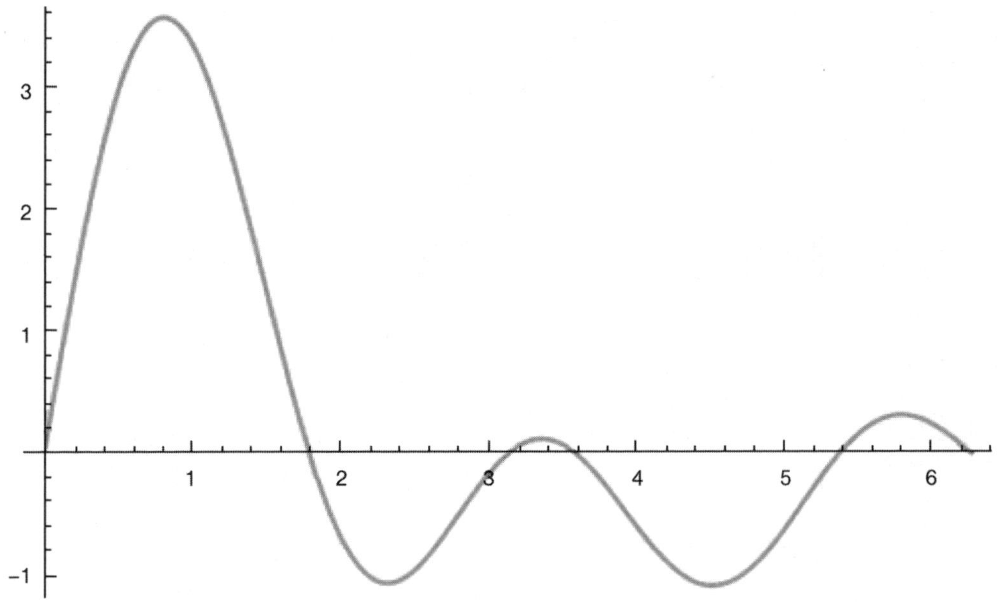

Abbildung 5-11: Restwert 2

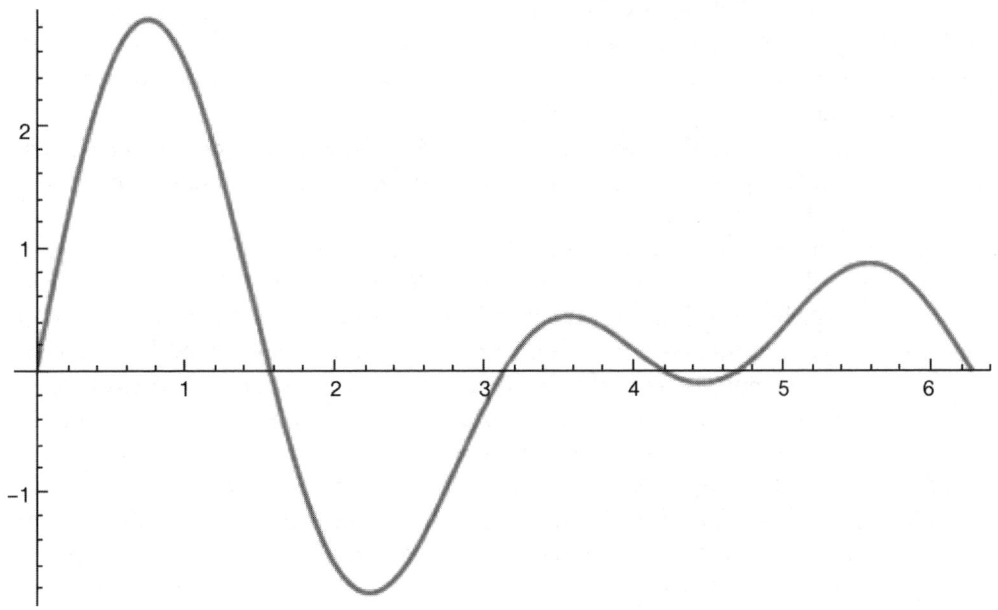

Abbildung 5-12: IMF3

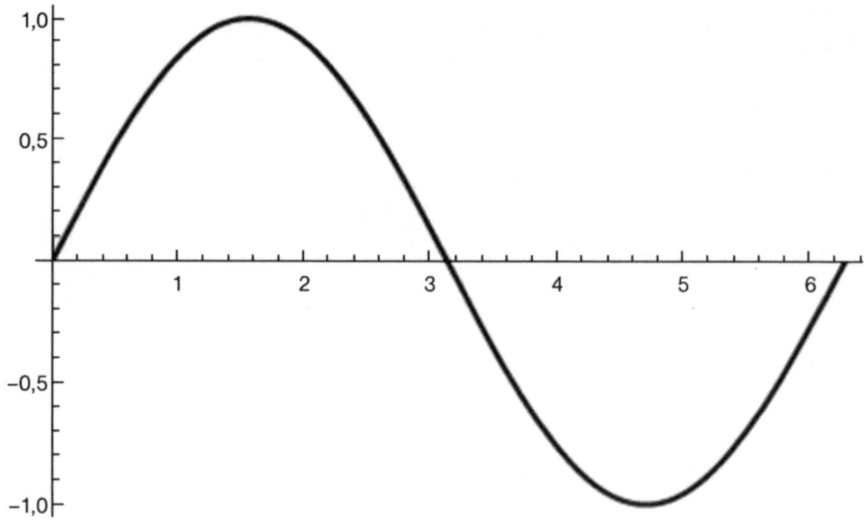

Abbildung 5-13: Restwert 3

- Erfüllt jedoch das Ergebnis des letzten Iterationsschrittes die Definition einer IMF und die Abbruchbedingung, dann liegt eine IMF vor.
- Diese IMF wird vom Signal subtrahiert, das zu Beginn des Iterations-Prozesses iteriert wurde.
- Der sich ergebende Restwert, also die Differenz aus Signal und IMF, dient als Startwert für einen erneuten Iterations-Prozess.
- Die sukzessive Extraktion von IMFs – und damit der übergeordnete Siftingprozess – endet mit einer weiteren zu definierenden Abbruchbedingung.

Aus einem Ausgangssignal wurden in dem obigen Modellbeispiel sukzessive drei IMFs extrahiert, bis ein letzter Restwert mit zwei Extrema übrigblieb. Die Abbruchbedingung für den Siftingprozess ist damit schon angesprochen: Der Siftingprozess endet, wenn ein Restwert zwei oder weniger Extrema hat.

Die beiden Abbruchbedingungen – diejenige für den Iterations-Prozess und diejenige für den Siftingprozess – sind wesentliche Bestandteile der EMD. Sie bestimmen einerseits entscheidend das Verfahren, andererseits stellen sie aber auch die Problematik der EMD dar. Da nämlich diese Abbruchbedingungen nicht aus dem Verfahren abgeleitet werden können, sondern zusätzlich definiert werden müssen, resultiert daraus eine Schwachstelle des Verfahrens.

Das Anwendungsspektrum der EMD ist sehr vielfältig und wird seit einigen Jahren in fast allen Bereichen der Technik und der Wissenschaft eingesetzt. Seine Anwendung ist nicht auf Kurszeitreihen beschränkt. Als ein nicht alltägliches Beispiel für die Anwendung der EMD sei die Analyse der Schreie von Killerwalen genannt.[3]

5.3 Intrinsic Mode Function (IMFs)

Eine IMF – mit c(t) bezeichnet – (siehe folgender Text) kann als eine trigonometrische Funktion mit zeitabhängiger Amplitude und Frequenz verstanden werden. Präziser formuliert: Eine IMF ist eine amplituden- und frequenzabhängige Funktion einer Zeitreihe. Für den mathematisch interessierten Leser kann diese Aussage in mathematischer Kurzschrift exakt wie folgt formuliert werden:

$$c(t) = \sum_{j=1}^{n} A_j(t) * \int [\cos(\Omega_j\{t\}) + i * \sin(\Omega_j\{t\})\ dt$$

In dieser Formel, die in ihrer Grundstruktur auf Leonhard Euler (Schweizer Mathematiker, 1707–1783) zurückgeht, bedeutet A_j (t) die zeitabhängige Amplitude und (Ω_j {t}) die zeitabhängige Frequenz, wobei »cos und sin« die trigonometrischen Funktionen bedeuten und »i« die imaginäre Einheit bezeichnet. Letzteres bedeutet jedoch nicht, dass die Aussage nur in der komplexen Ebene richtig ist, sondern sie gilt sowohl für reelle als auch komplexe Argumente. Eine IMF kann – ohne weitere Begründung – in dieser Form dargestellt werden. Die Nähe zur Fourier-Analyse – mit der Einschränkung der zeitabhängigen Amplitude und Frequenz – ist offensichtlich.

Die EMD zerlegt das zugrunde liegende Signal (Zeitreihe) in einen Satz solcher IMFs. Dieser Satz von IMFs stellt eine physikalische Basis für das Signal dar, mit der das Signal wieder reproduziert werden kann.

Genauer wird eine IMF jedoch durch zwei Bedingungen definiert:

- Die Anzahl der lokalen Extrema und die Anzahl der Nulldurchgänge eines oszillierenden Signals s(t) dürfen höchstens um den Wert eins differieren.

3 Vergleiche Adam, Segmentation of Killer Whale Vocalizations Using the Huang-Hilbert Transform, EURASIP Journal of Advances in Signal Processing, Volume 2008, Article ID 245936.

- Der Mittelwert aus
  - der oberen Einhüllenden eines Signals s(t), bestimmt durch seine fortlaufenden Maxima, und
  - der unteren Einhüllenden, bestimmt durch seine fortlaufenden Minima, ist null.

  Damit wird eine Symmetrie bezüglich der Signalnulllinie erreicht.

  Eine analytische Formulierung der IMFs gibt es nicht. Die IMFs eines oszillierenden Signals s(t) ergeben sich lediglich durch den in ihrer Definition enthaltenen Algorithmus.

Anmerkung zur Definition einer IMF: Die erste Bedingung ist vergleichbar mit den herkömmlichen Bedingungen für schmalbandige Signale in stationären Gauß-Prozessen. Die zweite Bedingung ist notwendig, damit die Momentanfrequenz nicht von asymmetrischen Wellenformen beeinflusst wird.[4] Diese beiden Sachverhalte werden nicht weiter behandelt. Sie verweisen lediglich auf einen mathematischen Zusammenhang, um die IMF-Definition weniger isoliert erscheinen zu lassen.

In der Praxis bestehen oszillierende Signale s(t) meistens aus mehreren IMFs: $c_i(t)$, i = 1, 2, ..., n. Die EMD extrahiert aus dem Ausgangssignal s(t) die in ihm enthaltenen verschiedenen IMFs. Im Folgenden wird die Zeit t sowohl als kontinuierliche oder als diskrete Variable verwendet, wobei die Verwendung als diskrete Variable – insbesondere im Hinblick auf Kurszeitreihen – der Normalfall ist. Der EMD kann jede Zeiteinheit zugrunde gelegt werden. Hier erfolgt aus Zweckmäßigkeitsgründen eine Beschränkung auf Tage und Wochen.

Durch Anwendung des weiter unten mathematisch beschriebenen EMD-Verfahrens wird das Ausgangssignal s(t) in n verschiedene IMFs $c_i(t)$ und einen Restwert r_n zerlegt. Letzterer liefert den Trend des Signals s(t) im betrachteten Zeitraum, der durch die Gesamtheit der Signaldaten vorgegeben ist. Die Summe, bestehend aus allen IMFs $c_i(t)$ und dem Restwert r_n, ergibt das Ausgangssignal s(t), zumindest in sehr guter Approximation:

$$s(t) = \sum_{i=1}^{n} c_i(t) + r_n.$$

4 Vergleiche Huang, The Empirical Mode Decomposition and the Hilbert Spectrum for Nonlinear and Nonstationary Time Series Analysis, Proceedings of the Royal Society London 1998, A 454, 903-995.

Die Anzahl n der IMFs ist vom Ausgangssignal s(t) abhängig. In der Regel ist n für Kurszeitreihen nicht größer als 10. Ein Beispiel, wie eine solche Zerlegung grafisch aussieht, zeigen die folgenden Abbildungen. Als Ausgangssignal dient der Kursverlauf des DAX im Zeitraum 19. März 2009 bis 1. Juni 2012 (vergleiche Abbildung 5-14).

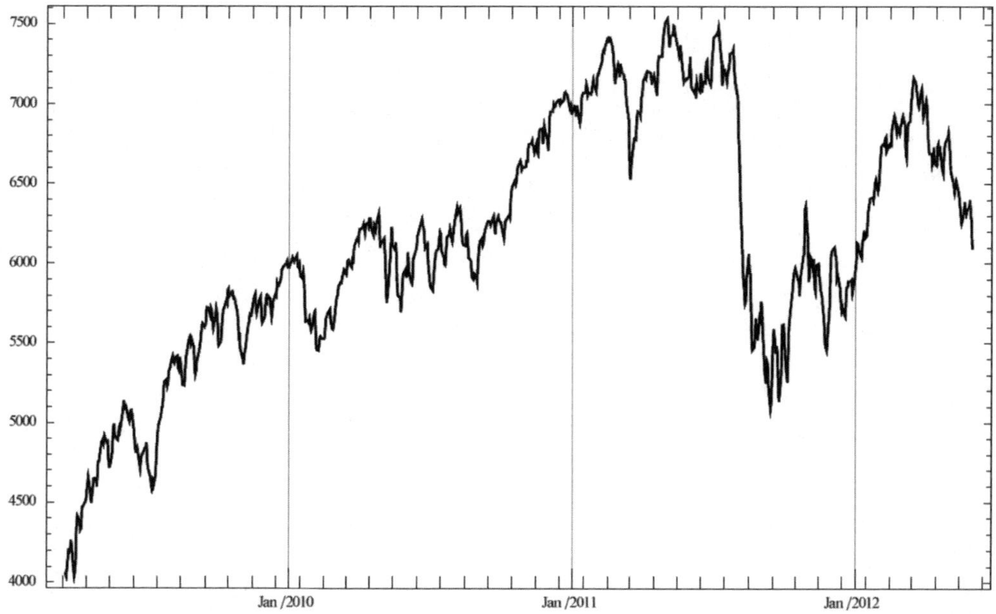

Abbildung 5-14: Ausgangssignal (DAX)

Die Zerlegung mittels der EMD ergibt fünf IMFs und einen Restwert. Die einzelnen IMFs (IMF1 bis IMF5) werden in den Abbildungen 5-15 bis 5-19 dargestellt.

An den Abbildungen für die fünf IMFs fällt auf, dass die Perioden der einzelnen IMFs immer größer beziehungsweise ihre Frequenzen immer kleiner werden. IMF1 hat die kleinsten Perioden (höchsten Frequenzen), während die IMF5 die größten Perioden (kleinsten Frequenzen) aufweist. Im nächsten Abschnitt zur Signalfilterung wird auf diesen Sachverhalt detailliert eingegangen.

Abbildung 5-20 zeigt den sogenannten Restwert, der als Trend interpretiert werden kann. Der Restwert ist im Vergleich zum Kursverlauf des DAX dargestellt.

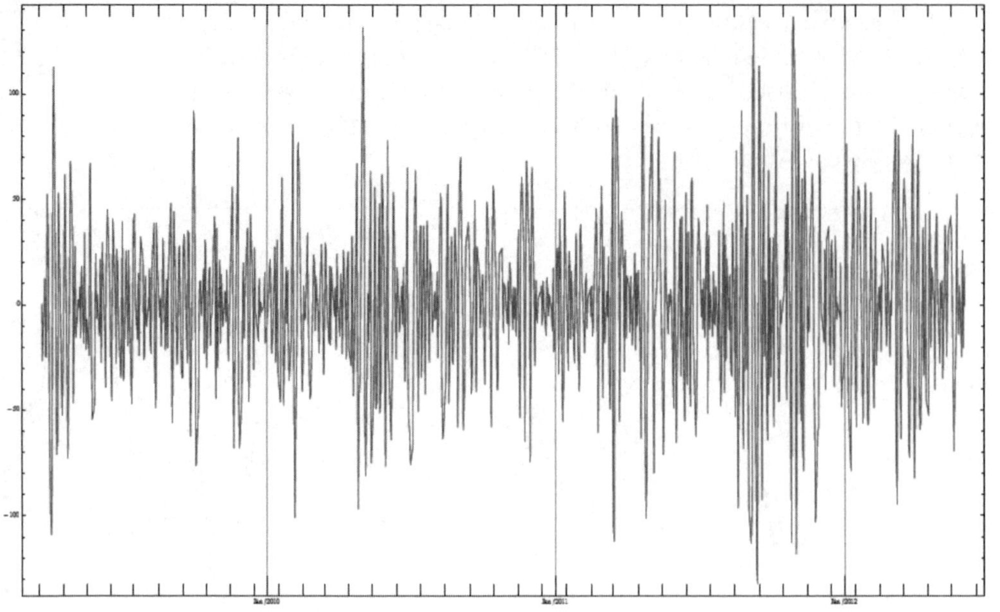

Abbildung 5-15: IMF1

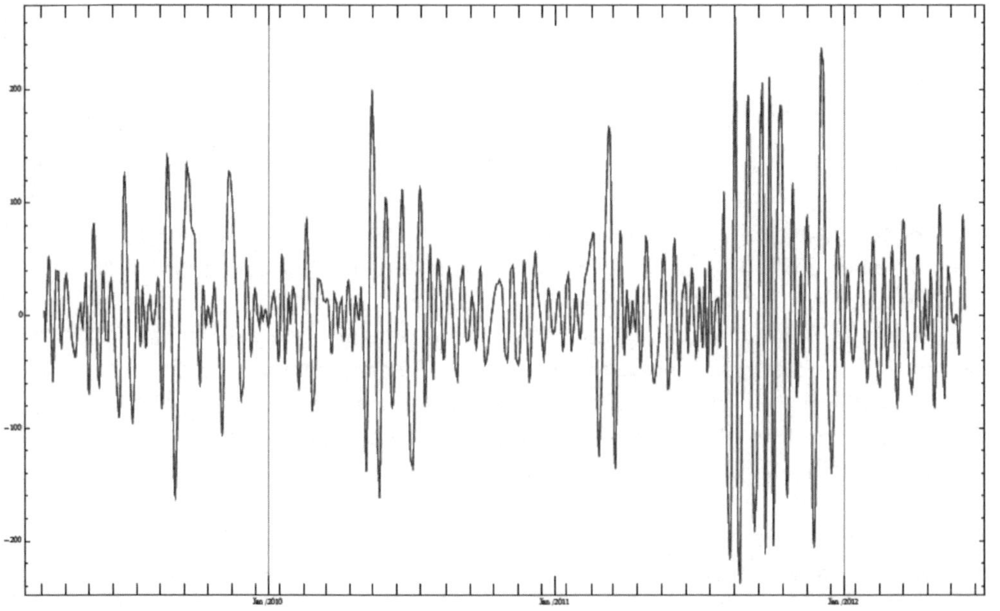

Abbildung 5-16: IMF2

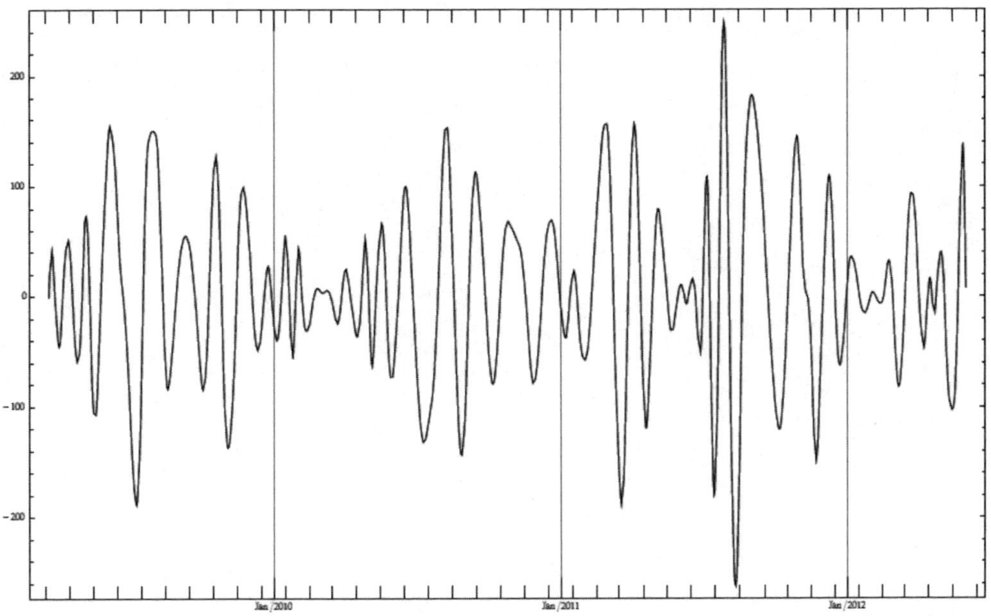

Abbildung 5-17: IMF3

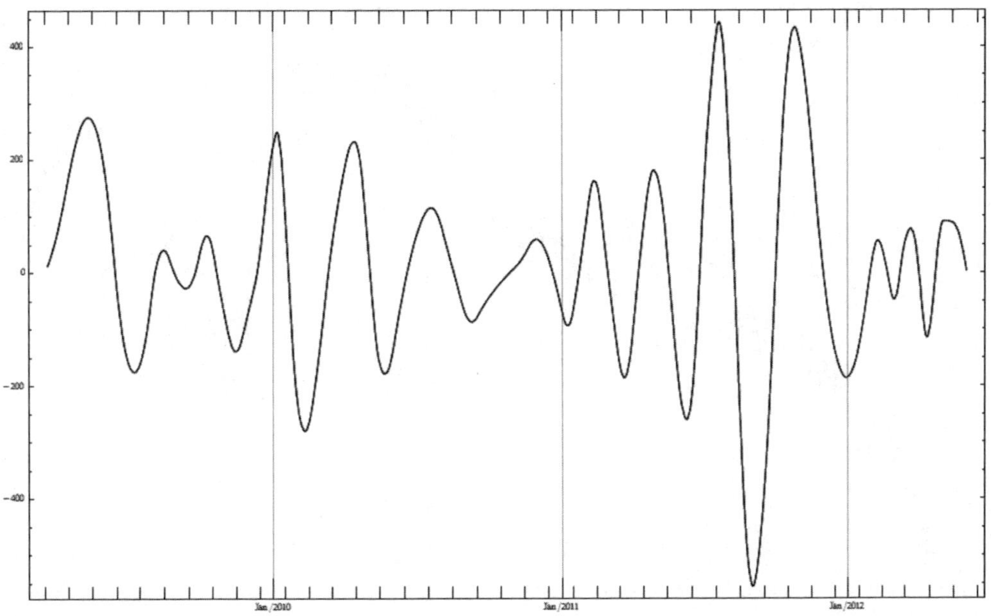

Abbildung 5-18: IMF4

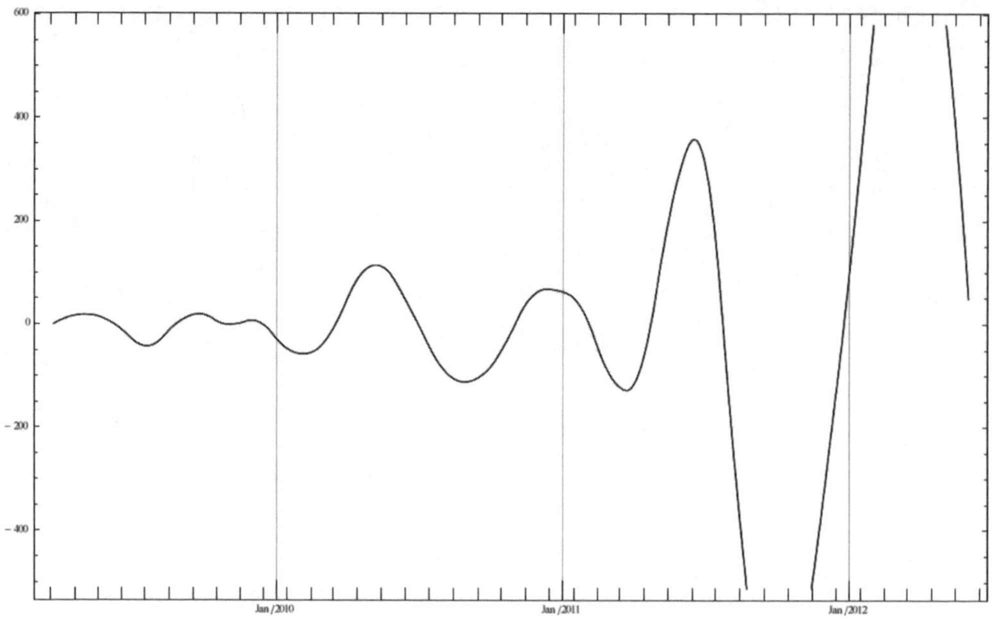

Abbildung 5-19: IMF5

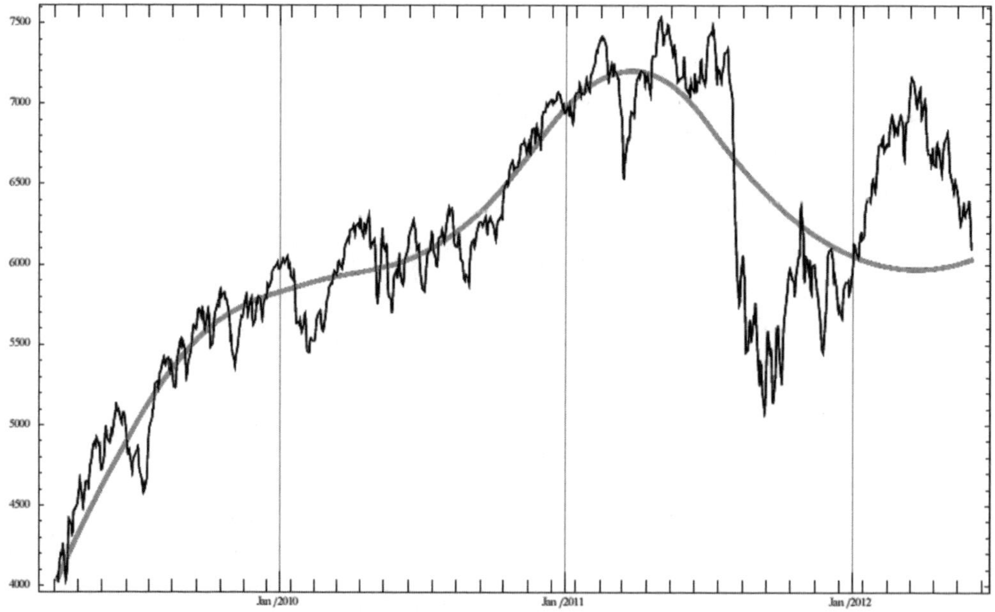

Abbildung 5-20: Restwert im Vergleich zum Ausgangssignal (DAX)

Mit Hilfe der EMD wurde das Ausgangssignal – der DAX – in fünf IMFs und den Restwert zerlegt. Die Addition dieser sechs Größen ergibt nun mit einer sehr hohen Genauigkeit das ursprüngliche Signal. In Abbildung 5-21 stellt die schwarze Linie das Ausgangssignal dar und die obere Begrenzung des ausgefüllten Bereiches die Rekonstruktion des Ausgangssignals auf der Basis der IMF1 bis IMF5 plus Restwert. Die Genauigkeit ist beeindruckend. Auf die Genauigkeit wird noch in einem späteren Abschnitt eingegangen, nach der mathematischen Beschreibung der EMD.

Das EMD-Verfahren ist adaptiv, im Gegensatz zur Fourier- und Wavelet-Analyse. Aperiodische, zeitabhängige Signale werden durch die Fourier-Analyse auf der Basis orthogonaler Sinus- und Cosinus-Funktionen in ein Amplitudenspektrum im Raster diskreter, äquidistanter Frequenzen zerlegt. Die Amplituden und Frequenzen der einzelnen Sinus- und Cosinus-Funktionen sind zeitunabhängig. Dagegen zerlegt die EMD aperiodische, zeitabhängige Signale – wie zum Beispiel Kurszeitreihen – in IMFs, die im Idealfall orthogonal zueinander sind. Die Amplituden und Frequenzen dieser IMFs sind zeitabhängig.

Auf Grund der IMF-Definition kann jedes Signal s(t) in einzelne IMFs zerlegt werden. Die IMFs sind intrinsisch, da sie sich direkt aus dem Ausgangssignal s(t) ergeben. Die IMFs stellen damit einfache, im Signal eingebettete, Schwingungsmodi dar. IMFs sind Signale mit einem wesentlich engeren Frequenzbereich als das Ausgangssignal s(t). Sie stellen also im Vergleich zum Ausgangssignal schmalbandige Signale dar. Der Frequenzbereich einer IMF ist in den anderen IMFs im Idealfall nicht enthalten. Darüber hinaus ist der Frequenzbereich einer IMF niederfrequenter als der Frequenzbereich der zuvor extrahierten IMF. Die IMFs sind dann orthogonal zueinander. Auf die Orthogonalität der IMFs wird in einem gesonderten Abschnitt später noch eingegangen. Zusammenfassend gilt, dass die EMD ein nichtstationäres und nichtlineares Signal in schmalbandige Signale, IMFs genannt, gegliedert zerlegt.

Die Zerlegung kann deshalb gegliedert genannt werden, weil der Frequenzbereich einer IMF höhere Frequenzen aufweist als der Frequenzbereich der nachfolgend extrahierten IMF und die Frequenzbereiche dieser beiden IMFs sich nicht überlappen. Im folgenden Abschnitt wird dieser Aspekt, der für die Technische Analyse sehr bedeutend ist, beschrieben.

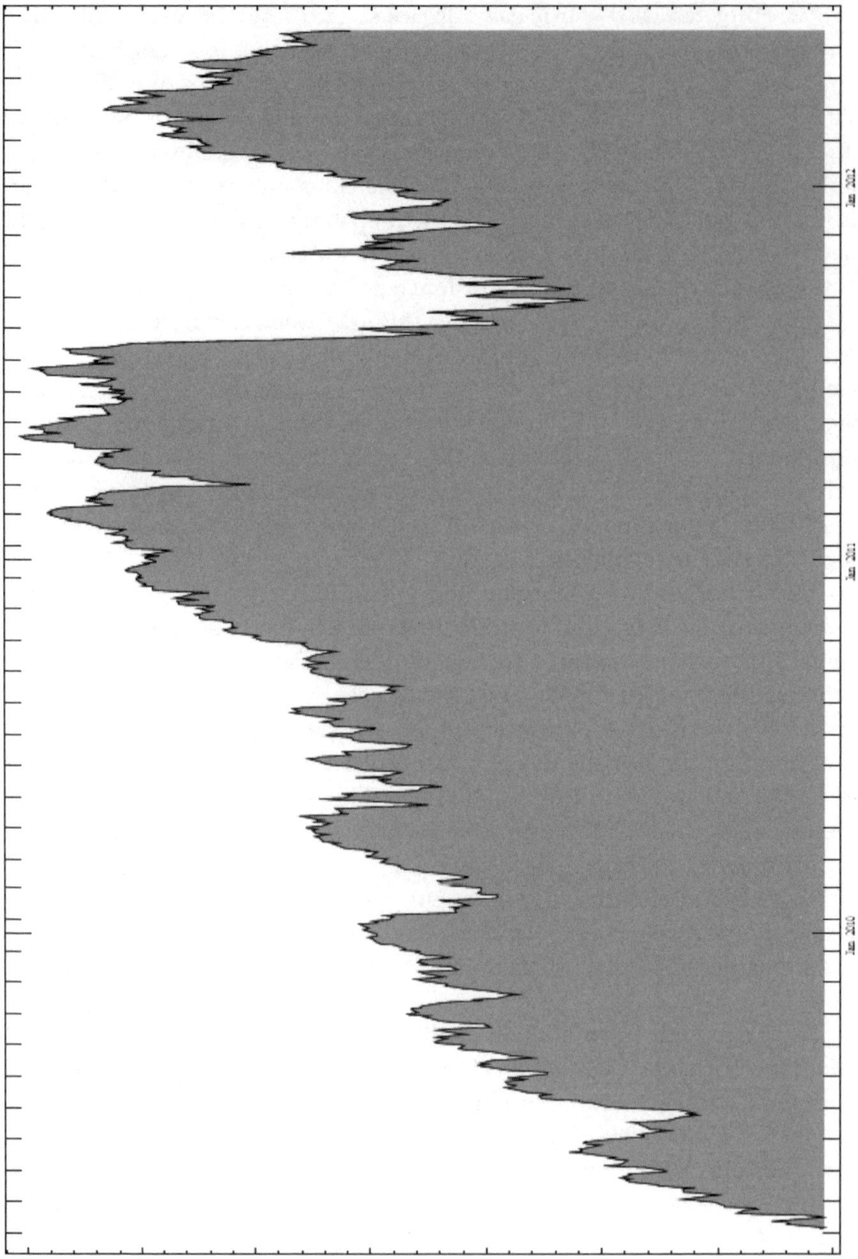

Abbildung 5-21: Rekonstruktion des Ausgangssignals (DAX)

5.4 Signalfilterung

Im Allgemeinen erfolgt eine Signalfilterung im Frequenzbereich. Wenn jedoch das Ausgangssignal nichtlinear und nichtstationär ist, bereitet eine Signalfilterung Schwierigkeiten. Um den nichtlinearen Verlauf und den nichtstationären Gegebenheiten zu genügen, generiert eine Signalfilterung im Frequenzbereich beliebige harmonische Schwingungen, die die gefilterten Daten in unzulässiger Weise verändern. Mit einer Filterung im Zeitbereich mit IMFs kann dies vermieden werden.

Die mit Hilfe der EMD berechneten IMFs erlauben eine gezielte Signalfilterung. Dies ist möglich, da das Verfahren die IMFs automatisch nach ihren Frequenzbereichen sortiert (siehe Abschnitt 5.3). Die erste berechnete IMF enthält die höchsten Frequenzen, die zweite IMF hat niedrigere Frequenzen als die erste. Die letzte IMF enthält die niedrigsten Frequenzen. Da nun weiterhin die Summe der extrahierten IMFs zusammen mit dem Restwert das originale Signal rekonstruiert, kann durch Weglassen bestimmter IMFs eine gezielte Signalfilterung vorgenommen werden.

Bedeutend für die Technische Analyse ist die Tiefpass-Filterung. Wendet man eine solche Tiefpass-Filterung auf den Kursverlauf an, dann werden die im Kurs enthaltenen hohen Frequenzen oder, gleichbedeutend, die kleinen Perioden unterdrückt. Die niedrigen Frequenzen – beziehungsweise großen Perioden – bleiben bei einer solchen Filterung erhalten. Da die IMFs nach Frequenzbereichen durch die EMD sortiert werden, kann durch Vernachlässigung der ersten hochfrequenten IMFs und Aufsummierung aller restlichen IMFs sowie des Restwertes eine Tiefpass-Filterung des Kursverlaufes vorgenommen werden:

$$s_{TP}(t) = \sum_{i=k}^{n} c_i(t) + r_n.$$

Der Index »TP« bezeichnet die Tiefpass-Filterung und die Summierung beginnt erst mit der k-ten IMF (k > 1). Um das sogenannte »Kursrauschen« und nicht relevante Kursschwankungen zu eliminieren, hat k den Wert zwei oder drei, was konkret bedeutet, dass die ersten beiden oder die ersten drei IMFs weggelassen werden. Analog kann eine Hochpass-Filterung durch Weglassen der letzten IMFs vorgenommen werden oder eine Bandpass-Filterung durch Vernachlässigung der ersten und letzten IMFs. Die beiden zuletzt genannten Filterungen sind jedoch in der Technischen Analyse kaum gebräuchlich.

In Bezug auf Kurszeitreihen bedeutet eine Tiefpass-Filterung auf EMD-Basis die Bestimmung eines Kurssignals ohne Kursrauschen und ohne nicht-relevante Kursschwankungen. In der Technischen Analyse 1.0 führt man das mit Hilfe gleitender Durchschnitte durch (siehe Abschnitt 3.4.2). Diese haben jedoch auf Grund ihrer Konstruktion eine mehr oder weniger große Zeitverzögerung. Die einzelnen IMFs weisen jedoch auf Grund des Iterations- und Sifting-Prozesses keine Zeitverzögerung auf. Dies gilt natürlich auch für eine Teilsumme von IMFs. Tiefpass-Filter auf der Basis von IMFs sind gefilterte und damit geglättete Kurssignale ohne Zeitverzögerung und sind den gleitenden Durchschnitten der Technischen Analyse überlegen. Die Abbildungen 5-22 und 5-23 verdeutlichen dies.

Abbildung 5-22 zeigt den Kursverlauf des DAX (gezackte Linie) im Zeitraum vom 19. März 2009 bis 1. Juni 2012 (vergleiche Abschnitt 5.3). Das Kurssignal wird aus den im Abschnitt 5.3 gezeigten IMFs gebildet. Das geglättete Kurssignal besteht im Fall der Abbildung 5-22 aus der Summe der beiden IMF4 und IMF5 sowie dem Restwert (geglättete Linie), in Abbildung 5-23 lediglich aus der IMF5 und dem Restwert (geglättete Linie). Das Kurssignal in der Abbildung 5-22 ist stärker geglättet, da es eine IMF weniger als das der Abbildung 5-23 enthält. Über die IMF-Anzahl im geglätteten Kurssignal kann nicht nur das Kursrauschen und kleinere Kursschwankungen unterdrückt werden, wie es in Abbildung 5-22 zum Ausdruck kommt, sondern auch die Stärke der Glättung eingestellt werden (Abbildung 5-23), ohne dass Zeitverzögerungen in Kauf genommen werden müssen. In den Darstellungen im Kapitel 6 wird die Bedeutung dieser Kurssignale ohne Zeitverzögerung für die Kursanalyse besonders verdeutlicht. Auf Grund ihrer Bedeutung und ihrer Häufigkeit beim EMD-Trading (siehe Abschnitt 6.2) werden die durch Filterung gewonnenen, geglätteten Kurssignale mit »gKS« abgekürzt.

Die auf Basis einer Tiefpass-Filterung gebildeten, geglätteten Kurssignale (gKS) weisen keine Zeitverzögerung gegenüber der Kurszeitreihe auf. Dagegen haben die in der Technischen Analyse 1.0 verwendeten gleitenden Durchschnitte diese für die praktische Anwendung so entscheidende Eigenschaft nicht.

Unter Vernachlässigung des empirischen (eine Theorie der EMD existiert nicht) Aspekts im Begriff der EMD, also MD für Mode Decomposition, kann folgende Aussage zusammenfassend getroffen werden: Die MD bedeutet hinsichtlich der Anwendung auf Kurszeitreihen (KZR) die

- Zerlegung der KZR in
- IMFs, die
- Basisfunktionen darstellen,

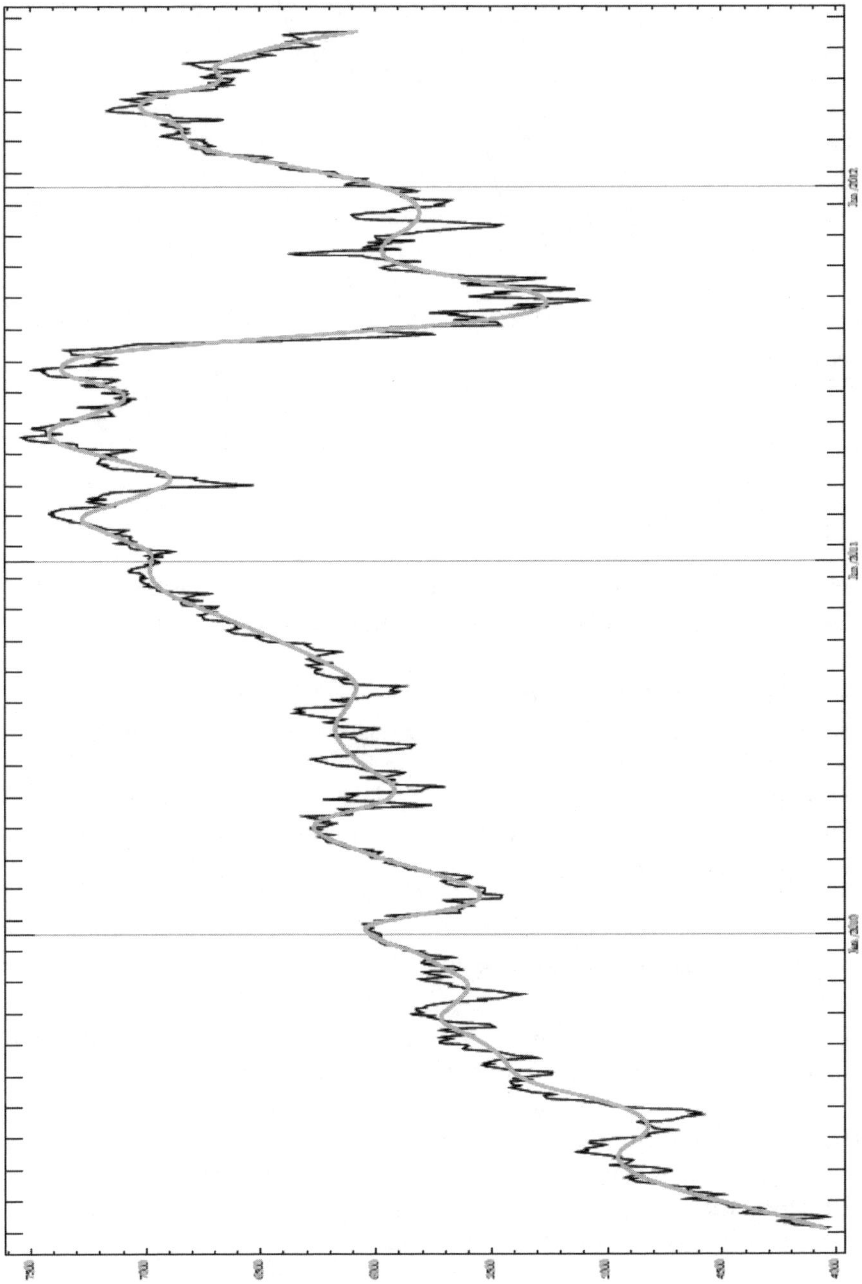

Abbildung 5-22: Geglättetes Kurssignal ohne Zeitverzögerung auf IMF-Basis

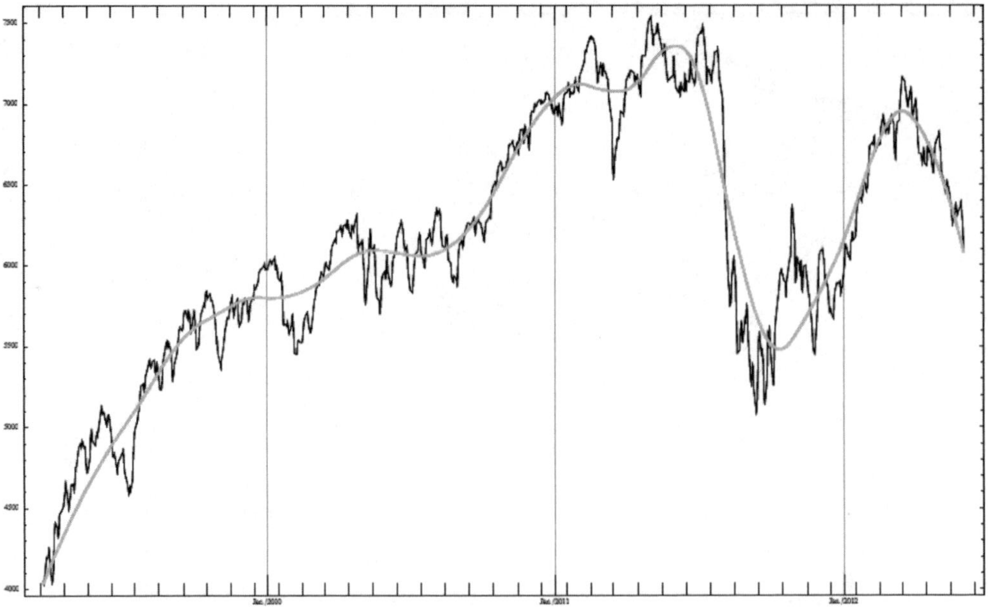

Abbildung 5-23: Stärker geglättetes Kurssignal ohne Zeitverzögerung auf IMF-Basis

- Auflösung der KZR in orthogonale Basisfunktionen,
- Entmischung und Gliederung der orthogonalen Basisfunktionen in
- periodisch-disjunkte, beziehungsweise
- frequenz-disjunkte

Bänder. Diese Erkenntnis dürfte für die Technische Analyse vermutlich von weitreichender Bedeutung sein.

5.5 Periodenberechnung

In der Technischen Analyse 1.0 sind Perioden Parameterwerte, die dem Analyseziel angepasst werden müssen und damit mehr oder minder willkürlich sind. Ein Verfahren zu ihrer Berechnung oder für eine Abschätzung bietet die Technische Analyse 1.0 nicht, im Gegensatz zur Technischen Analyse 2.0. Sie bietet eine genaue Berechnung mit Hilfe der IMFs und der Hilbert-Transformation. Eine solche Berechnung liefert sogar eine Periodenberechnung in Abhängigkeit von der Zeit (vergleiche Kapitel »Ausblick«).

Durch eine einfache Überlegung kann jedoch aus den IMFs eine praxisnahe Abschätzung ihrer charakteristischen, durchschnittlichen Perioden gewonnen werden. Aus der Anzahl der Extrema n_E – Summe der Maxima und Minima – einer einzelnen IMF lässt sich mit einer einfachen Beziehung die durchschnittliche Periode berechnen. Das Verfahren zur Bestimmung der Extrema ist auch für die Berechnung der Einhüllenden (vergleiche Abschnitte 5.2 und 5.6) notwendig und kann für die durchschnittliche Periodenberechnung übernommen werden. Die Periodenlänge T wird durch zwei Extrema bestimmt, beziehungsweise ein Extremum entspricht einer halben Periodenlänge $\frac{T}{2}$. Die weitere Herleitung erfolgt auf Tagesbasis.

Der einer IMF zugrunde liegende Gesamtzeitraum ist ein Vielfaches der durchschnittlichen Periodenlänge. Da im Gesamtzeitraum mit D Kalendertagen n_E Extrema existieren, gibt es im Zeitraum der D Kalendertage $n_E \times \frac{T}{2}$ halbe Perioden. Ein Gesamtzeitraum von D Kalendertagen entspricht $\frac{256}{365} \times D$ Börsentage, wenn das Kalenderjahr mit 365 Tagen und ein Börsenjahr mit 256 Kalendertagen festgelegt wird. Dies ergibt folgende Beziehung:

$$n_E \times \frac{T}{2} = \frac{256}{365} \times D.$$

Nach T aufgelöst ergibt sich endgültig:

$$T = 2 \times \frac{256}{365} \times \frac{D}{n_E}.$$

In dieser Beziehung bedeuten auf Grund der obigen Herleitung

- D die Anzahl der Kalendertage und
- n_E die Anzahl der IMF-Extrema in den D Kalendertagen.

Im Kapitel 6, dem Anwendungsteil, werden verschiedene Ergebnisse auf dieser Berechnungsbasis vorgestellt.

5.6 Iterations- und Siftingprozess

Das EMD-Verfahren besteht – wie im Abschnitt 5.2 bereits beschrieben – aus einem Iterations- und Siftingprozess. Die beiden Prozessarten können wie folgt beschrieben werden:

- Eine IMF wird mit Hilfe einer Folge von Iterationsschritten berechnet. Die Folge von Iterationsschritten zur Gewinnung einer IMF stellt einen Iterationsprozess dar.
- Iterationsprozesse werden stets durch eine Abbruchbedingung beendet.

- Die erste berechnete IMF wird vom Ausgangssignal subtrahiert.
- Dieses erste Restsignal ist das Ausgangssignal für den zweiten Iterationsprozess.
- Am Ende des zweiten Iterationsprozesses wird somit die zweite IMF gewonnen, die vom ersten Restsignal subtrahiert wird: Erneutes »sifting«.
- Der Siftingprozess – sukzessive Anwendung mehrerer Iterationsprozesse – wird durch eine Extrema-Bedingung beendet.
- Demzufolge ist die Anzahl der Iterationsprozesse gleich der Anzahl der IMFs.
- Die IMFs $c_i(t)$ und der Restwert $r_n(t)$ sind das Ergebnis des gesamten Siftingprozesses.

Der Iterationsprozess für die erste IMF startet mit dem Ausgangssignal s(t). Ein Anschauungsbeispiel zeigt Abbildung 5-24.

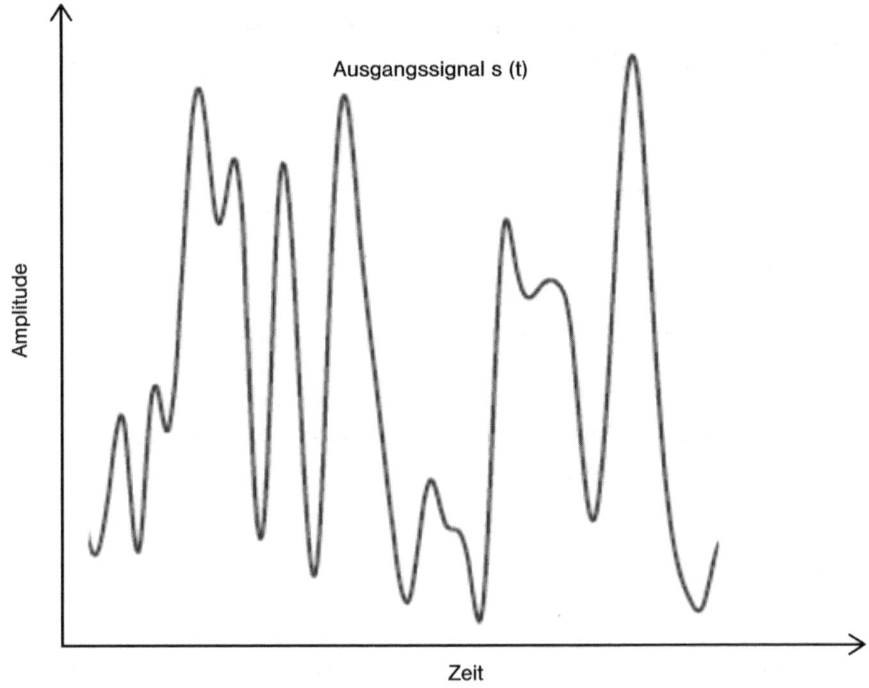

Abbildung 5-24: Beispiel für ein Ausgangssignal s(t)

Der adaptive Iterations-Prozess zur Berechnung einer IMF besteht aus sich wiederholenden Prozessschritten, die so lange fortgesetzt werden, bis eine definierte Abbruchbedingung (siehe Abschnitt 5.8) erfüllt ist. Die

Grundelemente des Iterationsprozesses sind – wie in Abschnitt 5.2 bereits beschrieben –

- die Extrema-Bestimmung,
- die Mittelwertberechnung sowie
- die Abbruchbedingung.

Das erste zu iterierende Signal ist $s_{1,1}(t) = s(t)$. Hinsichtlich der Schreibweise der Signale $s_{i,k}(t)$ gilt Folgendes: Der erste Index bezieht sich auf die i-te IMF und »k« bezeichnet den k-ten Iterationsschritt zur Gewinnung dieser IMF (siehe Anhang E: Formelsatz der EMD). Die dem Startsignal $s_{1,1}(t)$ folgenden weiteren Schritte sind wie folgt definiert:

- Bestimmung der lokalen Minima und Maxima von $s_{1,1}(t)$.
- Eine sehr genaue Bestimmung dieser Extrema ist erforderlich, um eine Überabtastung (»oversampling«) zu vermeiden.
- Eine untere Einhüllende $e_{1,1}^{min}(t)$ für die lokalen Minima und eine obere Einhüllende $e_{1,1}^{max}(t)$ werden mit einer Spline-Interpolation berechnet. Üblicherweise wird eine kubische Spline-Interpolation bei der Anwendung der EMD verwendet. Diese wurde auch in der Originalarbeit von Norden E. Huang angegeben. Es hat sich jedoch gezeigt, dass die Verwendung von B-Splines bei der Anwendung der EMD auf Kurszeitreihen stabilere Ergebnisse liefert (siehe dazu Abschnitt 5.7).
- Der Mittelwert $m_{1,1}(t)$ aus den beiden Einhüllenden $e_{1,1}^{max}(t)$ und $e_{1,1}^{min}(t)$ wird für jeden Zeitpunkt des Ausgangssignals berechnet (vergleiche Abbildung 5-25):

$$m_{1,1}(t) = \frac{e_{1,1}^{max}(t) + e_{1,1}^{min}(t)}{2}.$$

- Der errechnete Mittelwert wird vom Signal $s_{1,1}(t)$ subtrahiert. Daraus ergibt sich der Beginn des zweiten Iterationsschrittes $s_{1,2}(t)$:

$$s_{1,2}(t) = s_{1,1}(t) - m_{1,1}(t).$$

- $s_{1,2}(t)$ wird darauf überprüft, ob die IMF-Bedingungen erfüllt sind:
- Anzahl-Vergleich der lokalen Extrema mit den Nullstellen und der
- Mittelwert $m_{1,1}(t)$ muss im Idealfall Null oder sehr klein sein.

Eine Abweichung vom Idealwert Null hat eine Abweichung von der exakten Orthogonalität der IMF zur Folge (siehe Abschnitt 5.10).

Die Amplitudenmaxima und -minima von $s_{1,2}(t)$ müssen – über die Zeit gesehen – einen möglichst gleichmäßigen Verlauf zeigen. Hohe abweichende Amplitudenspitzen, sogenannte »overshoots« beziehungsweise »un-

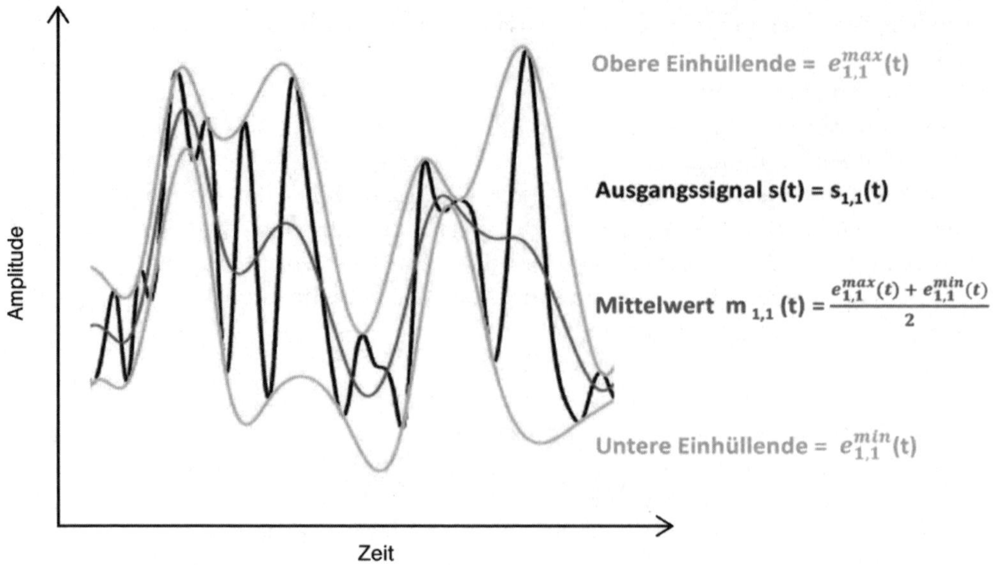

Abbildung 5-25: Erster Iterationsschritt: Ausgangssignal, Einhüllende und Mittelwert

dershoots« dürfen nicht auftreten, damit keine neuen Extrema generiert werden. Mit der kubischen Spline-Interpolation konnten diese Amplitudenspitzen nicht sicher beseitigt werden. Vereinzelt auftretende Amplitudenspitzen konnten jedoch durch die Verwendung von B-Splines (siehe Abschnitt 5.7) vermieden werden, wobei die Ursache dieser Amplitudenspitzen nicht eindeutig der Verwendung der kubischen Spline-Interpolation zuzuordnen war.

Nur in extremen Ausnahmefällen wird $s_{1,2}(t)$ bereits die IMF-Bedingungen erfüllen. Mit dem Startwert $s_{1,2}(t)$ wird ein zweiter Iterationsschritt begonnen:

- Bestimmung der lokalen Extrema, der beiden Einhüllenden und des Mittelwertes wie beim ersten Iterationsschritt (vergleiche Abbildung 5-25). Falls jedoch $s_{1,2}(t)$ die IMF-Kriterien erfüllt, wäre $s_{1,2}(t)$ die erste gesuchte IMF $c_1(t)$.
- Der Mittelwert $m_{1,2}(t)$ des zweiten Iterationsschrittes wird wieder vom Signal $s_{1,2}(t)$ subtrahiert. Damit erhält man den Beginn des dritten Iterationsschrittes $s_{1,3}(t)$:

$$s_{1,3}(t) = s_{1,2}(t) - m_{1,2}(t) .$$

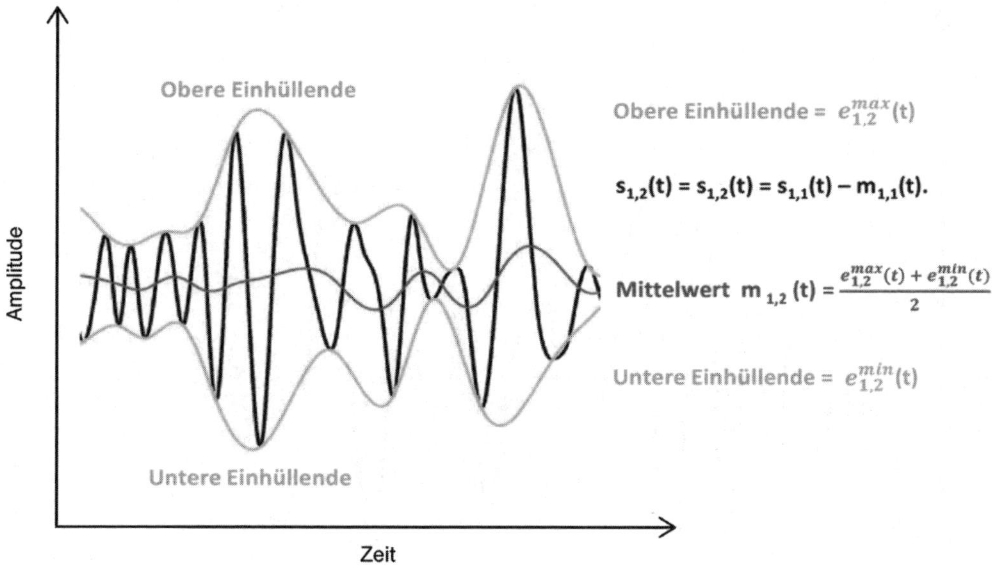

Abbildung 5-26: Beispielhafte Darstellung des zweiten Iterationsschrittes

- Mit dem Startwert $s_{1,3}$ (t) des dritten Iterationsschrittes erfolgt eine erneute Bestimmung der lokalen Extrema, der beiden Einhüllenden und des Mittelwertes (vergleiche Abbildung 5-27).
- Charakteristisch für die einzelnen Mittelwerte ist eine abnehmende Schwankung um die Nulllinie.
- Im Allgemeinen werden dem dritten Iterationsschritt weitere folgen, bis der Startwert des k+1-ten Iterationsschrittes

  $$s_{1,k+1}(t) = s_{1,k}(t) - m_{1,k}(t)$$

  den IMF-Bedingungen genügt und die Abbruchbedingung erfüllt ist (siehe dazu Abschnitt 5.8). Dann ist $s_{1,k+1}$ (t) die erste gesuchte IMF:

  $$c_1(t) = s_{1,k+1}(t)\,.$$

- Idealerweise ist der Mittelwert einer IMF Null (vergleiche Abbildung 5-28).
- Die gefundene IMF c_1 (t) (Abbildung 5-28) wird vom Ausgangssignal s(t) subtrahiert (erster Siftingprozess-Schritt):

  $$r_1(t) = s(t) - c_1(t).$$

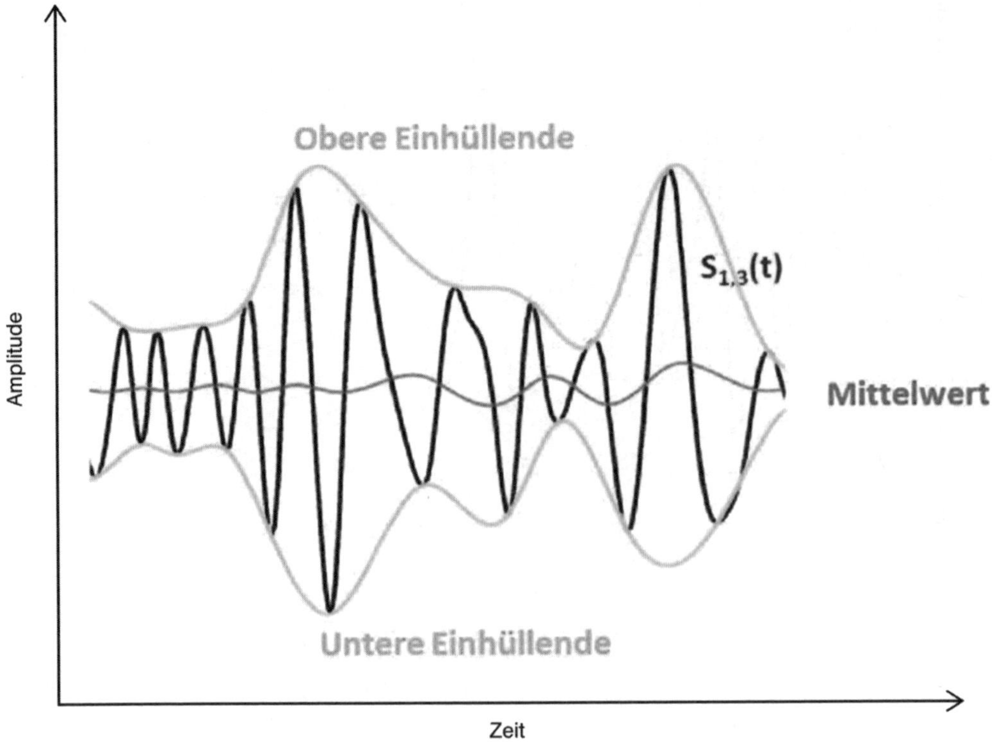

Abbildung 5-27: Beispielhafte Darstellung des dritten Iterationsschrittes

- $r_1(t)$ enthält nur Komponenten mit längeren Perioden als $c_1(t)$ und wird als Ausgang für einen zweiten Siftingprozessschritt zur Gewinnung der zweiten IMF $c_2(t)$ verwendet:

$$s_{2,1}(t) = r_1(t).$$

Der erste Siftingprozessschritt ist damit abgeschlossen. Mehrere solche Siftingprozessschritte sind der Normalfall. Sie werden genauso durchgeführt wie der eben beschriebene erste Siftingprozessschritt.

Auf Grund der obigen detaillierten Beschreibung für die Gewinnung der ersten IMF lässt sich das gesamte EMD-Verfahren allgemein wie folgt formulieren:

- Subtrahiere die IMF $c_i(t)$ vom Startwert $s_{i,1}(t)$:

$$r_i(t) = s_{i,1}(t) - c_i(t).$$

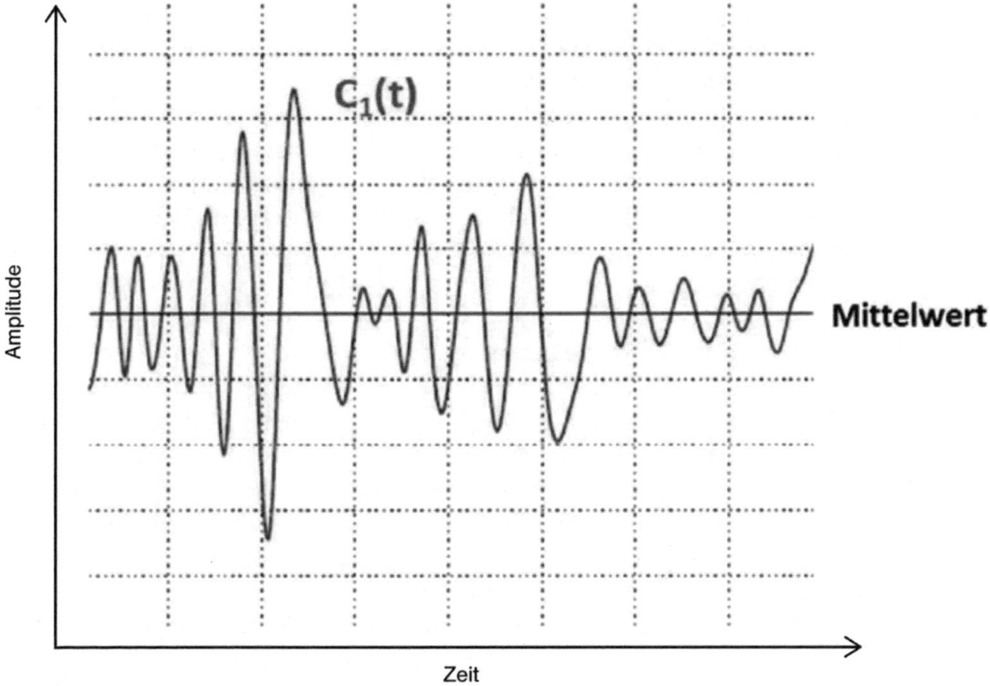

Abbildung 5-28: Beispielhafte Darstellung der ersten IMF

- Der Rest r_i (t) ist der Startwert für die Iterationsschritte zur Gewinnung der IMF $c_{i+1}(t)$:

$$s_{i+1,1}(t) = r_i(t).$$

- Berechne die obere und untere Einhüllende, $e_{i+1,k}^{max}$ (t) und $e_{i+1,k}^{min}(t)$, sowie den Mittelwert $m_{i+1,k}(t)$:

$$m_{i+1,k}(t) = \frac{e_{i+1,k}^{max}(t) + e_{i+1,k}^{min}(t)}{2}.$$

- Berechne $s_{i+1,k+1}$ (t): $s_{i+1,k+1}(t) = s_{i+1,k}(t) - m_{i+1,k}(t)$.
- Überprüfe, ob $s_{i+1,k+1}(t)$ die IMF-Bedingungen erfüllt und die Abbruchbedingung greift (siehe Abschnitt 5.8). Bei Erfüllung der Abbruchbedingung ist $c_{i+1}(t) = s_{i+1,k+1}(t)$ eine weitere IMF, falls nicht, wird der (k + 1)-te Iterationsschritt gestartet.
- Berechne $r_{i+1}(t)$ bei Erfüllung der Abbruchbedingung:

$$r_{i+1}(t) = s_{i+1,1}(t) - c_{i+1}(t).$$

- Setze $s_{i+2,1}(t) = r_{i+1}(t)$ als Startwert zur Berechnung der IMF $c_{i+2}(t)$.
- Der Siftingprozess endet (siehe dazu Abschnitt 5.8), wenn keine weitere IMF mehr extrahiert werden kann.

Eine zusammenfassende Übersicht aller EMD-Formeln enthält der Anhang E. Angemerkt sei noch, dass die Anzahl der Iterationsschritte in einem Iterationsprozess bei den einzelnen IMFs unterschiedlich ist. Im Allgemeinen nimmt die Anzahl der Iterationsschritte von der ersten IMF hin zur letzten IMF ab.

5.7 Spline-Interpolation

Bei der Spline-Interpolation werden die Stützstellen einer vorgegebenen Funktion durch aufeinander folgende Polynome stetig verbunden. Die Koeffizienten der Polynome werden dabei so gewählt, dass an den Übergangsstellen von einem zum nächsten Polynom auch entsprechende Ableitungen stetig sind. Für Polynome 3. Grades – eine Standard-Anwendung – bedeutet das, dass die Polynome an den Übergangsstellen stetig und hinsichtlich der Ableitungen tangenten- und krümmungsstetig sind.[5] Der Grad der Polynome wird vorgegeben. Die Spline-Interpolation mit Polynomen 1. Grades interpoliert mit einem Linienzug (Gerade). Diejenige mit Polynomen 2. Grades interpoliert mit Parabeln – Polynome 2. Grades. Bei der hier vorgestellten Anwendung der EMD auf Kurszeitreihen hat sich eine spezielle Spline-Interpolation – nämlich B-Splines mit Polynomen 2. Grades, wobei für die Ordnung dieser B-Splines gilt: Ordnung = Grad + 1 – als geeignet erwiesen.

In der Literatur werden für die EMD standardmäßig kubische Splines (Standard-Spline-Interpolation mit Polynomen 3. Grades) empfohlen.[6] Die Splines dieser Standard-Spline-Interpolation gehen genau durch die vorge-

5 Vergleiche Schatzmann, Numerical Analysis: A Mathematical Introduction, Oxford 2002, Chapters 4 and 6.

6 Vergleiche Huang, The Empirical Mode Decomposition and the Hilbert Spectrum for Nonlinear and Nonstationary Time Series Analysis, Proceedings of the Royal Society London 1998, A 454, 903-995; Algernon, Impact-Echo-Analyse akustischer Wellen in Beton, Berlin 2006; Wu/Huang, Statistical Significance Test of Intrinsic Mode Functions, Interdisciplinary Mathematical Science 2008, Vol. 5; Shen, HHT Analysis of the Nonlinear and Non-stationary Annual Cycle of Daily Surface Air Temperature Data, Interdisciplinary Mathematical Science 2008, Vol. 5.

gebenen Daten, dennoch interpolieren sie den Datenverlauf oft nicht in der gewünschten Form: Es können sogenannte »Überschwinger« auftreten. Dies gab Anlass – auf Grund der Tatsache des Auftretens von Sprüngen in Kurszeitreihen, die zu Überschwingern führen – für die Überlegung, dass Kurszeitdatensprünge keinen Einfluss auf den gesamten Spline-Kurvenverlauf haben sollen. Gleichzeitig soll jedoch der numerische Rechenaufwand in Grenzen bleiben. Dies führt folgerichtig zu einer Beschränkung des Polynomgrades für die Spline-Interpolation. Will man dann dennoch eine glatte Kurve durch beliebig viele Kontrollpunkte bestimmen, muss die Auswirkung der Basisfunktionen, die der Spline-Interpolation zugrunde liegen, in natürlicher Weise begrenzt werden.

Auf Grund dieser Überlegungen wurde eine andere Art der Interpolation untersucht, nämlich die bereits erwähnte B-Spline-Interpolation mit Polynomen 2. Grades. Die sich daraus ergebenden Spline-Kurven interpolieren zwar die Datenpunkte nicht genau, erzeugen dafür allerdings »sanftere« Kurven mit weniger »Überschwingern«.[7]

Der sanftere Kurvenverlauf mit weniger Überschwingern wird in Abbildung 5-29 an Hand von fünf willkürlich gewählten Datenpunkten verdeutlicht. In der Abbildung wird eine kubische Spline-Interpolation (Standard-Spline-Interpolation) mit einer B-Spline-Interpolation 2. Grades vereinfachend verglichen.

Die kubische Spline-Interpolation zeigt deutliche Überschwinger zwischen den Punkten 3 und 4 und zwischen 4 und 5. Im Gegensatz dazu reproduziert die Spline-Kurve auf Basis der B-Spline-Interpolation zwar nicht genau die Datenpunkte 2 bis 4, zeigt jedoch einen gleichmäßigeren Kurvenverlauf.

Die nachfolgende Darstellung der für die EMD verwendeten B-Spline-Interpolation stellt lediglich eine Kurzfassung dar. Einzelheiten, die diese Kurzdarstellung nicht enthält, möge der mathematisch interessierte Leser der zahlreichen, einschlägigen Literatur entnehmen, wobei hier an erster Stelle Wikipedia genannt werden kann und deshalb auf weitere Literaturangaben verzichtet wird.

7 Vergleiche Cox, The Numerical Evaluation of B-splines, Ima Journal of Applied Mathematics 2/1972, S. 134–149.

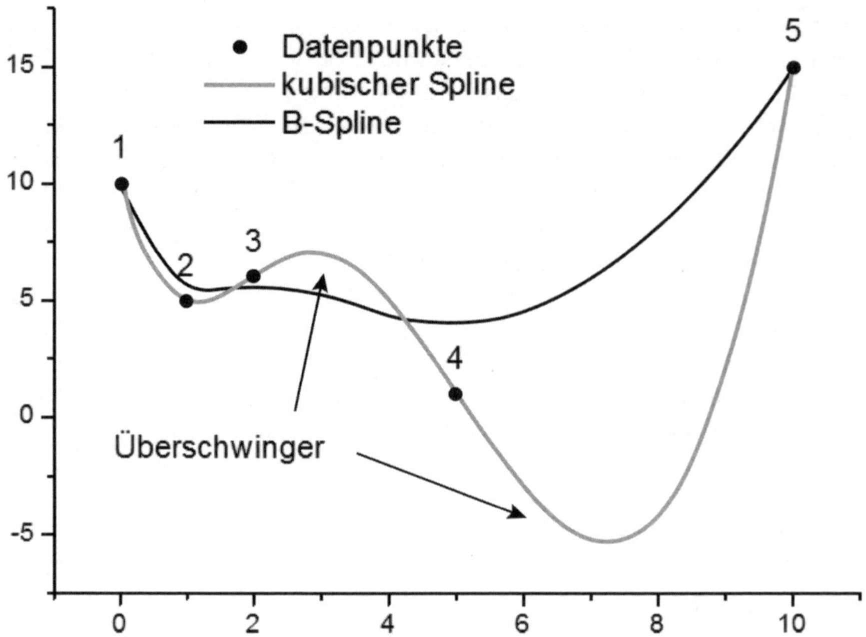

Abbildung 5-29: Vergleich einer Standard-Spline-Interpolation mit einer B-Spline-Interpolation 2. Grades

Eine B-Spline-Kurve auf der Basis einer B-Spline-Interpolation mit Polynomen 2. Grades wird aus einer Summe von B-Spline-Basisfunktionen $B_{i,k}(t)$ mit geeigneten Kontrollpunkten/Stützpunkten y_i zusammengesetzt:

$$D[t] = \sum_{i=0}^{n} y_i \cdot B_{i,k}(t), \text{ mit } k = 3 \text{ (Ordnung).}$$

Bei gegebenem Parameter t ist D[t] ein Punkt der B-Spline-Kurve. Die B-Spline-Kurve besteht demnach aus polynomiellen Segmenten – nämlich den B-Spline-Basisfunktionen. Die obige Summe kann auch als eine gewichtete Summe der B-Spline-Basisfunktionen aufgefasst werden, wobei die Kontrollpunkte/Stützpunkte y_i die Gewichte darstellen. Die B-Spline-Basis-Funktionen sind Teilstücke der B-Spline-Kurve. Die Berührpunkte – verschieden von y_i – der einzelnen Teilstücke heißen Knoten τ_j, ihre Gesamtheit wird zu einem Knotenvektor zusammengefasst. Dieser geschilderte Sachverhalt ist in Abbildung 5-30 schematisch dargestellt.

Die Punkte y_i wirken sich nur auf maximal k = 3 Kurvenabschnitte aus, d. h. innerhalb eines Knotenintervalls gibt es nur k = 3 sich überlap-

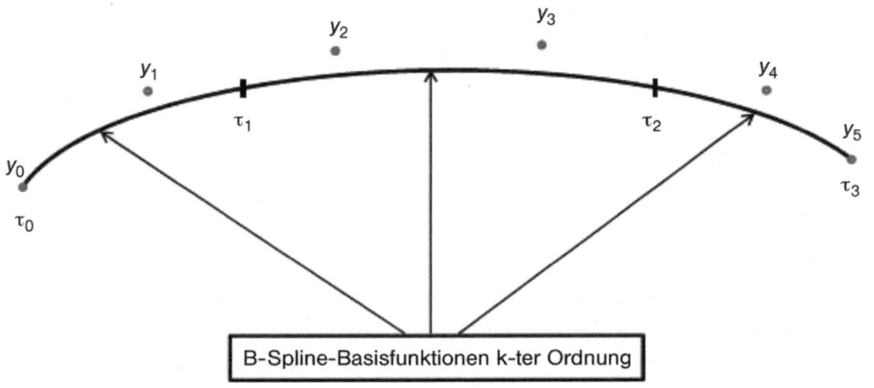

Abbildung 5-30: Knoten τ_j, Stützpunkte $\mathbf{y_i}$ und B-Spline-Basis-Funktionen alsTeil einer B-Spline-Kurve

pende B-Spline-Basisfunktionen. Die Punkte y_i wirken sich nur lokal auf die B-Spline-Kurve aus. Hinsichtlich der oben erwähnten »Überschwinger« ist diese Eigenschaft im Hinblick auf die EMD-Anwendung auf Kurszeitreihen von entscheidender Bedeutung.

Die B-Spline-Basisfunktionen $B_{i,k}(t)$ sind rekursiv definiert. Für den hier betrachteten Fall k = 3 (Ordnung 3, Polynomgrad 2) und $0 \leq i \leq n$ gelten für diese Rekursion die nachfolgenden Beziehungen.

Mit

i: Index für die n Kontrollpunkte y_i,

j: Index für das Intervall $[\tau_j, \tau_{j+1}]$,

τ_j: Knoten mit dem Knotenvektor $[\tau_0, \tau_1, \ldots, \tau_{n+k}]$, $\tau_j \leq \tau_{j+1}$

und

$$\omega\left[x, y\right] = \left\{ \begin{matrix} 0 & x = y \\ \frac{1}{x-y} & x \neq y \end{matrix} \right\}$$

gilt, wobei die Größe ω bewirkt, dass bei einer Division durch Null der Quotient gleich Null gesetzt wird:

1. Ordnung (k = 1):

$$B_{i,1}(t) = \delta_{ij} = \left\{ \begin{matrix} 1 & falls \quad \tau_i < \tau_{i+1} & und & \tau_i \leq t \leq \tau_{i+1} \\ 0 & & sonst & \end{matrix} \right\};$$

2. Ordnung (k = 2):

$$B_{i,2}(\mathrm{t}) = (t-\tau_i) \cdot \omega\left[\tau_{i+1}, \tau_i\right] \cdot B_{i,1} + (\tau_{i+2}-t) \cdot \omega\left[\tau_{i+2}, \tau_{i+1}\right] \cdot B_{i+1,1};$$

3. Ordnung (k = 3):

$$B_{i,3}(t) = (t - \tau_i) \cdot \omega\left[\tau_{i+2}, \tau_i\right] \cdot B_{i,2} + (\tau_{i+3} - t) \cdot \omega\left[\tau_{i+3}, \tau_{i+1}\right] \cdot B_{i+1,2}.$$

Für die Berechnung der Knoten einer B-Spline-Basisfunktion 3. Ordnung wurde folgende Methode verwendet:

- Der erste und der letzte Datenpunkt bilden die ersten drei bzw. letzten drei Knoten.
- Die restlichen Knoten liegen in der arithmetischen Mitte zwischen zwei aufeinander folgenden Datenpunkten; zwischen dem ersten und zweiten Punkt und dem vorletzten und letzten Punkt werden allerdings keine Knoten gebildet.

  Beispiel: Die Datenpunkte {0, 1, 2, 5, 10} ergeben demnach die Knoten {0, 0, 0, 1.5, 3.5, 10, 10, 10} (siehe graphischen Vergleich in Abbildung 5-31):

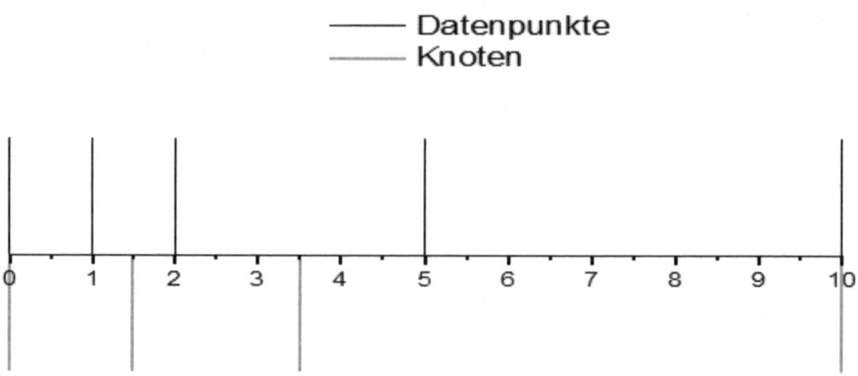

Abbildung 5-31: Beispielhafte Datenpunkte und Knoten

Abbildung 5-32 zeigt die Basisfunktionen $B_{i,3}$ (t) (i = 0, 1, 2, 3, 4) mit den Beispiel-Daten:

- n = 4 und Ordnung k = 3;
- Knotenintervall [0, 3] auf das Intervall [0, 1] normiert;
- Normierter Knotenvektor: [0, 0, 0, 0.15, 0.35, 1, 1, 1].

Zuordnung der Basisfunktionen in Abbildung 5-33:

- $B_{0,3}$ (t) : Abschwingende Linie (ganz links)
- $B_{1,3}$ (t) : Strichpunktierte Linie
- $B_{2,3}$ (t) : Punktierte Linie (Mitte)
- $B_{3,3}$ (t) : Graue durchgezogene Linie
- $B_{4,3}$ (t) : Schwarze durchgezogene Linie

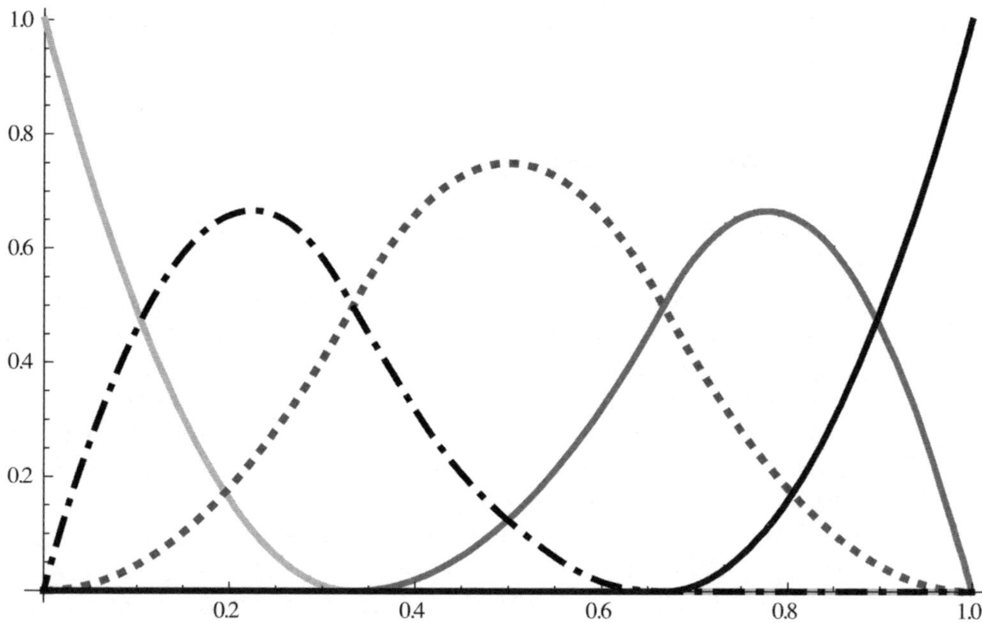

Abbildung 5-32: B-Spline-Basisfunktion der 3. Ordnung ($B_{i,3}(t) : i = 0, 1, 2, 3, 4$)

Ein weiterer interessanter Algorithmus zur Berechnung von B-Spline-Kurven als Funktion f(x) wird bei Dierckx[8] vorgeschlagen.

Wie generell bei der Spline-Interpolation müssen auch für die B-Splines an den Rändern Stützstellen als Randbedingungen für die B-Spline-Interpolation vorgegeben werden. Werden diese nicht korrekt gewählt, können an den Rändern Schwingungen auftreten, die mit zunehmender Anzahl der Iterationsschritte sich vom Rand wegbewegen und Artefakte verursachen. Die Ursache für diese Schwingungen und Artefakte liegt beim vorliegenden Problem in der Berechnung der oberen und unteren Einhüllenden mit Hilfe der B-Spline-Interpolation, deren Basis wiederum die Kurszeitreihe ist. Beim vorliegenden Problem werden deshalb zusätzliche Stützstellen außerhalb der gegebenen Kurszeitreihe definiert. Als zielführend hat sich für die Randbedingungen eine Spiegelung ergeben: Sowohl an den Start- als auch an den Endpunkten der $s_{i,k}(t)$ erfolgt eine Punktspiegelung der beiden randnächs-

8 A Fast Algorithm for Smoothing Data on a Rectangular Grid Using Spline Functions, SIAM Journal ofNumerical Analysis 1982, S. 1286–1304.

ten Extrema der Kurszeitreihe. Die Problematik wird bei Dätig/Schlumann[9] ausführlich dargestellt.

5.8 Abbruchbedingungen

Für den Iterations- und Siftingprozess sind zwei Abbruchbedingungen notwendig:

- Eine erste Abbruchbedingung ist notwendig für die Beendigung der Iterationsschritte (Iterationsprozess) zur Gewinnung einer IMF.
- Eine zweite Abbruchbedingung beendet den gesamten Siftingprozess.

Beide Abbruchbedingungen, vor allem die erste, beeinflussen entscheidend das EMD-Verfahren. Eine Stärke des Verfahrens ist seine Adaptivität, während die Formulierung seiner mathematischen Grundlagen – insbesondere seiner Abbruchbedingungen – auf Grund der empirischen Natur des Verfahrens ein Problem darstellt. Die Abbruchbedingungen werden nicht aus dem Verfahren abgeleitet, sondern müssen zusätzlich separat angegeben werden. Da die Effizienz des EMD-Verfahrens entscheidend von der Definition der Abbruchbedingungen abhängt, sind die Abbruchbedingungen eine Schwäche des Verfahrens.

5.8.1 Abbruchbedingung für den Iterationsprozess

Zur Extraktion einer im Signal s(t) eingebetteten IMF sind, wie bereits erwähnt, mehrere Iterationsschritte notwendig. Diese iterative Vorgehensweise dient einmal zur Eliminierung sogenannter »Riding Waves« (kurzwellige Überlagerungen) im Verlauf des Mittelwertes und zum anderen zu einer bedingt glättenden Wirkung auf benachbarte Amplituden im Iterationssignal $s_{i,k}(t)$. Letzteres erfordert die Definition einer Abbruchbedingung.[10]

9 Dätig/Schlumann, Performance and Limitations of the Hilbert-Huang-Transformation with short Applications to Water Waves. Ocean Engineering, Vol 31/2004, 1783–1834.

10 Vergleiche Algernon, Impact-Echo-Analyse akustischer Wellen in Beton, Berlin 2006, S. 90.

Zhaohua Wu und Norden E. Huang[11] haben ein Kriterium für den Iterationsprozess vorgeschlagen und untersucht. Dieses Abbruchkriterium lautet in der ausführlichen Schreibweise des Anhangs E:

$$SD = \frac{\sum_{j=1}^{N} \left[s_{i,k+1}\left(t_j\right) - s_{i,k}\left(t_j\right)\right]^2}{\sum_{j=1}^{N} s_{i,k}^2(t_j)} \leq \varepsilon.$$

Der Wert für ε wird mit 2×10^{-4} angegeben, wobei der Wert für ε stark von der Länge der Datenreihe abhängt. Unter Verwendung der Beziehung

$$s_{1,k+1}\left(t\right) = s_{1,k}(t) - m_{1,k}\left(t\right)$$

aus Abschnitt 5.6 kann das obige Abbruchkriterium umgeschrieben werden,[12] wobei das Gleichheitszeichen weggelassen wurde:

$$SC = \frac{\sum_{j=1}^{N} m_{i,k}^2(t_j)}{\sum_{j=1}^{N} s_{i,k}^2(t_j)} < \varepsilon.$$

Mit Werten zwischen 10^{-3} und 10^{-6} für den ε-Wert – je nach Anzahl N der Daten (Kurszeitreihe) – sowie durch Verwendung der Frobenius-Norm (siehe Abschnitt 5.10) wurden sehr gute Ergebnisse erzielt (siehe Kapitel 6).

Wenn nach einer vorgegebenen Anzahl von Iterationen der ε-Wert nicht unterschritten wird, erfolgt ein Abbruch des Iterationsprozesses. Die Abbruchbedingung SC wird deshalb durch eine weitere ergänzt: Begrenzung der Anzahl an Iterationen auf einen maximalen Wert. Mit einem Wert von 100 für die maximalen Iterationsschritte zur Gewinnung einer IMF wurden auch hier gute Ergebnisse erzielt, wobei nur in sehr wenigen Berechnungen diese weitere Abbruchbedingung bei befriedigender Orthogonalität (vergleiche Abschnitt 5.10) gegriffen hat. In fast allen Fällen erfolgte die Beendigung der Iteration auf Grund der gewählten Abbruchbedingung SC.

Die Abbruchbedingungen sind ein Problem der EMD. Aus einer grundlegenden, mathematischen EMD-Formulierung heraus abgeleitete Abbruchbedingungen existieren nicht. Alle in der Literatur angegebenen Lösungen

11 Statistical Significance Test of Intrinsic Mode Functions, Interdisciplinary Mathematical Science 5/2008.

12 Vergleiche Shen, HHT Analysis of the Nonlinear and Non-stationary Annual Cycle of Daily Surface Air Temperature Data, Interdisciplinary Mathematical Science 5/2008.

dafür sind mehr oder weniger »aufgepfropft«. Dass dieses Problem bei der hier vorliegenden Anwendung der EMD auf Kurszeitreihen mit den obigen einfachen Abbruchbedingungen zufriedenstellend gelöst wurde, liegt nicht unwesentlich daran, dass statt einer Interpolation mit kubischen Splines B-Splines für die Berechnung der Einhüllenden verwendet wurden.

5.8.2 Abbruchbedingung für den Siftingprozess

Als Abbruchbedingung für den gesamten Siftingprozess wurden folgende Bedingungen verwendet:

Der Siftingprozess wird abgebrochen, wenn eine

- vorgegebene, erforderliche Anzahl an IMFs aus dem Signal s(t) extrahiert wurde oder
- der Restwert r_n weniger als zwei Extrema hat.

Die erste Vorgabe ist für die Zerlegung von Kurszeitreihen in IMFs eine programmtechnische, um eventuelle »Endlos-Berechnungen« auszuschalten. Die zweite Vorgabe bedeutet, dass der Restwert einen geradlinigen oder einen konkaven/konvexen Verlauf hat.

5.9 Programmierung und Datenquelle

Das in der vorgestellten Form beschriebene EMD-Verfahren wurde durchgängig auf der Basis von Mathematica 8.0 auf handelsüblichen Personalcomputern programmiert, wobei auf vordefinierte Programmmodule – wie die Bestimmung der Extrema oder die B-Spline-Interpolation – direkt zurückgegriffen wurde. Die wesentlichen Programmteile sind:

- Katalog- und Kursdatenauswahl
- Extrema-Bestimmung
- B-Spline-Interpolation
- Abbruchbedingungen
- Iterations- und Siftingprozess
- Berechnung und Plot der Orthogonalitätsmatrix
- Genauigkeitsrechnung
- Plot aller IMFs und des Restwertes
- Plot verschiedener Tiefpass-Filter
- EMD-Tradingsystem auf der Basis der IMFs und eines Indikators

Eingabedaten für das realisierte Programm sind:

- Auswahl des Katalogs, in der sich der Basiswert befindet, mit einer kennzeichnenden Zahl.
- Auswahl des Basiswertes im gewählten Katalog mit einer kennzeichnenden Zahl.
- Der Zeitraum für die EMD-Zerlegung der Kurszeitreihenreihe des Basiswertes.
- Anzahl der IMFs, die für das Kurssignal verwendet werden sollen.

Das EMD-Tradingsystem wird im Kapitel 6 ausführlich besprochen. An dieser Stelle erfolgt lediglich eine zusammenfassende Übersicht, um darzustellen, wie der mathematische Apparat der EMD für ein reales Trading verwendet werden kann.

Als Indikator für das EMD-Tradingsystem wurde ein effizienter Indikator aus der herkömmlichen Technischen Analyse 1.0 gewählt: Der StochasticRSI (siehe Abschnitt 3.4.4) mit der Periodeneinstellung 5 für den RSI und 3 für die Stochastic. Das EMD-Timingsystem besteht aus diesem Indikator und einem geglätteten Kurssignal, wobei der Indikator auf das geglättete Kurssignal angewendet (vergleiche Abschnitt 5.4) wird. Ein konkretes Beispiel zeigt Abbildung 5-33. Ihr liegt wieder der Kursverlauf des DAX im Zeitraum März 2009 bis Ende Mai 2012 zugrunde. Das geglättete Kurssignal ist die Summe von IMF4 und IMF5 plus Restwert aus Abschnitt 5.3. Auf dieses geglättete Kurssignal wurde der SRSI in der obigen Einstellung angewendet. Der resultierende digitale Indikator liefert ein Kaufsignal beim Sprung von 0 auf 100 und ein Verkaufssignal beim Sprung von 100 auf 0 nach unten. Die Signalgebung darf ohne Übertreibung als sehr gut angesehen werden. In der Abbildung 5-34 wird das in der Abbildung 5-33 verwendete Kurssignal mit zwei weiteren verglichen. Das Kurssignal der Abbildung 5-33 ist in Abbildung 5-34 die graue Linie. Die helle, stärker geglättete Linie ist die Summe aus der IMF5 und dem Restwert, während die schwarze Linie den Trend (Restwert) des DAX im Zeitraum März 2009 bis Ende Mai 2012 markiert.

Das EMD-Verfahren ist grundsätzlich auf allen Zeitebenen, für die Kurszeitreihen zur Verfügung stehen, einsetzbar. In der vorgestellten Form ist es auf Tages- und auf Wochenbasis realisiert. Das Ergebnis einer EMD-Zerlegung auf Wochenbasis ist in den Abbildungen 5-35 bis 5-39 wiedergegeben. Ausgangspunkt der EMD-Zerlegung ist der DAX im Zeitraum vom 3. Januar 2005 bis 31. Mai 2012. Dargestellt sind jedoch nicht die sechs IMFs, die sich aus der Zerlegung ergeben haben, sondern die aus verschiedenen IMFs und dem Restwert resultierenden geglätteten Kurssignale. In Abbildung 5-35 wurden alle IMFs – mit Ausnahme der ersten – zusammen mit dem Restwert

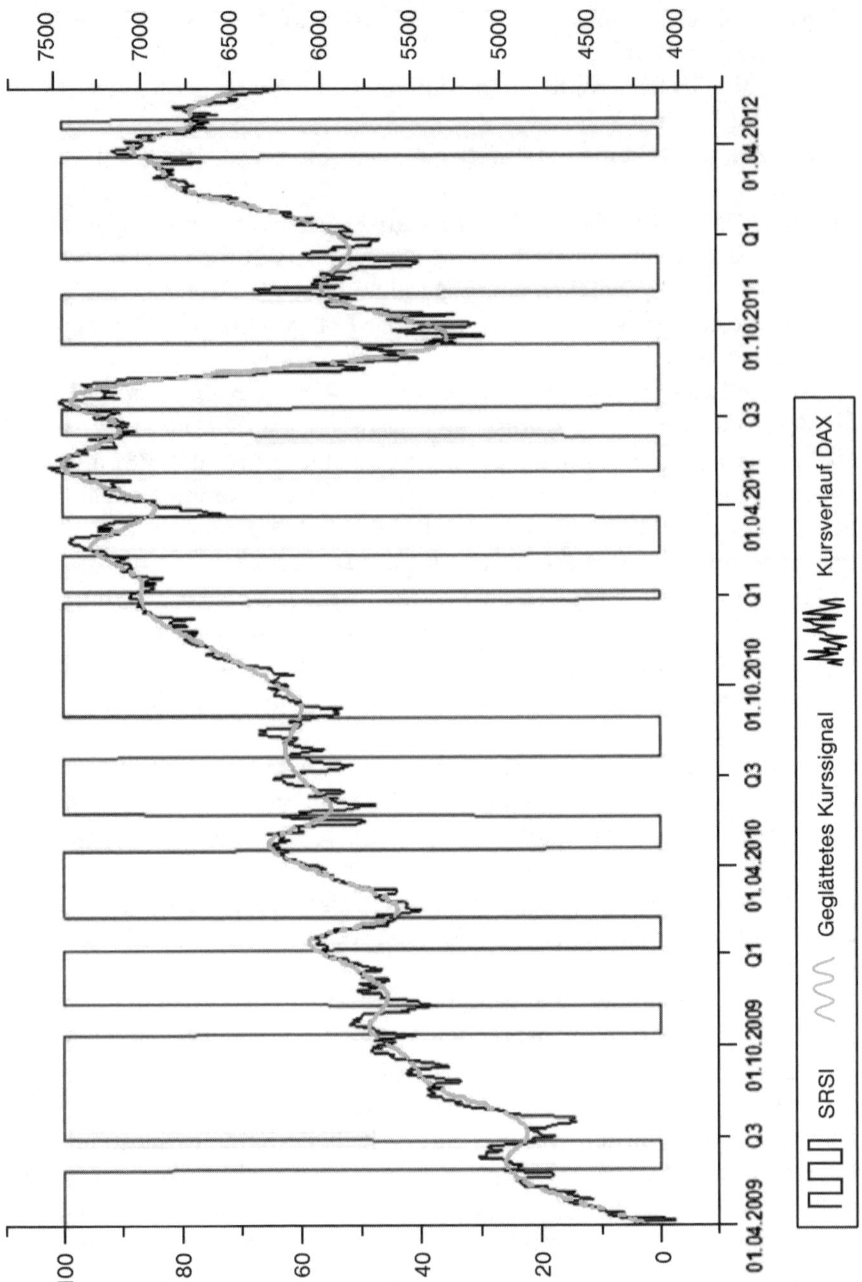

Abbildung 5-33: EMD-Tradingsystem bestehend aus geglättetem Kurssignal und SRSI

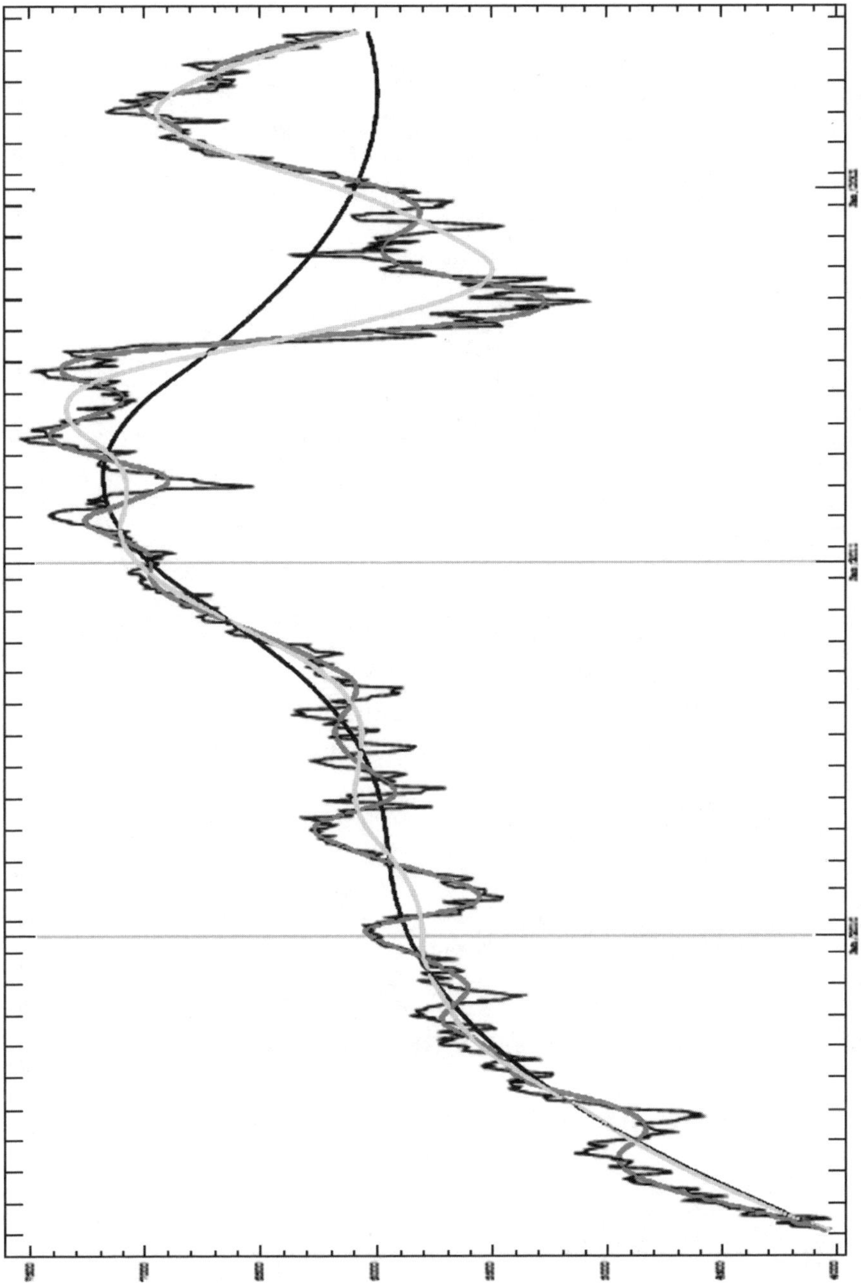

Abbildung 5-34: Geglättete Kurssignale und Trend (Restwert)

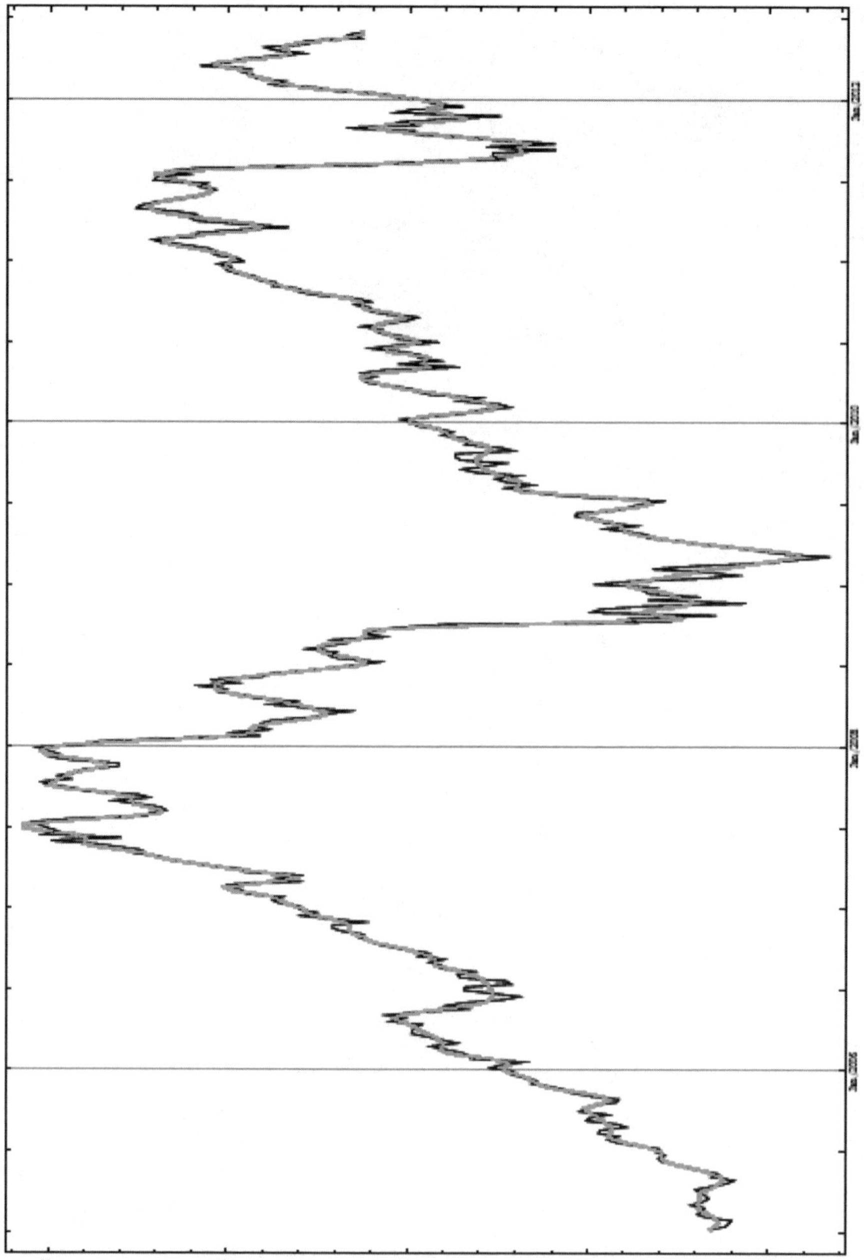

Abbildung 5-35: Schwach geglättetes Kurssignal auf Wochenbasis

aufsummiert (hellere Linie). Die hellere Linie zeigt nur eine sehr schwache Glättung.

Abbildung 5-36 zeigt das Kurssignal gebildet aus IMF4 bis IMF6 plus Restwert, während in Abbildung 5-37 das Kurssignal aus IMF5 und IMF6 sowie dem Restwert besteht. Deutlich kann man erkennen, dass trotz stärkerer Glättung – Weglassen von höher frequenten IMFs (siehe Abschnitt 5.4) – die Kurssignale keine Zeitverzögerung aufweisen.

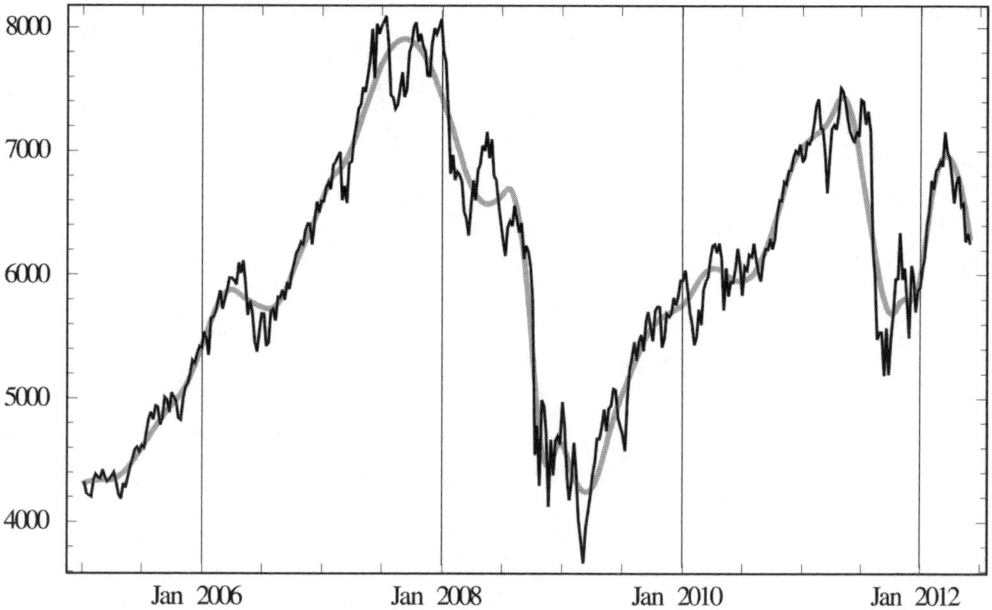

Abbildung 5-36: Geglättetes Kurssignal auf Wochenbasis

Abbildung 5-38 gibt das Kurssignal – bestehend aus IMF6 und Restwert – wieder, und in der Abbildung 5-39 ist nur der Trend (Restwert) des DAX im Zeitraum Januar 2005 bis Mai 2012 auf Wochenbasis zu sehen.

Eine Darstellung des EMD-Tradingsystems auf Wochenbasis zeigt Abbildung 5-40. Als Kurssignal diente das Kurssignal der Abbildung 5-37 (Kursverlauf des DAX, wie in den vorangegangenen Abbildungen).

Ebenfalls auf der Basis von Mathematica 8.0 wurde mit Hilfe eines speziellen Schnittstellen-Programms der Zugriff auf die von der Firma Lenz+Partner AG mit TaiPan 12.0 kommerziell zur Verfügung gestellten Kursdatenreihen realisiert:

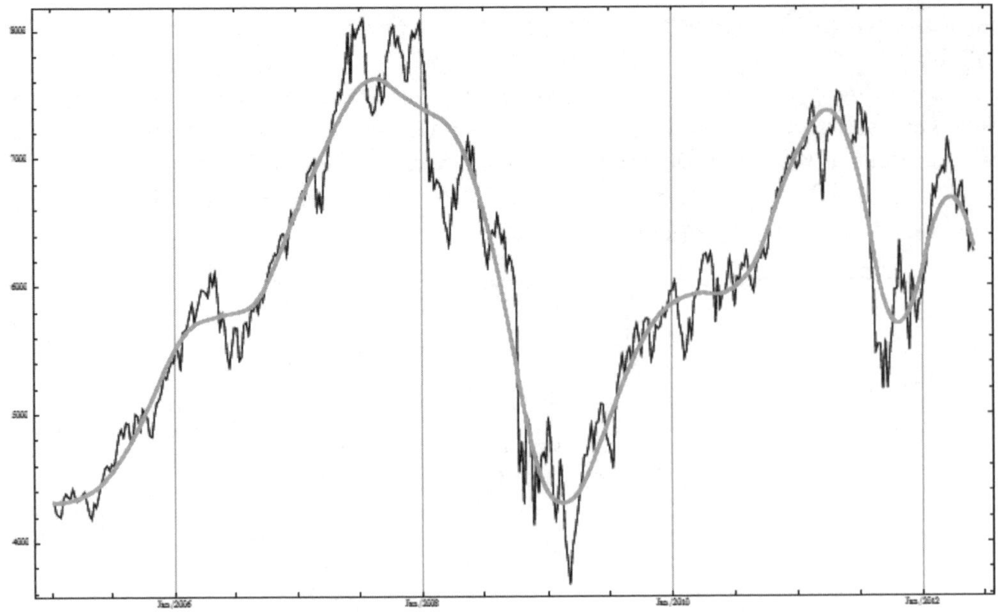

Abbildung 5-37: Stärker geglättetes Kurssignal, wieder auf Wochenbasis

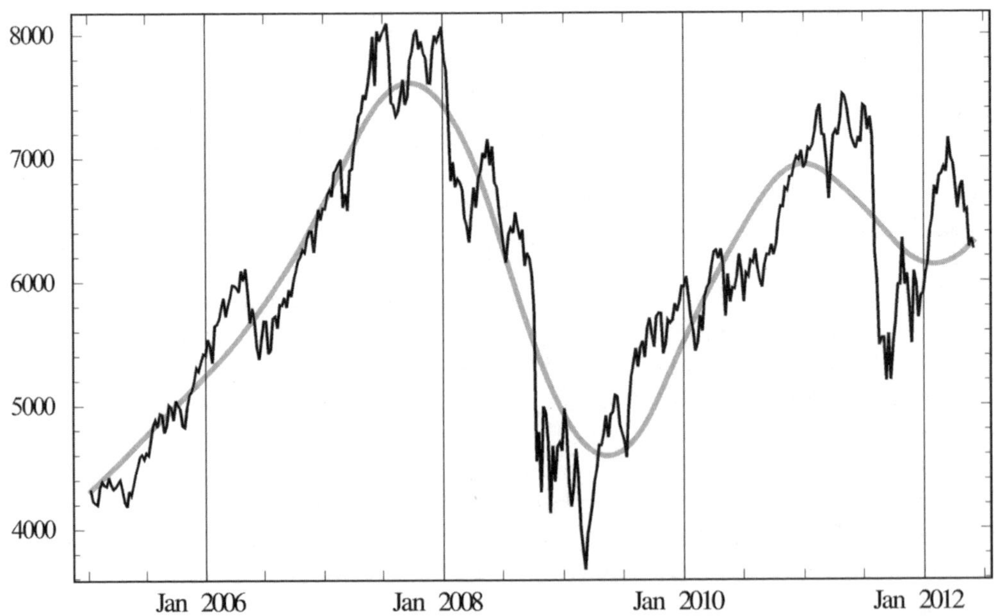

Abbildung 5-38: Stark geglättetes Kurssignal auf Wochenbasis

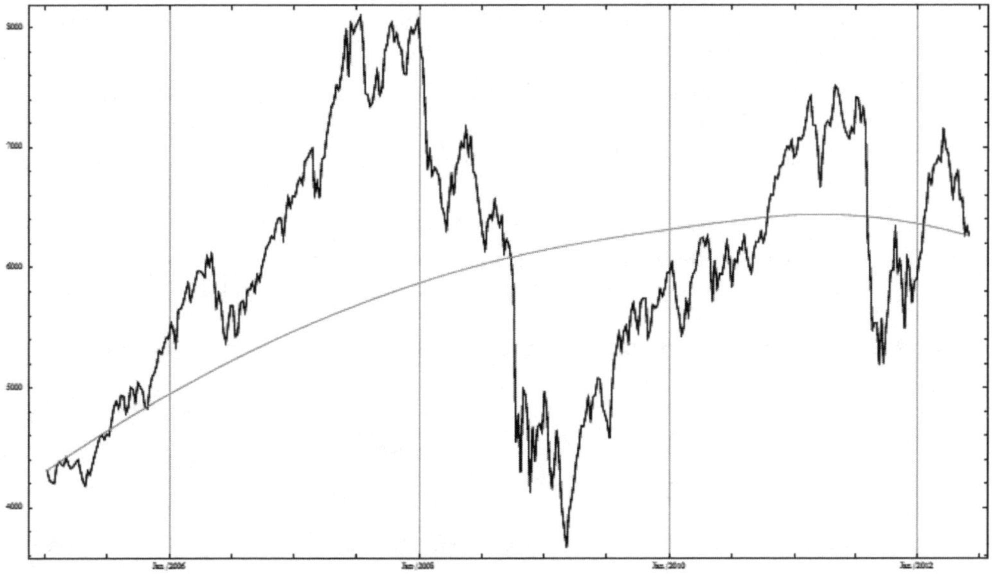

Abbildung 5-39: Trend des DAX im Zeitraum Januar 2005 bis Mai 2012

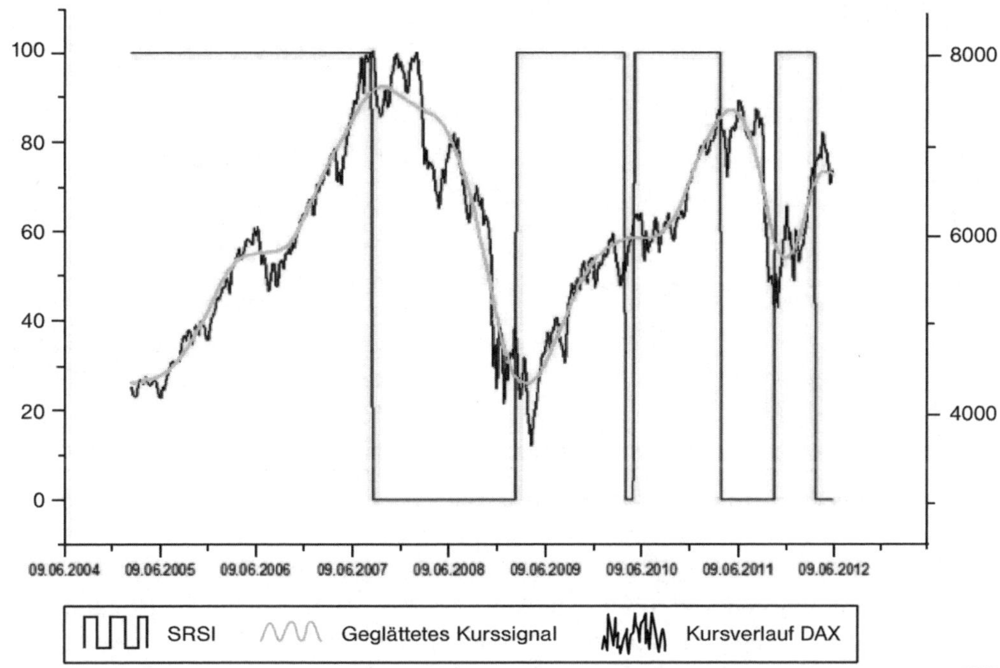

Abbildung 5-40: EMD-Tradingsystem auf Wochenbasis

- Zugriff auf alle von Lenz+Partner AG zur Verfügung gestellten Kursdatenkataloge.
- Einlesen aller Kursdaten: Eröffnungs-, Hoch-, Tief- und Schlusskurse sowie Volumendaten.
- Rückgabe von IMFs als Kursdatenreihe an das Börsenprogramm Tai-Pan 12.0.
- Ferner können sämtliche IMF-Daten aus Mathematica 8.0 in eine Excel-Tabelle und von dort in das Börsenprogramm Investox zur weiteren Analyse eingelesen werden. Ein Beispiel dafür zeigt Abbildung 5-41.

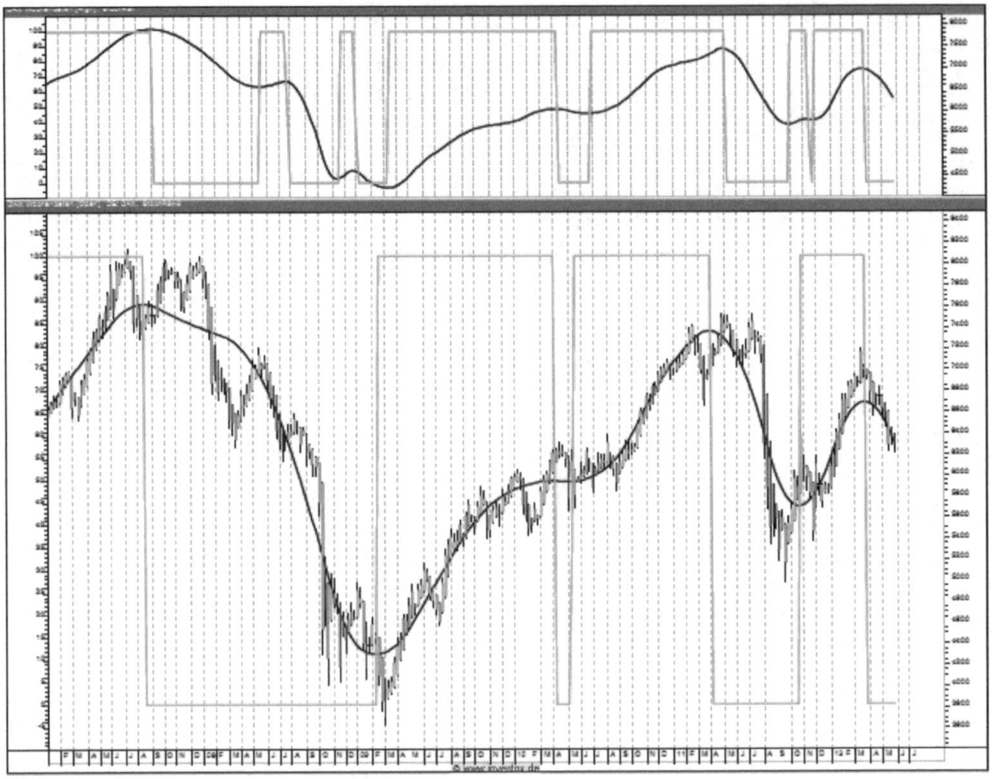

Abbildung 5-41: Verwendung von Kurssignalen in einem Börsenprogramm

Im unteren Chartfenster der Abbildung 5-41 ist der Kursverlauf des DAX auf Wochenbasis (Zeitraum Januar 2007 bis Mai 2012) in Heikin-Ashi-Darstellung zu sehen, zusammen mit dem Kurssignal der Abbildung 5-37 und dem SRSI. Im oberen Chartfenster ist nur das Kurssignal aus Abbildung 5-36 und der SRSI dargestellt, wobei das Kurssignal durch die Verkleinerung und den verkürzten Zeitraum verzerrt wiedergegeben ist. Das niederfrequente Kurssignal des unteren Charts kann als Filter für das höherfrequente Kurssignal des oberen Charts verwendet werden.

Die mittels des Mathematica-Programms berechneten IMFs können als Kursdaten in andere Börsenprogramme zurückgegeben werden. Dies ist entweder über das Tabellenkalkulationsprogramm Excel oder über eine Datenschnittstelle möglich, wie sie zu TaiPan 12.0 in einfacher Weise realisiert wurde. Damit können – auf Grund dieser Rückgabemöglichkeit – die IMFs mit allen wesentlichen Hilfsmitteln eines modernen Börsenprogramms weiter analysiert und dargestellt werden.

In jeder Berechnung mit dem EMD-Verfahren wird die Orthogonalität der ermittelten IMFs überprüft und ein Genauigkeitstest durchgeführt, in dem die Rekonstruktion der Kursdaten mit der originalen Kurszeitreihe verglichen wird. Orthogonalität und Genauigkeitstest sind die Themen der beiden folgenden Abschnitte.

5.10 Orthogonalität

Die Orthogonalität der IMFs ist theoretisch a priori nicht garantiert. Bei vollständiger Erfüllung der IMF-Definition sind die IMFs orthogonal. Da der Mittelwert jedoch über die Einhüllenden berechnet wird, stellt er nur eine Approximation des wahren Mittelwertes dar. Dies ist mit unvermeidbaren Ungenauigkeiten verbunden. Aus diesem Grund kann die Orthogonalität der IMFs erst im Anschluss an die EMD-Zerlegung überprüft werden.[13]

Auf Grund dieser Bedeutung der IMF-Orthogonalität wurde dafür ein mathematischer Prozess entwickelt, der automatisch eine Abbruchbedingung generiert, die für den eingegebenen Berechnungszeitraum die optimale Orthogonalität berechnet:

Stellt man die IMF $c_I(t)$ als Vektor dar

$$c_i(t) = [c_i(t_1), c_i(t_2), \ldots, c_i(t_N)],$$

13 Vergleiche Algernon, Impact-Echo-Analyse akustischer Wellen in Beton, Berlin 2006.

definiert ein Skalarprodukt

$$c_i c_k = \sum_{j=1}^{N} c_i\,(t_j)\,c_k(t_j)$$

und normalisiert die IMFs

$$\theta_i = \left[\frac{c_i(t_1)}{M}, \frac{c_i(t_2)}{M}, \ldots, \frac{c_i(t_N}{M}\right], \text{ wobei } M = \sqrt{\sum_{j=1}^{N} c_i^2\,(t_j)}\,,$$

dann lassen sich die Matrixelemente der Orthogonalitätsmatrix OM für die IMFs wie folgt angeben:

$$OM_{i,k} = \theta_i \theta_k = \partial_{i,k}.$$

Bei annähernder Gültigkeit des Kronecker-Symbols $\partial_{i,k}$ sind die θ_i und damit die c_i als näherungsweise orthogonal anzusehen (Test der Orthogonalität).

Die Akzeptanz der IMF-Zerlegung erfolgte in Abhängigkeit der nichtdiagonalen Elemente der Orthogonalmatrix, deren Werte von der Abbruchbedingung SC abhängen. Der entscheidende Parameter für eine EMD-Zerlegung ist damit der Wert für ε in der Abbruchbedingung SC (siehe Abschnitt 5.8). Dieser Wert hat sich darüber hinaus als abhängig von der Datenlänge erwiesen. Für die nichtdiagonalen Matrixelemente gelten damit – neben der Kurszeitreihe – folgende Abhängigkeiten:

- Wahl der Abbruchbedingung,
- ε-Wert und
- Datenlänge.

Die Wahl der Abbruchbedingung wurde in Abschnitt 5.8 dargestellt, wobei der Hinweis wichtig ist, dass die gewählte Abbruchbedingung SC nicht unbedingt das Optimum darstellt. Für den ε-Wert hat sich in umfangreichen Testrechnungen das Intervall mit dem Wertebereich in den Grenzen 10^{-6} und 10^{-2} als Orientierung für den besten ε-Wert erwiesen. Alle Rechnungen mit ε-Werten innerhalb dieser Grenzen ergaben nichtdiagonale Matrixelemente mit Werten kleiner abs(0.1), nur in Ausnahmefällen lagen sie mit kleiner abs(0.2) darüber. Dieser Sachverhalt führt zu der Überlegung, in dem angegebenen Grenzintervall nach einem Verfahren zu suchen, das einen optimalen ε-Wert automatisch bestimmt, ohne ihn mühsam in verschiedenen Einzelrechnungen an Hand der Matrixelemente ermitteln zu müssen.

Die Norm der Orthogonalmatrix ||OM|| bietet dazu den entsprechenden Ansatz. Spektralnorm sowie Zeilen- und Spaltensummennorm[14] wurden ausgeschlossen, da sie zu wenig den Einfluss der einzelnen Elemente der Orthogonalmatrix berücksichtigen. Bezüglich dieser Orientierung erwies sich die in Mathematica 8.0 verfügbare Frobenius-Norm (Mathematica 8.0, Documentation Center) als geeignet:

$$\|OM\| = \sqrt{\sum_{i,\ k=1}^{n} [OM_{i,k}]^2} > \sqrt{n}.$$

Die Diagonalglieder der Matrix OM haben nach Konstruktion alle den Wert 1. Der Anteil der Diagonalglieder an der obigen Norm beträgt demnach $\sqrt{n}$. Die Abweichung der Norm ||OM|| von $\sqrt{n}$ kann damit zur Bestimmung eines optimalen ε-Wertes verwendet werden:

$$MIN[\frac{\|OM\|}{\sqrt{n}}] > 1.$$

Für den Fall, dass alle Nichtdiagonalglieder Null sind, gilt $\left[\frac{\|OM\|}{\sqrt{n}}\right] = 1$. Je näher der Wert $\left[\frac{\|OM\|}{\sqrt{n}}\right]$ am Idealwert 1 ist, mit Werten generell > 1, desto kleiner sind die Nichtdiagonalglieder der Matrix OM. Lässt man nun den Wert für ε das Intervall von 10^{-6} bis 10^{-2} in definierten Abständen durchlaufen und bestimmt zu jeder sich ergebenden Orthogonalmatrix den Wert $\left[\frac{\|OM\|}{\sqrt{n}}\right]$, dann liefert das Minimum aller $\left[\frac{\|OM\|}{\sqrt{n}}\right]$-Werte, also MIN $\left[\frac{\|OM\|}{\sqrt{n}}\right] > 1$, die beste Näherung an die Orthogonalmatrix OM. Praktischerweise wird man das Intervall von 10^{-6} bis 10^{-2} mit logarithmisch definierten Abständen durchlaufen. Mit diesem Verfahren kann bei Rechenzeiten von etwa ein bis zwei Minuten für die betrachtete Kurszeitreihe die beste IMF-Zerlegung berechnet werden.

14 Vergleiche Bronstein u.a., Taschenbuch der Mathematik, Frankfurt am Main 2006, S. 267.

5.11 Genauigkeit

Das Original-Signal s(t) wird durch $\sum_{i=1}^{n} c_i(t) + r_n$ zumindest mit sehr guter Genauigkeit approximiert:

$$s(t) \approx \tau(t) = \sum_{i=1}^{n} c_i(t) + r_n .$$

Ein Vergleich dieser Approximation mit den originalen Kursdaten kennzeichnet die Genauigkeit des EMD-Verfahrens. In Abschnitt 5.3 wurde darauf bereits am Beispiel des DAX im Zeitraum vom 19. März 2009 bis 1. Juni 2012 eingegangen (vergleiche Abbildung 5-21). Die dortige Abbildung wird nachstehend wiederholt (Abbildung 5-42).

Aus Abbildung 5-42 ist die Genauigkeit des EMD-Verfahrens beispielhaft ersichtlich. Die schwarze Linie ist der Kursverlauf des DAX im angegebenen Zeitraum. Auf Tagesbasis sind dies in etwa 750 Kursdaten. Der obere Rand der ausgefüllten Fläche ist die Rekonstruktion des Kursverlaufes mit Hilfe der oben angegebenen Summe s(t) aus IMFs und Restwert.

Die durchschnittliche Differenz zwischen dem Signal s(t) und seiner Rekonstruktion sollte, wenn das Signal eine Kurszeitreihe ist und damit Preise wiedergibt, deutlich weniger als 10^{-4} betragen:

$$\frac{\sum_{j=1}^{N} abs\left[s(t_j) - \tau(t_j)\right]}{N} \leq 0(10^{-4})$$

wobei N die Datenlänge ist. Ein Wert von 10^{-4} wird mit dem EMD-Verfahren um Zehnerpotenzen unterschritten. In allen Rechnungen ergab sich ein Wert von kleiner 10^{-12}. Auf Grund dieser Genauigkeit kann das EMD-Verfahren als eine sehr solide Analysebasis betrachtet werden und die Vorteile des Verfahrens eröffnen ganz neue Möglichkeiten der Technischen Analyse.

Die Anwendung der EMD auf Kurszeitreihen ist neu. Ein breiter Erfahrungsschatz, wie er für die Technische Analyse 1.0 vorhanden ist, steht deshalb nicht zur Verfügung. Jedoch können auf der Basis der bisherigen Darlegung aussagefähige Analysen getroffen werden, die zeigen, dass das EMD-Verfahren eine Grundlage für eine neuartige Technische Analyse 2.0 bietet, die die Grenzen der Technischen Analyse 1.0 überschreitet. Mit konkreten, praxisnahen Beispielen wird das im folgenden Kapitel 6 belegt.

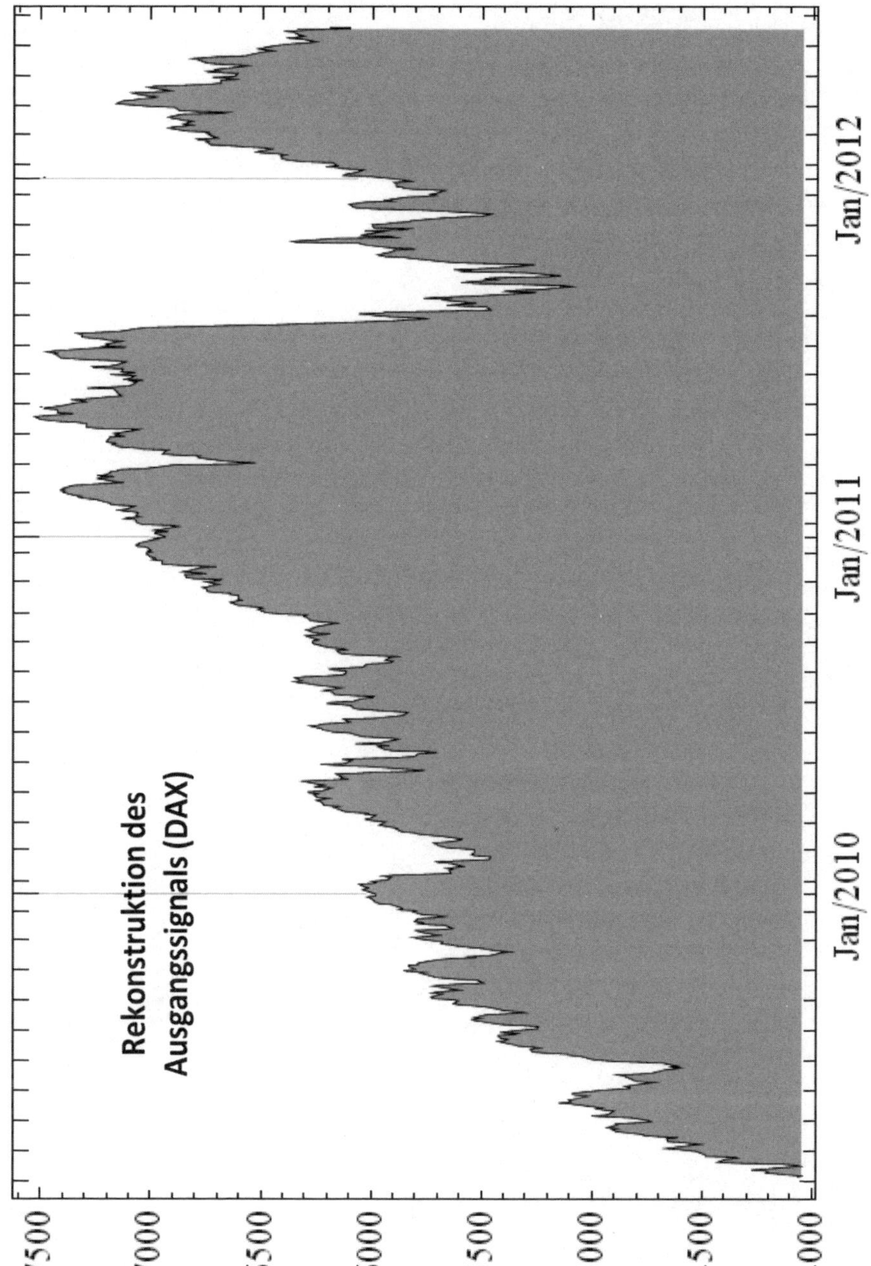

Abbildung 5-42: Zur Genauigkeit des EMD-Verfahrens

net, dass die Perioden einer Gruppe in einer anderen nicht enthalten sind und die Gruppen nach aufsteigenden Perioden geordnet sind.

Die IMFs und der Restwert (Trend) sind damit die grundlegenden Elemente einer Kurszeitreihe. Da eine Kurszeitreihe nichtlinear und nichtstationär ist, gilt dies auch für die IMFs. Eine genauere Untersuchung, auf die hier nicht eingegangen wird, zeigt jedoch, dass IMFs vielleicht stationär – jedoch nicht linear – sein könnten, zumindest jedoch quasistationär sind. Auf Grund der unentschiedenen Untersuchungsergebnisse wird darauf nicht weiter eingegangen. Hier zeigt sich ein gravierender Unterschied zur Technischen Analyse 1.0. Die Elemente der Technischen Analyse – Linienelemente (Trend, Widerstand, Unterstützung) der Trendanalyse, Formationen (Dreiecke, Wimpel) der Formationsanalyse oder die Formeln der Technischen Indikatoren – sind konstant und werden mit unterschiedlichen Regeln und Parametern, die auf Grund von Erfahrungswerten oder durch Ausprobieren gewählt werden, dem Chartbild des Basiswertes angepasst. Im Gegensatz dazu sind die IMFs vollständig an die Kurszeitreihe adaptiert und sind – wie die Kurszeitreihe selbst – nichtlinear und darüber hinaus nur quasistationär. Auch bei einer Selektion der IMFs im Sinne der Signalfilterung (siehe Abschnitt 5.4) bleiben die Eigenschaften erhalten, die in den ausgewählten IMFs enthalten sind.

Die IMFs aus einer EMD-Zerlegung beinhalten – zusammen mit dem Restwert (Trend) – alle Informationen, die in einer Kurszeitreihe enthalten sind. Werden Größen wie Trends, Perioden oder geglättete Kurssignale – abgekürzt mit »gKS« (vergleiche Abschnitt 5.4) – im Rahmen der Technischen Analyse 2.0 mit Hilfe von IMFs und des Restwertes ausgedrückt, dann haben diese Größen eine höhere Aussagekraft als entsprechende Größen der Technischen Analyse 1.0. Den gKS entsprechen in der Technischen Analyse 1.0 die gleitenden Durchschnitte. Während diese immer eine mehr oder weniger große Zeitverzögerung gegenüber Kurszeitreihen haben, sind die gKS völlig verzögerungsfrei. Ein weiterer Grund für die höhere Aussagekraft ist, dass in der Technischen Analyse 2.0 keine zusätzlichen Parameter notwendig sind. Darüber hinaus kann die Technische Analyse 2.0 die Perioden, die in der Technischen Analyse 1.0 zusätzlich benötigt werden, aus den Kurszeitreihen berechnen. Im folgenden Abschnitt wird dies gezeigt.

Die Anwendung der EMD auf Kurszeitreihen ergibt – zusammenfassend formuliert – folgende Vorteile im Vergleich zur Technischen Analyse 1.0:

- Geglättete Kurszeitreihen auf Grund der eleganten Filterung,
- die geglätteten Kurszeitreihen sind verzögerungsfrei, sowie
- eine näherungsweise Perioden-Berechnung.

6.1 Periodenberechnung

Die am häufigsten benötigten Parameter der Technischen Analyse 1.0 sind die für die Indikatorenanalyse notwendigen Periodeneinstellungen. Diese Perioden können mit Hilfe der IMFs berechnet werden.

In Abschnitt 5.5 wird eine einfache Methode zur angenäherten Berechnung der in einem Kursverlauf verborgenen Perioden erläutert. Basis der Berechnung sind die IMFs aus der EMD-Zerlegung. Das Ergebnis sind durchschnittliche Perioden. Trotz der Einfachheit der Methode sind die Ergebnisse recht genau, jedoch mit der Bedingung, dass in dem betrachteten Zeitraum eine relativ große Zahl an Extrema existiert. Dies ist bei den IMFs mit sehr langen Perioden nur unzureichend gewährleistet. Für diese IMFs muss zur Berechnung ihrer Perioden ein weitaus aufwendigeres Verfahren verwendet werden. Darauf wird im Kapitel »Ausblick« dieses Buches noch genauer eingegangen.

Die Berechnungsperiode des Abschnitts 5.5 wurde auf 24 Werte des Stoxx 50 angewendet: Auf die 23 größten Werte des Index und auf den Stoxx 50 selbst. Der Stoxx 50 wurde dem Euro Stoxx 50 vorgezogen, da Ersterer über eine bessere Branchenstreuung verfügt. Als Zeitraum für die Berechnung wurde die Zeitspanne vom 12. Januar 2006 bis zu, 8. Juni 2012 (Tageseinstellung) für alle Werte zugrunde gelegt – ein Zeitraum von mehr als sechs Jahren. IMFs mit weniger als zehn Extrema wurden nicht berücksichtigt, was konkret bedeutet, dass IMFs mit einer Periode größer 233 Tage nicht betrachtet wurden. Das Ergebnis ist in der nachfolgenden Tabelle zusammengefasst. Auf Grund der gewählten Tageseinstellung stellen die angegebenen Perioden Tageswerte dar.

Aus der Tabelle lassen sich folgende Aussagen ablesen:

- Die errechneten durchschnittlichen Perioden für die einzelnen Basiswerte streuen relativ eng um einen Mittelwert.
- Die einzelnen Mittelwerte liegen sehr nahe an den sogenannten Fibonacci-Zahlen.
- Mit Ausnahme der Periode 3 kommt nicht jede Periode in jedem Wert vor.
- Alle errechneten Perioden – ausgenommen die Perioden 6,0 und 236,4 – haben eine Häufigkeit von mehr als 66 %.

Das Ergebnis ist bemerkenswert. Die Wahl von Fibonacci-Zahlen als Grundlage für die Periodeneinstellungen in der Technischen Analyse 1.0 ist auf Grund dieses Ergebnisses sinnvoll. Die Aussage stellt jedoch keinen mathematischen Beweis dar, sondern sollte so verstanden werden, wie sie formuliert wurde: Die Wahl von Fibonacci-Zahlen als Einstellung für eine Periodeneinstellung in der Technischen Analyse 1.0 ist hilfreich und sehr sinnvoll. Doch sollte dabei beachtet werden, dass nicht jede Fibonacci-Zahl – und das ist die Kehrseite der Aussage – in einer Kurszeitreihe vorkommt.

6.2 Prinzip des EMD-Tradings

Die Ergebnisse der EMD-Zerlegung sind bis auf einige einfache, zusätzliche Auswahlkriterien die einzige Grundlage für das EMD-Trading. Diese Auswahlkriterien können jedoch ebenfalls aus den Ergebnissen der EMD-Zerlegung abgeleitet werden und sind nicht frei wählbar. Im Abschnitt 6.2.2 wird das Prinzip des EMD-Tradings detailliert dargestellt. Wesentlich ist dabei die Feststellung, dass dieses Prinzip ausnahmslos für alle Kurszeitreihen gilt, zusätzliche Parameter oder Anpassungen sind nicht notwendig. Dies ist der entscheidende Vorteil der Technischen Analyse 2.0. Im folgenden einleitenden Abschnitt werden die Elemente für das EMD-Trading definiert.

6.2.1 Die Elemente des EMD-Tradings

Das Prinzip des EMD-Tradings beruht auf fünf Elementen:

- Dem Trend T, der Restwert aus der EMD-Zerlegung,
- einem geglätteten Kurssignal gKS_{k_H}, einer Addition des Trends und ausgewählter IMFs,
- einer Zahl k_T, die angibt, wie viele gKS zum aktuellen Zeitpunkt konform zum Trend T sind, und
- einem Technischen Indikator, nämlich der Kombination aus den beiden Indikatoren Stochastic und Relative Strength Index (RSI) – siehe dazu Abschnitt 3.4. Der Indikator wird im Folgenden mit SRSI abgekürzt.
- Das letzte Element ist die Anwendung des SRSI auf das geglättete Kurssignal gKS_{k_H} für die Handelssignalgenerierung: $SRSI\,[gKS_{k_H} \,|\, 5, 3]$.

Der Trend T ergibt sich als Restwert direkt aus der EMD-Zerlegung (siehe Abschnitt 5.3). Auf den Trend wird im Abschnitt 6.3 in einem anderen Zusammenhang noch einmal eingegangen.

Auf die Bedeutung der geglätteten Kurssignale wurde ausführlich in Abschnitt 5.4 hingewiesen. Sie spielen in diesem Kapitel eine dominierende Rolle und werden deshalb noch einmal zusammengefasst definiert. Ein auf Grund einer Filterung geglättetes Kurssignal – abgekürzt gKS – ist keine rechnerische Manipulation der zugrundeliegenden Kurszeitreihe, im Gegensatz zu den gleitenden Durchschnitten, sondern ist lediglich die Addition einiger IMFs, den intrinsischen Basiselementen der Kurszeitreihe. Es enthält die wichtigsten Kurselemente, nämlich

- den Trend (Restwert),
- die Kursanteile mit längeren Perioden unter
- Vernachlässigung der kürzeren Perioden.

Wie bereits mehrfach erwähnt: Die gKS haben – im Gegensatz zu den gleitenden Durchschnitten – generell keine Zeitverzögerung bezüglich der Kurszeitreihe. Mit der folgenden Kurzschreibweise soll ein gKS genau bezeichnet und berechnet werden:

$$gKS_k(t_j) = T(t_j) + \sum_{i=k}^{n} c_i(t_j), \; j = 1, 2, \ldots, N.$$

In dieser ausführlichen Schreibweise bezeichnet N die Anzahl der Kursdaten zu den Zeitpunkten t_j im zugrunde gelegten Zeitraum. Bei einem beispielsweise angenommenen Zeitraum von zwei Jahren ergeben sich auf Tagesbasis $N \approx 500$ Kursdaten – das Börsenjahr zu 256 Tagen gerechnet. Aus Übersichtlichkeitsgründen wird im Folgenden auf die Angabe der Zeitpunkte $t_j$verzichtet. Mit dieser Vereinfachung lautet die Formel für ein gKS:

$$gKS_k = T + \sum_{i=k}^{n} c_i.$$

In dieser Formel bedeuten (vergleiche dazu Abschnitt 5.4 und Abschnitt 5.6):

- n: Die Anzahl der aus der EMD-Zerlegung gewonnenen IMFs ($c_i : i = 1, 2, \ldots, n$);
- k – 1: Die Anzahl der vernachlässigten IMFs ($c_i : i = 1, 2, \ldots, k-1 < n$);
- Trend T: Restwert aus der EMD-Zerlegung.

Die auf den ersten Blick ungewöhnliche Bezeichnung für ein gKS wurde deshalb so gewählt, um eine eindeutige Korrespondenz zu den IMFs zu erreichen: Der Index i zur Bezeichnung einer einzelnen IMF $c_i(t)$ ist gleichbedeutend mit dem Index k zur Bezeichnung einer gKS. Das ausführliche, nachfolgende Beispiel zeigt dies:

- Aus einer EMD-Zerlegung haben sich sechs IMFs ergeben: n = 6.
- Die ersten beiden IMFs (Kursrauschen und kleine Kursbewegungen) werden vernachlässigt: k – 1 = 2, damit k = 3).

- Wegen k = 3 beginnt die Addition mit der dritten IMF. Dieser Index wird auch dem gKS zugeordnet, um sie von dem gKS_1 mit k = 1 (die Addition beginnt mit der ersten IMF) und dem gKS_2 mit k = 2 (die Addition beginnt mit der zweiten IMF) zu unterscheiden.
- Ausgeschrieben lautet für alle gKS_k die obige Formel wie folgt:

$$gKS_1 = T + \sum_{i=1}^{6} c_i = T + c_1 + c_2 + c_3 + c_4 + c_5 + c_6 \text{ (Rekonstruktion)},$$

$$gKS_2 = T + \sum_{i=2}^{6} c_i = T + c_2 + c_3 + c_4 + c_5 + c_6 \text{ (Vernachlässigung von } c_1\text{)},$$

$$gKS_3 = T + \sum_{i=3}^{6} c_i = T + c_3 + c_4 + c_5 + c_6 \text{ (Vernachlässigung von } c_1 \text{ und } c_2\text{)},$$

$$gKS_4 = T + \sum_{i=4}^{6} c_i = T + c_4 + c_5 + c_6 \text{ (Vernachlässigung von } c_1, c_2, c_3\text{)},$$

$$gKS_5 = T + \sum_{i=5}^{6} c_i = T + c_5 + c_6 \text{ (Vernachlässigung von } c_1 \text{ bis } c_4\text{)},$$

$$gKS_6 = T + c_6 \text{ (Vernachlässigung von } c_1 \text{ bis } c_5\text{)}.$$

Das dritte Element des EMD-Trading ist die Zahl k_T, die angibt, wie viele IMFs zum aktuellen Zeitpunkt konform zum Trend T sind. Auf diesen Sachverhalt wird in Abschnitt 6.4.2 detailliert eingegangen.

Das vierte Element des EMD-Trading-Prinzips ist der Technische Indikator SRSI. Dieser Indikator der Technischen Analyse 1.0 hat für das Prinzip des EMD-Tradings die Funktion eines Differenzenoperators, der auf ein diskretes Signal angewendet wird. Der SRSI analysiert in jedem Punkt eines gKS, ob das gKS einen steigenden oder fallenden Verlauf hat. Er zeigt damit nur zwei Zustände an und hat damit einen extrem stufenförmigen Verlauf: Einen Wert +100 so lange, wie das gKS steigend verläuft, und einen Wert 0 für ein fallendes gKS. Die beiden Werte 0 und +100 ergeben sich aus der üblichen Skalierung des SRSI. Eine beliebige andere Wahl für die beiden Werte ist ohne Einschränkung ebenfalls möglich. Lässt man zum Beispiel im RSI den Faktor 100 weg, dann ergeben sich die Werte 0 und 1. Zwei Beispiele zum SRSI wurden in den Abbildungen 5-33 und 5-40 im Kapitel 5 bereits angegeben.

Die Wahl eines SRSI für die Analyse eines gKS hat sich »experimentell« auf der Basis von Versuchen und der Erfahrung ergeben. Der SRSI genügt der Forderung nach einem stufenförmigen Verlauf bei Anwendung auf ein gKS und war darüber hinaus einfach zu implementieren. Die Parameter $n = 5$ für den RSI und $n = 3$ für die Stochastik sind für das EMD-Trading feste Größen und werden zu keiner Zeit geändert.

Eine Alternative zum SRSI wurde ebenfalls untersucht. Mit dem SRSI wird die Steigung des gKS errechnet. Dies kann jedoch auch auf eine andere Art erfolgen, die auf Grund der Programmmöglichkeiten von Mathematica 8.0 keine größeren Schwierigkeiten bereitet: Man approximiert das gKS abschnittsweise durch ein Interpolationspolynom, differenziert das Polynom und ordnet einer positiven Steigung den Wert 100 und einer negativen Steigung den Wert Null zu. Es hat sich gezeigt, dass beide Verfahren zu gleichen Ergebnissen führen.

Das letzte Element wurde bereits konkret angesprochen: Die Anwendung des SRSI auf das geglättete Kurssignal gKS_{k_H} für die Handelssignalgenerierung: SRSI $[gKS_{k_H} \mid 5, 3]$, wobei über die Zahl k_H noch nichts ausgesagt wurde. Sie hängt direkt mit der obigen Zahl k_T zusammen.

Das gKS_{k_H} errechnet sich – wie jedes gKS – aus der Addition ausgewählter IMFs und des Trends T. Von allen IMFs, die sich aus der EMD-Zerlegung ergeben, werden diejenigen mit den niedrigsten Perioden vernachlässigt. Dieser Sachverhalt wurde im Abschnitt 5.4 bereits genauer erklärt. Ungeklärt ist jedoch noch, wie viele IMFs zu vernachlässigen sind, um durch Addition der restlichen IMFs und des Trends ein gültiges gKS_{k_H} für das EMD-Trading zu erhalten. Offen ist also noch die genaue Bestimmung der Zahl k_H fürgKS_{k_H}. Diese Bestimmung erfolgt im nächsten Abschnitt.

6.2.2 Das Prinzip des EMD-Tradings

Das nachfolgende EMD-Trading-Prinzip ergab sich aus weit mehr als 100 Berechnungen, die Zahl der EMD-Zerlegungen für reale EMD-Trades und für Testrechnungen zusammengenommen. Die Erkenntnisse aus diesen Rechnungen, die mit zusätzlichen Backtests bestätigt wurden, sowie die Grundlagen der EMD (siehe Kapitel 5) sind die alleinige Basis für das nachfolgend dargelegte Prinzip. Dieses Prinzip bestimmt eindeutig die noch zu bestimmende Zahl k_H und damit gKS_{k_H}.

Für die EMD-Zerlegung ist die Vorgabe eines Zeitraums für die Kurszeitreihe notwendig. Dieses Zeitfenster wird normalerweise rechtsseitig vom aktuellen Datum – meistens auch der Beginn eines EMD-Trades – bestimmt. Damit Kursdaten von der linksseitigen Zeitbegrenzung auf die Kursdaten in der Nähe des aktuellen Datums keinen Einfluss ausüben, wird man den Zeitraum ausreichend groß wählen. Ein Zeitraum von zwei oder drei Jahren hat sich als zweckmäßig erwiesen. Da zwei Jahre in etwa 512 Börsentagen entsprechen, ergeben sich damit mehr als 500 Kursdaten für die EMD-Zerlegung. Längere Zeiträume – drei, fünf oder gar zehn Jahre – brachten keine grundsätzlich anderen Ergebnisse, wenn man von der Anzahl der IMFs absieht. Bei der Wahl eines Zeitraums von etwa zwei Jahren ergaben sich meistens fünf bis sechs IMFs, bei längeren Zeiträumen stieg die IMF-Anzahl bis auf zehn an. Diese Zahlen stellen nur häufige Werte dar, sind aber keine Regel.

Am Beispiel des Aktienindex Nasdaq Composite werden nun die wesentlichen Auswahlkriterien erläutert. Der EMD-Zerlegung lagen folgende Daten zugrunde:

- Kursart: Tageskurse (Mittelung aus Hoch-, Tief- und Schlusskurs),
- Zeitraum: 11. Januar 2010 bis 22. Juni 2012,
- Kursdaten: Lenz + Partner,
- WKN: 965 515.

Die EMD-Zerlegung ergab sechs IMFs. Der Trend T für den Zeitraum wird in Abbildung 6-1 wiedergegeben.

Entscheidend ist nun der Trend T zum aktuellen Datum – hier der 22. Juni 2012 – und die Trends der einzelnen gKS – ebenfalls zum aktuellen Datum – im Vergleich zum Trend. Der Trend T zum aktuellen Datum ist aufwärts gerichtet. Dazu der Trend der einzelnen gKS aus der EMD-Zerlegung:

$$gKS_1 : \textit{aufwärts},$$

$$gKS_2 : \textit{aufwärts},$$

$$gKS_3 : \textit{aufwärts},$$

$$gKS_4 : \textit{aufwärts},$$

$$gKS_5 : \textit{aufwärts},$$

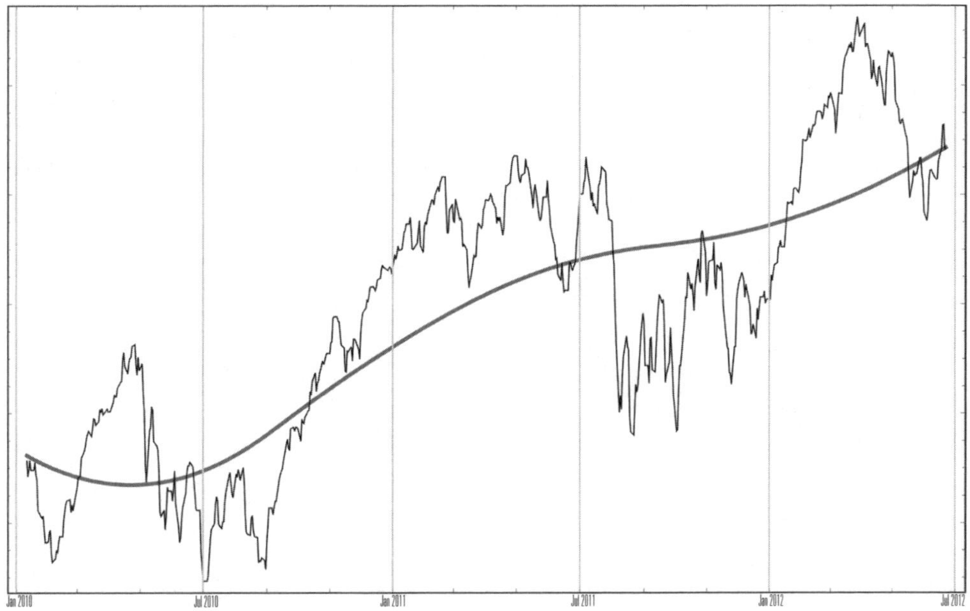

Abbildung 6-1: Trend T Nasdaq Composite im Zeitraum vom 11. Januar 2010 bis 22. Juni 2012

gKS_6 : *aufwärts.*

Von den sechs gKS zeigen die gKS_1 bis gKS_5 – wie der Trend T – einen Aufwärtstrend zum aktuellen Datum an. Von diesen fünf gKS ist nun das letzte gKS – also dasjenige mit dem größten Indexwert – bestimmend für die Zahl k_T: Sie gibt an, wie viele gKS zum aktuellen Zeitpunkt konform zum Trend T sind. In diesem Beispiel ist $k_T = 5$. Das $gKS_5 = gKS_{k_T}$, die Addition aus Trend T sowie c_5 und c_6, ist nun für das Weitere die entscheidende Größe. Abbildung 6.2 zeigt gKS_5 (geglättete Linie) im Vergleich zum Kursverlauf des Nasdaq Composite.

In Backtests hat es sich nun gezeigt, dass statt des gKS_{k_T} das gKS_{k_H}, mit $k_H = k_T - 1$, bessere Ergebnisse liefert. Auf diesen Sachverhalt wird weiter unten noch einmal genauer eingegangen. Im Falle des Beispiels Nasdaq Composite sieht der Vergleich wie folgt aus:

Testzeitraum war der oben angegebene Zeitraum, das Startkapital betrug EUR 1 000, die Tradingkosten für Kauf und Verkauf wurden mit jeweils 0,2% angesetzt, 0,1% für die Slippage. Vergleichbare, zum Teil noch bessere Ergebnisse wurden auch in den zahlreichen anderen Backtests erzielt.

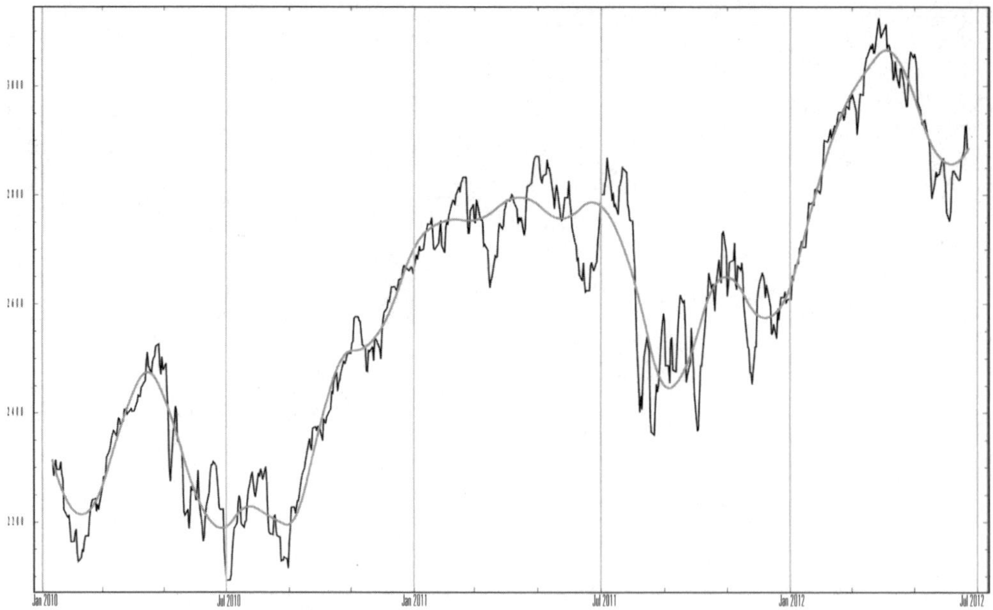

Abbildung 6-2: Kursverlauf des Nasdaq Composite im Vergleich zum gKS_5

	gKS_5	gKS_4
Anzahl aller Trades	16	33
Netto-Profit	1328,22	1525,16
Profitable Trades	93,75%	73%
Durchschnittlicher Return	5,54%	2,91%
Max. realisiertes Kapitalrisiko	–0,51%	–0,83%

Die Anwendung des SRSI auf $gKS_5 = gKS_{k_T}$ und $gKS_4 = gKS_{k_H}$ zeigt Abbildung 6-3. In ihr ist die Anwendung des SRSI auf gKS_5 im oberen Chartfenster, auf gKS_4 im unteren Chartfenster dargestellt. Der SRSI ist dabei jeweils die stufenförmige Linie. Die dunklen Balken am unteren Chartrand zeigen die Dauer der einzelnen EMD-Trades für den Fall $gKS_4 = gKS_{k_H}$ an.

Die Kriterien für die Auswahl desgKS_{k_H}, das die Basis für die Generierung der Handelssignale ist, können wie folgt zusammengefasst werden:

- Voraussetzung: Anzahl N der Kursdaten größer 500: N > 500.
- Bestimmung der Trendsituation T zum aktuellen Datum.
- Bestimmung der gKS_k mit gleichem Trendverhalten wie der Trend zum aktuellen Datum.
- Auswahl desjenigen gKS_k mit dem größten k-Wert: k_T.

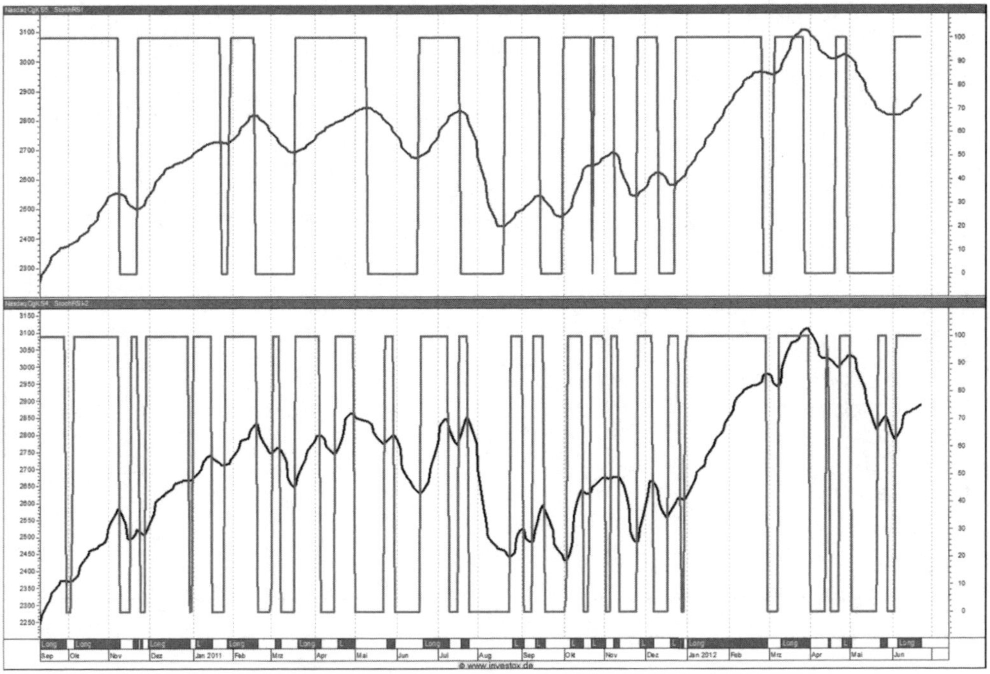

Abbildung 6-3: Anwendung des SRSI auf gKS_{k_T} und gKS_{k_H}

- Generierung der Handelssignale mit $SRSI\left[gKS_{k_H} \mid 5,3\right]$, wobei $k_H = k_T - 1$.

Diese Auswahlkriterien wurden auch mit längeren Zeiträumen überprüft. Als Beispiel dafür dient das Währungspaar EUR/USD (WKN 965 642) im Zeitraum vom 14. Januar 2002 bis 22. Juni 2012.

Die EMD-Zerlegung ergab zehn IMFs. Der Trend T für den Zeitraum wird durch Abbildung 6.4 wiedergegeben. Im Gegensatz zum Beispiel Nasdaq Composite zeigt er einen Abwärtstrend ab dem Jahr 2009 bis zum aktuellen Datum.

Die EMD-Zerlegung ergab trendkonforme gKS_k, $k = 5, 6, \ldots, 10$, während die ersten vier gKS einen Aufwärtstrend zum aktuellen Datum anzeigen. Da diese gKS weit kürzere durchschnittliche Perioden aufweisen als die gKS_k, $k = 5, 6, \ldots, 10$, beeinflussen sie die gKS_k mit ihren weitaus längeren durchschnittlichen Perioden nicht und die Bestimmung von k_T kann wie bisher vorgenommen werden. Damit gilt $k_T = 10$ und $k_H = k_T - 1 = 9$.

Ein letztes Beispiel weist noch auf eine weitere Besonderheit hin. Dabei handelt es sich um den DAX (WKN 846 900), ebenfalls im Zeitraum 14.

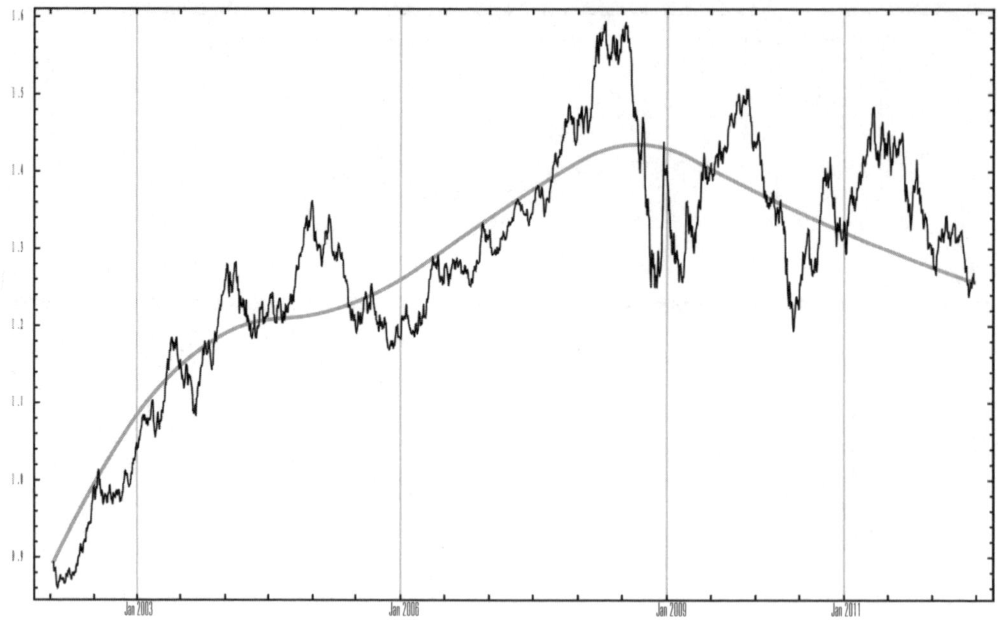

Abbildung 6-4: Trend EUR/USD im Zeitraum 14. Januar 2002 bis 22. Juni 2012

Januar 2002 bis 22. Juni 2012. Die EMD-Zerlegung ergab acht IMFs und damit auch acht gKS. Mit Ausnahme der gKS_k, $k = 6$ und $k = 8$, zeigen alle gKS in Richtung des leichten Aufwärtstrends T (siehe Abbildung 6.5).

Nach den bisherigen Auswahlkriterien ist $k_T = 7$ und $k_H = k_T - 1 = 6$. Damit wäre auf Grund der obigen Angabe gKS_{k_H} nicht trendkonform. In solchen Fällen gilt $k_H = k_T - 2$, sofern $k_H > \frac{n}{2}$. Im Beispiel des DAX erhält man gKS_5, da die Nebenbedingung $k_H > \frac{n}{2}$ $(5 > 4)$ erfüllt ist.

Ergänzt man die bisher definierten Auswahlkriterien um die Besonderheiten, die an den beiden Beispielen EUR/USD und DAX aufgezeigt wurden, dann erhält man die endgültigen Auswahlkriterien:

- Voraussetzung: Anzahl N der Kursdaten größer 500: $N > 500$.
- Bestimmung der Trendsituation T zum aktuellen Datum.
- Bestimmung der gKS_k mit gleichem Trendverhalten wie der Trend zum aktuellen Datum.
- Auswahl desjenigen gKS_k mit größtem k-Wert: k_T .
- Generierung der Handelssignale mit $SRSI\left[gKS_{k_H} \mid 5,3\right]$, wobei $k_H = k_T - 1$.

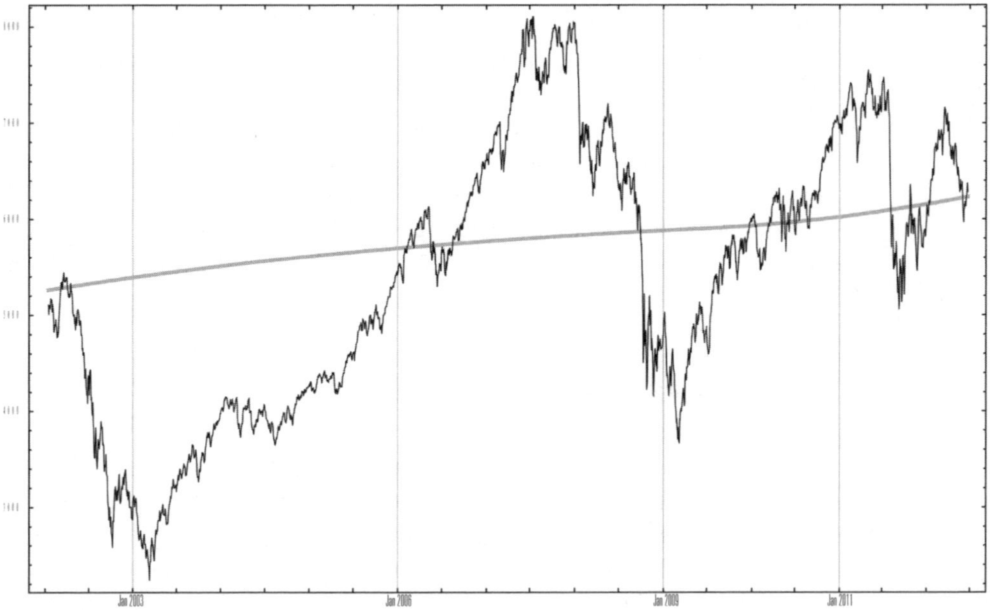

Abbildung 6-5: Trend des DAX im Zeitraum 14. Januar 2002 bis 22. Juni 2012

- Falls gKS_{k_H} nicht trendkonform ist, dann gilt $k_H = k_T - 2$ mit der Nebenbedingung $k_H > \frac{n}{2}$.
- Ist die Nebenbedingung nicht erfüllt, dann wird kein EMD-Trade durchgeführt.

Neben der EMD-Zerlegung ist das geglättete Kursignal gKS_{k_H} die entscheidende Größe für das EMD-Trading. Die Bestimmung von k_H und die Position von gKS_{k_H} innerhalb der gesamten Reihe der gKS_k $(k = 1, \ldots, n)$ lässt sich leichter verstehen, wenn man den Sachverhalt auf der Ebene der IMFs c_i $(i = 1, \ldots, n)$ betrachtet:

- Alle IMFs c_i $(i = 1, \ldots, k_H)$ werden bei der Auswahl von gKS_{k_H} vernachlässigt.
- Die c_{k_H} hat von den vernachlässigten IMFs die längste durchschnittliche Periode.
- Die c_{k_H} hat von den IMFs, die gKS_{k_H} beinhaltet, die kürzeste durchschnittliche Periode.
- Die c_{k_H} stellt somit die längste durchschnittliche Periode für den bestehenden Trend dar und die kürzeste durchschnittliche Periode bezüglich der nachfolgenden IMFs, die die gKS gegenläufig zum Trend bilden.

- Die c_{k_H} hat die reaktionsschnellste Periode des gegenläufigen Trends, der für den Ein- und Ausstieg aus den mit gKS_{k_H} definierten Trends verantwortlich ist.

Auch wenn das EMD-Verfahren mathematisch wesentlich anspruchsvoller ist als die Mehrzahl der Verfahren und Methoden aus der Technischen Analyse 1.0, seine Anwendung auf Kurszeitreihen bedarf neben der Anwendung der EMD nur weniger weiterer Auswahlkriterien. Diese Auswahlkriterien sind allgemein für alle Kurszeitreihen gültig und unterliegen keinen vielfältigen Variationen und Ausnahmen.

6.3 Trendbestimmung

Die Trendbestimmung ist die Basis für einen Positionseinstieg. In der Technischen Analyse 1.0 werden hierzu der ADX, der Aroon oder der RAVI verwendet (vergleiche dazu Abschnitt 3.4.5). Weniger ambitionierte Anleger – und das ist die Mehrzahl – verwenden unverständlicherweise einen MAS mit der Periodeneinstellung 200, denn mit dieser Periodeneinstellung ist eine Verzögerung von 100 Zeiteinheiten verbunden (vergleiche dazu Abschnitt 3.4.2).

Die EMD-Zerlegung liefert eine eindeutige, generelle Trendaussage in einem vorgegebenen Zeitraum, ohne irgendeine zusätzliche Periodeneinstellung und vor allem ohne jegliche Zeitverzögerung. Abbildung 6-6 veranschaulicht diese Aussage (DAX im Zeitraum vom 19. März 2009 bis zum 8. Juni 2012, Tageseinstellung).

In Abbildung 6-6 ist der EMD-Trend T (durchgehende Trendlinie) im Vergleich zum MAS[Close|200] (verkürzte Trendlinie) angegeben, zusammen mit der sich zeichnerisch ergebenden Zeitverzögerung von knapp 100 Tagen. Die zeichnerisch ermittelte Zeitverzögerung stimmt mit der Berechnung (Abschnitt 3.4.1) – 99,5 Tage – überein. Deutlich erkennbar ist, dass der EMD-Trend T den Trend zeitnaher wiedergibt als der MAS.

Das Bild ändert sich, wenn man den EMD-Trend für den DAX in einem längeren Zeitraum (3. Januar 2005 bis 8. Juni 2012, Wocheneinstellung) bestimmt. Das Ergebnis ist in Abbildung 6-7 wiedergegeben. Der Zeitbereich aus Abbildung 6-6 beginnt in Abbildung 6-7 ungefähr in der Mitte des Charts.

Als ein weiteres Beispiel für die Trendbestimmung mit Hilfe des EMD-Verfahrens wurde der Index »Dow Jones Sector Titans Composite« gewählt. Dieser Index repräsentiert über 500 der größten Firmen der Welt und ist in

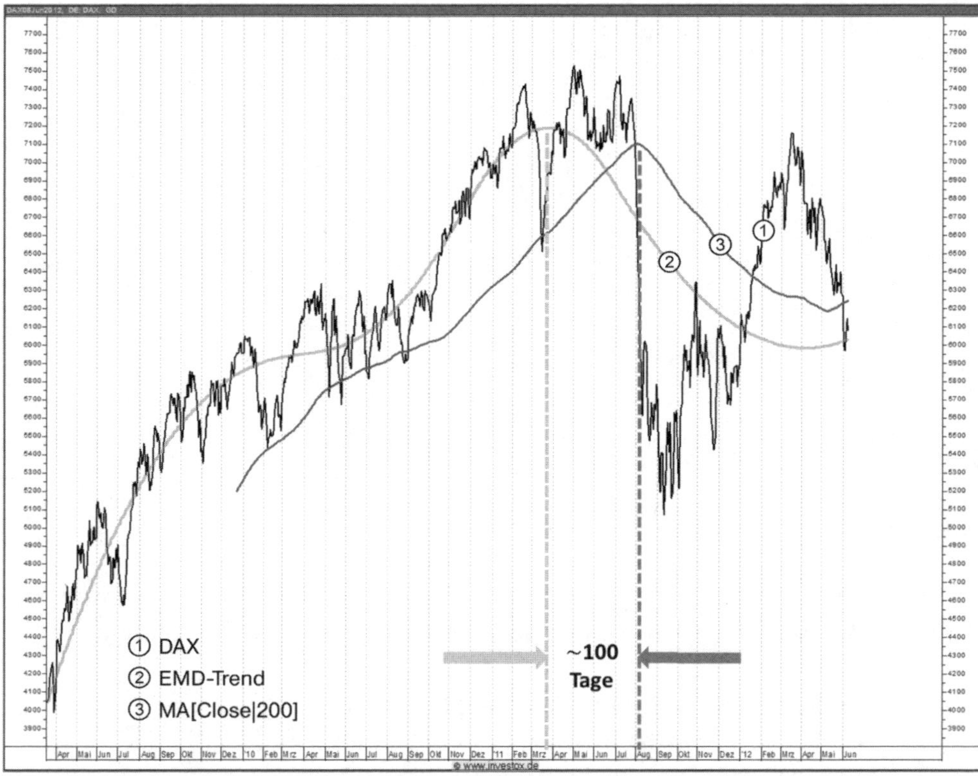

Abbildung 6-6: EMD-Trend im Vergleich zu MAS[Close | 200] am Beispiel des DAX

19 Branchen mit jeweils durchschnittlich 30 Firmen gegliedert. Sowohl für die Tageseinstellung als auch für die Wocheneinstellung wurden die gleichen Zeiträume wie für den DAX in den Abbildungen 6-6 und 6-7 gewählt. In Abbildung 6-8 ist der EMD-Trend für die Tageseinstellung abgebildet.

Offensichtlich wird der Trendverlauf durch den EMD-Trend wesentlich realistischer wiedergegeben als mit dem MAS[Close|200]. Die realistische Wiedergabe des Trends durch den EMD-Trend kommt auch in der Wocheneinstellung (siehe Abbildung 6-9) klar zum Ausdruck.

6.4 EMD-Trading mit verschiedenen Basiswerten

Für die EMD-Zerlegung sind – wie bereits erwähnt (siehe Abschnitt 5.9) – folgende Dateneingaben notwendig:

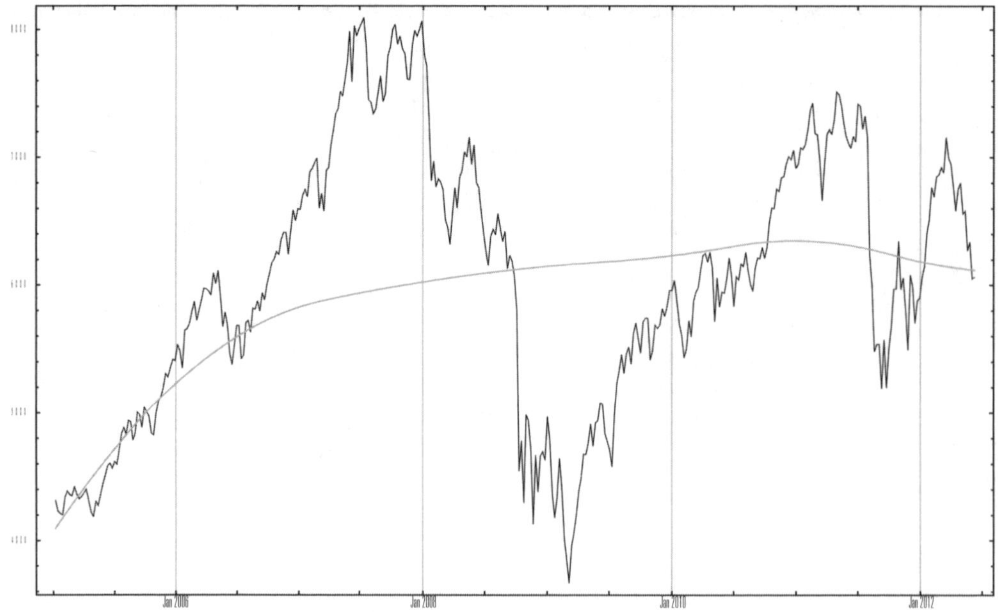

Abbildung 6-7: EMD-Trend (DAX, 3. Januar 2005 bis 8. Juni 2012, Wocheneinstellung)

- Kennzahl für die Katalogauswahl,
- Kennzahl für die Auswahl des Basiswertes,
- Zeitbasis (Tage oder Wochen) und der
- Analyse-Zeitraum.

Für das EMD-Trading auf der Basis einer EMD-Zerlegung sind ferner

- die IMF-Anzahl für die Berechnung des geglätteten Kurssignals gKS_{k_H} und
- die Anwendung des SRSI-Indikators

notwendig. Weitere Daten oder Parameter sind nicht nötig.

Die Auswahl des Basiswertes ist eine Vorgabe des Anlegers und damit eine Zielvorgabe, die der aktive Anleger vornehmen muss, wenn er verantwortungsbewusst sein eigenes Geld investieren möchte. Bei dieser Auswahl ist es vorteilhaft, sich auf fundamentale Daten wie Konjunktur und Konjunkturzyklen sowie branchen- und unternehmensanalytische Daten (siehe Kapitel 2) abzustützen. Die Medienvielfalt und das Internet bieten hier Möglichkeiten, die keineswegs kostspielig und zeitraubend sind. Die Ausführungen des Kapitels 4 sind wohl aufwendig, können sich aber zusätzlich sehr positiv auswirken.

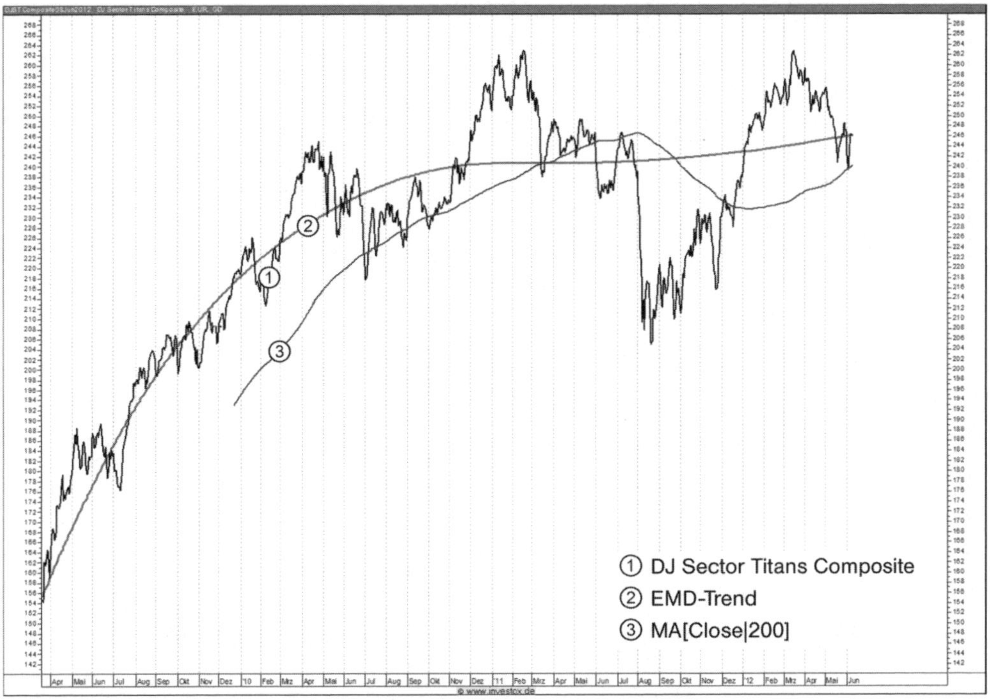

Abbildung 6-8: EMD-Trend im Vergleich zu MAS[Close | 200] am Beispiel DJ Sector Titans Composite

Die Zeitbasis ist vom Anlegerhorizont abhängig. Der langfristig orientierte Anleger wird seine Analyse auf Wochenbasis treffen und die Bestätigung auf Tagesbasis suchen, der mittel- und kurzfristige Anleger wird seine Zeitbasis entsprechend unter diesen Zeiteinheiten festlegen.

Die Festlegung des Analyse-Zeitraums ist von der Bedingung nach einer minimalen Anzahl von Kursdaten und vom Anlegerhorizont abhängig.

Wenn der Anleger für sich die obigen Entscheidungen getroffen hat, dann liefert ihm die Technische Analyse 2.0 ein Instrument, das ihm gewährleistet, sein Vermögen mindestens akzeptabel zu erhalten. Das EMD-Trading gestattet keinen Blick in die Zukunft – wenn auch Abschätzungen möglich sind (siehe dazu die Abschnitte 6.4.1 und 6.4.2) – und hat auch keine Chance gegen Crashs jeglicher Art. Trotzdem ist es der Technischen Analyse 1.0 auf Grund der minimalen Vorgaben überlegen und bietet eine deutlich profitablere Möglichkeit der Geldanlage. Dies soll nachfolgend verdeutlicht werden.

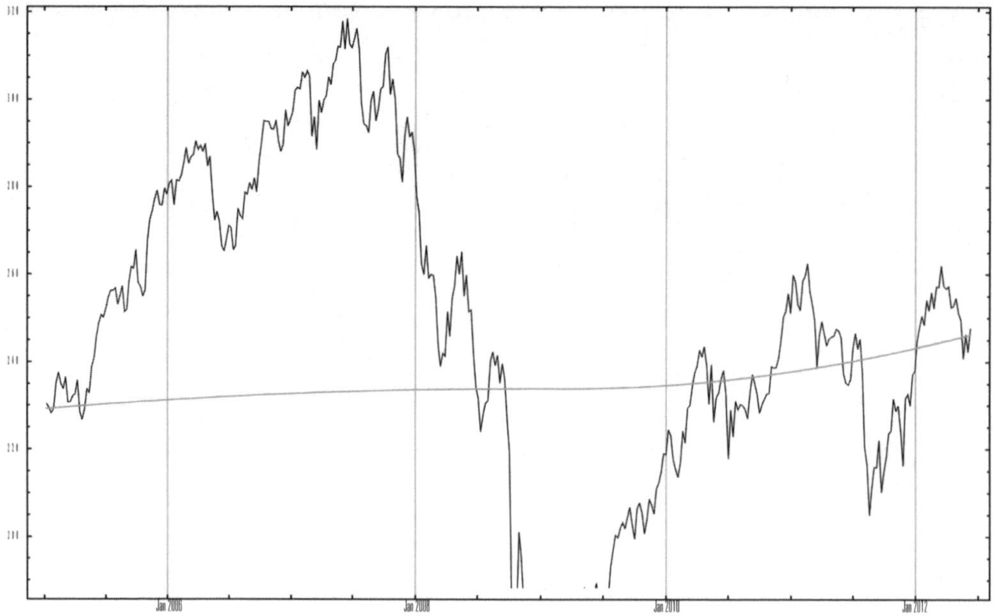

Abbildung 6-9: EMD-Trend (DJ Sector Titans Composite, Wocheneinstellung)

Das EMD-Trading wurde mit zahlreichen Indizes, Rohstoffwerten, Währungen und einzelnen Aktienwerten sowie in unterschiedlichen Zeitrahmen in der Praxis durchgeführt. Es folgen drei Beispiele als Ergänzung zu den bisherigen Ausführungen und als Abschluss der Darstellung über die Technische Analyse 2.0. Dargestellt werden im Folgenden zwei real gehandelte Basiswerte und eine langfristige Tradingbetrachtung am Beispiel des Edelmetalls Gold. Die real gehandelten Basiswerte: eine Einzelaktie – der Basiswert Apple aus dem Index Nasdaq 100 in einem Aufwärtstrend – und ein Index, der japanische Nikkei 225, in einem Abwärtstrend. Die Apple-Aktie wurde direkt an der Börse gehandelt, während der Nikkei 225 mit einem Put-Optionsschein gehandelt wurde.

6.4.1 Beispiel Einzelaktie: Apple im Aufwärtstrend

Den Kursverlauf der Apple-Aktie im Zeitraum vom 11. Januar 2010 bis 30. November 2011 zeigt Abbildung 6-10 (dunkle, gezackte Linie).

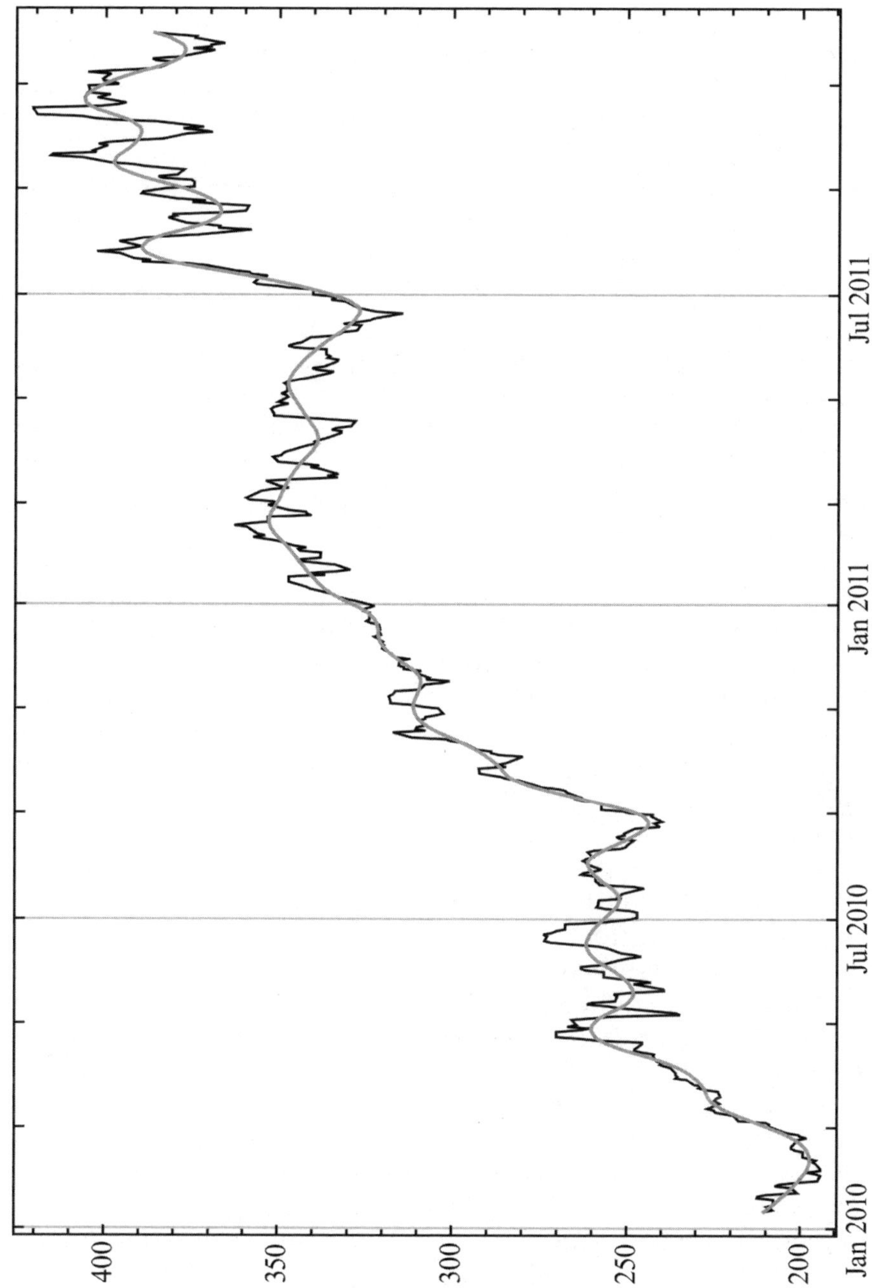

Abbildung 6-10: Kursverlauf der Apple-Aktie (11. Januar 2010 bis 30. November 2011)

Der Kurs der Apple-Aktie zeigt in diesem Zeitraum einen ausgeprägten Aufwärtstrend, gekennzeichnet durch höhere Tiefs und höhere Hochs.

Am 29. November 2011 ergab eine EMD-Zerlegung des Kursverlaufes der Apple-Aktie im Vorlaufzeitraum 11. Januar 2010 bis 29. November 2011 folgende Ergebnisse:

- Der Trend T zeigte von Anfang Januar 2010 bis zum obigen Zeitpunkt einen ausgeprägten Aufwärtstrend (Abbildung 6-11).
- Die Zerlegung ergab sechs IMFs.
- Das für das EMD-Trading notwendige gKS wurde als gKS_3 identifiziert (Abbildung 6-10).
- Der auf das gKS_3 angewendete $SRSI[gKS_3|5,3]$ zeigt zum 25. November 2011 eine Trendwende an (vergleiche Abbildung 6-12, wobei zusätzlich noch der gesamte reale EMD-Trade angegeben ist).

Auf Grund der obigen Fakten erfolgte am 30. November 2011 ein Kauf der Apple-Aktie an der Börse in Frankfurt. Neben der SRSI-Signalgebung war ein Backtesting zusätzlich wesentlich für die Kaufentscheidung (siehe Abbildung 6-12).

In der Abbildung 6-12 ist neben dem realen Trade das Backtesting vor der Kaufentscheidung am 30. November 2011 markiert. Das gKs_3 wurde als Kurs in das Börsenprogramm Investox importiert und der SRSI mit den Einstellungen 5 und 3 (vergleiche Abschnitt 6.2) darauf angewendet. Mit diesen Daten wurde ein Backtesting mit dem Investox-Börsenprogramm für den Zeitraum 11. November 2010 (System Start) bis 20. November 2011 (System Ende) durchgeführt. Es ergaben sich folgende Ergebnisse:

- Anzahl der Trades: 5,
- Netto-Profit: EUR 488,03,
- Buy/Hold-Profit: EUR 240,67 (zum Vergleich),
- Profitable Trades: 100%,
- Durchschnittlicher Return: 8,5%,
- Maximal realisiertes Kapitalrisiko: 0%.

Den Ergebnissen lagen neben den angegebenen Daten noch folgende Annahmen zugrunde: Startkapital EUR 1 000, Kauf- beziehungsweise Verkaufskosten in Höhe von 0,2% sowie eine Slippage von 0,1%. Diese Backtesting-Ergebnisse – ohne sie überzubewerten – waren mehr als überzeugend und untermauerten die Kaufentscheidung.

Ein Kursziel wurde wie folgt abgeschätzt:

- Eine Periodenberechnung (siehe Abschnitt 5.5) ergab als längste Periode für das gKS_3 194 Börsentage oder 276 Kalendertage.

- Unter der Annahme, dass die Trenddauer mit der Hälfte der Periodendauer abgeschätzt werden kann, ergab sich eine Trenddauer von 138 Tagen oder zirka 4,5 Monaten. Dieser Wert von 138 Tagen – auf der Grundlage der längsten Periode – ist als maximal anzusehen.
- Aus dem Kursverlauf der Aktie im Vorlaufzeitraum lässt sich ein Kursanstieg von zirka 94% in 691 Tagen errechnen. Es wurde unterstellt, dass der Kursanstieg auch weiterhin gilt.
- Die Schwingungsweite der gKS_3 betrug vom letzten Hoch zum Einstiegstief zirka 30 EUR (siehe Abbildung 6-10).
- Aus der geschätzten Trenddauer, dem vorangegangenen Kursanstieg und der gKS-Schwingungsweite errechnet sich – bei einem Einstiegskurs von EUR 280 – ein Kursziel von EUR 366 (EUR 475) nach einer Haltezeit von 138 Tagen (125 Tagen). In Klammern sind die tatsächlich eingetretenen Werte angegeben. Die deutliche Abweichung vom Kursziel ist darauf zurückzuführen, dass der Kursanstieg der Apple-Aktie in der Folge steiler verlief als im Zeitraum zuvor.

Auf der Basis eines gKS_3 zusammen mit einem SRSI-Verkaufssignal wurde die Long-Position am 4. April 2012 geschlossen (Abbildungen 6-12 und 6-13). In beiden Abbildungen ist neben dem gKS auch der Kursverlauf angegeben.

Ein weiteres Backtesting unter Einbeziehung des EMD-Trades ergab folgendes Ergebnis:

- System Start: 11. November 2010,
- System Ende: 13. April 2012,
- Anzahl der Trades: 6,
- Netto-Profit: EUR 1 450,63,
- Buy/Hold-Profit: EUR 962,05 (zum Vergleich),
- Profitable Trades 100%,
- Durchschnittlicher Return: 17,8%,
- Maximal realisiertes Kapitalrisiko: 0%.

Das EMD-Trading liefert ein signifikant besseres Ergebnis als eine Buy/Hold-Strategie, obwohl der starke Kursanstieg der Apple-Aktie für eine solche Strategie eine geradezu hervorragende Basis war.

Das Schließen der Long-Position am 4. April 2012 erfolgte auf der Basis eines gKS_3, also mit einem gKS wie bei der Eröffnung.

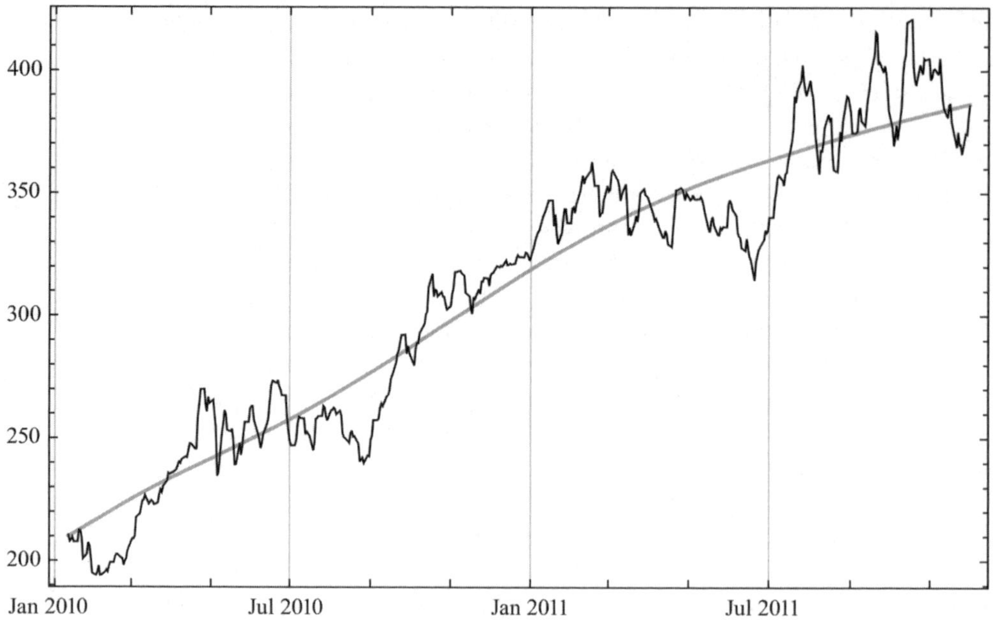

Abbildung 6-11: Trendverlauf der Apple-Aktie im Zeitraum Januar 2010 bis 23. November 2011

6.4.2 Beispiel Index: Nikkei 225 im Abwärtstrend

Der Kursverlauf des japanischen Aktienindex Nikkei 225 und seines Trends T im Zeitraum vom 20. März 2009 bis 4. April 2012 ist in den Abbildungen 6-14 und 6-15 dargestellt.

Das in Abbildung 6-14 ebenfalls angegebene gKs_4 sowie der Trend in Abbildung 6-15 waren Ergebnisse einer EMD-Zerlegung am 4. April 2012. Weitere Ergebnisse und Aussagen auf Basis dieser Ergebnisse waren:

- Der Trend T zeigte ab Herbst 2011 eine leicht fallende Tendenz. Ergänzt wurde diese Aussage durch die fallenden Hochs und Tiefs (Abbildung 6-14, dünne Linie).
- Die EMD-Zerlegung ergab sieben IMFs.
- Die für das EMD-Trading notwendige gKS wurde als gKS_4 identifiziert (Abbildung 6-16, dicke Linie).
- Der auf das gKS_4 angewendete SRSI $\left[gKS_4 \mid 5, 3\right]$ zeigte zum 4. April 2012 einen beginnenden Abwärtstrend an (vergleiche Abbildung 6-16).

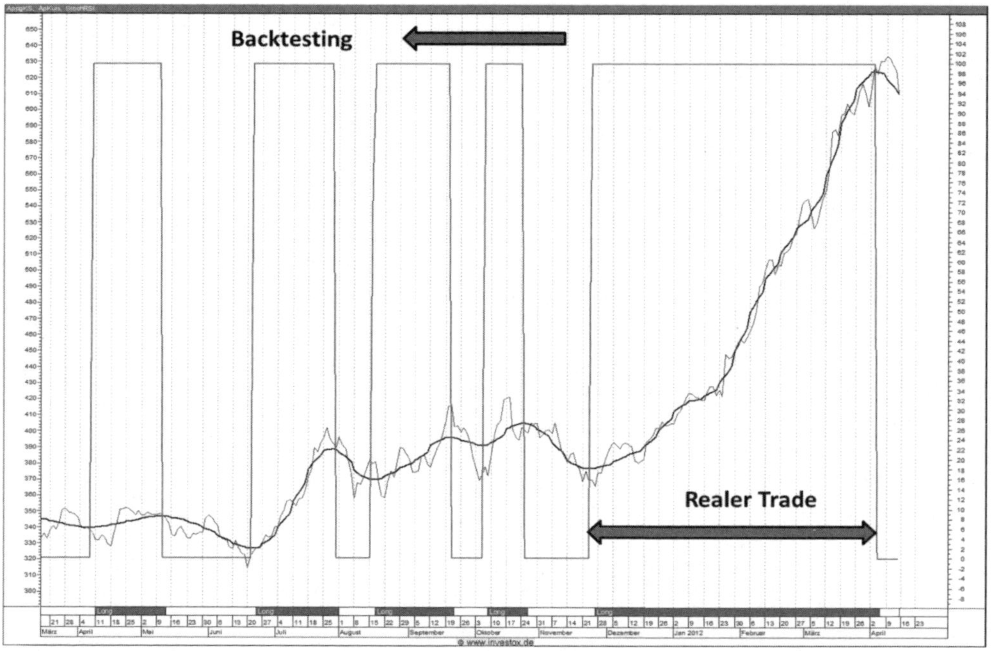

Abbildung 6-12: Backtesting und EMD-Trade der Apple-Aktie

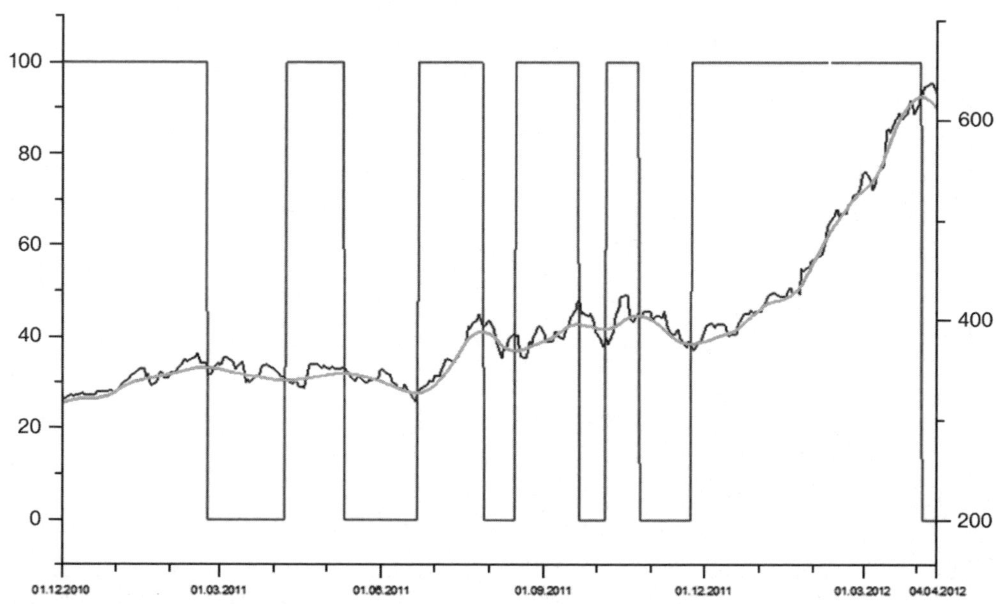

Abbildung 6-13: SRSI-Signale der Apple-Aktie: Vorlaufzeitraum und EMD-Trade

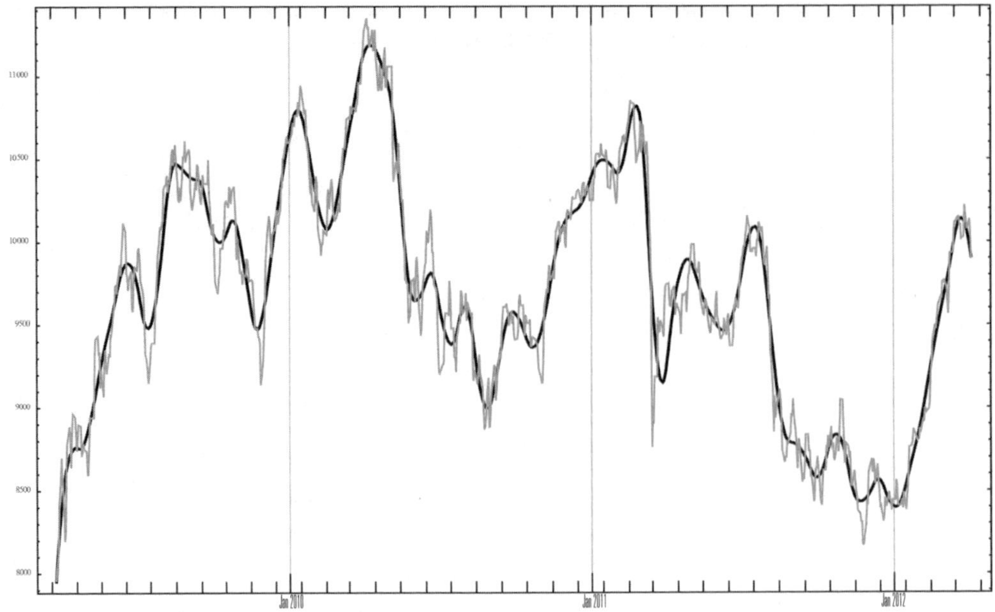

Abbildung 6-14: Kursverlauf des Nikkei 225 mit gKS

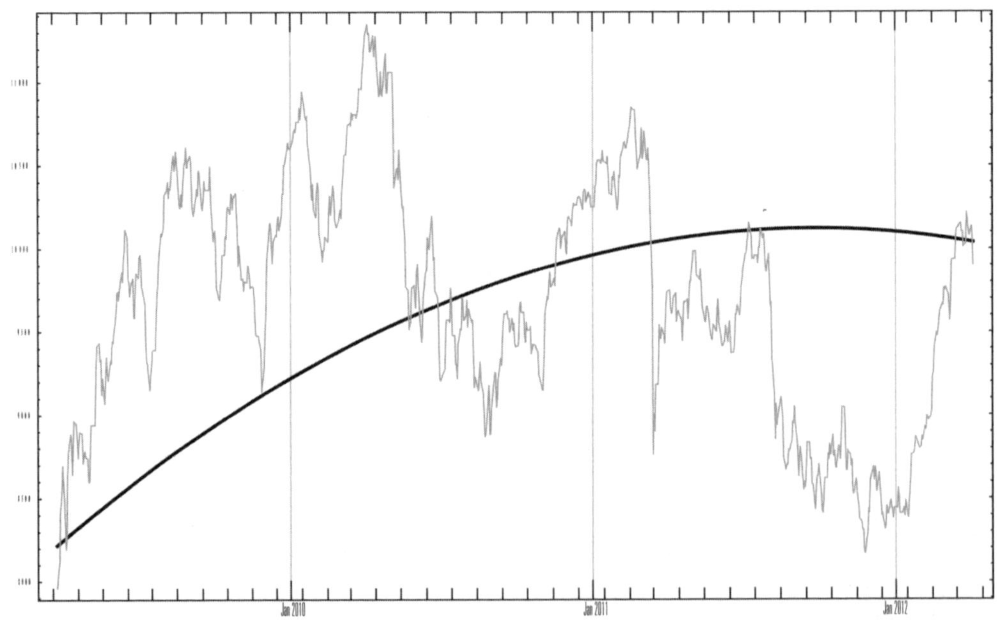

Abbildung 6-15: Trend T des Nikkei 225 (20. März 2009 bis 4. April 2012)

Auf Grund dieser Daten erfolgte am 4. April 2012 der Kauf eines Put-Optionsscheines auf den Nikkei 225 an der Börse in Stuttgart (Am Geld, Omega: −5).

Ein Kursziel wurde wie folgt abgeschätzt:

- Eine Periodenberechnung (siehe Abschnitt 5.5) ergab als längste Periode für das gKS_4 92 Börsentage oder 131 Kalendertage.
- Unter der Annahme, dass die Trenddauer mit der Hälfte der Periodendauer abgeschätzt werden kann, ergab dies eine Trenddauer von maximal 66 Tagen oder zwei Monaten.
- Auf Grund des sehr flachen Trendverlaufes wurde für die Kurszielabschätzung keine Trendkomponente berücksichtigt.
- Die Schwingungsweite des gKS_4 betrug vom letzten Tief zum Einstiegshoch knapp 1 400 Punkte (siehe Abbildung 6-16).
- Aus der gKS-Schwingungsweite errechnet sich, bei einem Einstiegsniveau von etwa 10 000 Punkten, ein Kursziel von etwa 8 600 Punkten (~ 8 570 Punkten) nach einer Haltezeit von 66 Tagen (74 Tagen). In Klammern sind die tatsächlich eingetretenen Werte angegeben.

Auf der Basis eines gKS_4 zusammen mit einem SRSI-Verkaufssignal (beginnender Aufwärtstrend) wurde die Short-Position am 16. Juni 2012 geschlossen (Abbildung 6-17).

6.4.3 Beispiel Rohstoff: Trading mit Gold

Als ein drittes und letztes Tradingbeispiel wird nachfolgend das Edelmetall Gold (WKN 965 515) aus der Anlageklasse Rohstoffe in einem Zeitrahmen von etwas mehr als zehn Jahren dargestellt. Dem Beispiel liegt die Vorstellung zugrunde, dass in den zehn Jahren mit dem EMD-Trading-System und einem Startkapital von EUR 1 000 am 14. Januar 2002 zu handeln begonnen wurde (Handelsende am 22. Juni 2012).

Für das EMD-Trading ergab sich ein gKS_5 (Abbildung 6-18), bestehend aus dem Trend (Abbildung 6-19) und zwei IMFs, bei insgesamt sechs IMFs. Die Anwendung des SRSI auf das gKS_5 ist in Abbildung 6-20 dargestellt. In Abbildung 6-20 sind aus Übersichtlichkeitsgründen der Kursverlauf, das gKS sowie die SRSI-Signale erst ab dem Jahr 2005 wiedergegeben.

Im oberen Chartfenster der Abbildung 6-20 ist die Kapitalkurve zu sehen, die sich aus dem EMD-Trading im Zeitraum vom 14. Januar 2002 bis zum 22. Juni 2012 ergab. Das Startkapital wurde mit EUR 1 000 angenommen.

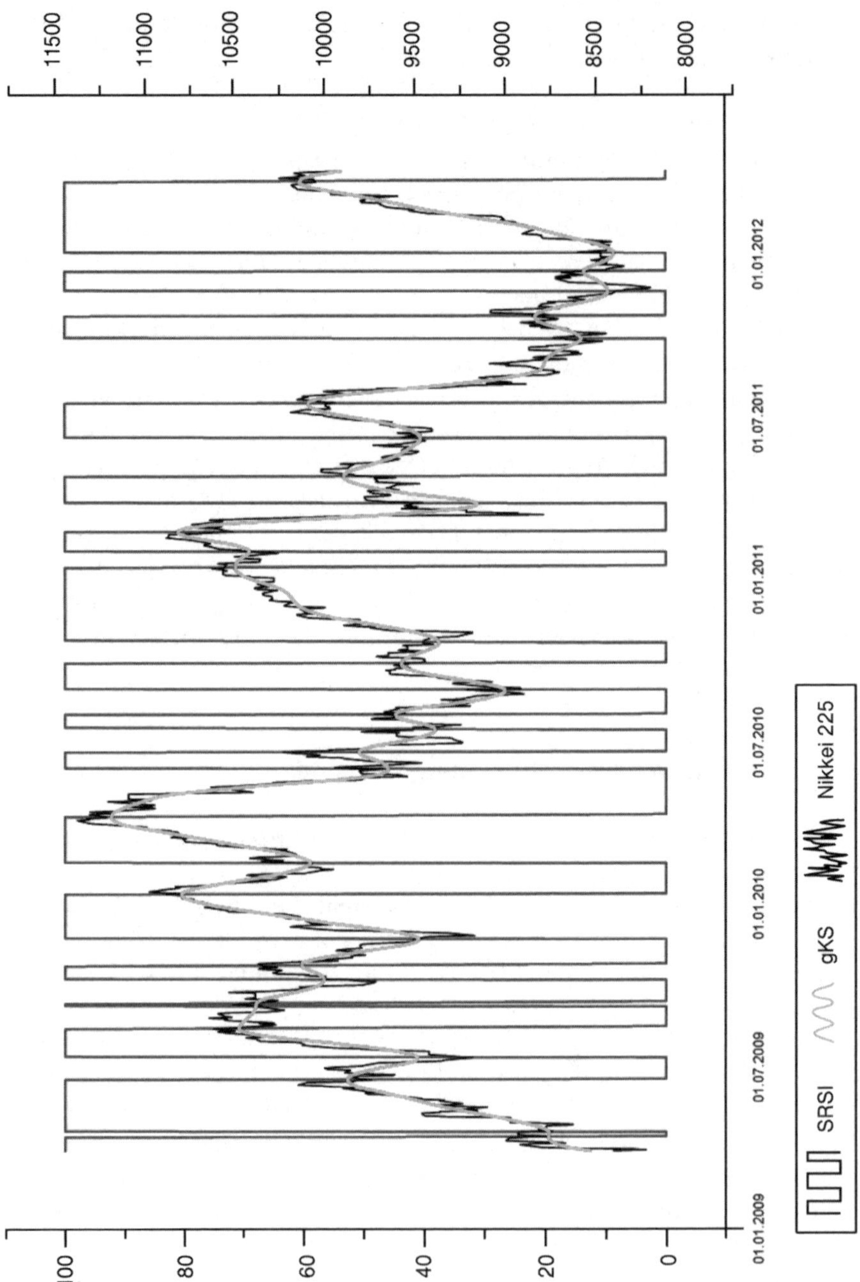

Abbildung 6-16: Beginnender Abwärtstrend des Nikkei 225 am 1. April 2012

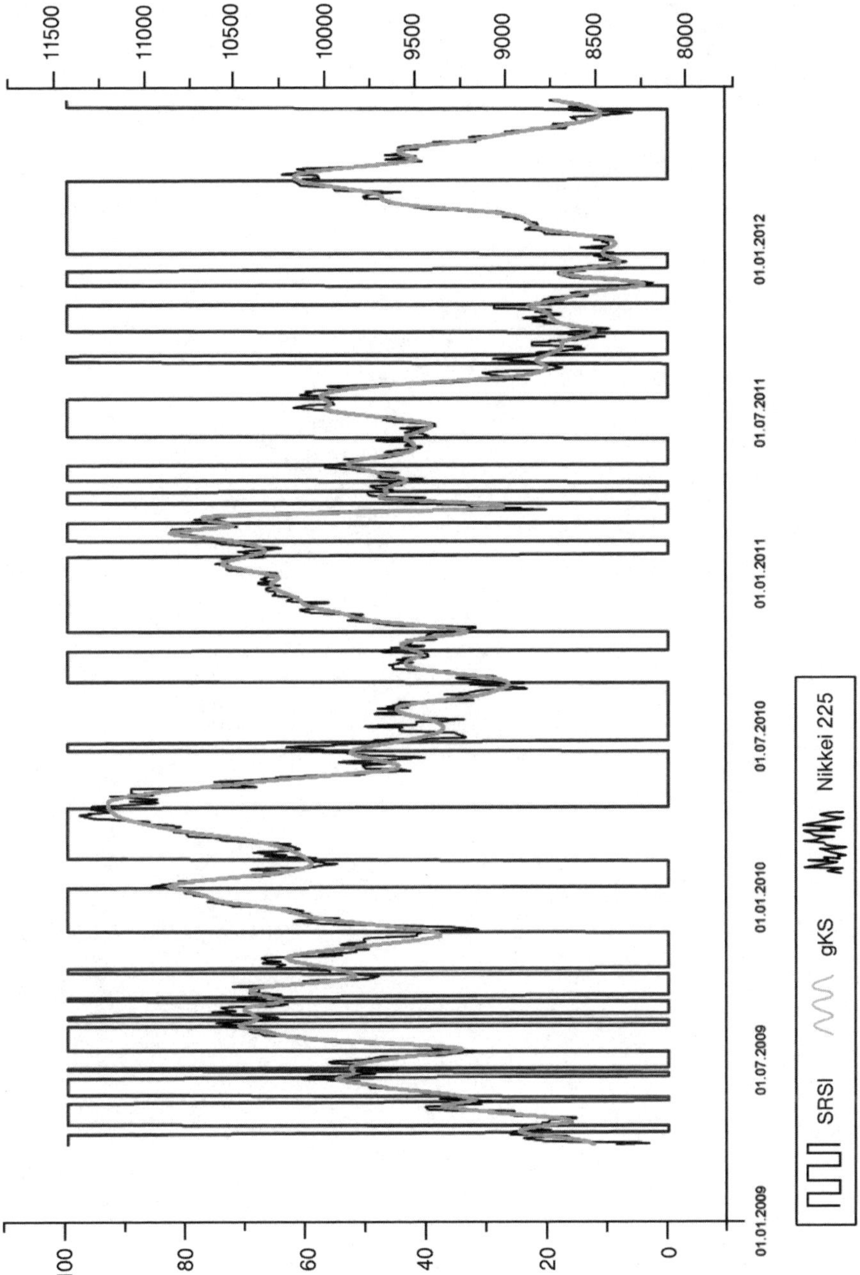

Abbildung 6-17: Schließen der Nikkei 225-Shortposition am 16. Juni 2012

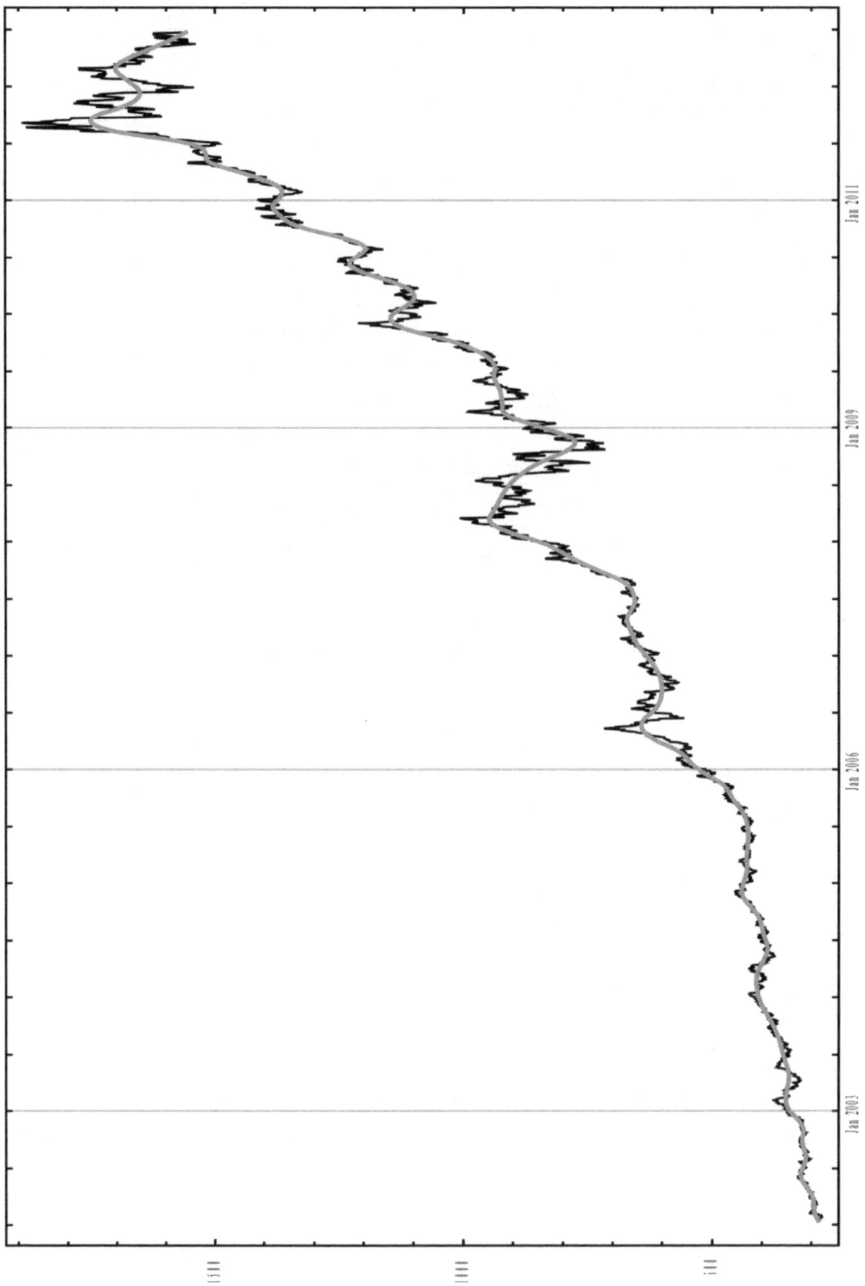

Abbildung 6-18: gKs$_5$ für das Gold-EMD-Trading

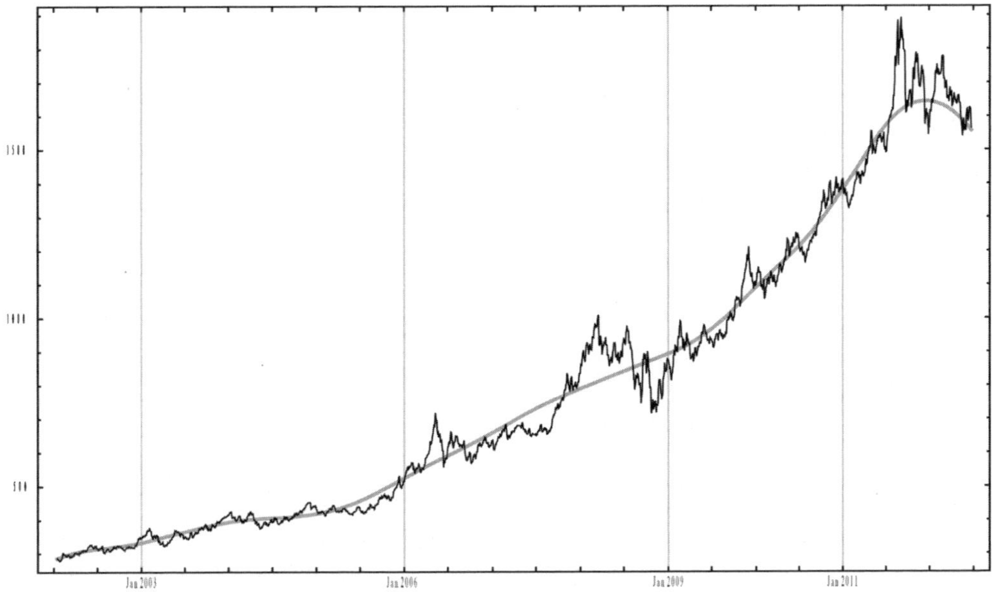

Abbildung 6-19: Trend T für das Gold-EMD-Trading

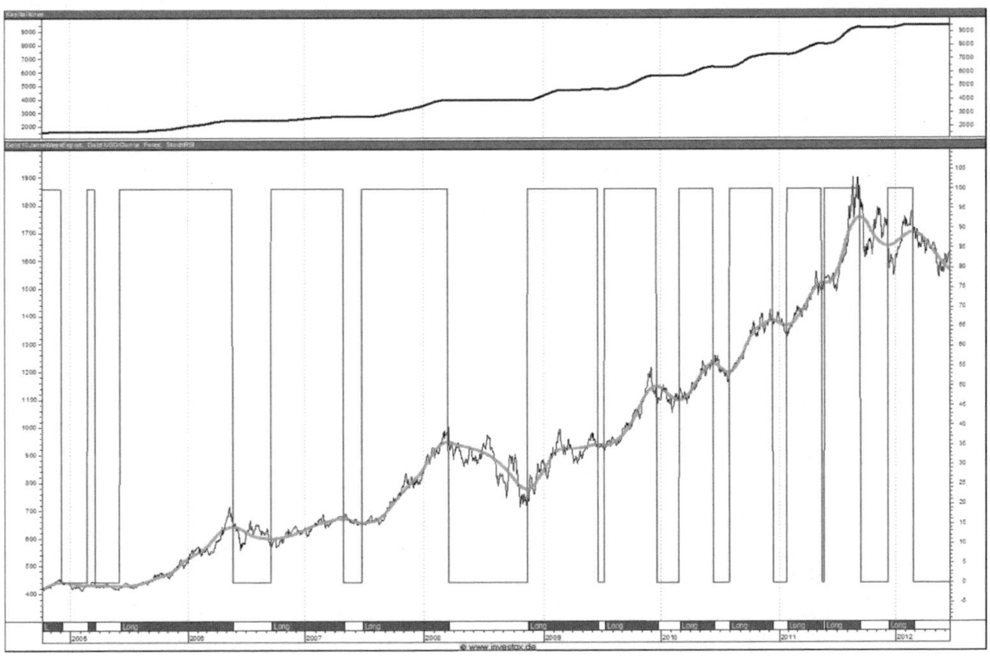

Abbildung 6-20: EMD-Trading-Signale für Gold (Januar 2005 bis 22.Juni 2012)

Ein Backtesting brachte folgende Ergebnisse:

- System Start: 23. Januar 2002,
- System Ende: 22. Juni 2012,
- Anzahl aller Trades: 16,
- Netto-Profit: EUR 8 490,68,
- Buy/Hold-Profit: EUR 4 355,97 (zum Vergleich),
- Profitable Trades: 93,75%,
- Durchschnittlicher Return: 15,78%,
- Maximal realisiertes Kapitalrisiko: –0,08%.

Den Ergebnissen lagen neben den angegebenen Daten noch folgende Annahmen zugrunde: Startkapital EUR 1 000 (wie bereits angegeben), Kauf- beziehungsweise Verkaufskosten in Höhe von 0,2% sowie eine Slippage von 0,1%.

Den Abschluss dieses Tradingbeispiels Gold bildet eine Periodenberechnung für den angegebenen zehnjährigen Zeitraum. Wie in Abschnitt 5.5 gezeigt, wurde wieder davon ausgegangen, dass zwei benachbarte Extrema einer IMF – ein Maximum und ein Minimum – die Periode T einer Schwingung definieren. Auf dieser Grundlage lassen sich für die einzelnen IMFs durchschnittliche Perioden abschätzen. Das Ergebnis zeigt die nachfolgende Tabelle:

Anzahl der Extrema	Durchschnittliche Perioden (Tage)
1741	3,1
709	7,5
290	18,4
112	47,7
49	109,1
21	254,6

Auch hier gilt die Aussage, dass die Fibonacci-Zahlen einen guten Anhaltspunkt für die Periodenauswahl geben, wenn auch die errechnete Periode 109,1 Tage weder nahe der 89 beziehungsweise der 133 liegt.

6.5 Ein Vergleich

Die Technische Analyse 2.0 (TA 2.0) ist die Zusammenfassung der beiden Einzelbereiche Empirical Mode Decomposition (EMD) und EMD-

Trading, wobei die EMD die Basis der TA 2.0 ist. Die EMD wurde in Kapitel 5 ausführlich dargestellt. In Kapitel 6 wurden die Einzelheiten ihrer Anwendung – einschließlich der notwendigen Auswahlkriterien – aufgezeigt und unter dem Begriff »EMD-Trading« zusammengefasst. Konkrete Trading-Beispiele ergänzen das Kapitel. Die gezeigten, willkürlich ausgewählten Ergebnisse belegen, dass die TA 2.0 gegenüber der Technischen Analyse 1.0 (TA 1.0) gravierende Vorteile hat, wenn nicht sogar ihr überlegen ist.

Ein Vergleich der TA 1.0 mit der TA 2.0 soll abschließend die wesentlichen Unterschiede zwischen beiden Analyseverfahren aufzeigen. Kennzeichnend für die TA 1.0 sind folgende Punkte:

- Die TA 1.0 berücksichtigt nicht die nichtlineare und nichtstationäre Eigenschaft von Kurszeitreihen.
- Die TA 1.0 ist gekennzeichnet durch eine Vielzahl an Verfahren (Chart-, Trend-, Formations-, Indikatoren- sowie Volumenanalyse) und Elementen (Kursdarstellungen, Trendlinien, geometrische Formen, Fibonacci-Retracements sowie mathematische Formeln).
- Mit ebenso vielen Regeln und Parametern werden die Elemente und Verfahren an die Kurszeitreihenrealität angepasst, um der Nichtberücksichtigung der nichtlinearen und nichtstationären Eigenschaft von Kurszeitreihen zu genügen.
- Für die Anwendung der TA 1.0 auf Kurszeitreihen steht ein großer Erfahrungsschatz zur Verfügung, der letzten Endes eine befriedigende Erfolgswahrscheinlichkeit bei richtiger Anwendung zu liefern vermag.

Im Gegensatz dazu ist die TA 2.0 folgendermaßen gekennzeichnet:

- Die TA 2.0 berücksichtigt die nichtlineare und nichtstationäre Eigenschaft von Kurszeitreihen.
- Die TA 2.0 besteht aus der EMD und dem EMD-Trading. Auch wenn die EMD mathematisch anspruchsvoller ist als die Mathematik, die für die TA 1.0 notwendig ist, so ist die TA 2.0 auf nur zwei Verfahren konzentriert.
- Neben der EMD und dem EMD-Trading sind keine weiteren Regeln und Parameter bei der Anwendung der TA 2.0 notwendig.
- Die TA 2.0 ist ein neuer Baustein der Finanzanalyse und ihr Potenzial ist noch nicht ausgeschöpft.

Weitere Möglichkeiten, die das Potenzial der TA 2.0 unterstreichen, werden im Kapitel »Ausblick« beschrieben. Trotz aller Vorteile der TA 2.0 ist sie kein Ersatz für die TA 1.0. Es wäre falsch, erprobte und erfolgreiche Verfahren der TA 1.0 – zum Beispiel die Chartanalyse oder Volatilitätsbetrachtungen, um nur zwei wichtige Verfahren zu nennen – nicht in die TA 2.0 zu übernehmen. Im übertragenen Sinn gilt auch für die Technische Analyse 2.0 ein Satz von André Kostolany: *»An der Börse sind zwei mal zwei niemals vier, sondern fünf minus eins.«*

Ausblick

Die gezeigten Ergebnisse im Kapitel 6 geben einen starken quantitativen Hinweis auf das besondere Potenzial einer Technischen Analyse auf der Basis einer nichtlinearen und nichtstationären Datenanalyse, wie sie mit Anwendung der EMD auf Kurszeitreihen realisiert werden kann.

Die IMFs – das Ergebnis der EMD-Zerlegung – sind eine Möglichkeit, die physikalische Grundstruktur von Kurszeitreihen im betrachteten Zeitraum ohne irgendwelche Annahmen darzustellen. Die IMFs sind eine richtige und reale Basis für eine neue Dimension der Technischen Analyse – der Technischen Analyse 2.0. Der wesentliche Grund für diese richtige und reale Basis ist die – zumindest näherungsweise gegebene – Orthogonalität der IMFs und ihre Untergliederung nach aufsteigenden Perioden beziehungsweise fallenden Frequenzen. Auf ihrer Grundlage lassen sich deshalb weiterführende Analysen und Verfahren durchführen.

Ein weitgehend ungelöstes Problem der Finanzanalyse ist die Volatilität in Abhängigkeit der Zeit. Eine Definition der Volatilität auf der Basis der IMFs ergibt eine zeitabhängige Volatilität, die herkömmliche Methoden der Technischen Analyse nicht erbringen können. Die stärksten Kursschwankungen (niedrigste Perioden, höchste Frequenzen) werden durch die ersten IMFs aus der Reihe, die sich aus der EMD-Zerlegung ergibt, repräsentiert. Diese IMFs können ein Maß für die Volatilität sein, wenn man dieses Maß in Relation zu den Schwankungen des Kurses insgesamt, also zur gesamten Kurszeitreihe setzt. Die gesamte Kurszeitreihe zu jedem Zeitpunkt t_j kann durch den Ausdruck

$$s\left(t_j\right) = T + \sum_{i=1}^{n} c_i\left(t_j\right)$$

rekonstruiert werden. Ein Teilsignal aus der Kurszeitreihe, bestehend aus den ersten k IMFs einer aus der EMD-Zerlegung resultierenden IMF-Reihe, ist durch den Ausdruck

$$s_k(t_j) = T + \sum_{i=1}^{k} c_i(t_j)$$

gegeben. Ein möglicher Ansatz zur Bestimmung der zeitabhängigen Volatilität $V(t_j)$ ist der folgende:

$$V(t_j) = \frac{|s_k(t_j)|}{s(t_j)}.$$

Der nicht einfach zu bestimmende Wert für k und der richtige Zeitraum für die t_j sind das eigentliche Problem in diesem Ansatz. Der Ansatz ist richtig, doch seine praxisgerechte Umsetzung ist die Schwierigkeit.

In Abschnitt 5.5 wird eine einfache Methode zur Berechnung der in einem Kursverlauf verborgenen Perioden angegeben. Basis der Berechnung sind die IMFs aus der EMD-Zerlegung. Das Ergebnis sind durchschnittliche Perioden. Trotz der Einfachheit der Methode sind die Ergebnisse recht gut, jedoch mit der Bedingung, dass in dem betrachteten Zeitraum eine relativ große Zahl an Extrema existiert. Dies ist bei den IMFs mit sehr langen Perioden nur unzureichend gewährleistet. Für diese IMFs muss zur Berechnung ihrer Perioden ein weitaus aufwändigeres Verfahren verwendet werden. Die Grundzüge des Verfahrens sind die folgenden Einzelschritte:

- Berechnung der zeitabhängigen Momentanfrequenz einer IMF,
- Berechnung der zeitabhängigen Periode und
- Mittelung der zeitabhängigen Periode.

Der schwierigste Schritt ist der erste. Die zeitabhängige Momentanfrequenz einer IMF $c_i(t_j)$ berechnet sich nämlich wie folgt:

$$\omega_i(t_j) = \frac{c_i(t_j)\, h_i'(t_j) - c_i'(t_j)\, h_i(t_j)}{c_i^2(t_j) + h_i^2(t_j)};$$

dabei bedeuten:

$\omega = 2\pi/T$: Kreisfrequenz (T Periode),

$c_i(t_j)$: IMF c_i, $i = 1, 2, \ldots, n$,

$h_i(t_j)$: Hilbert-Transformierte von $c_i(t_j)$.

Mit „ ´ “ ist sowohl für die IMF als auch für ihre Hilbert-Transformierte die erste Ableitung bezeichnet. Das Problem dabei ist die Hilbert-Transformierte der IMF. Eine praktikable Lösung dürfte dadurch gegeben sein, die IMF in eine diskrete Fourier-Reihe zu entwickeln. Deren Sinus- und Cosinus-Funktionen lassen sich auf einfache Weise einer Hilbert-Transformation unterwerfen.

Die Berechnung der zeitabhängigen Periode wurde bereits angegeben:

$$T_i\,(t_j) = \frac{2\pi}{\omega_i\,(t_j)}.$$

Für die mittlere Periode $\overline{T_i}$ der IMF c_i gilt dann (Mittelung über t_j, $j = 1, \ldots, N$):

$$\overline{T_i} = \frac{2\pi}{\overline{\omega_i}},$$

mit

$$\overline{\omega_i} = \frac{\sum_{j=1}^{N} c_i^2(t_j)\omega_i(t_j)}{\sum_{j=1}^{N} c_i^2(t_j)}.$$

Auf dieser Basis ergeben sich konkrete Werte für die Perioden – auch für die langen Perioden – auf verschiedenen Zeitebenen, wie sie bei der Anwendung technischer Indikatoren benötigt werden. Auf empfohlene Standardeinstellungen oder auf mühsame Trial-und-Error-Versuche kann somit verzichtet werden. Systeme auf der Basis technischer Indikatoren gewinnen dann beträchtlich an Effizienz.

Da die IMFs die physikalische Grundstruktur einer Kurszeitreihe darstellen, können sie vorteilhaft zu Prognose-Verfahren – besser ist es jedoch von einer intelligenten Extrapolation zu sprechen – herangezogen werden. Eine realistische Möglichkeit dafür wäre eine Extrapolation der einzelnen IMFs und die Berechnung eines Prognose-Wertes für die Kurszeitreihe. Erfolgversprechend dürfte diese Vorgehensweise mit dem LPC-Verfahren (Linear Predictive Codung) sein, was sich in ersten Voruntersuchungen bereits angedeutet hat.Von gleicher Bedeutung wie die Kursprognose ist für den Trader eine Trendprognose. Wie eine Kursprognose kann auch eine Trendprognose durch Extrapolation der IMFs erhalten werden. Für eine Trendprognose genügt jedoch die Extrapolation lediglich einer IMF-Teilsumme, also der IMFs, die nicht das Kursrauschen oder unbedeutende Kursschwankungen darstellen. Ein Ansatz dazu findet sich bei Tsakalozos/Drakakis/Richard[1].

Der Traum vom „Heiligen Gral" mit Hilfe des Computers und eines Analysesystems zu realisieren ist und wird auch weiterhin ein unrealistischer bleiben. Auch die Technische Analyse 2.0 ist kein Allheilmittel. Doch

1 Signal Extrapolation Using Empirical Mode Decomposition with Financial Applications, IEEE International Conference, Mai 2011.

mit ihr eröffnet sich für den Anleger ein tieferes Verständnis für die Marktbewegungen, die in den IMFs zum Ausdruck kommen. Der Anleger, der sein Geld verantwortungsvoll anlegen möchte, muss selbst aktiv sein und überlegt handeln. Ein Analysesystem – sei es noch so ausgefeilt – ist nur ein Hilfsmittel für sachgerechte und erfolgreiche Entscheidungen. Sachgerechte Entscheidungen – zur Vermeidung finanzieller Schäden – hat der Anleger auch dann zu treffen, wenn er seine Geldanlage in Zusammenarbeit mit seriösen Dritten vornimmt. Zahlreiche Finanzskandale der Vergangenheit sind dafür mehr als ein Beweis. Der Anleger, der die Märkte und seine Bewegungen versteht und entsprechend überlegt agiert, ist immer im Vorteil.

Anhang A
Kursdaten für die Rechenbeispiele

Kursdaten für die Rechenbeispiele des Kapitels 4. Es handelt sich dabei um Schlusskurse auf Monatsbasis.

	Allianz	BASF	SAP
30.12.2008	75,00	27,72	25,24
30.01.2009	66,10	22,72	27,85
27.02.2009	53,63	21,96	25,52
31.03.2009	63,26	22,79	26,68
30.04.2009	69,74	28,57	29,03
29.05.2009	69,40	29,75	30,35
30.06.2009	65,63	28,33	28,67
31.07.2009	69,20	35,16	33,00
31.08.2009	80,62	36,39	34,06
30.09.2009	85,37	36,21	33,28
30.10.2009	78,04	36,50	30,80
30.11.2009	81,82	40,16	31,82
30.12.2009	87,15	43,46	33,00
29.01.2010	80,42	41,23	33,08
26.02.2010	84,80	41,24	32,76
31.03.2010	92,83	45,92	35,86
30.04.2010	86,52	43,98	36,23
31.05.2010	81,38	43,06	35,23
30.06.2010	81,85	45,11	36,68
30.07.2010	89,10	44,81	35,04
31.08.2010	80,94	41,64	34,46
30.09.2010	82,90	46,26	36,29
29.10.2010	90,04	52,28	37,47
30.11.2010	84,50	57,50	35,94
30.12.2010	88,93	59,70	38,10

	Allianz	BASF	SAP
31.01.2011	101,45	56,18	42,22
28.02.2011	104,40	60,26	43,72
31.03.2011	99,03	61,03	43,20
29.04.2011	106,30	69,40	43,50
31.05.2011	96,18	64,26	43,17
30.06.2011	96,33	67,57	41,75
29.07.2011	91,06	63,22	43,65
31.08.2011	71,73	49,67	38,00
30.09.2011	70,86	46,09	38,32
31.10.2011	81,21	53,19	43,63
30.11.2011	76,98	54,04	44,38
30.12.2011	73,91	53,89	40,85

Anhang B
Investox-Programm-Codes

Allgemeiner Hinweis hinsichtlich aller angegebenen Programm-Codes: Die angegebenen Programm-Codes sind nicht optimal. Im Vordergrund der Programmierung standen eine einwandfreie Funktionalität und eine Nachvollziehbarkeit der Codes. Eine Optimierung auf Grund der Möglichkeiten des Investox-Editors stand nicht im Vordergrund. Die Codes sind so angegeben, wie sie der Autor selbst benutzt. Der Autor übernimmt jedoch keine Verantwortung und Haftung zu den angegebenen Programm-Codes. Die Übernahme eines Programm-Codes für eigene Anwendungen erfolgt auf eigenes Risiko und eigene Verantwortung.

Programm-Code für den MA-Ansatz von John F. Ehlers

Eingabedaten:

- Daten = Kursdaten,
- Periode: Periodeneinstellung,
- MA-Auswahl: S für MAS, E für MAE und W für MAW.

Programm-Code:

```
calc GD1: GD(Daten,Periode, MA);
calc GD2: GD(GD1,Periode MA);
calc mmagd: 2 * GD1 - GD2;
mmagd
```

Programm-Code für den NMAX

Eingabedaten:

- GPeriode: Periodeneinstellung n,

- KPeriode: Abtastperiode n_a,
- MA-Auswahl: S für MAS, E für MAE und W für MAW.

Programm-Code:

```
calc kurs: (High()+Close()+ Low())/3;
calc lamda: GPeriode/Kperiode;
calc alpha: lamda*(GPeriode-1)/(GPeriode-lamda);
calc ma1: GD(kurs, GPeriode, MA);
calc ma2: GD(ma1, KPeriode, MA);
calc nma: (alpha+1)*ma1 - alpha*ma2;
nma
```

Programm-Code für den UMAX

Eingabedaten:

- KPeriode < MPeriode < LPeriode: zum Beispiel 5, 13, 34 oder 55, 89, 144
- MA: MA-Auswahl: S, E, W
- Periode: In der Regel = MPeriode.
- MAA: In der Regel S wählen.

Programm-Code:

```
calc kurs: (High() + Close() + Low())/3;
calc maxk: GD(kurs, KPeriode, MA);
calc maxm: GD(kurs, MPeriode, MA);
calc maxl: GD(kurs, LPeriode, MA);
calc deltak: maxl - maxk;
calc deltam: maxl - maxm;
calc a: deltak*(kurs - maxl);
calc ga: GD(a, Periode, MAA);
calc b: deltak*deltak;
calc gb: GD(b, Periode, MAA);
calc c: deltak*deltam;
calc gc: GD(c, Periode, MAA);
calc d: deltam*(kurs - maxl);
calc gd: GD(d, Periode, MAA);
calc e: deltam*deltam;
calc ge: GD(e, Periode, MAA);
```

```
calc n: gc*gc - gb*ge;
calc alphak: (ga*ge - gc*gd)/n;
calc alpham: (gb*gd - ga*gc)/n;
calc alpha: alphak+alpham;
calc umax: alphak*maxk+alpham*maxm+(1-alpha)*maxl;
umax
```

Programm-Code für den CCI

Eingabedaten:

- Periode (Periodeneinstellung für den MA): zum Beispiel 21, 34.
- MA (MA-Auswahl): zum Beispiel S für MAS oder W für MAW.
- Emax (CCI-Wertebegrenzung): zum Beispiel 300.
- Emin (CCI-Wertebegrenzung): zum Beispiel -300.

Programm-Code:

```
calc kt: (High() + Low() + Close())/3;
calc ktm: GD(kt, Periode, MA);
calc delta: kt- ktm;
calc sigma1: ABS(delta);
calc sigma: GD(sigma1, Periode, MA);
calc cci: delta/sigma/0.015;
calc ccic: If(cci > 300, Emax, cci);
calc cci: If(ccic < - 300, Emin, ccic);
cci
```

Programm-Code für den modifizierten CCI

Eingabedaten:

- Periode (Periodeneinstellung für den MA): zum Beispiel 34.
- MA (MA-Auswahl): W, in Ausnahmefällen E.
- HPeriode (Zeitfenster für die Volatilitätsberechnung): In der Regel Periode/2.
- Emax (CCI-Wertebegrenzung): zum Beispiel 300.
- Emin (CCI-Wertebegrenzung): zum Beispiel -300.

Programm-Code:

```
calc kt: (High() + Low() + Close())/3;
calc ktm: GD(kt, Periode, MA);
calc delta: kt- ktm;
calc sigma1: ABS(High() - Low())/2;
calc sigma2: 0.70711*sigma1*SQR(HPeriode);
calc sigma: GD(sigma2, Periode, MA);
calc cci: delta/sigma*100;
calc ccic: If(cci > 300, Emax, cci);
calc ccitf: If(ccic < - 300, Emin, ccic);
ccitf
```

Programm-Code für die IFT

Eingabedaten:

- Emax: Oberer Wertebereich des Indikators.
- Emin: Unterer Wertebereich des Indikators.
- Daten: Datenreihe des Indikators.

Programm-Code:

```
calc value1: Emax + Emin;     calc value2: Emax - Emin;
calc datac: If(Daten > 300, Emax, Daten);
calc data: If(datac < - 300, Emin, datac);
calc value3: (10*data - 5*value1)/value2;
calc Value: 2*value3;
calc IFT: (EXP(Value)-1)/(EXP(Value)+1);
calc backtrans: Emax*IFT;
backtrans
```

Programm-Code für die modifizierten Bollinger-Bänder

Eingabedaten (Oberes modifiziertes Bollinger-Band):

- Periode: Periodeneinstellung n (Standard n = 20),
- Faktor: Multiplikator für die Standardabweichung (Standard f = 2),
- AbtastP: Abtastperiode (Standard 5 oder 8 für n =20),
- MA-Auswahl: S für MAS, E für MAE und W für MAW.

Programm-Code (Oberes modifiziertes Bollinger-Band):

```
calc d: (High() + Low() )/2;
calc sp: SDevP(Periode, Faktor);
calc ob1: d*(1+sp/100);
calc ob: NMAWDaten(ob1, Periode, AbtastP, W);
ob
```

Als Unterprogramm ist weiterhin notwendig (SDevP):

```
calc x: (High() + Low() + Close())/3;
calc x0: Ref(x, 0);
calc x1: Ref(x, -1);
calc r0: x0/x1;
calc r1: LOG(r0) *100;
calc mw1: SUM(r1, Periode);
calc mw2: mw1/Periode;
calc sd1: (r1 - mw2);
calc sd2: sd1*sd1;
calc sd3: SUM(sd2, Periode);
calc sd4: sd3/(Periode - 1);
calc sd5: SQR(sd4);
calc sdevp: mw2+Faktor*sd5;
sdevp
```

Eingabedaten (Unteres modifiziertes Bollinger-Band, keine Änderung gegenüber dem oberen Bollinger-Band):

- Periode: Periodeneinstellung n (Standard n = 20),
- Faktor: Multiplikator für die Standardabweichung (Standard f = 2),
- AbtastP: Abtastperiode (Standard 5 oder 8 für n =20),
- MA-Auswahl: S für MAS, E für MAE und W für MAW.

Programm-Code (Unteres modifiziertes Bollinger-Band):

```
calc d: (High() + Low() )/2;      calc sp: SDevM(Periode, Faktor);
calc ub2: d*(1+ sp/100);
calc ub: NMAWDaten(ub2, Periode, AbtastP, W);
ub
```

Als Unterprogramm ist weiterhin notwendig (SDevM):

```
calc x: (High() + Low() + Close())/3;
calc x0: Ref(x, 0);
calc x1: Ref(x, -1);
calc r0: x0/x1;
calc r1: LOG(r0) *100;
calc mw1: SUM(r1, Periode);
calc mw2: mw1/Periode;
calc sd1: (r1 - mw2);
calc sd2: sd1*sd1;
calc sd3: SUM(sd2, Periode);
calc sd4: sd3/(Periode - 1);
calc sd5: SQR(sd4);
calc sdevm: mw2 - Faktor*sd5;
sdevm
```

Notwendiges Unterprogramm (NMAWDaten) für das obere und untere modifizierte Bollinger-Band (Daten sind entweder ub oder ob):

```
calc lamda: Periode/AbtastP;
calc alpha: lamda*(Periode-1)/(Periode-lamda);
calc ma1: GD(Daten, Periode, MA);
calc ma2: GD(ma1, AbtastP, MA);
calc ma: (alpha+1)*ma1 - alpha*ma2;
ma
```

Anhang C
Ansätze zur Verbesserung von Technischen Indikatoren

Volatilität

Dieser Ansatz für die Volatilität geht auf Fend/Luible[1] zurück. Die Kursschwankung eines Tages

$$\sigma_T = \frac{High_T - Low_T}{2}$$

wird benutzt, um mit Hilfe einer periodenskalierten Standardabweichung

$$\sigma = \sigma_T \times \sqrt{m}$$

und eines statistischen Tricks aus der Signalverarbeitung die Volatilität für ein Zeitfenster von m Tagen zu berechnen.

Die Kursschwankungen innerhalb eines Tages lassen sich in eine gewisse Anzahl von Sinusschwingungen zerlegen. Die Standardabweichung einer Sinusschwingung beträgt Amplitudenspitze dividiert durch $\sqrt{2}$. Wenn man nun die High-Low-Spitzen eines Tages mit dem Faktor $1/\sqrt{2}$ multipliziert, so erhält man den Effektivwert oder die Standardabweichung für diesen Tag. Für m Tage lautet somit die Volatilität auf Basis dieser Standardabweichung:

$$\sigma_m = \frac{High_T - Low_T}{2 \times \sqrt{2}} \times \sqrt{m}.$$

1 Historische Volatilität. Annualisierte Standardabweichung versus Berechnungsmethode, http://www.vtad.de/sites/files/VTAD-Award_2009_1preis_pres.pdf.

Diese Volatilitätsberechnung wird nun für die Berechnung der durchschnittlichen Kursschwankungen im CCI benutzt, in dem man σ_m mit einem MAW mit der Periodeneinstellung n glättet:

$$\widetilde{K} = MAW\left[\sigma_{n/2} \mid n\right].$$

Für eine praxisgerechte Berechnung der durchschnittlichen Kursschwankungen wird man n > m ansetzen. Für n = 34 – oder vergleichbare Werte – ist m = n/2 ein guter Ansatz. Dieser Ansatz wurde auch für den modifizierten CCI verwendet.

Inverse Fisher Transformation (IFT)

Um die inverse Fisher-Transformation (IFT) in ihrer Wirkung zu verstehen, ist ein Verständnis ihrer mathematischen Formulierung nicht unbedingt Voraussetzung. Mit Hilfe des in Abbildung C-1 gezeichneten Graphen, die zeichnerische Darstellung der mathematischen Formel, kann die Wirkungsweise der inversen Fisher-Transformation vollständig erklärt werden.

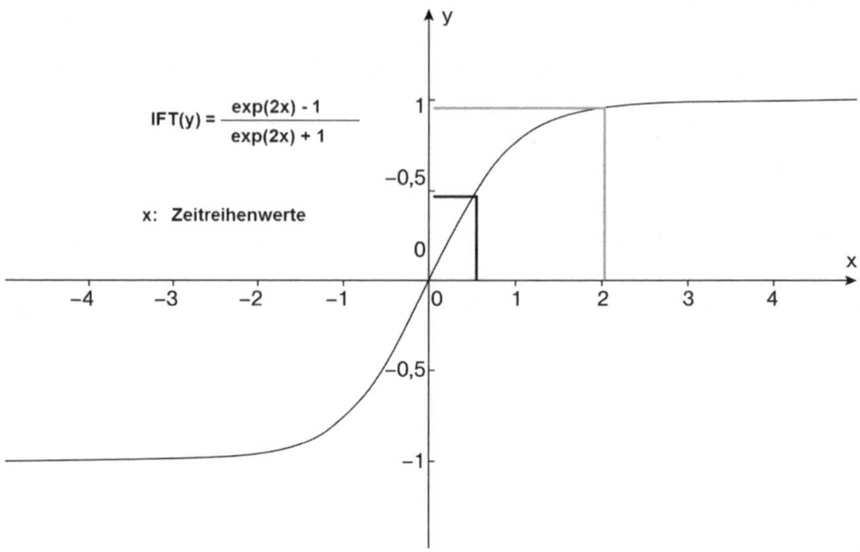

Abbildung C-1: Zeichnerische Darstellung der inversen Fisher-Transformation

Betrachten wir zuerst den Wert x = 0,5. Transformiert, oder anders gesagt, eingesetzt in die Formel ergibt sich ein y-Wert ebenfalls von 0,5. Die inverse

Fisher-Transformation ändert den Eingangswert nicht, Ein- und Ausgangswert sind gleich. Der Sachverhalt ist an Hand des linken senkrechten (der x-Wert) und an Hand des unteren waagerechten Striches (der y-Wert) dargestellt. Die Gleichheit von Ein- und Ausgangswert gilt jedoch nicht nur für den x-Wert 0,5, sondern für alle x-Werte zwischen –0,6 und +0,6, zumindest näherungsweise. Mathematisch ist das völlig klar, denn dort verläuft der Graph der IFT nahezu linear. Dies ist eine Grundaussage der inversen Fisher-Transformation.

Ein völlig anderes Verhalten zeigt die Transformation für x-Werte größer als +1,5 und kleiner als –1,5. Diese Werte werden alle, zumindest in guter Näherung, auf den y-Wert +1 (für x > 1,5) beziehungsweise auf den y-Wert –1 (für x < –1,5) transformiert. Als Beispiel wurde in dem Graphen der Fall x = 2 eingezeichnet. Die zweite Grundaussage der inversen Fisher-Transformation besagt, dass Werte x < –1,5 beziehungsweise x > +1,5 auf die y-Werte –1 beziehungsweise +1 komprimiert werden.

Durch Anwendung der IFT wird also erreicht, dass die Ausgangsgröße y mit hoher Wahrscheinlichkeit entweder –1 oder +1 beträgt. Diese Eigenschaft der IFT lässt sich mit sehr guten Ergebnissen auf Momentum-Oszillatoren anwenden, die auf einen Wertebereich skaliert sind.

Viele Momentum-Oszillatoren bewegen sich in einem Bereich, der durch eine Obergrenze und eine Untergrenze definiert ist. Der RMI und die Stochastik sind solche Indikatoren. Sie sind auf den Wertebereich Emin = 0 und Emax = 100 begrenzt. Andere Indikatoren, zum Beispiel der Aroon-Oszillator, sind auf den Bereich Emin = –100 und Emax = +100 begrenzt. Im Folgenden wird der Wertebereich eines Momentum-Oszillators allgemein mit Emin und Emax ohne jede Wertangabe bezeichnet.

Um auf die verschiedenen Werte eines Momentum-Oszillators mit einem Wertebereich zwischen Emax und Emin die IFT anwenden zu können, müssen sie auf den Wertebereich der IFT transformiert werden. Dies geschieht mit den folgenden Beziehungen:

$$x = 2 \times \frac{10 \times Daten - 5 \times E_{+}}{E_{-}},$$

$$E_{+} = E_{max} + E_{min},$$

$$E_{-} = E_{max} - E_{min},$$

$$IFT\,(y) = E_{max} \times \frac{\exp(x) - 1}{\exp(x) + 1}$$

Mit diesem Formelsatz werden für beliebige Werte Emax und Emin die „Daten" eines Momentum-Oszillators oder generell eines Indikators, dessen Werte innerhalb eines definierten Bereiches liegen, mit der IFT auf einen Wertebereich +1 beziehungsweise −1 transformiert. Die Rücktransformation dieser digitalen Werte auf den Indikatorbereich erfolgt mit der einfachen Beziehung

$$Digitale\ Indikatordaten = E_{max} \times IFT\ (y).$$

Der Programmcode des IFT-Formelsystems für das Börsenprogramm Investox ist im Anhang B angegeben.

Normalisierung von Indikatoren

Angelehnt an die Stochastik-Formel hat John Bollinger einen Oszillator – den sogenannten Bollinger Oscillator (BO) – entwickelt, der die Lage der Kurse innerhalb und außerhalb der Bollinger-Bänder (BB) abbildet. Da die Bandbreite der Bollinger-Bänder von den Kursschwankungen des Basiswertes abgeleitet wird, ist der Bollinger-Oszillator eine Art schwankungsadjustierte Stochastik. Die Handelsspanne der Stochastik wird im Falle des Bollinger-Oszillators zur Spanne zwischen dem oberen Bollinger-Band (OB) und dem unteren Bollinger-Band (UB). Der BO wird demnach wie folgt berechnet:

$$BO = \frac{Kurs - UB}{OB - UB}$$

Als Parameter müssen die grundlegenden Parameter für die Berechnung der Bollinger-Bänder eingegeben werden:

- Periodenangabe für den MA,
- Angabe für den Multiplikator der Standardabweichung.

Die Standardwerte sind die gleichen wie bei den Bollinger-Bändern (n = 20 und f = 2). Der BO bildet die Lage des Kurses innerhalb und außerhalb der BB ab. Seine Skalenbreite reicht von Null bis Einhundert, lässt aber auch die Extremwerte darüber und darunter zu (vergleiche dazu folgende Abbildung C-2).

Zur Interpretation des BO:

- Befindet sich der Kurs am oberen Band, hat der BO-Indikator den Wert 100.

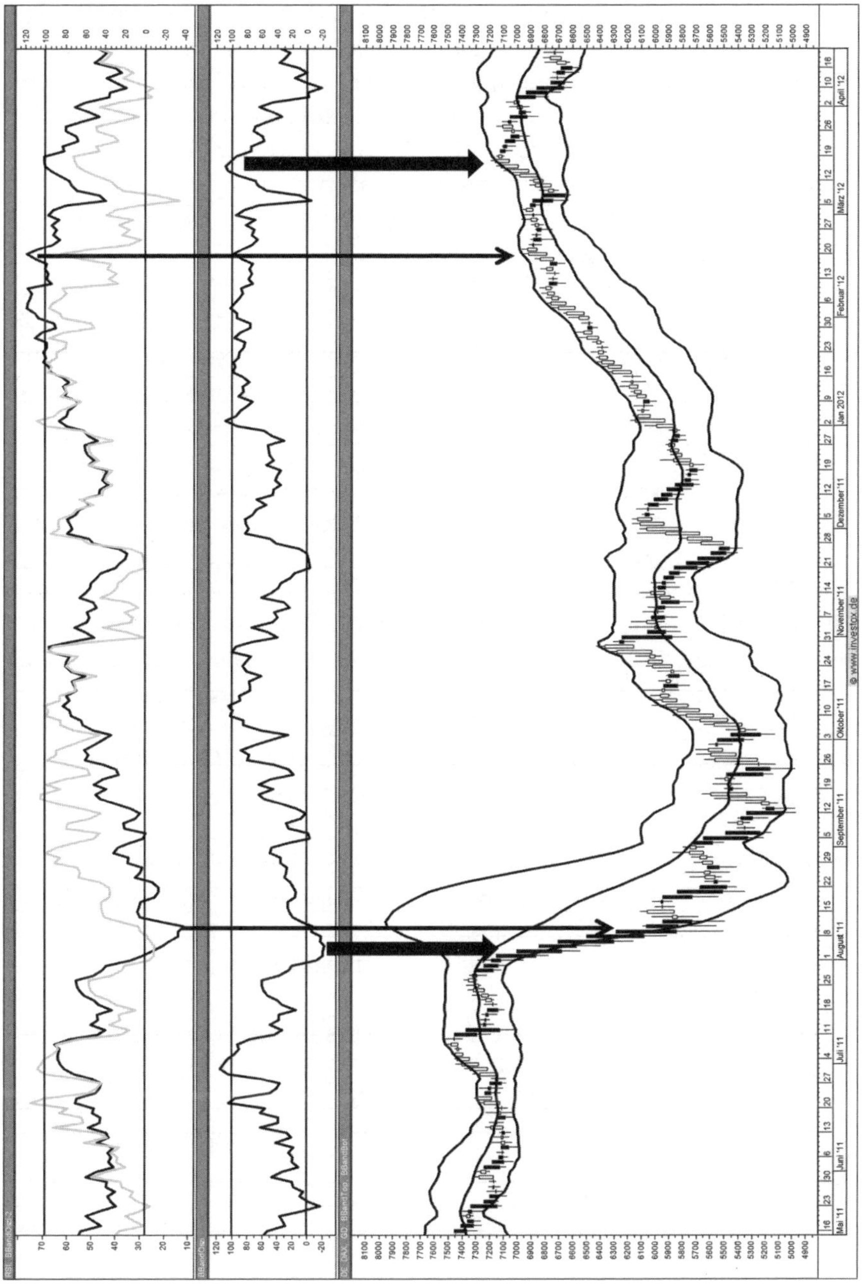

Abbildung C-2: Bollinger-Oszillator

- Liegt der Kurs über dem oberen Band, ist der Indikatorwert größer 100 und zeigt damit einen Ausbruch aus dem oberen Band an.
- Entsprechendes gilt, wenn der Kurs sich am oder unter dem unteren Band (entspricht einem Wert Null für den Bollinger-Oszillator) befindet.
- Bricht der Indikator über seine Extremwerte Null und 100 aus, wird unterstellt, dass die Kursbewegung korrigiert wird. Der Eintritt oder Austritt des Bollinger-Oszillators in beziehungsweise aus den Extremzonen kann somit als Handelssignal genutzt werden.

Die schwarzen Pfeile (dick gezeichnet) in Abbildung C-2 beziehen sich auf den BO im mittleren Chartfenster und markieren an diesen Stellen die Extremlage des Kurses am unteren beziehungsweise oberen Bollinger-Band.

Die zuletzt genannte Eigenschaft kann zur Normalisierung von Momentum-Oszillatoren benutzt werden. Die Methode ist relativ einfach und kann durch das Stichwort „Indikator auf Indikator“ charakterisiert werden.

Es ist kaum verständlich, dass dieses Verfahren der Normalisierung von Indikatoren kaum angewendet wird. Vielmehr werden die Extremzonen „überverkauft“ beziehungsweise „überkauft“ auch heute noch nach dem altherbrachten Prinzip 20/80 oder 30/70 für Indikatoren, die auf den Wertebereich 0 bis 100 skaliert sind, bestimmt. Die bekanntesten Vertreter sind der RSI und die Stochastik. John Bollinger hat für solche Indikatoren und auch für offene (nicht skalierte) Indikatoren ein überaus elegantes Verfahren, basierend auf dem BO und damit auf den Bollinger-Bändern, entwickelt.[2] Das Verfahren ist einfach: Anwendung des BO auf den Indikator und nicht auf den Kurs. Die einzelnen Schritte zur Realisierung des Verfahrens (vergleiche dazu Abbildung C-2, oberes Chartfenster):

- Anwendung eines Oszillator-Indikators (RSI in der Abbildung) mit entsprechender Periodeneinstellung (n = 14) auf den Basiswert (Skala: linker Rand des oberen Chartfensters).
- Anwendung des Bollinger-Oszillators auf den RSI-Indikator im gleichen Chartfenster.
- Einzeichnen der Extremwerte 0 und 100 des Bollinger-Oszillators (Skala: rechter Rand des oberen Chartfensters).
- Relativ zum Ausgangsindikator zeigen die BO-Werte 0 und 100 die Extremzonenwerte (28 und 68 für den RSI) am linken Rand des oberen Chartfensters an.

2 Bollinger-Bänder, München 2005, S. 219–226.

- Die schwarzen Pfeile (dünner gezeichnet) markieren den Eintritt in die Extremzonen an zwei Stellen.

Durch die Normalisierung eines Indikators mit Hilfe des Bollinger-Oszillators kann der Indikator flexibel in ein Tradingsystem eingebunden werden. Diese Methode der Normalisierung kann (wie bereits erwähnt) auch auf offene Indikatoren – also nicht-skalierte Indikatoren – angewendet werden.

Anhang D
Modifizierte Bollinger-Bänder auf Basis normalverteilter Renditen

Der Mittelwert R_t^{μ} und die Standardabweichung R_t^{σ} normalisierter täglicher Renditen (siehe Abschnitt 3.4.6) berechnen sich wie folgt:

$$R_t^{\mu} = \frac{1}{n} \times \sum_{i=0}^{n-1} R_{t-i} \ ,$$

$$R_t^{\sigma} = \sqrt{\frac{1}{n-1} \times \sum_{i=0}^{n-1} (R_{t-i} - R_t^{\mu})^2} \ .$$

Mit Hilfe der Standardabweichung R_t^{σ} lassen sich Rendite-Grenzen angeben, innerhalb derer sich nahezu alle normalisierten täglichen Renditen befinden:

$$R_t^{max} = R_t^{\mu} + f \times R_t^{\sigma},$$

$$R_t^{min} = R_t^{\mu} - f \times R_t^{\sigma}.$$

Mit $f = 2$ liegen 96% aller normalisierten täglichen Renditen zwischen R_t^{max} und R_t^{min}, 99% mit $f = 3$.

Nun ist $K_t = K_{t-1} \times (R_t + 1)$ (siehe Abschnitt 3.4.6). Die Größen R_t^{max} und R_t^{min} für R_t eingesetzt, ergibt einen maximalen Kurs K_t^{max}, der über dem eigentlichen Kurs K_t liegt und einen minimalen Kurs K_t^{min}, der unter dem eigentlichen Kurs verläuft:

$$K_t^{max} = K_{t-1} \times (R_t^{max} + 1) \ ,$$

$$K_t^{min} = K_{t-1} \times \left(R_t^{min} + 1\right).$$

Der Verlauf von K_t^{max} beziehungsweise K_t^{min} bildet nun das obere Band beziehungsweise das untere Band der modifizierten Bollinger-Bänder. Der Investox-Code für diese modifizierten Bollinger-Bänder ist im Anhang B angegeben, wobei anzumerken ist, dass der Verlauf der beiden Bollinger-Bänder mit einem NMAX nahezu verzögerungsfrei geglättet wird, da er ohne Glättung ziemlich unruhig ist. Dieser MA, insbesondere in seiner gewichteten Form als NMAW, ist für die Mittellinie der modifizierten BB bestens geeignet.

Anhang E
Formelsatz der Empirical Mode Decomposition für den Iterations- und Siftingprozess

- Startwert für den Iterations- und Siftingprozess: $s_{1,1}(t) = s(t)$.
- Berechnung der oberen Einhüllenden $e_{i,k}^{max}(t)$ und der unteren Einhüllenden $e_{i,k}^{min}(t)$ mittels B-Spline-Interpolation, sowie den Mittelwert

$$m_{i,k}(t) = \frac{e_{i,k}^{max}(t) + e_{i,k}^{min}(t)}{2}$$

für die k_i Iterationsschritte der i-ten IMF:

$$k = 1,\ 2,\ \ldots,\ k_i,$$

$$i = 1,\ 2,\ \ldots,\ n\,.$$

Der Index i bezeichnet die einzelnen IMFs und zugleich einen Siftingschritt, während k_i die Anzahl der Iterationsschritte bezeichnet, die notwendig sind, um die IMF $c_i(t)$ zu gewinnen. Die n Werte für k_i sind im Allgemeinen verschieden.

- Berechnung des k-ten Iterationsschrittes: $s_{i,k+1}(t) = s_{i,k}(t) - m_{i,k}(t)$.
- Abbruchbedingung: $SC = \frac{\sum_{j=1}^{N} m_{i,k_i}^2(t_j)}{\sum_{j=1}^{N} s_{i,k_i}^2(t_j)} < \varepsilon$. Durch die Abbruchbedingung wird k_i bestimmt. Der i-te Iterationsprozess ist beendet.
- $s_{i,k_i}(t)$ ist die IMF $c_i(t)$. Subtrahiere IMF $c_i(t)$ von $s_{i,1}(t)$ (Siftingprozess):

$$r_i(t) = s_{i,1}(t) - c_i(t)\,.$$

Das Ergebnis ist der Restwert $r_i(t)$, der zugleich Startwert für den nächsten Iterationsprozess ist:

$$s_{i+1,1}(t) = r_i(t) = s_{i,1}(t) - c_i(t).$$

- Der Iterations- und Siftingprozess wird so lange fortgesetzt, bis ein Restwert $r_n(t)$ zwei oder weniger Extrema hat. Durch diese Abbruchbedingung wird n bestimmt.

Literaturverzeichnis

Adam, Oliver: Segmentation of Killer Whale Vocalizations Using the Huang-Hilbert Transform, EURASIP Journal of Advances in Signal Processing, Volume 2008, Article ID 245936.

Algernon, Daniel: Impact-Echo-Analyse akustischer Wellen in Beton, Dissertation TU Berlin, 2006.

Bollinger, John: Bollinger-Bänder. Der einfache Weg, Kursverläufe zu bestimmen, München 2005.

Bronstein, Ilja N./Semendjajew, Konstantin A./ Musiol, Gerhard/Mühlig,Heiner: Taschenbuch der Mathematik, Frankfurt am Main 2006.

Chande, Tushar S.: Beyond Technical Analysis: How To Develop And Implement A Winning Trading System, Hoboken/New Jersey, 2nd ed. 2001.

Chande, Tushar S./Kroll, Stanley: The New Technical Trader: Boost Your Profit by Plugging into the latest Indicators, Hoboken/New Jersey 1994.

Cox, M. G.: The numerical evaluation of B-splines, Ima Journal of Applied Mathematics, Vol. 10 (1972), Nr. 2, S. 134–149.

Daeubner, Pierre M.: Alles was Sie über Technische Analyse wissen müssen – simplified, München 2007.

Dierckx, P.: A fast algorithm for smoothing data on a rectangular grid using spline functions, SIAM Journal of Numerical Analysis, Vol. 19 (1982), S. 1286-1304.

Ehlers, John F.:Rocket Science for Traders, Hoboken/New Jersey 2001.

Ehlers, John F.: Signal Analysis Concepts, abrufbar unter http://www.jamesgoulding.com/research_ii/ehlers/ehlers (signal analysis concepts).doc (2001).

Fend, Reinhold/Luible, Christian: Historische Volatilität. Annualisierte Standardabwei chung versus Berechnungsmethode (VTAD Award 2009), http://www.vtad.de/sites/files/VTAD-Award_2009_1preis_pres.pdf

Florek, Erich: Neue Trading Dimensionen, München 2000.

Huang, Norden E. et al.: The Empirical Mode Decomposition and the Hilbert Spectrum for Nonlinear and Nonstationary Time Series Analysis, Proceedings of the Royal Society London 1998, Vol. 454, 903–995.

Kirkpatrick II, Charles D./Dahlquist, Julie R.: Technical Analysis, Upper Saddle River/New Jersey, 2nd ed. 2011.

Leven, Franz-Josef/Schlienkamp, Christoph: Erfolgreiches Depotmanagement, Wiesbaden 1998.

Markowitz, Harry M.: Portfolio Selection – Effective Diversification of Investments, The Journal of Finance, Vol. VII, No. 1, March 1952.

Michalky, Martin/Schittler, Robert: Das große Buch der Börse, München 2008.

Murphy, John J.: Technische Analyse, München 2000.

Nison, Steve: Technische Analyse mit Candlesticks, München 2002.

Nowacki, Jürgen (Hrsg.): Trading Welten: Für jeden Typ die richtige Strategie, München 2009.

Ohm, Jens/Lüke, Hans Dieter: Signalübertragung: Grundlagen der digitalen und analogen Nachrichtenübertragungssysteme, Berlin/Heidelberg/New York, 11. Auflage 2010.

o.V., Nyquist-Shannon-Abtasttheorem, abzurufen unter http://de.wikipedia.org/wiki/Nyquist-Shannon-Abtasttheorem.

Paesler, Oliver: Technische Indikatoren – simplified, München 2006.

Du Plessis, Jeremy: The Definitive Guide to Point and Figure, Petersfield Hamshire 2009.

Rockefeller, Barbara: Chartanalyse für Dummies: So kriegen Sie die Kurve, Weinheim 2009,

Roller, Karin: Kursziele bestimmen mit Fibonacci, München 2012.

Schatzmann, Michelle: Numerical Analysis: A Mathematical Introduction, Oxford 2002, Chapters 4 and 6.

Schrieck, Raimund: Besser mit Behavioral Finance – simplified, München 2008.

Shen, Samuel S. P. et al.: HHT analysis of the nonlinear and non-stationary annual cycle of daily surface air temperatur data, in; Huang, Norden E./Shen, Samuel S.P. (ed.): Hilbert-Huang Transform and Its Applications, Interdisciplinary Mathematical Science – Vol. 5, Singapur 2008, S. 187–210.

Silagadze, Zurab: Moving Mini-Max – A New Indicator for Technical Analysis, IFTA Journal 11/2011, 46–49.

Steiner, Peter/Uhlir, Helmut: Wertpapieranalyse, Heidelberg 2001.

Tsakalozos, Nikolaos/Drakakis, Konstantinos/Richard, Scott: Signal Extrapolation Using Empirical Mode Decomposition with Financial Applications, Proceedings of the IEEE International Conference on Acoustics, Speech and Signal Processing (ICASSP), 22.-27.5.2011.

Waldhauser, Stefan/Dahl, Jens: Eine Einführung in die Portfolio Selection Theory, abrufbar unter http://www.stw-boerse.de/techno/Portfolio/00.htm.

Woll, Artur: Volkswirtschaftslehre, München, 15. Auflage 2007.

Wu, Zhaohua/Huang, Norden E.:Statistical significance test of intrinsic mode functions, in; Huang, Norden E./Shen, Samuel S.P. (ed.): Hilbert-Huang Transform and Its Applications, Interdisciplinary Mathematical Science – Vol. 5, Singapur 2008, S. 107–127.

Stichwortverzeichnis

Hamburg schmunzelt